Adoleszenzforschung

Zur Theorie und Empirie der Jugend aus transdisziplinärer Perspektive

Band 17

Reihe herausgegeben von

Vera King, Institut für Soziologie, Goethe-Universität Frankfurt, Frankfurt, Deutschland

Hans-Christoph Koller, FB Erziehungswissenschaft, Universität Hamburg, Hamburg, Deutschland

Der Fokus dieser Reihe liegt auf der Erforschung der Lebensphase zwischen Kindheit und Erwachsensein. Leitend sind dabei der Anspruch einer Verknüpfung insbesondere von gesellschaftlich-kulturellen und individuellen Ebenen sowie eine damit verbundene transdisziplinäre Ausrichtung. Besondere Schwerpunkte liegen weiterhin in einer fundierten Weiterentwicklung der Theorie und einer Forschung, die zugleich den erheblichen zeitgenössischen Wandlungen dieser Lebensphase empirisch differenziert Rechnung tragen kann. Welche Bedeutung kommt in gegenwärtigen Gesellschaften der Adoleszenz als Lebensphase zwischen Kindheit und Erwachsensein zu – in Bezug auf sozialen und kulturellen Wandel, auf biographische Entwicklungen und individuelle Bildungsprozesse? Wie verändern sich gesellschaftliche Konstruktionen von Jugend und Adoleszenz als historisch variierende Formen, in denen Generationsverhältnisse und Generationsabfolgen reguliert werden? Unter welchen Bedingungen können kreative Potenziale der Adoleszenz wirksam werden? Diesen Fragen werden die Beiträge dieser Reihe nachgehen – verbunden mit dem Interesse an theoretischen Differenzierungen und aktuellen empirischen Fundierungen, disziplinübergreifenden Vermittlungen und in Rekurs auf den internationalen Stand der Jugend- und Adoleszenzforschung. Die Reihe richtet sich an Forschende, Studierende und Lehrende der Erziehungswissenschaft, Soziologie, Psychologie und anderer Disziplinen, die an Adoleszenz- bzw. Jugendforschung interessiert sind.

Luisa Wirth

Im Innen und Außen kein Zuhause finden und gefangen sein im Dazwischen

Subjektives Erleben adoleszenter Borderline-Patienten mit Migrationsgeschichte

Springer VS

Luisa Wirth
Fachbereich Humanwissenschaften,
Institut für Erziehungswissenschaften,
Lehrstuhl Psychoanalyse
Universität Kassel
Kassel, Deutschland

Die dem Buch zugrunde liegende Dissertation wurde im Rahmen des Promotionskollegs „Psychosoziale Folgen von Migration und Flucht – generationale Dynamiken und adoleszente Verläufe“ verfasst, welches am Sigmund-Freund-Institut Frankfurt am Main angesiedelt war. Betreut wurde die Arbeit durch Prof. Dr. Patrick Meurs und Prof. Dr. Heinz Weiß. Sie wurde am Lehrstuhl Psychoanalyse des Instituts für Erziehungswissenschaften am Fachbereich Humanwissenschaften der Universität Kassel am 24. Juli 2024 eingereicht und am 19. März 2025 verteidigt. Das Promotionskolleg und somit auch die vorliegende Arbeit wurden durch die Promotionsförderung der Hans-Böckler-Stiftung in Kooperation mit dem Sigmund-Freud-Institut finanziert und ermöglicht.

ISSN 2512-0433 ISSN 2512-0441 (electronic)
Adoleszenzforschung
ISBN 978-3-658-50567-7 ISBN 978-3-658-50568-4 (eBook)
https://doi.org/10.1007/978-3-658-50568-4

Die Deutsche Nationalbibliothek verzeichnet diese Publikation in der Deutschen Nationalbibliografie; detaillierte bibliografische Daten sind im Internet über https://portal.dnb.de abrufbar.

Planung/Lektorat: Marija Mann
Springer VS ist ein Imprint der eingetragenen Gesellschaft Springer Fachmedien Wiesbaden GmbH und ist ein Teil von Springer Nature.
Die Anschrift der Gesellschaft ist: Abraham-Lincoln-Str. 46, 65189 Wiesbaden, Germany

One ceases to belong to the world one left behind
and does not yet belong to the world in which one has newly arrived.

(Grinberg & Grinberg, 1989, S. 23)

Für Mama und Papa.
Und für Nils.

Geleitwort

Dies ist ein ungewöhnliches Buch. Nicht nur, weil es einen Themenbereich behandelt, der bisher kaum Gegenstand wissenschaftlicher Forschung war: das Erleben von Boderline-Störungen im Kontext von Migrationserfahrungen. Sondern auch, weil es qualitative und quantitative Forschungsansätze in einer innovativen Weise miteinander verbindet.

Adoleszente Menschen mit Flucht- und Migrationserfahrungen berichten oft über ähnliche Traumatisierungen, wie sie von Borderline-Patienten aus ihrer frühen Lebensgeschichte bekannt sind: das Erleben von Gewalt, Trennung und Diskriminierung. Diese wirken sich nicht nur auf ihre Beziehungen, sondern auch auf ihr Identitätsgefühl aus.

Luisa Wirth untersucht in ihrer Arbeit, die im Rahmen eines Promotionskollegs entstanden ist, wie adoleszente Migranten und Migrantinnen ihre Borderline-Problematik subjektiv erleben. Solche Erkundungen sind sowohl im Bereich von Borderline-Störungen als auch besonders im Zusammenhang mit Migrationserfahrungen selten.

Ihre Forschungsergebnisse, die sie an einer auf Borderline-Erkrankungen spezialisierten psychosomatischen Tagesklinik gewonnen hat, gewähren einen Einblick in die innere Welt dieser Patienten. Diese ist oft von Selbstwertproblemen, bis hin zu Selbsthass und Selbstverletzungen, Trennungsängsten und agora-klaustrophoben Problemen, weder Nähe noch Abstand ertragen zu können, oft aber auch von starker Anhänglichkeit und Bedürftigkeit charakterisiert. Viele dieser Patientinnen haben das Gefühl, „nirgendwo einen Platz" zu finden. Dies wirkt sich auf ihr Identitätsgefühl sowie insbesondere auf die Ablösung von ihren Herkunftsfamilien aus. Sie befinden sich hier also in einem doppelten

Dilemma: Einerseits sind sie mit den Belastungen der Migrationserfahrung konfrontiert, andererseits müssen sie mit den Loyalitäts- und Ablösungskonflikten gegenüber Eltern und Familienangehörigen ringen, die häufig als Migranten der ersten Generation aus einem anderen Kulturkreis gekommen sind.

In Luisa Wirths Interviews wird die Generationendynamik dieser „doppelten Transition“ anschaulich illustriert. Der Leser kann sich unmittelbar in die Schicksale – ihre Gemeinsamkeiten, aber auch ihre Verschiedenheit – hineinversetzen. Aus den Explorationen der Autorin geht darüber hinaus hervor, dass manche Betroffene auch schon vor der Migration bzw. gerade durch Eltern, welche selbst in ihren Migrationsprozessen und durch eigene psychische Probleme Schwierigkeiten haben, traumatisierenden Erfahrungen ausgesetzt waren.

Neben der ausführlichen methodischen Darstellung der Grounded Theory Methode hat Luisa Wirth auch eine große Zahl von Patienten und Patientinnen mit empirisch-quantitativen Methoden untersucht. Aus der Verknüpfung von hermeneutisch-qualitativer und quantitativer Methodik entsteht für den Leser gewissermaßen ein dreidimensionales Bild – mit Hinweisen darauf, dass Migrantinnen und Migranten der zweiten Generation offenbar besonderen Belastungen ausgesetzt.

Diese Verbindung von Breite und Tiefe macht Luisa Wirths Arbeit zu einem besonderen Buch. Die Autorin deutet an, welche Konsequenzen daraus für die Versorgung, aber auch für die weiterführende Forschung zu ziehen sind.

Es bleibt zu hoffen, dass dieses Buch für all‘ jene, die unmittelbar mit den Betroffenen arbeiten – sei es im administrativen Bereich, für Sozialarbeiter, Psychologen, Therapeutinnen und Wissenschaftler – zu einer Pflichtlektüre wird.

Frankfurt
im August 2025

Heinz Weiß

Danksagung

An dieser Stelle möchte ich mich herzlichst bei Prof. Dr. Heinz Weiß, Prof. Dr. Patrick Meurs und Prof. Dr. Vera King für die Möglichkeit bedanken, im Promotionskolleg „Psychosoziale Folgen von Migration und Flucht – generationale Dynamiken und adoleszente Verläufe" promovieren zu können, und für die hilfreiche und stete Begleitung während meiner Promotion. Ebenso möchte ich mich bei Dr. Susanne Benzel für ihre unterstützende Tätigkeit als Koordinatorin des Kollegs bedanken. Besonderer Dank gilt meinen Praktikant:innen, welche meine Arbeit nicht nur durch Transkriptions- und Recherchetätigkeiten unterstützten, sondern sich auch wertvoll in Sitzungen und Gesprächen einbrachten. Mein Dank geht auch an Dr. Annabelle Starck und Dr. Birgit Senft, die mich bei der statistischen Auswertung unterstützten. Ich möchte mich außerdem bei meiner Vertrauensdozentin der Hans-Böckler-Stiftung, Prof. Dr. Cinur Ghaderi, bedanken, welche mir in unseren Gutachtengesprächen beratend zur Seite stand. Der Hans-Böckler-Stiftung danke ich für die finanzielle Förderung und die Seminare. Abschließend möchte ich mich bei meinen Eltern, meinem Freund und allen anderen Freund:innen für die Unterstützung während der Promotion bedanken.

Zusammenfassung

Im Fokus der vorliegenden Arbeit stehen die subjektiven Krankheitstheorien von adoleszenten Personen mit Borderline-Persönlichkeitsproblemen, die selbst oder von denen beide oder ein Elternteil nach Deutschland migriert waren. Ein besonderes Augenmerk liegt auf der wahrgenommenen Rolle der persönlichen oder elterlichen Migrationserfahrungen und der individuellen Lebensgeschichte für die eigenen Borderline-Persönlichkeitsprobleme. Der Kern des Forschungsdesigns sind qualitative narrative Interviews mit jungen Erwachsenen, die sich aufgrund diagnostizierter Borderline-Persönlichkeitsprobleme in der Tagesklinik der Abteilung für Psychosomatische Medizin am Robert-Bosch-Krankenhaus in Stuttgart in Behandlung befanden. In den Interviews wurden die Patient:innen gebeten, vom Erleben ihrer Schwierigkeiten zu berichten, es wurden die subjektiven Annahmen zu ihren Persönlichkeitsproblemen erfragt und die Bedeutung der individuellen Lebensgeschichte und der eigenen oder familiären Migrationsgeschichte thematisiert. Die Interviewtranskripte wurden mit der reflexiven Grounded Theory Methode ausgewertet. Begleitend wurde eine statistische Auswertung zur Vorhersage von Borderline-Diagnosen und anderer relevanter Kriterien und zu möglichen Unterschieden in zentralen psychometrischen Variablen hinsichtlich des Alters und der Migrationsgeschichte durchgeführt. Die Ergebnisse der qualitativen und quantitativen Auswertung wurden im Zuge der Interpretation der Ergebnisse im Sinne eines Mixed-Methods-Ansatzes verbunden. In der statistischen Auswertung zeigten sich signifikant höhere Raten von Borderline-Diagnosen, suizidalen Krisen und akuter Selbstverletzung bei jüngeren Patient:innen und höhere Ausprägungen der Borderline- Symptomschwere und psychischer Belastung bei Patient:innen mit Migrationsgeschichte.

Die höheren Raten bei jüngeren Patient:innen heben die Relevanz der Interviewstichprobe von adoleszenten Patient:innen hervor. Ob die teils höhere psychische Belastung und Symptomausprägung bei migrantischen Patient:innen auch durch das Erleben von Rassismus und gesellschaftlicher Abwertung erklärt werden kann, bleibt offen. In der Grounded-Theory-Interviewanalyse kristallisierte sich die Erlebensqualität „im Innen und Außen kein Zuhause finden und gefangen sein im Dazwischen" als zentrale Dimension heraus. Diese verbindet verschiedene Symptome, Schwierigkeiten und soziale Einflüsse, wie z. B. migrations-geschichtlich bedingte Fragen von Zugehörigkeit und Erfahrungen von Rassismus, im Erleben der Patient:innen miteinander und verdeutlicht ihre besonderen Herausforderungen.

Stichwörter: Migration · Borderline-Persönlichkeitsorganisation · Borderline-Persönlichkeits-störung · Subjektive Krankheitstheorien · Mixed Methods Design · Grounded Theory Methodologie

Abstract

The research presented focuses on the subjective theories of illness of adolescents with borderline personality problems, who migrated themselves or of whom one parent or both parents migrated to Germany. Special attention is given to the perceived role of the personal or parental migration experiences and the individual biography for one's own borderline personality problems. The core of the research design are qualitative narrative interviews with adolescents, who were in treatment in the day-hospital of the unit for psychosomatic medicine at the Robert-Bosch-clinic in Stuttgart, Germany, because of their borderline personality problems. During the interviews the patients were requested to talk about their experience of their mental issue, they were asked to tell their subjective assumptions about it and what the their biography and their or their parents experience of migration meant for their mental problem. The interview transcripts were analyzed with the reflexive grounded theory method. An accompanying statistical analysis was conducted to investigate possible predictors for the presence of a borderline diagnosis and other relevant criteria and differences in crucial psychometric variables regarding age and migration background. According to a mixed methods approach the results of the quantitative and qualitative analysis were connected in the interpretation of the results. The statistical analysis showed higher rates of borderline diagnoses, suicidal crises and acute self-injury in younger patients and higher scores of borderline symptoms, symptom severity and mental burden in patients with a history of (family) migration. The higher rates in younger patients point out the relevance of the interview sample of adolescent patients. Whether the partially higher mental burden and symptom severity of migrant patients can be partially explained with the experience of racism and societal devaluation, remains open. In the grounded theory interview analysis the dimension of „not finding a home in the inner and the outer world and being trapped in between" emerged. This category connects different symptoms, difficulties and social influences, such as questions about belonging connected to the (family) history of migration and experiences of racism, in the experience of the patients and highlights their specific challenges.

Keywords: Migration · Borderline personality organization · Borderline personality disorder · Subjective illness theories · Mixed methods design · Grounded theory methodology

Inhaltsverzeichnis

Abbildungsverzeichnis

Tabellenverzeichnis

1 Einleitung

Psychosoziale Folgen von Migration und Flucht zeigen sich auf verschiedenen Ebenen. Sie betreffen die Migrierten selbst, aber auch ihre Familien, ihr soziales Umfeld und die Gesellschaft, in der sie ankommen. Die Folgen finden ihren Ausdruck im Innerpsychischen, Familiären und Gesellschaftlichen. Diese miteinander verwobenen Ebenen beeinflussen sich gegenseitig und ihr Zusammenspiel ist zentral für das Verstehen des Phänomens der Migration und dessen Auswirkungen. Leidet eine Person mit Migrationsgeschichte an psychischen Problemen, ist es wichtig zu nachzuvollziehen, welche Rolle die eigene oder elterliche Migrationsgeschichte dafür spielt und welche Bedeutung sie für die Betroffenen hat. Abseits von Symptomlisten und diagnostischen Kriterien zu psychischen Erkrankungen liegt die Frage, wie Patient:innen ihre psychischen Probleme subjektiv erleben und verstehen. Besonders bei Patient:innen mit Borderline-Persönlichkeitsproblemen, die sehr unterschiedliche Symptome und Manifestationen in verschiedenen psychischen und somatischen Bereichen aufweisen, drängt sich die Frage auf, ob es trotz der unterschiedlichen Ausprägungen der Pathologie gemeinsame und übergreifende Erfahrungsdimensionen gibt. Im Zentrum der vorliegenden Untersuchung steht daher die Frage, wie Borderline-Patient:innen ihre Persönlichkeitsstruktur und die daraus entstehenden psychischen Probleme erleben und welche Annahmen sie zu dieser haben. Weil die Entwicklung von Persönlichkeitsproblemen in die (frühe) Kindheit zurückreicht und nicht erst kurz vor der Diagnosestellung im Jugend- oder jungen Erwachsenenalter beginnt, ist es wichtig zu ergründen, wie Betroffene die Probleme mit ihrer Lebensgeschichte und ihren Lebensumständen, wie beispielsweise den familiären oder eigenen Migrationserfahrungen und der Lebensphase der Adoleszenz, in Verbindung bringen und welche Bedeutung die damit verbundenen Erfahrungen für sie haben. Ein besonderer Fokus der vorliegenden

L. Wirth, *Im Innen und Außen kein Zuhause finden und gefangen sein im Dazwischen*, Adoleszenzforschung 17,
https://doi.org/10.1007/978-3-658-50568-4_1

Studie liegt deshalb darauf, wie Borderline-Patient:innen die Probleme in ihre Lebens- und Migrationsgeschichte einordnen, welche Rolle sie ihren Lebensumständen für die Entwicklung ihrer Borderline-Probleme zuweisen und welche Bedeutungen sie ihren lebensgeschichtlichen Erfahrungen und dem Umstand der familiären Migrationsgeschichte oder der eigenen Migrationserfahrung verleihen. Ebenso relevant ist, welche adoleszenten und generationalen Prozesse sie in Bezug auf ihre aktuelle Situation und ihr Erleben thematisieren. Von Interesse ist die Schilderung der für die Adoleszenz typischen Herausforderungen und Entwicklungsschritte, ihr Umgang damit und ihre Bewältigung dieser Anforderungen.

Die Untersuchung der Themen erfolgt in der dieser Arbeit zugrunde liegenden Studie anhand von zwölf Interviews mit migrantischen Borderline-Patient:innen der ersten und zweiten Generation in der Adoleszenz, welche sich in einer psychosomatischen Tagesklinik in Behandlung befanden, mittels der reflexiven Grounded Theory Methode. Die qualitative Untersuchung wird begleitet von einer quantitativen Auswertung klinischer Daten, um die Ergebnisse der Interviewanalyse in Relation zu anderen möglichen Subgruppen von Patient:innen setzen zu können und ihre Spezifität bzw. Verallgemeinerbarkeit einzuschätzen. Durch die Kombination von qualitativen und quantitativen Forschungsmethoden wurde ein Mixed-Methods-Ansatz verfolgt und der Forschungsgegenstand aus verschiedenen Blickwinkeln beleuchtet. Die Ergründung des subjektiven Erlebens und Verstehens der Borderline-Diagnose und der Bedeutungen, die der individuellen Biografie und den Lebensumständen in Bezug auf die psychischen Probleme verliehen werden, soll dazu dienen, den Blick von Behandler:innen und Praktiker:innen für die innere Realität und damit verbundene Empfindungen und Erfahrungen zu schärfen und sie für bestimmte Themen und Erlebensdimensionen der Betroffenen zu sensibilisieren. Auf diese Weise sollen einerseits Beratung und Behandlung von migrantischen Borderline-Patient:innen informiert und im Idealfall verbessert werden. Auf der anderen Seite geht es darum, besser zu verstehen, wie Migrationserfahrungen, adoleszente Entwicklungsaufgaben und andere biografische Herausforderungen von Menschen mit Borderline-Problemen wahrgenommen und verarbeitet werden, wie mit diesen umgegangen wird und wie diese bewältigt werden.

Es folgen eine Anmerkung zu Begrifflichkeiten: in der vorliegenden Arbeit ist von Borderline-Persönlichkeitsproblemen, der Borderline-Diagnose, -Pathologie, -Persönlichkeitsstruktur, -Persönlichkeitsorganisation oder -Persönlichkeitsstörung die Rede. Grundsätzlich wurde mit dem Begriff der Borderline-Persönlichkeitsprobleme oder -Diagnose gearbeitet. Die Begrifflichkeiten richteten sich jedoch bei den Bezügen zu theoretischer Literatur und empirischen Studien nach dem Vokabular der jeweiligen Quelle. Die Begriffe der Borderline-Persönlichkeitsstruktur und Borderline-Persönlichkeitsorganisation beziehen sich auf psycho-dynamische Konzepte, welche die strukturelle Ebene der Persönlichkeit und die mit ihr verbundene Entwicklung beschreiben. Der Begriff der Borderline-Persönlichkeitsstörung bezieht sich auf die diagnostische Kategorie der spezifischen Persönlichkeitsstörungsdiagnose. Der Begriff der Borderline-Probleme bzw. der Borderline-Diagnose verbindet die strukturelle und diagnostische Ebene und bezieht sich auf ein klinisches Krankheitsbild, dem eine Borderline-Persönlichkeitsstruktur zugrunde liegt und welches sich für die Betroffenen mit starken Problemen verbunden ist und sich auf leidvolle Weise in ihrem Erleben und in ihrem Alltag manifestiert. Mit den Begriffen „migrantisch", „Migrant:innen" (der ersten und zweiten Generation), „Migrationshintergrund", „Migrationserfahrungen" und „Migrationsgeschichte" werden Menschen bezeichnet, die entweder selbst nach Deutschland migriert sind oder von denen beide Eltern bzw. ein Elternteil aus einem anderen Land nach Deutschland migriert sind bzw. ist. In dem Bewusstsein, dass als migrantisch bezeichnete Menschen oft auf diese Weise als anders markiert werden, wurde versucht, mit den Begrifflichkeiten möglichst sensibel und zutreffend umzugehen. In der hier vorliegenden Arbeit steht beim Aspekt der Migration der biografische Umstand der Verlagerung des Lebensmittelpunkts und die damit verbundenen Veränderungen und Herausforderungen für die Identität und die wahrgenommene Bedeutung der eigenen oder elterlichen Migrationserfahrungen für die eigene Person und die Entwicklung der Borderline-Probleme im Vordergrund. Werden Studien referiert, die Menschen einer bestimmten Nationalität oder mit einem spezifischen Herkunftsland in den Blick nahmen, werden diese zwecks der inhaltlichen Vollständigkeit aufgeführt. Es versteht sich von selbst, dass die referierten Studienergebnisse nicht einseitig auf die Herkunft oder die Migrationsgeschichte der Proband:innen zurückzuführen sind, sondern komplexe Gründe- und Ursachenkonstellationen beachtet werden müssen. Unter Adoleszenten werden Personen verstanden, welche sich im Übergang von der Jugend ins Erwachsenenalter befinden. Im empirischen Teil umfassten die Stichproben volljährige Patient:innen ab 18 Jahren. In der Interviewstichprobe wurde der Fokus auf adoleszente Patient:innen im Alter von 18 bis 31 Jahren gelegt, da die adoleszente Entwicklung bis in den Beginn des 4. Lebensjahrzehnts hineinreicht.

2 Theorie

Gegenstand der Promotion sind die psychosozialen Folgen von Migration bei Patient:innen mit Borderline-Persönlichkeitsproblemen. Die für die Arbeit verwendete inhaltliche und methodische Fachliteratur und weitere Quellen finden sich systematisiert in einer EndNote-Datei unter Anhang 9.7. Im Zentrum der Arbeit stand die Erfassung der subjektiven Krankheitstheorien und die Analyse der Zusammenhänge dieser subjektiven Annahmen und des Erlebens mit der Lebensgeschichte, familiären Dynamiken und der eigenen oder elterlichen Migrationsgeschichte. Es wurde ein besonderes Augenmerkt darauf gelegt, ob und wie elterliche oder eigene Migrationserfahrungen mit den subjektiven Krankheitstheorien zu den eigenen Borderline-Problemen in Verbindung standen. Das Ziel war es herauszufinden, wie adoleszente Borderline-Patient:innen mit eigener Migrationserfahrung oder familiärer Migrationsgeschichte ihre psychischen Probleme erleben und verstehen und wie sie diese in ihre Lebens- und Migrationsgeschichte einordnen. Von Interesse war, welche Bedeutung die familiäre Migrationsgeschichte oder eigene Migrationserfahrungen in Bezug auf ihre Borderline-Diagnose hatten und welche Zusammenhänge sie herstellten. Der Forschungsgegenstand bedurfte in seiner Komplexität angesichts der verbindenden Untersuchung der Borderline-Probleme mit dem Umstand der Migration und der Lebensphase der Adoleszenz die Einbeziehung verschiedener fachlicher Blickwinkel zu einer interdisziplinären Betrachtung.

Ergänzende Information Die elektronische Version dieses Kapitels enthält Zusatzmaterial, auf das über folgenden Link zugegriffen werden kann https://doi.org/10.1007/978-3-658-50568-4_2.

L. Wirth, *Im Innen und Außen kein Zuhause finden und gefangen sein im Dazwischen*, Adoleszenzforschung 17,
https://doi.org/10.1007/978-3-658-50568-4_2

Die Arbeit bewegt sich daher zwischen Theorien und Perspektiven der klinischen Psychologie, Psychosomatik, klinischen Psychoanalyse, Entwicklungspsychologie und der psychoanalytischen Sozialpsychologie. Die zwei dominantesten Felder hierbei sind die psychoanalytische Psychosomatik und Sozialpsychologie. Die Psychosomatik beschäftigt sich mit dem Zusammenspiel psychischer, sozialer und körperlicher Prozesse und dessen Bedeutung für den gesundheitlichen Zustand und die Krankheitsbilder von Menschen. Bei der psycho-analytischen Psychosomatik spielen psychoanalytische Theorien und Erkenntnisse bei der Betrachtung der Pathologien und der entsprechenden Behandlungen eine zentrale Rolle (von Rad, 1993). Die psychoanalytische Sozialpsychologie betrachtet das Erleben und Handeln von Individuen im gesellschaftlichen Kontext, was gesellschaftliche Bedingungen für das einzelne Subjekt und die Gesellschaft als Ganzes bedeuten und wie diese in subjektiven Motivationen und Strukturen eingeschrieben sind. Sie legt einen besonderen Blick auf die gegenseitige Beeinflussung bzw. Vermittlung gesellschaftlicher und individueller Prozesse und Eigenschaften, wobei die Subjektivität und ihr Niederschlag im Gesellschaftlichen durch ihre enge Verwobenheit in der analytischen Betrachtung nicht immer eindeutig voneinander separierbar sind (Keupp, 1993).

Da die subjektiven Annahmen zu psychischen Problemen biographisch und eventuell auch kulturell geprägt sind und vermutlich einen entscheidenden Einfluss auf die Akzeptanz von und die Motivation für die Behandlung der Borderline-Probleme haben, ist es bei migrantischen Patient:innen wesentlich, die Bedeutung der Migrationsgeschichte nachzuvollziehen. Dies ist wichtig, um besser auf migrantische Borderline-Patient:innen eingehen zu können und die Behandlung bestmöglich zu gestalten. Unter Flucht ist ein besonderer Umstand der Migration zu verstehen, bei welchem die Betroffenen aufgrund von äußerer Bedrohung, wie z. B. Krieg oder politischer Verfolgung, zum Verlassen des Heimatlandes gezwungen sind, um der existenziellen Bedrohung zu entkommen. Der Fokus der Arbeit lag auf Migration, nicht auf Flucht und Vertreibung, und unter den Interviewpartner:innen waren keine Geflüchteten. Ein Interviewpartner schilderte die Migration seiner Mutter, die eine Flucht vermuten lässt. Er thematisierte diese jedoch nicht als Flucht und war selbst wiederum migriert, was mehr den Fokus seiner Erzählungen darstellte. Daher wurden bei den Abschnitten zu Migration spezifischere Erläuterungen zum Thema Flucht nicht ausgeführt. Forschungsarbeiten zu psychosozialen Folgen von Flucht finden sich im Sammelband des Promotionskollegs (Benzel et al., 2023), wie z. B. zu Entwicklungsanforderungen adoleszenter Geflüchteter (Dannert, 2023), kulturellen Selbstverortungen in geflüchteten Familien (Kulić, 2023) und zur Bedeutung von Trauerarbeit nach der Flucht bei Adoleszenten (Richter, 2023). Eine Darlegung des dieser Arbeit zugrunde liegenden Forschungsvorhabens findet ebenfalls im Sammelband des Promotionskollegs sich im Beitrag von Wirth (2023). Es folgt eine Darlegung des theoretischen Hintergrunds der wichtigsten Aspekte des Forschungsthemas. In den folgenden Subkapiteln werden die theoretischen Hintergründe des Forschungsthemas erläutert und ein aktueller Stand der Forschung dargelegt.

2.1 Migration

Um nachzuvollziehen, warum der Umstand der Migration so wichtig für das Erleben, die Identität und womöglich auch die (psychische) Verfassung eines Menschen ist, werden in diesem Abschnitt zunächst eine Begriffsklärung vorgenommen und relevante theoretische Konzepte und Überlegungen dargelegt.

Unter Migration wird die freiwillige oder erzwungene Umsiedelung eines Menschen von einem Land in ein anderes Land verstanden; die Migration ist mit der Intention, dauerhaft oder zumindest eine längere Zeit in dem neuen Land zu leben, verbunden. Als Migrant:innen werden demnach Menschen bezeichnet, welche ihren Wohnsitz aus freien Stücken oder aufgrund äußerer Umstände in ein anderes Land verlegen (Machleidt, 2013). Laut dem World Migration Report 2022[1] überschreitet ein Großteil der Menschen, die ihren Wohnort verlassen, um an einem anderen Ort zu leben, dabei keine Landesgrenze, sondern ziehen innerhalb des Landes um. Diese werden nicht als Migrant:innen verstanden (IOM, 2022). Wer migriert, hängt von einer Vielzahl zeitlicher, gesellschaftlicher, individueller und motivationaler Faktoren ab (Grinberg & Grinberg, 1989). Globale Migrationen sind ein reguläres menschliches Phänomen, welches in Zukunft verstärkt auftreten wird (Machleidt, 2013). Bereits in den letzten Jahr-zehnten haben Migrationsbewegungen zugenommen (Erim & Morawa, 2017). Dies belegen auch aktuelle Statistiken: die geschätzte Anzahl an Migrant:innen ist laut des World Migration Report der UN aus dem Jahr 2022 (IOM, 2022) in den letzten fünf Jahrzehnten deutlich gestiegen. Die geschätzte Anzahl an Migrant:innen hat sich im Jahr 2020 im Vergleich zum Jahr 1970 verdreifacht. Im Jahr 2020 gab es international 281 Millionen Migrant:innen, was zu diesem Zeitpunkt 3,6 % der weltweiten Bevölkerung entsprach. Im Jahr 1990 gab es 128 Millionen weniger Migrant:innen. Die Anzahl von Migrant:innen hat zwischen 1990 und 2020 in

[1] Der World Migration Report für das Jahr 2023 war zum Zeitpunkt der letzten Recherche noch nicht publiziert.

allen Regionen der UN zugenommen, besonders jedoch in Europa und Asien. Die Anteile von Migrant:innen in der Gesellschaft unterscheiden sich stark zwischen Ländern. Der World Migration Report 2022 gibt den Anteil von Migrant:innen an den in Deutschland lebenden Personen für das Jahr 2020 mit 18,8 % an und bezieht sich auf im Januar 2021 durch das UN Department of Economic and Social Affairs (UN DESA) publizierte Daten (IOM, 2022).

Die Gründe für die Migration sind meist beruflicher oder familiärer Natur, auch das Studium im Ausland ist ein häufiges Motiv. Diese Gründe der Migration stellen meist weder die Migrant:innen selbst noch die Ankunftsländer vor fundamentale Herausforderungen (IOM, 2022), wobei hier vermutlich gesellschaftspolitische und wirtschaftliche Herausforderungen gemeint sind und nicht unbedingt soziale und innerpsychische Verarbeitungs- und Bewältigungsprozesse. In den folgenden Ausführungen zu Migration geht es spezifisch um die Migration nach Deutschland und die Situation der Migrierten in der Bundesrepublik, da in der Studie zur vorliegenden Arbeit mit Migrant:innen geforscht wurden, die selbst oder deren Eltern nach Deutschland migriert waren und die weiterhin in der Bundesrepublik lebten. Hierzu folgt nun eine Erläuterung offizieller Begriffe, mit welchen migrierte Personen als solche bezeichnet werden.

2.1.1 Migrationshintergrund und Einwanderungsgeschichte

Menschen mit Einwanderungsgeschichte sind nach Definition der Fachkommission Integrationsfähigkeit seit 1950 entweder selbst nach Deutschland eingewandert oder direkte Nachkommen eingewanderter Personen, bei welchen beide Elternteile eingewandert sind. Die selbst eingewanderten Personen werden als Migrant:innen erster Generation bezeichnet, die Kinder eingewanderter Personen als Migrant:innen zweiter Generation (Destatis, 2023b). Die neue Definition der Einwanderungsgeschichte, die nun im Mikrozensus verwendet wird, ist enger gefasst als die Definition des Migrationshintergrundes. Einen Migrationshintergrund hat eine Person, wenn sie entweder selbst oder mindestens ein Elternteil keine deutsche Staatsbürgerschaft hat (Destatis, 2023a). Als Personen mit Migrationshintergrund gelten „alle nach 1949 auf das heutige Gebiet der Bundesrepublik Deutschland Zugewanderten sowie alle in Deutschland geborenen Ausländer und alle in Deutschland als Deutsche Geborenen mit zumindest einem zugewanderten oder als Ausländer in Deutschland geborenen Elternteil" (Statistische Ämter des Bundes und der Länder, 2011, S. 3). Demnach sind Migrant:innen der ersten Generation nicht in Deutschland geboren und selbst nach Deutschland migriert, entweder mit Familie, Partnern oder alleine. Migrant:innen der zweiten Generation sind selbst in Deutschland geboren und aufgewachsen, jedoch sind deren Eltern oder zumindest ein Elternteil aus dem Ausland nach Deutschland migriert (Destatis, 2023a).

Die durchgeführte Studie war in den Jahren 2020 und 2021 geplant und begonnen worden; während der Planung war der Begriff der Einwanderungsgeschichte noch nicht präsent und das Konzept des Migrationshintergrunds aktuell, weshalb dieses genutzt wurde. Die Einordnung von Patient:innen als mit oder ohne Migrationshintergrund entschied sich an der Frage, ob sie oder ihre Eltern bzw. ein Elternteil nach Deutschland migriert waren oder nicht; dies gilt für die quantitative und die qualitative Stichprobe. Entscheidend waren nicht die Nationalität oder der rechtliche Status, sondern das (Nicht-)Vorhandensein eigener Migrationserfahrung oder elterlicher Migrationsgeschichte, da untersucht wurde, welche Rolle die Migration im Erleben und Verstehen der Borderline-Probleme einnahm, welche Bedeutungen ihr zuteil und welche Zusammenhänge wahrgenommen wurden.

Der Begriff „Menschen mit Migrationshintergrund“ wird seitens migrantischer Communities und auch von Seiten der Wissenschaft oftmals kritisiert, da Menschen mit Migrationshintergrund eine heterogene und keine einheitliche Gruppe sind und ihre (familiären) Migrationsgeschichten und -erfahrungen sehr vielfältig sind. Im Kontext der Migrations- und Integrationsforschung kann der Begriff funktional wirken, ist aber für die Forschung zu Diskriminierung und Rassismus unzureichend, da das Risiko Diskriminierung zu erfahren innerhalb der migrantischen Bevölkerung verschieden ist. Eigenschaften, welche als Anlass für Abwertung und Ausgrenzung genommen werden, wie z. B. die ethnische Zugehörigkeit oder äußerliche Merkmale, und damit verbundene unterschiedliche Erfahrungen spiegeln sich in diesem Begriff nicht wieder (El-Mafaalani, 2017). Spricht man von Menschen mit Migrationserfahrungen, wird sprachlich sichtbar, dass migrantische Personen unterschiedliche Migrationsgeschichten und -erfahrungen mitbringen. Auch hat der Begriff des Migrationshintergrunds keinen spezifischen Bezug zur jeweiligen Migrationsgeneration, weshalb in der vorliegenden Arbeit von Menschen bzw. Patient:innen mit Migrationserfahrung oder mit elterlicher bzw. familiärer Migrationsgeschichte gesprochen wird. Welchen Anteil Personen mit Migrationserfahrung oder mit familiärer Migrationsgeschichte in der Bevölkerung der Bundesrepublik haben, wird im Abschnitt 2.5.1 ausgeführt.

2.1.2 Aktuelle Situation von Migrant:innen in Deutschland

In Deutschland gab es seit der Mitte des 19. Jahrhunderts mehrere Einwanderungswellen, durch die der wirtschaftliche Aufstieg des Landes ermöglicht wurde. Die Gruppe der Menschen mit Migrationshintergrund ist durch Heterogenität hinsichtlich des (familiären) Herkunftslandes, der ethnischen Zugehörigkeit, Religion, kulturellen Hintergrunds und dem gesellschaftlichen und rechtlichen Status geprägt. Auch die Gründe zur Einwanderung sind vielfältig und oftmals haben Menschen nicht nur einen Grund als Migrationsmotiv (Erim & Morawa, 2017). In Deutschland unterscheiden sich Menschen mit und ohne Migrationsgeschichte laut Hövener und Fiack (2023) hinsichtlich ihres Aufenthaltsstatus, sozioökonomischer Aspekte, Deutschkenntnissen und bezüglich ihrer Möglichkeiten zur gesellschaftlichen Teilhabe. Diese Divergenzen stehen in Zusammenhang mit unterschiedlichen gesundheitlichen Risiken, Versorgungsbedarfen und Ungleichheiten; das Zusammenspiel von Gesundheit und Flucht und Migration ist komplex. Migrationserfahrungen sind nicht generell ein gesundheitlicher Nachteil oder Vorteil. Dies verdeutlicht, dass bei Behandlungen eine differenzierte Betrachtungsweise der individuellen Lebens- und Migrationsumstände vonnöten ist (Hövener & Fiack, 2023). Bei migrantischen Kindern und Jugendlichen möglichst früh eine gute Entwicklung zu fördern ist ein besonderer Fokus integrationspolitischer Bemühungen. Dies soll erreicht werden, indem Integrationsmöglichkeiten verbessert, gesellschaftliche Teilhabe ermöglicht und ein erfolg-reicher Bildungsweg begünstigt werden. Von den bildungspolitisch angestrebten Zielen der Bildungsgerechtigkeit und Chancengleichheit sollen vor allem Kinder mit Migrationshintergrund profitieren (Kämpfe, 2019). Aufgrund des international präsenten Phänomens der Migration und des bedeutsamen migrantischen Bevölkerungsanteils in Deutschland ist es auf internationaler und lokaler Ebene wichtig zu verstehen, welche psychosozialen Folgen und Auswirkungen die eigene oder elterliche Migrationsgeschichte hat bzw. haben kann.

2.1.3 Migration aus psychologischer und psychoanalytischer Sicht

Migration beschreibt zunächst auf einer sachlichen Ebene, dass ein Mensch seinen Wohnort und Lebensmittelpunkt verändert und in ein anderes Land verlegt. Zu migrieren beinhaltet jedoch nicht nur eine räumliche Veränderung, sondern auch eine Neuverortung des Selbst, der individuellen Position in der Gesellschaft und der eigenen Zugehörigkeit im sozialen Gefüge. Grinberg und Grinberg (1989) stellen mit dem Zitat „One ceases to belong to the world one left behind and does not yet belong to the world in which one has newly arrived" (S. 23) heraus, dass der Umstand der Migration mit einer Übergangsphase einhergeht, in welcher man nach und nach aufhört zur alten Heimat zu gehören, aber auch noch nicht zur neuen Heimat gehört.

Migration als Veränderung In vorangegangenen Zitat zum Prozess der Migration wird deutlich, dass die Migration nicht nur eine äußere Veränderung des Lebensortes darstellt, sondern auch mit einer inneren Veränderung und Übergangsphase von Zugehörigkeiten verbunden ist. Während die Zugehörigkeit zum Herkunftsort endet bzw. nach und nach erlischt, ist die Zugehörigkeit zum neuen Ankunftsort noch nicht vollständig hergestellt. Machleidt (2013) bezeichnet Migrant:innen als „Überschreiter von Kulturgrenzen und Wanderer zwischen ethnischen Welten" (S. 13) und macht damit deutlich, dass Migration nicht nur eine räumliche Veränderung bedeutet, sondern sich auch die kulturelle Umgebung wandelt.

Der Migrationsprozess ist mit komplexen psychischen Prozessen verbunden: das Verlassen des Herkunftslandes führt zu Verlusten und erfordert den Verzicht auf Vertrautes. Das Einleben im Ankunftsland bringt die Konfrontation mit Neuem und Unbekanntem und der Notwendigkeit, sich anzupassen, einzufinden, möglicherweise eine neue Sprache zu erlernen und in der neuen Gesellschaft einen Platz zu suchen mit sich (Akhtar, 2007). Migration wird von Hauser (2012) als „lebenslanger Transformationsprozess" (S. 140) bezeichnet und kann als kritisches Lebensereignis betrachtet werden, was besonders die selbst eingewanderte Generation durch die Notwendigkeit von Neuorientierung und Anpassung herausfordert, aber auch Folgegenerationen noch beeinflusst (Schenk, 2007). Van Tonder (2013) postuliert eine Wegbewegung vom Begriff der Akkulturation, bei welchem es um die Veränderungen und Anpassungen der Ankommenden und der Aufnahmegesellschaft geht, und schlägt stattdessen einen Fokus auf den Begriff der persönlichen Wandlung bzw. des persönlichen Übergangs vor, durch welchen die individuelle Migrationserfahrung und damit verbundene individuelle Veränderungen, Kognitionen und Emotionen besser ergründbar sind. Egal ob man Migrationsprozesse mit dem Begriff der Akkulturation, Anpassung oder Veränderung begegnet, es spielen alle drei Aspekte beim Ankommen in einem neuen Land und einer zunächst fremden Gesellschaft eine Rolle (Van Tonder, 2013). Wie gut die Migration auf psychischer und sozialer Ebene verarbeitet und Verluste verwunden werden können, ist durch die Art der Veränderung mitbestimmt. Sind diese positiv und bereichernd oder können sie als solche aufgefasst werden, glückt die Bewältigung eher als bei negativen Veränderungen und der Unmöglichkeit, diese ins Positive zu wenden (King, 2016b).

Die äußeren Veränderungen bedingen innere Veränderungen und verlangen einen Umgang mit der neuen Lebenssituation.

Migration als Herausforderung Zu migrieren stellt demnach eine Herausforderung dar (King, 2016b) und die starke und relativ plötzliche Veränderung der Lebensumgebung fordert die Anpassungsfähigkeiten der migrierten Person (Akhtar, 2007). Das Erlernen der neuen Sprache kann eine besondere Herausforderung sein, die sehr bedeutsam ist, da Sprache für das Selbst und das menschliche Zusammenleben zentral ist. Die migrierte Person erlebt sich womöglich entfremdet und als nicht authentisch, wenn sie die Sprache des Ankunftslandes noch nicht gut beherrscht, sich nicht wie gewohnt ausdrücken und verständlich machen kann und es zu Missverständnissen kommt. Beherrscht sie die neue Sprache in ausreichendem Maße, wird diese die Muttersprache vermutlich nicht ersetzen, kann aber einen Zugang zur neuen Gesellschaft schaffen und eine persönliche Bereicherung darstellen (Grinberg & Grinberg, 1989). Verbleiben Aufgaben und Herausforderungen, die aus der Migration resultieren, unverarbeitet und unbewältigt, wirken sich diese auf die Nachkommen der Migrierten aus oder werden gar an diese weitergegeben (King, 2016b). Es ist daher wichtig zu verstehen, wie sich Verarbeitungsprozesse migrationsbedingter Veränderungen gestalten, welche möglichen Ausgänge sie haben und was daraus für die psychische Verfassung der Migrierten resultiert.

Psychische Verarbeitung der Migration Migration geht mit Verlusten, Trennungen und Risiken einher und ist meist mit Hoffnungen auf ein besseres Leben verbunden. Migrierende verlieren ihre bekannte und vertraute Lebensumgebung und erfahren Brüche in oder gar das Ende von zwischenmenschlichen Beziehungen (King, 2016b). Über den Migrationsprozess hinweg bestimmen unterschiedliche Empfindungen das Erleben. Beim Verlassen des Herkunftslandes dominiert der Verlust und Trennungsschmerz, bei der Ankunft in der neuen Heimat kommen oftmals Freude und Erleichterung auf, die dazu führt, dass die Migrant:innen sich zunächst gut einfinden. Nach einer anfänglichen Phase des „Honeymoon“, in welcher mit Faszination und Erfolgsgefühlen das Neue angenommen wird, folgt die Phase der „kulturellen Adoleszenz“ (Machleidt, 2013, S. 36–37), in welcher Ängste vor dem Fremden auftauchen, eine Auseinandersetzung mit dem Unbekannten erforderlich ist und Verluste betrauert werden müssen (Machleidt, 2013). Oftmals kommt es zunächst zu regressiven und spaltenden Tendenz, das Herkunftsland wird idealisiert, Stolz wird mit der von der Herkunft herrührenden Teil der Identität verbunden und das Ankunftsland wird verteufelt. Möglicherweise war die Konstellation von Idealisierung und Entwertung vor der Migration genau umgekehrt gelagert. Im Prozess des Einlebens im Ankunftsland wird idealerweise eine ambivalente Betrachtung beider Länder erreicht. Die Verluste und Gefühle von Furcht aufgrund von Veränderungen der äußeren und inneren Realität lösen Trauer aus. Wie gut diese bewältigt wird, hängt von verschiedenen Faktoren ab, wie z. B. das Alter zum Zeitpunkt der Migration, ob der Aufenthalt im neuen Land zeitlich begrenzt ist oder nicht, ob die Entscheidung zur Migration selbst und freiwillig getroffen wurde, was die Gründe für die Auswanderung waren und ob die Möglichkeit besteht, in das Herkunftsland zurückzukehren oder es zu bereisen. Erfolgt die Migration in späteren Lebensphasen, sind die damit verbundenen psychischen Prozesse subtiler und komplexer, im Vergleich zur Migration z. B. in der frühen Kindheit oder der Adoleszenz, da im fortgeschrittenen Lebensverlauf bereits eine ausdifferenzierte psychische Strukturierung besteht. Auch stellt sich bei selbst gewählter Migration die Frage, welche innerpsychische Funktion die Migration für die Migrierten hat(te) (Akhtar, 2007): Haben Menschen Schwierigkeiten, sich von den Eltern oder aus anderen (schwierigen) Beziehungen zu lösen, kann die Migration den Versuch der Befreiung und Trennung und eine damit verbundene Illusion der gelungenen Loslösung darstellen (Marlin, 1997, in Akhtar, 2007). Machleidt (2013) begreift die Migration als „dritte Individuation“ und „kulturelle Adoleszenz“ (S. 23), weil sie durch das Verlassen der Kultur des Herkunftslandes auch die Ablösung von bisher vertrauten und Geborgenheit und Sicherheit spendenden kulturtypischen Objekten erfordert. Die Adoleszenz wie die Migration stellen individuelle Transformationsprozesse dar, welche mit grundlegenden Veränderungen verbunden sind und verlangen, sich in einem neuen Altersabschnitt bzw. einer neuen Lebensumgebung einzufinden und das eigene Selbstbild und die Identität neu zu gestalten. Dieses erneute Austarieren des eigenen Selbst findet für Migrierte in einem Spannungsfeld zwischen Familie, Herkunftskultur und Ankunftsgesellschaft statt, welches weiter bestehen kann. Abschließend können die Migrierten eine mehrkulturelle Identität entwickelt haben, welche ausdifferenziert und bereichernd sein kann (Machleidt, 2013). Wie sich das Einfinden in die Gesellschaft des Ankunftslandes nach der räumlichen Migration gestaltet, ist ebenso relevant für die Verarbeitung des Migrationsprozesses.

Ankommen in der neuen Gesellschaft Das Ankommen eines migrierten Menschen in der Gesellschaft und Umgebung des Landes, in welches er migriert ist, ist geprägt und beeinflusst durch die Umgebung, die er verlassen hat, durch ihn selbst und durch die Umgebung, in die er sich begeben hat. Anzukommen und sich in die neue Gesellschaft einzufinden, ist eine Herausforderung für alle beteiligten Seiten und kann von Konflikten und Spannungen geprägt sein (Leszczynska-Koenen, 2019). Migration kann nach Ankunft im neuen Land zunächst von Einsamkeit und fehlender Zugehörigkeit geprägt sein, die Migrierten in ihrer Identität verunsichern und von diesen bedrohlich erlebt werden (Hauser, 2012). Die Begegnung mit dem „Fremden“ kann im Ich Gefühle von Bedrohung und Blockaden hervorrufen und Abwehr z. B. in Form von pauschalisierenden (negativen) Vorurteilen, Rassismus oder undifferenzierte Idealisierung und paranoide Befürchtungen anstehender Benachteiligungen durch die Migration zur Folge haben. Diese Abschottung kann bei den Einheimischen die Bereitschaft und Fähigkeit zur Integration der Migrant:innen blockieren und das eigene Selbst in seiner Entwicklung verarmen lassen (Machleidt, 2013). Wie die Ankunftsgesellschaft auf die migrierte Person reagiert, kann sich stark und auf vielfältige Weise darauf auswirken, wie sie sich anpasst und es schafft, sich in die Gesellschaft einzufinden und die migrierte Person kann wiederum die neue Gesellschaft stark beeinflussen (Grinberg & Grinberg, 1989). Unterscheidet sich die migrierte Person aufgrund ihrer Herkunft optisch stark von der Mehrheit der Aufnahmegesellschaft, dauert der Prozess der Akzeptanz in der Gesellschaft länger (Akhtar, 2007). Auch Kinder von Migrierten müssen sich gegenüber Menschen ohne Migrationsgeschichte zu ihrer Lebensweise rechtfertigen, besonders wenn ihre familiäre Herkunft kulturell anders geprägt ist als die Gesellschaft, in der sie leben (Zölch et al., 2013).

Um die Migration zu gut zu bewältigen, müssen die Migrierten eine Verbindung zwischen ihrer alten und ihrer neuen Lebensumgebung herstellen, um mit der kulturellen Herkunft in Kontakt zu bleiben und sich gleichzeitig in die neu entdeckte Welt zu integrieren und einen Weg finden, beide kulturelle Hintergründe durch Bikulturalität zu vereinen (Meurs, 2016). Die Orientierung hin zu Mitgliedern der Community des Herkunftslandes im Ankunftsland kann als eine Strategie verstanden werden, Kontakt zu Vertrautem zu halten, sich kulturelle Übergangsräume in der neuen Umgebung aufzubauen und wird als wichtiger Teil des Ankommens in der neuen Heimat verstanden (Leszczynska-Koenen, 2019). Sind die Migrierten im Ankunftsland mit Abweisung konfrontiert, kann dies mögliches Leiden verstärken und den Eindruck erwecken, gescheitert zu sein. Erfahrungen von Ausgrenzung und Diskriminierung können einer funktionalen und positiven Verarbeitung der Migrationserfahrung abträglich sein (King, 2016b). Im Extremfall können sich verschiedene Momente des Migrationsprozesses negativ oder gar traumatisch auf die psychische Verfassung der Migrierten auswirken.

Migration als Trauma Grinberg und Grinberg (1989) verstehen Migration gleichzeitig als eine krisenhafte Erfahrung und als eine Abfolge vieler teils traumatischer Ereignisse. Eine Krise kann auslösend für die Migration sein oder eine Konsequenz dieser. Begreift man Migration als Trauma, ist dies nicht als singuläres Ereignis, sondern als eine länger andauernde Konstellation diverser Faktoren zu verstehen, welche Ängste und Trauer auslösen können. Wie der einzelne Mensch mit der Migration umgeht, hängt auch von persönlichen Eigenschaften und spezifischen

Umständen ab. Die traumatische Wirkung von Migration ist nicht unmittelbar und immer sichtbar, aber kann mit einer gewissen Verzögerung oder Latenz und eher verdeckt auftreten und tief und nachhaltig wirken. Migration kann zum Gefühl von Hilflosigkeit führen und den Verlust einer schützenden Umgebung wie den einer schützenden Mutter bedeuten (Grinberg & Grinberg, 1989). Geschehen Veränderungen oder Abbrüche auf traumatisierende oder überwältigende Weise, kann es laut Winnicott (vgl. Leszczynska-Koenen, 2019) zu einem Bruch im Lebensverlauf kommen, durch welchen das bisher Vertraute als Ressource zum Ausgleich des Neuen versagen kann. Auf diese Weise kann der Verlust nicht verarbeitet und betrauert werden. Im Falle einer tatsächlichen räumlichen Migration über Landes- und Kulturgrenzen hinweg können kulturelle Übergangsräume, welche modifizierte Übergangsobjekte darbieten, und der Schutz haltgebender innerer Objekte wegbrechen (Leszczynska-Koenen, 2019). Der Verlust der bisherigen Heimat bzw. des gewohnten Zuhauses muss betrauert werden, was vermutlich nie vollkommen abgeschlossen ist, und die eigene Identität bedarf einer Auseinandersetzung mit dem neuen Leben, an das sie sich anpassen muss. Ein überdauerndes Gefühl der Identität und des eigenen Selbst zu erhalten, verlangt die Aufrechterhaltung von Beständigkeit trotz äußerer Veränderungen, wie z. B. Migration, welche die Stabilität des Selbst auf eine Probe stellen kann (Grinberg & Grinberg, 1989). Zu migrieren kann eine Krise auslösen, welche die Identität angreift und zu psychischer Fragmentierung und dem Erleben von innerer Leere führt (Hauser, 2012). Die Migration nur als potentiell schädlich und ein geglücktes Ankommens lediglich als gelungene Vermeidung von negativen Entwicklungen zu betrachten, wäre jedoch zu kurz gegriffen.

Migration als positive Entwicklung Migration kann es auch ermöglichen, neue Fähigkeiten und Ressourcen zu entdecken und zu entwickeln (Hauser, 2012). Migration bedeutet nicht automatisch eine Destabilisierung der Identität und kann sogar (unbewusst) gewählt werden, um die eigene Identität zu festigen (Grinberg & Grinberg, 1989). Das Erleben von Migration sollte daher nicht einseitig defizitorientiert betrachtet werden. Neben den potentiellen Belastungen und negativen Empfindungen bedeutet die Auswanderung für die Migrierenden oftmals eine Befreiung aus Verstrickungen vom Eigenen und der Geschichte des Herkunftslandes und ist verbunden mit Freude und Hoffnung auf einen positiven, bereichernden Neuanfang im Ankunftsland. Viele Migrationsgeschichten sind von Erfolg und positiver Entwicklung geprägt, weshalb die ungünstig verlaufenden Migrationen in der Darstellung nicht alleinig den Fokus einnehmen sollten (Machleidt, 2013). Migration ist nicht nur als Risiko, sondern auch als Chance zu begreifen, da sie mit positiven Veränderungen wie z. B. einem besseren Lebensstandard, der Verfügbarkeit besserer medizinischer Versorgung, vielfältigeren (beruflichen) Perspektiven, höherer Mobilität und Flexibilität und mehr Möglichkeiten der Selbstverwirklichung einhergehen kann (Erim & Morawa, 2017). King (2016b) benennt als für eine positive Verarbeitung und Gestaltung der Veränderung förderliche Bedingungen die Fähigkeit der Eltern, Trauer und Schmerz aus der Migration bei sich zu behalten, ein förderndes Umfeld (in der Schule) und die Fähigkeit der Kinder, sich vom elterlichen Erbe der Migration zu lösen und eigenständig Wege einschlagen zu können. Die Migration kann bei positiver Verarbeitung auch eine Art „Wiedergeburt" sein, die Wiedererlangung eines kreativen Potentials bedeuten (Grinberg & Grinberg, 1989) und eine glückliche Weiterentwicklung darstellen. Sieht sich eine Person mit verschiedenen Entwicklungsanforderungen wie z. B. durch die Phase der Adoleszenz und der Verarbeitung von eigenen Migrationserfahrungen bzw. der familiären Migrationsgeschichte gleichzeitig konfrontiert, erlangen diese Anforderungen besondere Bedeutung.

Migration und Adoleszenz Wächst ein Mensch in einer migrierten Familie auf oder migriert er selbst im Kindes- oder Jugendalter, sieht er sich neben den ohnehin vorhandenen Entwicklungsaufgaben mit der Aufgabe der Auseinandersetzung der kulturellen Hintergründe des Herkunfts- und Ankunftslandes konfrontiert. Bei migrantischen Jugendlichen verschränken sich gewissermaßen alters- und migrationsbedingte Entwicklungsanforderungen und -aufgaben (King, 2016b). Interessant ist es zu betrachten, wie migrantische Adoleszente angesichts der Verschränkung der verschiedenen Anforderungen ihre Identität formen, wo sie sich zuhause fühlen und sich als zugehörig empfinden.

Leszczynska-Koenen (2019) beschreibt das „Heimatgefühl" als „mit einem Zustand fragloser Zugehörigkeit assoziiert, mit einer schützenden Hülle, deren Vorhandensein erst mit ihrem Verlust bewusst wird" (S. 173). Wachsen Menschen im Migrationskontext auf, sind „hybride Identitäten und Mehrfachzugehörigkeiten" prägend (Leser, 2015, in Kämpfe, 2019, S. 61). In einer Studie zeigte sich, dass Kinder mittleren Alters ($n = 58$), welche ethnischen Minderheiten angehörten, sich mehreren Orten zugehörig fühlten, mehrere Sprachen beherrschten (nicht nur die des Herkunftslandes und des Ankunftslandes) und es zeigten sich transnational geprägte Zugehörigkeitsgefühle und Identitäten (Scherer, 2015). Besonders die Migration im Adoleszenzalter während der „zweiten Individuation" (Blos, 1967, S. 162) kann einen Menschen fordern, da er sich in diesem Alter ohnehin schon mit der Lösung von primären Objekten aus der Kindheit beschäftigen muss, sich grundlegend mit seiner Identität auseinander setzt und die Migration ebenso mit Verlusten von Objekten und Vertrautem und der Beschäftigung mit dem Selbst verbunden ist (Akhtar, 2007). Bei Migrant:innen stellt sich die Frage, wie sie in der Phase der Adoleszenz gleichzeitig altersbedingte Veränderungen und eigene oder familiäre Migrationserfahrungen im Rahmen der individuellen Identitätsentwicklung verarbeiten (Zölch et al., 2013). Diese Gleichzeitigkeit von psychischen Verarbeitungserfordernissen wird von King und Schwab (2000) als „verdoppelter Transformationsprozess“ (S. 211) bezeichnet und umschreibt eine zweifache Transformationsanforderung, sich einerseits vom Kind zum Erwachsenen und andererseits sich kulturell und sozial durch Ablösung vom Herkunftsland und die Veränderung der Identität passend zur aktuellen Lebenssituation zu entwickeln. Wie Betroffene in ihrem Entwicklungsprozess damit umgehen, ist von der Bedeutung der Familie mitbestimmt und kann sich auf ihren Bildungsweg auswirken (Zölch et al., 2013). Die gleichzeitige Herausforderung durch adoleszente Veränderungen und Verarbeitung von Migrationserfahrungen führt dazu, dass migrationsbedingte und adoleszente Entwicklungsprozesse bei jungen Migrant:innen mit-einander verwoben sind (King, 2005), weshalb auch generationale Ablösungsprozesse nicht getrennt von der familiären Migrationsgeschichte betrachtet werden können.

Migration als transgenerationales Verarbeitungsprojekt Die Migration wird individuell, familiär und nicht nur von der selbst migrierten Generation, sondern über mehrere Generationen verarbeitet und ist verknüpft mit den generationalen Verhältnissen und der Loslösung der Kindergeneration von der migrierten Elterngeneration. Die elterliche Migrationsgeschichte lässt die Kinder nicht unberührt, weswegen die Frage nach der Verarbeitung von Migrationserfahrungen auch für die zweite Generation relevant ist (Benzel & King, 2023; King, 2005, 2016b). Wird die Migration von der migrierten Generation nicht gut bewältigt und Verluste und Enttäuschungen verbleiben unverarbeitet, kann sich dies auf Folgegenerationen auswirken (Böker et al., 2020; King, 2016b). Kinder von Menschen, die migriert sind, haben keine lokale Verankerung mit der Herkunftskultur der Eltern, auf sie wirkt die Herkunft der Eltern durch interaktionelle familiäre Dynamiken (Leszczynska-Koenen, 2019). Das *telescoping of generations* nach Faimberg (2005) beschreibt die Dynamik von Identifikationen in Familien und die Annahme, dass schwere Traumatisierungen der ersten Generation bis in die dritte Generation verarbeitet werden müssen. Dabei werden auf unbewusster Ebene ungelöste Konflikte der Elterngeneration durch narzisstische Objektdynamiken von der Kindergeneration angenommen bzw. werden ihnen diese auf intrusive Weise weitergegeben, was zu entfremdeten Identifizierungen mit den unverarbeiteten Konfliktinhalten der Eltern bei den Kindern führt. In diesem Moment ist die innere Realität der Eltern keine Vergangenheit für die innere Realität der Kinder, sondern die Gegenwart; Vergangenheit wird es erst, wenn diese nicht mehr ihre Identifizierungen sind. Die Weitergabe ungelöster Konflikte schreibt sich mittels narzisstischer Identifizierungen in die

Familienstruktur und -dynamik ein und schiebt die innere Realität der Generationen gewissermaßen näher zusammen wie beim Zusammenschieben eines Teleskops (Faimberg, 2005). Dies könnte ebenso für die Verarbeitung von Migrationserfahrungen und für zu erreichende Bestrebungen und daraus resultierende Erfolgsaufträge gelten. Aus dem Migrationsprozess resultieren möglicherweise Belastungen und Traumatisierungen, die Verarbeitung struktureller Benachteiligung, der Wiederaufbau von Identifizierungen, Neuorientierung und das Herstellen stabiler Bindungen. Die Weitergabe unverarbeiteter Herausforderungen von der ersten an die zweite Generation kann in einem Unvermögen dieser sich von der Elterngeneration zu trennen münden. Haben die Eltern Trennungen und Verluste resultierend aus ihrer Migration nicht überwunden, kann die adoleszenzbedingte Trennung vom Kind durch dessen altersgemäße Loslösung aus der Familie alte Wunden aufreißen und sich als schwierig gestalten: die Eltern sind womöglich nicht in der Lage, das Kind gehen zu lassen und sich zu lösen und versuchen, das Kind weiterhin an sich zu binden. King spricht hier von einer „gläsernen Grenze“, durch die die Eltern vor erneuter Trennung geschützt werden (King, 2016b, S. 992). Kommen generationenübergreifende Erfolgserwartungen, das Unvermögen sich zu lösen und strukturelle gesellschaftliche Benachteiligungen der Kinder zusammen, kann dies zu unvereinbaren und nicht umsetzbaren Anforderungen und Widersprüchen führen (King, 2016b).

Ist eine Familie gut eingebunden und durch emotionale Reife geprägt, kann sie die Migration gut bewältigen und gestärkt aus der Erfahrung hervorgehen. Ist die Familie aber durch psychische Krankheit geprägt, kann sich diese in der Phase der Migration verschlimmern und verfolgende Ängste werden in die praktischen Probleme der Außenwelt, mit welchen sie zu kämpfen haben, verlagert. Die migrationsbedingten Trauerprozesse werden nicht verarbeitet und im schlimmsten Fall so lange aufgeschoben, dass sie auf die Kinder, die zweite Generation, übertragen werden (Grinberg & Grinberg, 1989). Die Migration der Eltern kann daher auch im Leben der Kinder zu Brüchen, nicht bewussten Wiederholungen und Gefühlen der Entfremdung führen. Die Kinder von Migrierten sind zudem oftmals mit Erwartungen konfrontiert, zu zeigen, dass sich die Strapazen der Migration gelohnt haben (King, 2016b). King bezeichnet dies als ein „intergenerationales Erwartungsprojekt“ (King, 2016b, S. 981) und benennt intergenerationale Verstrickungen, wenn Eltern die Wunden der eigenen Migration dadurch zu heilen versuchen, dass sie ihren Kindern auf unbewusster Ebene den Auftrag weitergeben, eigene nicht erfüllte Wünsche in ihrem Leben zu verwirklichen (King, 2016b).

Verbleiben bei den Eltern durch übermäßige Anpassung an die Ankunftsgesellschaft und erfahrene Diskriminierung Gefühle von Wut, die nicht verarbeitet werden konnten, kann es sein, dass ihre Kinder stellvertretend rebellieren, wobei sie jedoch keinen konstruktiven Umgang mit den negativen Empfindungen und der Benachteiligung gelernt haben. Es werden die Aufgaben erfolgreich zu sein, Getrenntheit und Verbundenheit zwischen den Generationen zu regulieren und Wut und die Behauptung gegenüber Diskriminierung zu bewältigen an die Kindergeneration delegiert. Im Extremfall können Trennungen, zu Bruch gegangene Bindungen und der Mangel von Verlässlichkeit zum Fehlen von Bindung und Orientierung führen und in einer starken Suche nach Struktur und Halt bei den Kindern der Migrierten resultieren (King, 2016b). Wie der Umstand der Migration sich auf die psychische Verfassung auswirken kann oder was er im Falle bestehender psychischer Schwierigkeiten bedeuten mag, wird im Folgenden ausgeführt.

2.1.4 Psychische Gesundheit bei Migrant:innen

Zum Zusammenhang von Migration und psychischer Gesundheit Erim und Morawa (2017) geben einen Überblick über Hypothesen zu den gehäuften Feststellungen der schlechteren Gesundheit von Migrierten und damit verbundenen Studien. Es gibt Selektionshypothesen, z. B. die Positivselektion, nach welcher besonders robuste und gesunde Personen migrieren (*Healthy-Migrant-Effekt*) und die Negativselektion, nach welcher eher kranke und angeschlagene Personen migrieren in der Hoffnung, durch die Migration ihre gesundheitlichen Probleme lösen zu können. Bei letzterer werden die psychischen Erkrankungen ins Ankunftsland mitgebracht und resultieren nicht ursprünglich aus der Migration. Auch gibt es Migrationsstresshypothesen, gemäß welchen durch die Migration entstehende Belastungen und Herausforderungen psychische Störungen auslösen können (Erim & Morawa, 2017). Begreift man Migration als potentielles Trauma, was zu Hilflosigkeit führen kann und dem Verlust schützender Faktoren einhergeht (Grinberg & Grinberg, 1989), bietet dies einen guten Erklärungsansatz für die erhöhte Vulnerabilität Migrierter. Ein weiterer Erklärungsansatz ist die Theorie der sozialen Unterprivilegierung, gemäß welcher die Zugehörigkeit zu einer sozial schlechter gestellten Schicht mit einem höheren Risiko für psychiatrische Erkrankungen einhergeht (Fryers et al., 2005, in Erim & Morawa, 2017). Da viele migrantische Menschen sozial schlechter gestellt sind, wird ihre im Vergleich zur nicht-migrantischen Bevölkerung in manchen Bereichen schlechtere Gesundheit zum Teil mit höheren Krankheitsrisiken, resultierend aus der sozialen Benachteiligung, erklärt (Schenk, 2007). Die (erfolgreiche) Bewältigung des Migrationsprozesses hängt von den Ressourcen und Fähigkeiten der migrierten Person und der Situation im Ankunftsland ab, wie Migrant:innen dort gestellt sind und wie gut sie aufgenommen werden können, ob sie willkommen geheißen werden oder eher mit (struktureller) Diskriminierung konfrontiert sind (Erim & Morawa, 2017).

Risiko Migration Gemäß der Theorie der unerfüllten Statusaspiration kann das Nicht-Erreichen von Zielen, welche durch die Migration erreicht werden sollten, psychische oder psychosomatische Probleme auslösen (Schenk, 2007). Was sich ebenso negativ auf die körperliche und psychische Gesundheit auswirken kann, sind die Trennung von Familie, schwierige Lebensbedingungen im Ankunftsland wie z. B. fehlende soziale und wirtschaftliche Teilhabe und Identitätskonflikte, ausbleibende rechtliche und ökonomische Absicherung, Diskriminierung und die Notwendigkeit des Einfindens in eine neue Gesellschaft (Kupfer & Gamper, 2020). Besondere Belastungen können z. B. ein unsicherer Aufenthaltsstatus oder Diskriminierungserfahrungen sein, welche sich nachteilig auswirken können; wie gut das Erleben von Diskriminierung und Stigmatisierung bewältigt werden kann, ist abhängig von sozialen und psychischen Ressourcen der Betroffenen (Schenk, 2007). Auch sind migrantische Bevölkerungsgruppen und ethnische Minderheiten weltweit in verschiedenen Ländern mehr gesundheitsrelevanten Risiken ausgesetzt als Nicht-Migrierte und der Status als Migrant:in oder Angehörige:r einer ethnischen Minderheit stellt einen bedeutsamen Faktor für gesundheitliche Ungleichheit dar. Er kann jedoch nicht alleinig durch die im Durchschnitt schlechtere soziale Stellung erklärt werden, da auch bei gleichbleibender Sozialschicht teilweise migrantische Menschen einen schlechteren Gesundheitszustand aufweisen (Schenk, 2007). In einer Umgebung, in welcher die eigene Muttersprache nicht präsent ist, können Aspekte der Persönlichkeit und persönlichen Entwicklung, die durch die muttersprachliche Umgebung geprägt und in dieser repräsentiert sind, womöglich nicht mehr aktiviert werden (Kohte-Meyer, 2009, in Erim & Morawa, 2017). Durch diese Unverbundenheit kann sich „eine transkulturell bedingt Form von Unbewusstheit, eine innere Stummheit für emotionale und affektive Vorgänge" entwickeln (Erim & Morawa, 2017, S. 246).

Der Umstand der Migration ist bei der Behandlung nicht nur für die gesundheitliche bzw. psychische Verfassung an sich relevant, sondern auch für das Verhältnis zwischen Patient:in und Behandler:in bzw. Therapeut:in. Stammen diese aus unterschiedlichen ethnischen Gruppen, ist kulturelle Sensibilität essentiell, um eine therapeutische Beziehung aufbauen zu können (Calliess et al., 2008). Ist die

Lebensrealität von Patient:innen fremd für den Psychotherapeuten oder die Psychotherapeutin, ist es schwierig für diese, sich in die Perspektive und innere Welt des Patienten einzufinden und einzufühlen (Erim & Morawa, 2017). Daher ist die Ergründung der eigenen oder familiären Migrationsgeschichte und der Verbindungen, die die Patient:innen zu ihren Problemen herstellen, essentiell für die psycho-therapeutische Behandlung von migrantischen Patient:innen. Dies gilt auch im Falle von migrantischen Psychotherapeut:innen, da Migrationsgeschichten und -umstände und die subjektiven Annahmen und Deutungen sehr verschieden sein können.

Die von Machleidt (2013) benannte kulturelle Adoleszenz als Einfindungsprozess in die Ankommensgesellschaft hebt die grundlegende transformative Natur des Migrationsprozesses hervor und verdeutlicht, dass Personen, die in der Phase des Adoleszenzalters migrieren, offenbar eine doppelte Aufgabe zu bearbeiten haben. Herausforderungen, mit denen adoleszente Migrant:innen aufgrund ihres Alters und ihrer Migrationsgeschichte konfrontiert sind, sind kein Nischen- oder Spezialthema, sondern in einer globalisierten, flexibilisierten und international verflochtenen Welt für sehr viele junge Menschen präsent und relevant (King & Müller, 2013). Im Verlauf der individuellen Entwicklung muss fortlaufend Vertrautes und sicher Geglaubtes aufgegeben und Neues angenommen werden. Das menschliche Leben kann man demnach „als eine unausweichliche Migration betrachten, im Zuge derer gewohnte Orte der Geborgenheit immer wieder verloren gehen" (Leszczynska-Koenen, 2019, S. 174); dies gilt für die Migration sowie für die Phase der Adoleszenz. In psychotherapeutischen und psychiatrischen Behandlungen ist daher wichtig zu betrachten, wie migrantische Patient:innen in der Adoleszenz den Einfluss ihrer Migrationsgeschichte und den Zusammenhang zu ihrer aktuellen Lebensphase wahrnehmen. Interessant ist, ob sie diese als relevant für ihre Probleme erachten und welche Rolle dies in den subjektiven Krankheitstheorien zu Erkrankungen und psychischen Störungen bzw. pathologischen Persönlichkeitsorganisationen spielt.

2.2 Adoleszenz

Um die Bedeutung der bis hierhin schon mehrfach erwähnten Altersspanne der Adoleszenz darzulegen und einzuordnen, werden im Folgenden theoretische Konzeptionen und Überlegungen und empirische Erkenntnisse hierzu dargelegt.

Die Phase der Adoleszenz beginnt mit dem Start der Pubertät und endet in der Regel im Alter von zwanzig Jahren (Streeck-Fischer, 2006); letztere Altersbegrenzung ist jedoch umstritten, da adoleszente Prozesse noch weit über dieses Alter hinausreichen; andere Definitionen gehen deutlich über das Alter von zwanzig Jahren hinaus. Arnett (2000) beschreibt für junge Menschen in industrialisierten Gesellschaften das Alter der *emerging adulthood* als einen von der Jugend und dem jungen Erwachsenenalter zu unterscheidenden Altersabschnitt. Dieser erstreckt sich von den späten Teenagerjahren bis ans Ende der Zwanziger Jahre, mit einem Fokus auf dem Alter von achtzehn bis fünfundzwanzig Jahren. Er geht mit vielen Veränderungen und Entscheidungen hinsichtlich der individuellen Weltsicht, des Bildungswegs, der beruflichen Laufbahn und des Liebeslebens einer Person einher und der Verlauf und die damit verbundenen individuellen Entwicklungen sind vielfältig und unterschiedlich. Durch demographische Veränderungen hat sich dieser eigenständige Altersabschnitt herausgebildet und lässt sich empirisch belegen. Menschen in der Phase der emerging adulthood erleben sich nicht mehr als Jugendliche und noch nicht als Erwachsene, sie sind gewissermaßen erst auf dem Weg ins Erwachsensein. Lebensweisende Entscheidungen sind meist noch nicht (alle) getroffen und Identitätsfindungsprozesse noch nicht abgeschlossen (Arnett, 2000). In Gesellschaften der sogenannten modernen westlichen Ländern wird die Phase der Adoleszenz immer länger (Cohen, 2012). In der vorliegenden Arbeit wird Adoleszenz als das Alter nach der Pubertät und vor dem endgültigen Eintritt ins Erwachsenenalter verstanden und bezieht sich auf den Altersabschnitt von ca. achtzehn bis dreißig Jahren, um den für die Identitätsentwicklung, die Herausbildung sozialer Zugehörigkeiten und die Festigung des eigenen Selbst entscheidenden Altersabschnitt zu umfassen.

Adoleszente gehören weder zu den Kindern noch zu den Erwachsenen, sondern befinden sich in einer Art Zwischenzustand (Koller, 2009). Das Alter der Adoleszenz ist eine entscheidende Phase der individuellen menschlichen Entwicklung und stellt wie die Migration eine Übergangsphase dar. Die Adoleszenz beschreibt den Altersabschnitt, in welchem sich ein Mensch vom Kind zum Erwachsenen entwickelt (Zölch et al., 2013) und umfasst die psychischen und sozialen Veränderungen, welche auf die körperliche und sexuelle Entwicklung während der Pubertät folgen (Machleidt, 2013). Dies ist mit großen Veränderungen verbunden und der Ausgangspunkt für diesen Prozess ist die Familie, welche durch ihre Bindungskonstellationen, ihre Werte und Deutungs- und Handlungsmuster die Grundlage zur Orientierung des Heranwachsenden bietet (Zölch et al., 2013). Die durch die Pubertät angestoßenen Veränderungsprozesse bringen für das im Idealfall vorher psychisch stabile Kind ein gewisses Maß an Destabilisierung mit sich (Anderson & Dartington, 2005). Adoleszente Prozesse umfassen beispielsweise das Finden und Ergreifen einer beruflichen Ausbildung oder Tätigkeit, die Ablösung vom Elternhaus und der Familie und die Festigung einer eigenständigen Identität (Mecheril & Hoffarth, 2009). Die immer wieder gefundene Raum-Metapher, wie z. B. bei King und Koller (2009b) zum adoleszenten Möglichkeitsraum oder Erfahrungsraum, findet sich oft in Kontexten, in welchen es um zeitlich-räumliche Zugehörigkeiten oder Nicht-Zugehörigkeiten geht, wie z. B. dem Adoleszenzzeitraum, in welchem die Adoleszenten weder zur Kindheit noch ins Erwachsenenalter gehören (Mecheril & Hoffarth, 2009). Die Adoleszenz ist eine Entwicklungsphase, welche die Weichen für das Erwachsenenalter stellt und in der Defizite resultierend aus früheren Entwicklungsbedingungen und -phasen überwunden werden können. Es können aber auch frühe Traumatisierungen statt überwunden zu werden weiter perpetuiert wiederholt und ungünstige Bewältigungsstrategien wie z. B. Drogenkonsum oder andere selbstschädigende Verhaltensweisen Eingang ins Verhaltensrepertoire finden. Diese können wiederum negative Folgen wie z. B. psychiatrische Erkrankungen, Konflikte mit dem Gesetz und Schwierigkeiten im Bereich von Ausbildung und Beruf nach sich ziehen (Streeck-Fischer, 2006). Welche Aufgaben und Funktionen für die menschliche Entwicklung mit der Adoleszenz verbunden sind, wird im Folgenden umrissen.

2.2.1 Adoleszenz: Entwicklung und Identität

Erikson (1957) beschreibt „das Gefühl der Ich-Identität" als „die angesammelte Zuversicht des Individuums, daß (sic!) der inneren Gleichheit und Kontinuität auch die Gleichheit und Kontinuität eines Wesens in den Augen anderer entspricht, wie es sich nun in der greifbaren Aussicht auf eine ‚Laufbahn' bezeugt" (S. 239). Jede Lebensphase des Menschen ist durch die Auseinandersetzung mit einem weiteren innerpsychischen Konflikt geprägt, die das Selbst verändert (Erikson, 1957), die Entwicklung der Identität ist demnach nie abgeschlossen und ein lebenslanger Prozess. Über die verschiedenen Phasen der Kindheit werden unterschiedliche Integrationen der Identität des Selbst erreicht, mit dem Ziel Teil-Identitäten in einer übergreifenden, harmonische Struktur zu konsolidieren (Erikson, 1950; in Kernberg, 1976).

Im Kontext von acht ausformulierten Phasen zur Entwicklung von Menschen wird der Abschluss der Kindheit und der Beginn der Pubertät als Moment angeführt, in welchem der Mensch einen guten Bezug zur Welt herstellen konnte und die sexuelle Reife eintritt (Erikson, 1957). Die Phase der Jugendzeit ist durch den Gegensatz von „Identität gegen Rollendiffusion" (Erikson, 1957, S. 238) geprägt, da die mit der Pubertät verbundenen Veränderungen ein gleichbleibendes und durch Kontinuität geprägtes Selbst infrage stellen, das die Jugendlichen wieder herzustellen bestreben. Die Integration einer Ich-Identität, welche über die Aufsummierung kindlicher Identifikationen hinausgeht und das Erleben der Kompetenz, genannte Identifikationen und erlernte libidinöse Verschiebungen zusammenzubringen umfasst, ist eine zentrale Entwicklungsaufgabe der Pubertät. Die Rollendiffusion entsteht möglicherweise durch unüberwindbare Zwiespälte, was die sexuelle Identität angeht oder durch das Unvermögen sich für eine berufliche Laufbahn zu entscheiden. Im weiteren Entwicklungsverlauf stehen sich Intimität und Isolierung gegenüber, in welcher Phase der junge Mensch der Herausforderung begegnet, tiefgehende Freundschaften und intime partnerschaftliche Beziehungen einzugehen; gelingt dies nicht aus Angst vor einem Ich-Verlust, ist der Mensch mit starker Einsamkeit und Isolation konfrontiert (Erikson, 1957).

In der Adoleszenz findet eine Konsolidierung der Identität in besonderem Maße statt und der:die Adoleszente ist bestrebt, das Wissen zu sich und zur Welt, individuelle Erfahrungen und Ziele zu einem Kontinuum, einem beständigen Gefühl des Selbst und einem Verbundenheit des Erlebens zusammenzubringen. Nach Phasen der Identitätsentwicklung in der Kindheit wird während der Adoleszenz die Frage nach der eigenen Identität erneut stark virulent: stärkere Triebaktivitäten und die Notwendigkeit der Loslösung von früheren inneren Objekten führen in gewissem Maße zur Destabilisierung des Ich (Akhtar, 2007). Havighurst (1953) führt für die Adoleszenz verschiedene Entwicklungsaufgaben an: Akzeptanz von und Anpassung an Veränderungen des Körpers, (emotionale) Loslösung von den Eltern, Neugestaltung von Beziehungen zu gleichaltrigen Peers, Erlangung von Selbstvertrauen und neuer Orientierung in der eigenen Lebenswelt, Entwicklung eines handlungsleitenden Wertesystems, Erkennen der eigenen sozialen Verantwortung, Findung der sozialen Rolle und beruflichen Identität, Absicherung und finanzielle Selbständigkeit und Weiterentwicklung des Selbst hin zu einer erwachsenen Identität. Die bis zur Jugend entwickelte Struktur des Selbst, welche insbesondere aus frühen Bindungserfahrungen entstanden ist, entscheidet maßgeblich darüber, wie die Herausforderungen der Adoleszenz bewältigt werden können (Streeck-Fischer, 2006).

Blos (1967) postuliert die Adoleszenz als einen zweiten Individuationsprozess, welcher besonders relevant für die Entwicklung der Persönlichkeitsorganisation und die Reifung der Persönlichkeit ist, Veränderungen der psychischen Strukturen bedarf und daher eine sehr vulnerable Phase darstellt. Sollte die Entwicklung und Reifung fehlschlagen bzw. keinen guten Weg einschlagen, kann die Individuation gefährdet sein und ein höheres Risiko für Persönlichkeitspathologien bestehen (Blos, 1967). Diese zweite Individuation ist von einem zweiten Ablösungsprozess begleitet: während sich das Kind in den frühen Lebensjahren von seiner Mutter bzw. seiner primären Bezugsperson lösen muss, muss sich der Adoleszente von seiner Familie lösen, um eine neue Selbständigkeit zu erlangen. In dieser zweiten Ablösung können Probleme der ersten neu aufkommen: frühere Erfahrungen und Affekte bleiben zwar im Unbewussten, können sich aber mit aktuellen Prozessen vermischen und frühere Emotionen können das Hier und Jetzt beeinflussen. Womöglich sind diese gerade weil sie unbewusst verbleiben potentiell so wirkmächtig (Erdheim, 2015). Durch die Annäherung an das Erwachsenenleben, auch in Handlungen, Eigenständigkeit und Verantwortung, wächst der Preis potentiellen Scheiterns und es besteht eine erhöhte Notwendigkeit, mit Angst umzugehen (Anderson & Dartington, 2005). Die Phase der Adoleszenz jedoch pauschal als eine Bedrohung im Falle brüchiger Ich-Strukturen zu begreifen, wäre zu kurz gegriffen (Streeck-Fischer, 2006).

In der Spätadoleszenz ist es zentral, mehr und mehr realistische Selbst- und Objektbilder zu entwickeln und den Übergang zum Erwachsenenalter zu gestalten und zu bewältigen (Streeck-Fischer, 2006). Der Übergang ins Erwachsenenalter während der (späten) Adoleszenz stellt eine komplexe Entwicklungsaufgabe dar (Hauser, 2012) und die Veränderungen in der Adoleszenz erwirken Änderungen in den subjektiven Bedeutungen der Heranwachsenden (Erdheim, 2015). Im Erwachsenenalter sieht sich das Individuum mit späteren Entwicklungsaufgaben wie z. B. dem Verlassen des Elternhauses, Berufswahl, -ausbildung und -ausübung, Eingehen fester Partnerschaften und möglicherweise Elternschaft konfrontiert und die Identität wird weiter ausdifferenziert. Eine gesunde Identität geht mit stabilen und überdauernden Verhaltensweisen und Einstellungen, vergleichsweise wenigen und mäßigen Schwankungen und nicht mit Extremen und ständig wechselnden Gegensätzen einher. Sie ist nicht statisch und bleibt offen für Neues, Veränderungen und Anpassung, ist jedoch keiner Identitätsdiffusion unterworfen (Akhtar, 2007). Die veränderte Ausrichtung des Selbst im Verhältnis der Generationen verdeutlicht, dass die adoleszente Entwicklung der Betrachtung generationaler Dynamiken bedarf.

2.2.2 Adoleszenz im generationalen Gefüge

Die Annäherung an das Erwachsenendasein verlangt eine Neuorientierung und Neuplatzierung des Einzelnen im Generationenverhältnis. In der Adoleszenz muss der Mensch seine Beziehungen zu sich und zu seinen inneren und äußeren Objekten gewissermaßen überarbeiten und neu ausrichten, um diese Lebensphase positiv und erfolgreich zu bewältigen, was Anderson und Dartington (2005) mit der von Freud beschriebenen Trauerarbeit vergleichen. Als Trauer versteht Freud eine Reaktion auf den Verlust einer geliebten Person oder eines abstrakten Ersatzes für diese Person und als Trauerarbeit die damit verbundene Mühe, den Verlust zu akzeptieren und sich von dem nicht mehr präsenten Objekt zu lösen (Freud, 1999). Die Neuorientierung in der Adoleszenz ist demnach in gewissem Maße mit Trauerarbeit verbunden. Auch wenn die Objekte nicht unbedingt verloren gehen, müssen doch die bisherigen persönlichen Verhältnisse zu diesen hinter sich gelassen werden. Adoleszente machen neue Erfahrungen, ihre Persönlichkeit wird neu strukturiert und mit diesen Entwicklungen gehen auch Änderungen in der familiären Struktur einher (Machleidt, 2013).

Fragen danach, woher man kommt, worin das familiäre, kulturelle und psychische Erbe besteht und wo man zugehörig ist, sind wichtige Themen in der individuellen Identitätsbildung während der Adoleszenz. Die damit verbundene Entwicklung und die Beantwortung dieser Fragen ist verbunden mit der Entwicklung des Einzelnen und jeweiliger familiärer und generationenübergreifender Dynamiken. Inwiefern sich Kinder im Falle von über Generationen weitergetragenen Erwartungen oder Aufträgen diesen auch widmen, in welchem Maße sie innerlich mit den Eltern verstrickt bleiben und inwieweit sie sich lösen und neue, eigens entwickelte und gewählte Lebensentwürfe umsetzen, wird im Alter der Adoleszenz im Übergang zwischen Jugend und Erwachsenenalter und der damit verbundenen Entwicklung von Loslösung und Erlangung von Selbständigkeit deutlich (King, 2016b). Die Fragen der generationalen Aufträge und Verstrickungen sind womöglich besonders relevant bei Adoleszenten, die selbst migriert sind, oder deren Eltern migriert sind, da mit der Migration verbundene Erwartungen besonderen Druck auf die Kinder ausüben können und die Ablösung von der Familie womöglich durch die Weitergabe unverarbeiteter migrationsbedingter Entwicklungen schwerer fällt.

2.2.3 Migration in der Adoleszenz

In sogenannten Wachstumskrisen kommt es zu Entbehrungen und Verlusten und sowohl die Adoleszenz als auch die Verarbeitung eines (elterlichen) Migrationsprozesses kann als solche gesehen werden. Krisen als Phasen der Veränderung, des Wandels und des Übergangs haben Möglichkeiten des persönlichen Wachstums und der positiven Entwicklung sowie ein erhöhtes Risiko für psychische Krankheiten inne. Bei der Migration kommt es zum Verlust der gewohnten Umgebung und dem Mangel vertrauter Objekte, weswegen sich eine Person nach der Migration neu sortieren und organisieren muss (Grinberg & Grinberg, 1989). Auch stellt sich im Kontext von Migration die Frage, zu welchem Raum (Staat, Land, kultureller Raum) oder welcher Gesellschaft man gehört. Zugehörigkeiten bestimmen über die soziale Position des Individuums und damit verbundene gesellschaftliche Bedingungen und prägen die Identität. Besonders für Migrant:innen und Adoleszente stellen sich Fragen nach Zugehörigkeit, sei es zu welcher Generation, gesellschaftlichen Gruppen oder Bezugspersonen sie gehören (Mecheril & Hoffarth, 2009). In der Adoleszenz verändern sich demnach die Bezüge der Heranwachsenden zu sich selbst und auch zu ihrer Umwelt. Sie ermöglicht die Entwicklung von Neuem und die Verwirklichung von Potenzialen, weshalb sie auch als Möglichkeitsraum begriffen wird, in welchem sich unter dem Einfluss familiärer Dynamiken und eventuell Umständen (familiärer) Migration Bildungsprozesse ausgestalten und berufliche Entscheidungen getroffen werden (King & Koller, 2009b).

Findet die Migration während der Adoleszenz statt, hat die Person zwei Veränderungsprozesse gleichzeitig zu bewältigen; was die Verschränkung der beiden Prozesse bedeuten kann, wird in folgendem Abschnitt thematisiert. Grinberg und Grinberg (1989) benennen die Jugend als die beste und schlimmste Zeit zu migrieren, da statistische Untersuchungen zeigen, dass psychische Krankheiten bei Migrant:innen und Geflüchteten im Alter zwischen 20 und 30 Jahren am häufigsten auftreten. Begründet wird dies damit, dass gerade in diesem Alter die Suche nach der Identität und die Festigung ebendieser so zentral für die Entwicklung ist und dass Ereignisse wie die Migration das Gefühl für die Identität erschüttern kann. Migriert eine junge Person selbständig mit der Motivation ihrer Familie zu entkommen und will aber tatsächlich vor sich selbst fliehen, kann dies negative Folgen wie psychische Probleme, Kriminalität und Drogenkonsum haben. Auf der anderen Seite kann die Migration in der Adoleszenz Teil eines Abenteuers und eines Wunschs Neues zu entdecken sein (Grinberg & Grinberg, 1989). King (2016b) benennt Parallelen zwischen dem Prozess der Migration und der adoleszenten Entwicklung, wie die Notwendigkeit von Trennungen und der

Aufgabe von vertrauten Verbindungen. Bedenkt man, dass migrantische Adoleszente mit einer doppelten Transformationsanforderung konfrontiert sind (King & Schwab, 2000), ist es besonders wichtig zu bedenken, dass sie zusätzlich zu dieser höheren Herausforderung meist über geringere soziale und kulturelle Ressourcen verfügen wie einheimische Adoleszente. Hier ist zu beachten, ob die Jugendlichen selbst migriert sind, ob sie dies mit ihrer Familie oder alleine taten oder ob sie in der Ankunftsgesellschaft ihrer Eltern geboren wurden und damit zur zweiten Generation gehören. Dennoch stellen sich bei allen Fragen danach, wie sie mit der (familiären) Migrationserfahrung umgehen, welche Bedingungen sie seitens der einheimischen Mehrheitsgesellschaft gestellt bekommen und ob sie von Diskriminierungen betroffen sind (Koller, 2009). Sind Adoleszente von Stigmatisierung und Diskriminierung betroffen, erschwert dies die positive Verarbeitung der doppelten Transformation und kann z. B. durch verhinderte Autonomiebestrebungen aufgrund von Benachteiligungen am Ausbildungs- und Arbeitsmarkt die Individuation und Ablösung von der Familie erschweren (King, 2005).

Während die Migration das Verlassen des bisherigen Lebensortes darstellt, bedeutet die Adoleszenz das Verlassen der familiären Lebenswelt. Man könnte die Migration als das Verlassen einer äußeren Welt und eines äußeren Ortes und die Adoleszenz als das Verlassen eines verinnerlichten Ortes und der daraus entstandenen inneren Umgebung verstehen. Bei adoleszenten Borderline-Patient:innen kommt durch die Realisierung, psychische Probleme zu haben und die damit verbundene Diagnose ein drittes Verlassensmoment hinzu. Sie müssen die bisherige implizite Annahme, nicht psychisch krank zu sein, hinter sich lassen und sich mit Anzeichen und Auswirkungen ihrer Persönlichkeitsstrukturprobleme und damit verbundenen Mustern, Belastungen und Herausforderungen auseinandersetzen. Welche genau dies sind bzw. sein können, wird im Folgenden erläutert.

2.3 Borderline-Persönlichkeitsprobleme

Zeigen sich bei Menschen Borderline-Probleme, sind diese nicht getrennt von einer Borderline-Persönlichkeitsstruktur zu betrachten. Begeben sich die Betroffenen in Behandlung, wird oftmals eine Borderline-Persönlichkeitsstörung diagnostiziert. Anhand welcher Kriterien eine Borderline-Diagnose gestellt wird, Annahmen dazu, wie sich die dahinter liegenden Probleme entwickeln und was sie für die Betroffenen bedeuten, wird im folgenden Kapitel ausgeführt. Es werden die Grundlagen zur Borderline-Persönlichkeits-struktur hinsichtlich ihrer

Einordnung in die klinische Klassifikation, des psychoanalytischen Verständnisses, der Verbindung zu psychischen Traumatisierungen und generationalen Dynamiken und zur Rolle der Psychotherapie erläutert.

2.3.1 Borderline-Persönlichkeitsstörung in der klinischen Klassifikation

Die offizielle klinische Diagnose für Borderline-Probleme ist die der Borderline-Persönlichkeitsstörung. In der Entwicklung ihrer Klassifikation wurde die Borderline-Persönlichkeitsstörung bereits als subschizophrene Störung aufgrund der Überschneidungen mit Symptomen der Schizophrenie, als subaffektive Störung wegen der labilen Affektivität, als Störung der Impulskontrolle wegen der destruktiven impulsiven Verhaltensweisen und als posttraumatische Belastungsstörung aufgrund von Berichten der hohen Bedeutung traumatischer Ereignisse in der Lebensgeschichte von Borderline-Patient:innen konzipiert (Herpertz & Saß, 2011). Im revidierten DSM-III war die Borderline-Persönlichkeitsstörung unter der Ziffer 301.83 der Gruppe B der Persönlichkeitsstörungen zugeordnet, zusammen mit der histrionischen, narzisstischen und antisozialen Persönlichkeitsstörung: Personen dieser Gruppe werden oft als „dramatisch, emotional oder launisch" bezeichnet (Wittchen, 1991, S. 407). Als zentrale Merkmale der Borderline-Persönlichkeitsstörung werden im DSM-III „ein durchgehendes Muster von Instabilität hinsichtlich des Selbstbildes, der zwischenmenschlichen Beziehungen und der Stimmung" (ebd., S. 418) und eine starke und überdauernde Identitätsstörung genannt, welche sich als Unsicherheit in verschiedenen Lebensbereichen zeigt und als Gefühl von Leere erlebt wird. Ebenso werden die extreme Beziehungsdynamik zwischen Überidealisierung und Abwertung und die Instabilität des affektiven Erlebens genannt (Wittchen, 1991).

Die Borderline-Persönlichkeitsstörung ist im ICD-10 (WHO, 1993) als ein Subtyp der emotional instabilen Persönlichkeitsstörung aufgeführt. Im DSM-5 wird sie unter den Cluster-B-Persönlichkeitsstörungen aufgeführt und als ein "tiefgreifendes Muster von Instabilität in zwischenmenschlichen Beziehungen, im Selbstbild und in den Affekten sowie von deutlicher Impulsivität" beschrieben (Falkai et al., 2015, S. 908). Sie manifestiert sich im frühen Erwachsenenalter, zeigt sich in mehreren Lebensbereichen und Situationen und ist unter anderem charakterisiert durch chronische Gefühle von Leere. In zwischenmenschlichen Beziehungen wechseln die Betroffenen zwischen Idealisierung und Entwertung der anderen und versuchen, befürchtetes Verlassenwerden zu vermeiden. Die Impulsivität zeigt sich in mindestens zwei Bereichen, z. B. Substanzmissbrauch,

Sexualität und Fahrverhalten. Die Instabilität manifestiert sich in der ausgeprägten Reaktivität der Stimmung und dem Selbstbild bzw. der Selbstwahrnehmung und findet Ausdruck in einer Identitätsstörung. Die Patient:innen zeigen starke Wut und haben Schwierigkeiten, diese zu kontrollieren. Sie tendieren zu selbstverletzenden oder suizidalen Handlungen bzw. deuten oder drohen diese an. Weitere mögliche Symptome sind paranoide Vorstellungen und schwere dissoziative Symptome (APA, 2013). Im ICD-10 wird bei der emotional instabilen Persönlichkeitsstörung der impulsive Typ (F60.30) und der Borderline-Typ (F60.31) unterschieden (Dilling & Freyberger, 2013). Letzterer ist die diagnostische Kategorie der Borderline-Persönlichkeitsstörung. Während im ICD-10 noch verschiedene Persönlichkeitsstörungen aufgeführt werden, wie z. B. die emotional instabile Persönlichkeitsstörung, Borderline-Typ (Ziffer F60.31) (Dilling & Freyberger, 2013), findet sich im ICD-11 unter der Ziffer 6D10 eine allgemeine diagnostische Kategorie zu Persönlichkeitsstörungen mit Subkategorien verschiedener Schweregrade und einem nicht spezifiziertem Schweregrad. Zusätzlich zur Schwere der Persönlichkeitsstörung können zu zentralen Persönlichkeitseigenschaften und Mustern weitere Dimensionen erfasst werden (Ziffern unter 6D11), z. B. zu negativer Affektivität (6D11.0) oder zu Borderline-Merkmalen mit dem *borderline pattern specifier* (6D11.5) zur genaueren klinischen Beschreibung und Behandlungsplanung (Bach et al., 2022). Im DSM-5 werden folgende neun Kriterien aufgeführt, von denen fünf für die Diagnose einer Borderline-Persönlichkeitsstörung erfüllt sein müssen (APA, 2013):

- ein verzweifeltes Bemühen, das verlassen werden zu vermeiden
- instabile und intensive zwischenmenschliche Beziehungen, welche zwischen den Polen der Idealisierung und Entwertung oszillieren
- Identitätsstörung, welche durch starke und permanente Instabilität des Selbstbildes gekennzeichnet ist
- Impulsivität in zwei oder mehr möglicherweise selbstschädigenden Lebensbereichen
- Wiederkehrende suizidale Handlungen, Suizidandrohungen und/oder Selbstverletzungen
- Affektive Instabilität durch starke Reaktivität der Stimmung
- Andauerndes Gefühl von Leere
- Unangemessene Wut und Schwierigkeiten, diese zu kontrollieren
- Temporäre, durch Belastung auftauchende paranoide Gedanken oder dissoziative Symptome (APA, 2013, S. 908–909).

Erfasst wird die Borderline-Persönlichkeitsorganisation zum Beispiel mit dem Borderline-Persönlichkeitsinventar (Leichsenring & Chabrol, 2006), einem auf Kernbergs Konzept beruhenden Selbstbeurteilungsinstrument mit 53 Items. Eine genaue Erläuterung des Inventars findet sich in Abschnitt 4.2.1 zur Durchführung der quantitativen Datenauswertung, da in der Studie auch BPI-Werte für die statistischen Berechnungen genutzt wurden. Ein weiteres Diagnose-Instrument ist das SKID-II (Fydrich, 1997), das strukturierte klinische Interview gemäß des DSM. Weil die Manifestation variiert und verschiedene Symptome umfasst, kann es schwierig sein, eine Borderline-Störung zu diagnostizieren (Lawson, 2006), zumindest wenn die Diagnostik nur oder vorwiegend auf den vordergründigen Symptomen und weniger auf den dahinter liegenden innerpsychischen Dynamiken fußt (Streeck-Fischer, 2006). Der Ursprung des Borderline-Begriffs und -Konzepts und welche Dynamiken und Prozesse für die Borderline-Probleme und ihre Genese gemäß psychoanalytischen bzw. psychodynamischen Theorien relevant sind, wird im nächsten Abschnitt dargelegt.

2.3.2 Psychoanalytisches Verständnis der Borderline-Persönlichkeitsstruktur

Entwicklung des Begriffs Hughes (1884) beschrieb als erster das Phänomen der Borderline-Pathologie (vgl. Weiß, 2009) und sprach von dem Grenzbereich, in welchem sich die Symptome zwischen Neurose und Psychose bewegen, als „borderland“. Die Bezeichnung „Borderline“ wurde erstmalig von Adolph Stern genutzt, um Patient:innen mit zugleich neurotischen und psychotischen Symptomen zu beschreiben (Herpertz & Saß, 2011; Stern, 1938). Die Borderline-Pathologie wurde auch als *borderline states* beschrieben und umfasst Störungen der Ich-Funktionen, des sekundärprozesshaften Denkens, der Realitätstestung und der Abwehr gegen primitive unbewusste Triebimpulse. Sie rührt von einer Kombination konstitutioneller Faktoren, traumatischer Erfahrungen, brüchiger Objektbeziehungen und aktueller Stressoren (Gammelgaard, 2010). Drei zentrale Bedeutungen des „Borderline“-Begriffs sind folgende: zunächst umfasst der Begriff eine Kategorie von Patient:innen, die sich auf der Grenze zwischen Neurose und Psychose befinden, zudem steht er für die Erfahrung der Betroffenen, sich auf der Grenze zwischen verschiedenen Identitäten zu befinden und letztlich beschreibt er die Verortung ihrer Funktionsweise bezüglich des Entwicklungsniveaus (Steiner, 1979). Die Grenze im Begriff der Borderline-Persönlichkeitsstruktur verläuft zwischen der paranoid-schizoiden und depressiven Position und zwischen Objektanteilen und Teilen des inneren Raums und den dazugehörigen Bereichen des psychischen Funktionierens

(Rey, 1994). Klein (1952) beschrieb als paranoid-schizoide Position die frühkindliche Phase, in welcher die Ängste des Kindes psychotische Züge aufweisen, zur Ausbildung spezifischer Abwehrmechanismen führen und die Entwicklung des Ich, Über-Ich und der Objektbeziehungen beeinflussen; eventuelle spätere psychotische Störungen sind auf diese Phase zurückzuführen. Auf diese Phase der Entwicklung folgt die depressive Position, die ebenso eine zentrale Stellung in der kindlichen Entwicklung einnimmt: in der depressiven Position werden geliebte und gehasste Objektanteile integriert, wodurch sich die inneren Objekte und die damit verbundenen Objektbeziehungen des Kindes grundlegend verändern. Objekte ganzheitlich zu verinnerlichen bedeutet dadurch aufkommende Gefühle von Schuld und Trauer zuzulassen und Ambivalenzen auszuhalten. Sind verfolgende Ängste in der paranoiden Position zu stark, kann deren Durcharbeitung misslingen und sich dies ebenso auf die Entwicklung der depressiven Position auswirken, was eine regressive Dynamik und eine damit verbundene Verstärkung verfolgender Ängste nach sich ziehen und die Ursprünge von Psychosen verfestigen kann (Klein, 1952).

Einordnung in die psychoanalytische Störungslehre Persönlichkeitsstörungen werden unter anderem als Ausdruck von Objektbeziehungen verstanden, deren Verinnerlichung nicht von normalen Entwicklungsbedingungen oder einer regulären Steuerung von Affekten begleitet war (Kernberg, 2006). Unter Objektbeziehung ist „die Art der Beziehung des Subjekts zu seiner Welt“ (Laplanche & Pontalis, 1973, S. 340) zu verstehen; der Begriff bezieht sich auf verinnerlichte Repräsentanzen früher Beziehungserfahrungen, die konstitutiv für die Persönlichkeitsstruktur und die Abwehrorganisation des Individuums sind. Die Symptome bei einer Borderline-Diagnose bewegen sich gemäß des psychoanalytischen Verständnisses auf der Grenze zwischen einer neurotischen und einer psychotischen Störung, ein Kontinuum, welches auf Freud zurück geht. Das Borderline-Syndrom wird daher entweder als Subgruppe der Neurosen oder der Psychosen verstanden. Es entwickelte sich zudem maßgeblich durch Otto Kernberg ein Verständnis von Borderline-Problemen, welches sich weg vom Begriff eines Borderline-Syndroms und hin zu einer Borderline-Organisation der Persönlichkeit als eigene Entität bewegte (Kind, 2011). Kernberg (1985) sprach von einer *borderline personality organization* (S. 3) und unterschied zwischen dem manifesten Borderline-Syndrom und der Borderline-Persönlichkeitsorganisation. Während Borderline-Patient:innen sowohl neurotische als auch psychotische Symptome aufweisen, unterscheiden sie sich in ihrer Persönlichkeitsstruktur und teilweise in ihrer Abwehr von neurotischen und psychotischen Patient:innen. Beispielsweise weisen sie zwar Änderungen in ihrem Realitätsbezug auf, die Fähigkeit zur Realitätstestung bleibt jedoch im Gegensatz zu psychotischen Patient:innen erhalten (Kernberg, 1967). Kernberg führte den

Begriff der *Borderline-Persönlichkeitsorganisation* anstelle der borderline states ein, um zu verdeutlichen, dass die Betroffenen nicht zwischen neurotischen und psychotischen Zuständen schwanken (Kernberg, 1967), sondern die eine beständige pathologische Ich-Struktur im Grenzbereich zwischen Neurose und Psychose aufweisen. Dies ist auf voneinander abgespaltene *ego states* zurückzuführen, welche abwechselnd aktiviert werden und von unverarbeiteten Objektbeziehungen stammen; die Abspaltung der ego states und mit ihnen verbundener Affekte dient der Angstabwehr (Kernberg, 1966). Der Borderline-Persönlichkeitsorganisation sind „die Borderline-Persönlichkeitsstörung, die schizoide und schizotypische Persönlichkeitsstörung, die paranoide, die hypomanische Persönlichkeitsstörung, die Hypochondrie (...), die narzisstische Persönlichkeitsstörung (...) sowie die antisoziale Persönlichkeitsstörung" zuzuordnen, da Betroffene dieser Störungen Identitätsdiffusion, primitive Abwehr und Schädigungen des Über-Ichs, erkennbar an antisozialem Verhalten, aufweisen (Kernberg, 2006, S. 33).

Genese der Borderline-Pathologie Das Entstehen der Borderline-Probleme ist vermutlich dem Zusammenspiel genetischer Vulnerabilitäten und adverser Umweltfaktoren im Kindesalter geschuldet. Ein 3-Ebenen-Modell fasst die Interaktion bedingender Faktoren und auslösender Momente in folgenden Dimensionen zusammen: konstitutionell-neurobiologische Ebene (genetisches Risiko, Temperament als angeborene Disposition zur Reaktion auf Umweltreize, angeborene bzw. früh erworbene neurologische Defizite), kumulative Mikrotraumata (frühe Störungen in Bindungserfahrungen, hohe Anspannung, Borderline-Dialog) und Erleben von Makro-Traumata (Trennung, Vernachlässigung, verbaler und emotionaler Missbrauch, physischer und sexueller Missbrauch) (Peichl, 2007). In einem Review von Cattane et al. (2017) zu den bei Borderline-Persönlichkeitsstörungen betroffenen biologischen Komponenten und Mechanismen zeigte eine Vielzahl an Studien ($n = 29$) ein komplexes Zusammenwirken von Borderline-Störungen, adversen frühkindlichen Erfahrungen und epigenetischen Charakteristika. Die Kombination genetischer Vulnerabilität und adverser Umweltbedingungen in der Kindheit sind womöglich entscheidend für das Auftreten der Störung und Traumatisierungen in der Kindheit könnten sich über epigenetische Mechanismen, den Veränderungen der epigenetischen Signatur und damit verbundener Genexpression, auf kognitive Funktionen auswirken. Bisher wurde weder ein spezifischer biologischer Mechanismus oder eine genetische Variation mit Borderline-Persönlichkeitsstörungen in Verbindung gebracht. Jedoch zeigten sich Auswirkungen von Kindheitstraumatisierungen auf die Hypothalamus-Nebennierenrinden-Achse, Mechanismen von Neurotransmittern, das körpereigene Opioidsystems und die Neuroplastizität, was wiederum zu

Befunden von reduziertem Volumen der Amygdala und des Hippocampus zusammenpasst, zwei Hirnareale, welche maßgeblich an der Stressreaktion, Kognition, Gedächtnis und Emotionsregulation beteiligt sind. Weitere Untersuchungen sind nötig, um das Zusammenspiel der genannten Komponenten und Mechanismen bei Borderline-Störungen besser zu verstehen (Cattane et al., 2017).

Psychoanalytische und psychodynamische Theorien und Konzepte versuchen sich der Erklärung der Borderline-Probleme mittels der Betrachtung psychischer Dynamiken zu nähern. Besteht eine verminderte Angsttoleranz, kann dies in Abwehr der Angst durch Spaltung resultieren, um Ängste zu mindern; auf diese Weise kann die Synthese gegensätzlicher Introjektionen gestört werden. Dies ist bei Borderline-Problemen vermutlich einer Übermacht negativer Introjektionen durch im Individuum angelegte starke aggressive Triebtendenzen und frühe zahlreiche Frustrationen geschuldet (Kernberg, 1966). Während manche Menschen das Aufkommen primitiver Ängste ertragen und mit diesen Ängsten umgehen können, sind ihnen andere Menschen ausgeliefert, können diese Ängste nicht halten und agieren diese auf impulsive Weise aus: der Unterschied besteht im Containment nach Bion (Anderson, 2005). Unter Containment ist die Funktion bzw. Kapazität primärer Bezugspersonen des Babys zu verstehen, Affekte und Anteile des Babys, die es selbst nicht halten und verarbeiten kann und die es in die Bezugsperson projiziert, aufzunehmen und für das Baby diese zu bearbeiten und sie an es zurückzugeben. Die Bezugsperson fungiert als gewissermaßen als Auffangbecken (Container) für diese Affekte (Diem-Wille, 2012). Bringt das Baby empfundene primitive Ängste zum Ausdruck, liegt es bei der Mutter oder der primären Bezugsperson, diese Ängste aufzunehmen, auf eigene Ressourcen und Verarbeitungskapazitäten zurückzugreifen und sich von diesen Ängsten zu berühren, aber nicht überfordern zu lassen, diese halten zu können und in bewältigter Form an das Kind zurück zu kommunizieren. Dieses entwickelt so mit der Zeit das nötige Containment, die Ängste selbst halten zu können und nicht von diesen überwältigt zu werden. Reagiert die Mutter oder die primäre Bezugsperson aber hilflos und kann die Ängste des Kindes nicht halten, kann das Kind auch die Kapazität und Fähigkeit des Containment nicht entwickeln und kann Ängste daher auch im späteren Alter nur schwer ertragen und damit nicht umgehen.

Gerade in der Phase der Pubertät und Adoleszenz tauchen durch die starken Veränderungen und Herausforderungen verstärkt Ängste auf, mit denen es umzugehen gilt. Selbstverletzung und Suizid(-versuche) können als eine Form des extremen Ausagierens von nicht bewältigbaren Ängsten gesehen werden (Anderson, 2005). Die Borderline-Persönlichkeitsstruktur entsteht bzw. wird aufrecht erhalten durch die fehlende Kapazität, gegensätzliche Introjektionen und Identifikationen und libidinös und aggressiv aufgeladene Objektbeziehungen zusammen zu bringen und zu einem ambivalenten Bild zu vereinen (Kernberg, 1967). Unter Ambivalenz wird die „gleichzeitige Anwesenheit einander entgegengesetzter Strebungen, Haltungen und Gefühle, z. B. Liebe und Hass, in der Beziehung zu ein- und demselben Objekt" verstanden (Laplanche & Pontalis, 1973, S. 55). Die Betroffenen können keine sicheren inneren Objekte entwickeln und haben unsichere Bindungsmodi, wodurch sie auch in ihrer Mentalisierung eingeschränkt sind und oft Schwierigkeiten haben, sich auf die therapeutische Beziehung einzulassen (Gabbard, 2011). Bei Adoleszenten wie bei Erwachsenen resultiert eine Borderline-Persönlichkeitsstörung mit großer Wahrscheinlichkeit aus der Kombination adoleszenten Entwicklungsprozessen und Störungen in der Bindung und Mentalisierung (Zanarini et al., 2006).

Abwehrmechanismen Die Erklärung psychischer Probleme verlangt die Betrachtung der für sie relevanten Abwehrmechanismen, da Störungen auch als ein Ausdruck der Abwehrorganisation der Patient:innen verstanden werden können. Abwehr wird in der Psychoanalyse als die „Gesamtheit von Operationen, deren Finalität darin liegt, jede Modifikation einzuschränken oder zu unterdrücken, die geeignet ist, die Integrität und die Konstanz des biopsychologischen Individuums zu gefährden" (Laplanche & Pontalis, 1973, S. 24) verstanden. Die mit ihr verbundenen Mechanismen und Operationen wehren innere Reize, Triebe, Fantasien und bestimmte Situationen, die diese beinhalten, ab, um das psychische Gleichgewicht zu erhalten und Unerwünschtes und Unlustvolles aus dem Bewusstsein fernzuhalten. Die verschiedenen Funktionsweisen der Abwehr werden als Abwehrmechanismen bezeichnet. Welche Mechanismen das psychische Geschehen dominieren, ist abhängig vom Entwicklungsstand, aktuellen Abwehrkonflikten, der Persönlichkeitsstruktur und psychischen Problemen (Laplanche & Pontalis, 1973).

Bei Borderline-Patient:innen sind die Abwehrmechanismen der Spaltung und der projektiven Identifikation vorherrschend, weshalb Mitmenschen oftmals idealisiert oder entwertet werden (Gabbard, 2011). Der Abwehrmechanismus der Spaltung ist bei Menschen mit einer Borderline-Persönlichkeitsorganisation auch im Erwachsenenalter wegen fehlender Verbindungen sich widersprechender Selbst- und Objektanteilen noch sehr zentral (Kernberg, 1967) und es kommt weiterhin zur Vermeidung von Ambivalenz durch fortbestehende Aufspaltungen von Objekten (Rohde-Dachser, 1983). Mit der Aufspaltung von Objekten ist die Aufteilung der Objekte in gute und böse Objekte gemeint. Die erste Spaltung von partiellen oder ganzheitlichen Objekten stellt die erste Abwehr gegen Angst dar. Als gutes und böses Objekt benennt Klein frühe partielle oder totale Triebobjekte, die in den kindlichen Fantasien präsent sind. „Gut" und „böse" sind diese hauptsächlich nicht wegen belohnenden oder strafenden Eigenschaften, die Attribute beschreiben mehr die „Projektion libidinöser oder destruktiver Triebe des Subjekts auf die

Objekte“ (Laplanche & Pontalis, 1973, S. 344). Freud (1940a) verstand unter einer Spaltung des Ichs das Resultat eines Bruchs im Ich, welcher nicht heilte, sondern größer wurde. Aufgrund dessen bestehen gegensätzliche Anteile und Reaktionen eines Konflikte, sogenannte ego states, separiert in der Psyche fort; dies ist als ein Abwehrvorgang zu verstehen (Freud, 1940a). Kernberg benannte die Spaltung als einen Schutz gegen Ängste und sah sie als zentralen Abwehrmechanismus bei der Borderline-Persönlichkeitsstruktur. Die Spaltung separiert primitive gegensätzliche Affekte und positive und negative Introjektionen und dient dem Umgang mit pathologischen Objektbeziehungen und der Abwehr von Angst, die durch den Konflikt und damit verbundenen Gegensätzen hervorgerufen wird (Kernberg, 1966).

Sind in der Übertragung chaotische und wechselnde Affekte spürbar, was bei Borderline-Patient:innen häufig auftritt, rührt dies mutmaßlich vom Schwanken zwischen gegensätzlichen ego states und damit verbundenen nicht-verarbeiteten Objektbeziehungen her. Internalisierte Objektbeziehungen werden als maßgeblich für die Strukturierung der Persönlichkeit gesehen. Das Fortbestehen nicht-verarbeiteter Introjektionen lässt auf eine Fixierung auf frühe, dysfunktionale Beziehungserfahrungen schließen, welche sich durch ihre Verinnerlichung in der Struktur der Persönlichkeit widerspiegeln. Um die Angstabwehr aufrecht zu erhalten, wird auch die rigide Spaltung der widersprüchlichen Anteile aufrecht erhalten (Kernberg, 1966). Die Spaltungstendenzen verhindern die Neutralisierung von Aggression durch die Integration innerpsychischer Gegensätze, führen zu Verleugnung, fehlender Sorge für eigenes widersprüchliches Verhalten, Aufteilung von Objekten in nur gut oder böse und dem Schwanken zwischen widersprüchlichen Anteilen des Selbst (Kernberg, 1967).

Ein ebenso typischer Abwehrmechanismus ist der der primitiven Idealisierung, bei welchem das Objekt als Gutes idealisiert wird, um eigene aggressive Affekte und Schuld gegenüber diesem fernzuhalten und es als gutes Objekt zum eigenen Schutz zu erhalten (Kernberg, 1967). Unter Idealisierung ist eine psychische Bewertung des Objekts als ein Ideales, Vollkommenes zu verstehen (Laplanche & Pontalis, 1973). Weitere Abwehrmechanismen sind die Verleugnung, bei welcher zur Unterdrückung eines Anteils ein gegenteiliger Anteil stark gemacht wird, frühe Formen der Projektion und projektiven Identifizierung, bei welcher Grenzen zwischen Selbst und Objekt nicht klar sind, und das Schwanken zwischen Omnipotenz- und Entwertungszuschreibungen hinsichtlich von Objekten, um diese im idealisierten Zustand zu kontrollieren oder im abgewerteten Zustand fallen zu lassen wegen fehlender Kapazitäten diese zu lieben (Kernberg, 1967). Bei vielen Borderline-Patient:innen spielt die Sexualität eine besondere Rolle in der Abwehr, bei manchen spielt ihnen widerfahrene sexuelle Gewalt eine Rolle bei der Entstehung der Probleme; im Hier und Jetzt wird Sexualität entweder abgewehrt oder dient der Abwehr (Lohmer,

2013). Die Tendenz zur Spaltung bei frühtraumatisierten Borderline-Patient:innen kann verschiedene Ursachen haben, ist nicht monokausal durch ein frühes (Sexual-)Trauma erklärbar und verlangt zudem den Einbezug verschiedener Ebenen wie neurologischer Komponenten und temperamentsbedingte Eigenschaften (Peichl, 2007). Die den Borderline-Problemen zugrunde liegenden neurotischen Strukturen können als Abwehr gegen die Regression auf frühere Entwicklungsstufen bzw. Persönlichkeitsstrukturniveaus verstanden werden (Knight, 1986, in Gammelgaard, 2010).

In konfliktbehafteten Bereichen können die Ich-Grenzen nicht klar erkannt und Selbst- und Objektrepräsentanzen nicht eindeutig unterschieden werden, weshalb die Projektion „böser“ Anteile ins Außen von zentraler Bedeutung bleibt (Rohde-Dachser, 1983). In der paranoid-schizoiden Position, in welcher sich der Säugling in den ersten Monaten befindet, herrschen die Abwehrmechanismen der projektiven Identifizierung, Idealisierung und Spaltung, bei welcher Objektbeziehungen in rein gut oder schlecht aufgeteilt und voneinander separiert werden (Steiner, 1998). Kurze Phasen von Idealisierung und Verfolgung wechseln sich ab und prägen das innerpsychische Geschehen in dieser Position; dies dient dazu die gegensätzlichen idealisierten und verfolgenden Anteile von Selbst und Objekten getrennt voneinander zu halten (Weiß, 2009). Das frühe Ich ist in Teile aufgespalten und wird in Objekte projiziert, es hat keine feste Struktur; erst zu einem späteren Zeitpunkt in der Entwicklung werden die eigenen in äußere Objekte verlagerten Anteile wieder verinnerlicht und es entsteht ein höher integriertes Selbst. Die Spaltung als der für die paranoid-schizoide Position typische und für die ganz frühe Entwicklungsphase normal angesehener Abwehrmechanismus wird spätestens in der zweiten Hälfte des ersten Lebensjahres überwunden (Klein, 1952).

In der weiteren Entwicklung zur depressiven Position wird es möglich, einem Objekt zugleich idealisierte, gute und verfolgende, böse Eigenschaften zuzuschreiben und das Objekt komplex und ambivalent wahrzunehmen (Weiß, 2009). Dann hat das Kind die depressive Position erreicht, in welcher die Mutter bzw. die primäre Bezugsperson als ganzes Objekt mit guten und bösen Anteilen wahrgenommen wird. Das Erleben ist nun durch das Aushalten von Ambivalenz, Trauer, Schuld und Wiedergutmachungswünschen gekennzeichnet (Klein, 1952). Das Kind entwickelt sich ab dem 4. Monat hin zur depressiven Position und hat diese regulär im ersten Lebensjahr erreicht. In der depressiven Position erlangt das Kind die Kapazität, die Mutter und enge Bezugspersonen als ganze Objekte zu erfassen und spaltet weniger in gute und böse Objekte. Die depressive Angst umfasst die Befürchtung die Mutter aufgrund des Sadismus des Subjekts zu verlieren oder zu zerstören. Ihr wird mit neuen Abwehrmechanismen wie z. B. Hemmung der Aggressivität begegnet und sie wird überwunden, wenn das geliebte Objekt beständig und beruhigend verinnerlicht wird (Laplanche & Pontalis, 1973). Ein zentraler Unterschied der beiden Positionen ist das Ausmaß der Integration des Selbst und der Objektbeziehungen: während in der paranoid-schizoiden Position die Integration noch schwach ausgeprägt ist, hat sie sich bei Entwicklung der depressiven Position bedeutsam erhöht (Steiner, 1998). Ist das Erleben in der depressiven Position zu bedrohlich, findet eine Regression auf die paranoid-schizoide Position und die mit ihr verbundenen Abwehrmechanismen wie dem der Spaltung statt; diese sorgt dafür, dass Schuld und Ambivalenz vermieden werden (Klein, 1952).

Erleben Patient:innen Spannung im Kontakt mit dem Therapeuten, kann es dazu kommen, dass sie sich in einen seelischen Rückzug begeben, in welchem sie vor Spannung, Ängsten und Schmerz geschützt, aber auch isoliert sind und in denen ihre psychische Entwicklung stagniert. Seelische Rückzüge finden jedoch nicht immer erst in der Behandlung statt, sondern sind bei manchen Patient:innen bereits davor präsent und können sogar Anlass für das Aufsuchen von Behandlung sein, wenn die Patient:innen sich aus ihrem Rückzug befreien wollen (Steiner, 1998). Da diese Rückzüge wie geschützte Räume erlebt werden, werden diese als „Orte des seelischen Rückzugs" (Steiner, 1998, S. 13) bezeichnet. Um sich vor Ängsten vor Verfolgung und Verlust, welche aus der Borderline-Position resultieren, zu schützen, wird der Rückzug im Grenzbereich zwischen Innen und Außen gesucht und oftmals als ein sicherer Ort idealisiert; stattdessen sind sie meist eher Ausdruck eines depressiven Rückzugs (Weiß & Schött, 2016). Die Rückzugsorte sind nicht Ausdruck von Widerstand, sondern stellen ausdifferenzierte Abwehrorganisationen dar (Weiß, 2009). Diese Art von Abwehrstrukturen bezeichnet Steiner (1998) als pathologische Persönlichkeitsorganisationen, welche dazu dienen, primitive Destruktivität zu bewältigen und zu kontrollieren. Innere Rückzugsorte sind in jedem Menschen angelegt und vorhanden, unabhängig von der individuellen Persönlichkeitsstruktur, jedoch erlangen diese bei Patient:innen, welche Schwierigkeiten haben mit ihren destruktiven Anteilen umzugehen, eine Vormachtstellung in der Abwehrorganisation. Ziehen sich Patient:innen während der Analyse sehr viel und oft an solche inneren Orte zurück, kann dies die psychische Entwicklung und den Fortschritt der Therapie blockieren. Psychotische oder Borderline-Patient:innen verweilen oftmals länger in einem seelischen Rückzug, hemmen damit den emotionalen Kontakt zum Analytiker und das Vorankommen im Behandlungsprozess und verstecken sich auf diese Weise gewissermaßen hinter einer starren Abwehrstruktur. Dies dient nicht nur dem Fernhalten des Analytikers und des therapeutischen Prozesses, sondern auch der Vermeidung des Kontakts zur Realität und des geschützten Fortbestehens von Fantasien und omnipotenten Vorstellungen. Der Analytiker muss darauf achten, vom Patienten nicht in diese eingebunden und dafür instrumentalisiert zu werden und muss verstehen, wie diese funktioniert, um ihre Wirkmacht einzudämmen. Manchmal erkennen Patient:innen ihren Rückzug und die damit verbundene Abwehr; oftmals spiegelt sich in ihren Schilderungen dazu jedoch mehr das Verständnis des Analytikers oder der Analytikerin wieder anstatt ein eigenes Verstehen (Steiner, 1998).

Struktur Auf einer dynamischen Ebene werden prägenitale, orale und ödipale Konflikte als vorherrschend genannt, welche jeweils mit Aggressionen verknüpft sind (Kernberg, 1985). In Kleins Verständnis entwickelt sich die menschliche Persönlichkeit unter Einfluss der innerpsychischen Konstitution und äußerer Umwelteinflüsse im Spannungsfeld zwischen den Prozessen der Projektion und Introjektion und Phasen der Desintegration und Integration, zwischen welchen es einen permanenten Wechsel gibt. Besteht ein Gleichgewicht zwischen projektiven und introjektiven Vorgängen, kann eine durch Differenzierung gekennzeichnete Entwicklung stattfinden; bleibt dies aus, besteht das Risiko der Entstehung einer pathologischen Persönlichkeitsorganisation (Klein, 1952). Werden unerträgliche Gefühle und Gedanken in Andere projiziert, bei diesen nicht angemessen verarbeitet und gebunden (*contained*) und in dieser unverarbeiteten Form wieder zurück gegeben und reintrojeziert, können diese wiederum nur schwer verarbeitet werden und es besteht erneut das Risiko, dass diese abgespalten oder ausgestoßen werden. Auf dieser Basis ist es schwer, tiefgehende zwischenmenschliche Beziehungen einzugehen und diese werden womöglich durch Verbindungen zwischen Teilen des Selbst ersetzt, welche eine pathologische Organisation bilden können. Es entsteht eine Borderline-Organisation des nomadisierenden Typus mit instabiler Beziehungsgestaltung oder des zurückgezogenen Typus, bei welchem seelische Rückzugsorte besonders zentral sind; diese beiden Formen sind nicht immer trennscharf und können sich überlappen (Weiß, 2009).

Die Borderline-Persönlichkeitsstruktur zeichnet sich durch Folgendes aus: verschiedene Aspekte von Ich-Schwäche wie das Vorherrschen primitiver Abwehrmechanismen, eine geringe Angsttoleranz, fehlende Impulskontrolle und fehlende Sublimierungsstrategien, eine strikte und wenig flexible charakterliche Organisation, der Hang zum primärprozesshaften Denken wie z. B. der Reaktivierung früher pathologischer Objektbeziehungen und damit verbundenen frühen Triebderivaten und früher Abwehrmechanismen und die Rückkehr zu primitiven kognitiven Vorgängen. Die Aufrechterhaltung des frühen Abwehrmechanismus der Spaltung verhindert die Generalisierung von Ängsten, schützt die Organisation des Selbst und positive Introjektionen, und reifere Abwehrmechanismen werden nicht wie bei einer „gesund“ entwickelten Persönlichkeit dominant (Kernberg, 1967). Es werden schizoide Züge bei Borderline-Patient:innen beschrieben und die Spaltung als ein Prozess angeführt, durch welchen eigene ungeliebte Anteile abgewehrt würden und der zu einer Fragmentierung von Selbst und Objekten führt (Rey, 1994). Die aus der Spaltung resultierende Fragmentierung des Selbst und der Objektbeziehungen resultiert in Identitätsproblemen wie der Identitätsdiffusion (Kernberg, 1967). Die Spaltung und die daraus resultierende Ich-Schwäche bestärken sich im weiteren Verlauf der Entwicklung gegenseitig und resultieren in einem Teufelskreis. Repräsentanzen des Selbst und von Objekten sind ausreichend separiert; Ich-Grenzen brechen nur auf, wenn durch projektive Identifikation das Selbst mit dem idealisierten Objekt verschmilzt (Kernberg, 1967).

Die Borderline-Persönlichkeitsstruktur kann auch als Borderline-Position verstanden werden, welche eine dritte Position zwischen der paranoid-schizoiden und der depressiven Position darstellt, und sich an der Grenze der innerpsychischen und äußeren Realität verorten lässt. Die Borderline-Position kann wiederum als ein seelischer Rückzugsort betrachtet werden, in welchem das Individuum vor Fragmentierung und Verfolgung der paranoid-schizoiden Position und vor Trauer, Ambivalenz und Schuldgefühlen der depressiven Position sicher ist. Die Verräumlichung solcher seelischer Rückzugsorte in der inneren Vorstellung findet sich in Fantasien zu idyllischen fernen Orten, in denen die Patient:innen hoffen, Sicherheit, Frieden und Zuflucht zu finden. Um Bruchlinien im Selbst zwischen separierten Anteilen zu verhindern, werden unerwünschte Teile des Selbst in Andere verlagert und so die innere Einheit hergestellt; auf diese Weise können innere Integrations- und Trauerprozesse nicht stattfinden, die Desintegration des Selbst wird gewissermaßen auf Andere ausgeweitet und diese in pathologische Konstellationen der zwischenmenschlichen Kommunikation verwickelt, da im Miteinander die Grenzen des Selbst des Borderline-Patienten nicht bei ihm verbleiben, sondern ins Außen verschoben wurden (Weiß, 2009). Wie sich die bis hier beschriebene Borderline-Persönlichkeitsstruktur, die mit ihr verbundenen Entwicklungen und Abwehrmechanismen ausdrücken, wann sich diese bemerkbar machen, wie dies die individuelle Entwicklung und den psychischen Zustand beeinflusst und wann Betroffene Behandlung aufsuchen, wird im Folgenden ausgeführt.

Manifestation Borderline-Patient:innen, ähnlich wie schizoide Patient:innen, suchen oftmals zu Beginn ihrer Zwanziger Jahre Behandlung auf und schildern, keine beständigen und warmen Beziehungen aufbauen zu können; gelingt ihnen dies, gestalten sich diese Beziehungen schnell sehr abhängig und sie empfinden einen Verlust der eigenen Identität (Rey, 1994). Die Borderline-Symptome beginnen in den meisten Fällen in der späten Kindheit (Salzer et al., 2014) oder während der (frühen) Adoleszenz (Bürger & Kaess, 2023; Chanen et al., 2020; Salzer et al., 2014; Stoffers-Winterling et al., 2021; Videler et al., 2019). Sie kann klar von regulären adoleszenten Entwicklungsprozessen abgegrenzt werden (Videler et al., 2019) und findet ihren Höhepunkt im jungen Erwachsenenalter (Stoffers-Winterling et al., 2021). Dies passt zu den Erkenntnissen einer Metaanalyse, die 168 Studien mit insgesamt 25.053 Proband:innen einschloss, dass Borderline-Persönlichkeitsmerkmale gemäß des SKID-2 Interviews im Alter von knapp 30 Jahren am stärksten ausgeprägt waren (Aleva et al., 2023). Die emotionalen und ökonomischen Bürden, die Borderline-Probleme junger Menschen für die Betroffenen und ihr Umfeld mit sich bringen (Weiner et al., 2018) und die Gefahr, dass eine Borderline-Persönlichkeitsstörung beginnend in der Jugend sich im Erwachsenenalter perpetuiert, bergen das Risiko, den Übergang dieser zwei Lebensphasen maßgeblich zu stören und negativ zu beeinflussen (Chanen et al., 2020). Das verdeutlicht die Relevanz der frühen Erkennung und Behandlung ein entsprechender Probleme (Chanen et al., 2020; Weiner et al., 2018). Da in einer Längsschnittstudie zum Verlauf der Borderline-Persönlichkeitsstörung die Remissionsrate von 18- bis 35jährigen Borderline-Patient:innen ($n = 290$) bei 88 %, nach zwei Jahren bei 39.3 % und nach vier und sechs Jahren bei 22.3 % und 21.9 % lag (Zanarini et al., 2006), ist die aktuelle Definition der Borderline-Persönlichkeitsstörung als andauernde Störung fragwürdig.

Die Manifestation der Borderline-Persönlichkeitsstörung ist typischerweise zunächst durch Impulsivität, fehlende affektive Regulierung und Suizidalität und später durch schlecht angepasstes zwischenmenschliches Verhalten und funktionelle Einschränkungen gekennzeichnet und von Remissionen und Rückfällen geprägt. Wie sich die Probleme manifestieren, hängt auch von kontextuellen Faktoren ab (Videler et al., 2019). Dissoziative Symptome stehen in Zusammenhang mit Störungen der Emotionsregulierung, zwischenmenschlichen Problemen und brüchigem Identitätserleben und wirken sich störend auf das affektive und kognitive Funktionsniveau, die Körperwahrnehmung und therapeutische Interventionen aus (Krause-Utz, 2022). Geht die Borderline-Persönlichkeitsstörung mit komorbiden Erkrankungen wie z. B. affektiven, Angst- und Essstörungen, Sucht und somatoformen Störungen einher, sind die Probleme schwerwiegender, langwieriger und die Behandlung schwieriger (Bozzatello et al., 2021).

Da Rückzugstendenzen, Instabilität, Stimmungsschwankungen, Schwierigkeiten in sozialen Beziehungen und Verwirrung bezüglich der eigenen Identität in einem gewissen Ausmaß in der Zeit der Pubertät und Adoleszenz nicht ungewöhnlich und ein regulärer Teil adoleszenter Veränderungsprozesse sind, wird in der Diagnostik während der Adoleszenz vorsichtig damit umgegangen, etwas als „nicht normal“ einzustufen oder eine Persönlichkeitsstrukturdiagnose zu vergeben. In der psychodynamischen Diagnostik werden für Persönlichkeitsstörungen eher Diagnosen früher Störungen, Entwicklungsstörungen, Störungen von Strukturdefiziten oder Ich-Störungen vergeben. Bei Jugendlichen wird die Borderline-Diagnose vermieden, da diese sich im Prozess der Ablösung primärer Objekte befinden und sich in den Ablösungsprozessen des frühen Erwachsenenalters erst das Ausmaß der Störung zeigt, insbesondere bei Entwicklungsverläufen, in denen vor der Ablösung die fehlende Struktur durch eine äußere haltende Struktur gestützt wurde (Streeck-Fischer, 2006). Bei Adoleszenten wird die Diagnose einer Borderline-Persönlichkeitsstörung womöglich deshalb oftmals zögerlich vergeben, wodurch Untersuchungen zur Entstehung und Behandlung bei Borderline-Diagnosen in dieser Altersgruppe eingeschränkt wurden. Ebenso ist zu wenig zur adoleszenzbedingten Restrukturierung der Persönlichkeit bekannt, welche mit einem gewissen Maß an Instabilität einhergeht, weshalb diese Art der Persönlichkeitsprobleme im Alter der Adoleszenz auch als ein Übergangsphänomen verstanden werden kann (Streeck-Fischer, 2013). Dennoch gibt es Hinweise für das Vorhandensein von Borderline-Persönlichkeitsproblemen im Alter der Adoleszenz: in einem Review relevanter Literatur von 1980 bis 2008 zeigte sich, dass bei manchen Adoleszenten die Borderline-Diagnose auch im weiteren Lebensverlauf persistierte, während andere später keine solchen Probleme mehr aufwiesen (Miller et al., 2008). Entgegen der Erwartungen einer stabil bestehenden Persönlichkeitsstörung gibt es bei Adoleszenten wie Erwachsenen Schwankungen hinsichtlich der Manifestation, weshalb der Begriff der *developmental borderline personality disorder* von Streeck-Fischer (2013) vorgeschlagen wurde. Die Erkenntnisse von Miller et al. (2008) können als ein Hinweis auf zwei verschiedene Gruppen verstanden werden und stützen Erkenntnisse von Zanarini et al. (2006) zur Remission von Borderline-Problemen (siehe oben) und bekräftigen die Annahme, dass die Borderline-Diagnose nicht bei allen Betroffenen im gesamten Verlauf des Lebens zwingend weiter besteht, sondern die Probleme im Laufe der Entwicklung auch weniger virulent werden können (Streeck-Fischer, 2013).

Green (2008) verortet die Manifestation der Borderline-Persönlichkeitsorganisation „an der Grenze der verschiedensten psychischen Störungen" (S. 18). Bei Borderline-Problemen sind psychotische Zustände verbunden mit Fragmentierung und Desintegration, was sich mit Phasen abwechseln kann, in welchen die Betroffenen differenziert und gut funktionieren. Es zeigt sich ein breites Spektrum klinischer Symptome, jedoch bestehen Gemeinsamkeiten in Ängsten und Abwehr. Elemente der Borderline-Persönlichkeitsstruktur und des damit verbundenen Erlebens finden sich nicht ausschließlich nur bei dieser, sondern sind auch bei neurotischen, psychotischen und normalen Persönlichkeiten teilweise anzutreffen. Ist die Kombination solcher Elemente in einer überdauernden Persönlichkeitsstruktur organisiert, spricht man von einer pathologischen Persönlichkeitsorganisation (Weiß, 2009). Der Realitätsbezug von Borderline-Patient:innen unterscheidet sich nicht nur von dem psychotischer (vgl. Kernberg, 1967, s. o.), sondern auch neurotischer Patient:innen: narzisstische und perverse Mechanismen ermöglichen es, Widersprüchliches und Konflikthaftes auszublenden und außer Kraft zu setzen, was zu einer Pseudointegration führt und sich auf den Realitätsbezug auswirkt (Weiß, 2009).

Das agora-klaustrophobe Dilemma beschreibt Weiß (2009) als „Störungen in der Konstruktion des inneren Raums“ (S. 47) und sieht es als kennzeichnend für Borderline-Probleme an. Es umfasst Phänomene von fehlender Orientierung, Verwirrtheit, das Gefühl schnell eingeengt zu sein und Nähe nicht zu ertragen, es aber wiederum nicht auszuhalten alleine zu sein (Weiß, 2009). Betroffene können weder die Nähe zu noch das Getrenntsein von ihren Objekten dulden. Sind sie ihren Objekten nah, fühlen sie sich schnell eingeengt und gefangen und sind sie alleine, fühlen sie sich verlassen und spüren Verlust und Leere; diese Empfindungen können unerträgliche Intensitäten annehmen und sich schnell abwechseln (Weiß, 2015). Dieser Widerspruch zeigt sich in dem Dilemma, einerseits nicht in Beziehungen verweilen zu können und es andererseits nicht ohne sie auszuhalten; betroffene Patient:innen haben dies als „einen schmerzhaften Wechsel zwischen der ‚Feuerhölle‘ der Nähe und der ‚Eiswüste‘ der Verlassenheit“ geschildert (Lohmer, 2013, S. 16). Gefühle der Beengung können in verschiedensten Situationen und Konstellationen aufkommen, wie z. B. in einem tatsächlichen Raum, im Stau oder in einer engen Beziehung oder Ehe; durch die Beklemmung kommen starke Angst und Panik auf und die Betroffenen sind in ihren Möglichkeiten eingeschränkt, weil sie solche Situationen vermeiden (Rey, 1994). Das Alleinsein ist unmöglich, weil Menschen gebraucht werden, um externalisierte Teile ihres Selbst und ihrer Objekte übernehmen können (Lohmer, 2013). Werden bei unerträglichen Emotionen diese Anteile ins Außen verlagert und die Verbindung zu diesen geht verloren, kann es dazu kommen, dass Patient:innen den eigenen inneren Raum, den äußeren Raum und den inneren Raum Anderer nicht mehr gut unterscheiden können. Dadurch gerät der Patient an die Grenze zwischen innerer und äußerer Realität und kann weder Abstand noch Nähe ertragen. Das Gefühl von zu viel Nähe ist verbunden mit klaustrophoben Ängsten, das Alleinsein mit der bedrohlichen Befürchtung, Teile des Selbst zu verlieren. Da es keinen erträglichen Kompromiss oder Ausweg gibt, verbleibt er im Hin und Her des Dilemmas. Die Patient:innen können dauerhaft weder Nähe noch Distanz ertragen und erleben stets abwechselnde Gefühle von Gefangen sein vs. Angst verlassen zu werden (Rey, 1994; Weiß, 2009). Es ist, als ob sie aufgrund eines fehlenden inneren Halts entweder in ihre äußeren Objekte hineinschlüpfen und sich in diesen jedoch eingesperrt und verwirrt fühlen, oder bei zu großer Entfernung zu den Objekten intensive Leere und Verlassenheit spüren, in Panik geraten und den Eindruck haben, Teile ihres Selbst zu verlieren (Weiß & Schött, 2016). Daher werden „Innen und Außen gleichermaßen zu unmöglichen Orten" (Weiß, 2015, S. 922). Der Fötus ist zunächst im Mutterleib versorgt und geschützt. Wird das Kind geboren, ist der Säugling zunächst durch die Fürsorge der Mutter weiterhin eng versorgt und geschützt, der intrauterine Raum wird gewissermaßen für eine Weile extrauterin konstruiert, was Rey als *marsupial space* in Anlehnung an den geschützten Beutel für das Junge bei Beuteltieren bezeichnet (Rey, 1994, S. 21) und auch als mütterliche Umgebung beschreibt. Aus diesem Raum heraus erschafft das Kind im Laufe seiner Entwicklung seinen eigenen erweiterten Raum und tritt in den generellen Raum ein, auch ermöglicht durch die voranschreitende motorische Entwicklung; in diesen Räumen bewegen sich auch die Beziehungsobjekte des Kindes bzw. des Menschen (Rey, 1994).

Was Borderline-Diagnosen an zugrunde liegenden Symptomen gemeinsam haben sind Kombinationen diffuser Ängste, neurotischer Symptome, präpsychotische und niedriger entwickelte Persönlichkeitspathologien, eine durch Anzeichen von Ich-Schwäche, primärprozesshaftem Denken und primitiven Mechanismen gekennzeichnete Abwehr und pathologische Objektbeziehungen. Psychotische Symptome können durch hohen Stress oder unter dem Einfluss von Alkohol und anderen Drogen ausgelöst werden. Oftmals können Gefühle von Schuld und Sorge gegenüber anderen und Aggressionen gegenüber dem Selbst und den Objekten nicht gespürt werden, der Verlust guter Objekte nicht betrauert und depressive Zustände zeichnen sich durch kraftlose Wut und Gefühlen der Niederlage gegenüber äußeren Kräften aus (Kernberg, 1967). Die Bandbreite der Symptome bewegt sich in den Bereichen der hysterischen, phobischen, zwanghaften und psychosomatischen Symptomen (Knight, 1986, in Gammelgaard, 2010). Die Patient:innen sind in ihrem Verhalten manipulativ, fordernd und kontrollierend und bedrohen oder entwerten das Gegenüber (Rey, 1994).

Das Syndrom bei einer Borderline-Persönlichkeitsorganisation wird als eine Kombination aus pathologischen internalisierten Objektbeziehungen, chronischer und diffuser Angst, neurotischer Symptome wie multiple Phobien oder dissoziativer Reaktionen, sexueller Perversionen, präpsychotischer Persönlichkeitsstrukturen, Impulsneurosen und Sucht, impulsiven Charakterzüge und emotionaler Instabilität, Ich-Schwächen, primärprozesshaftem Denken, primitiven Abwehrmechanismen wie die Spaltung von guten und bösen internalisierten Objekten, primitiver Idealisierung, frühen Formen von Projektion und projektiver Identifikation, Verleugnung und Idealisierung vs. Entwertung auf struktureller Ebene beschrieben (Kernberg,

1985). Es variiert in seinem Ausdruck abhängig von der Persönlichkeitsstruktur, in die es eingebettet ist und in welchem Stadium es sich befindet. In der Anamnese sind oft impulsives Agieren mit selbstschädigenden Folgen feststellbar. Starke depressive Empfindungen und Feindseligkeitsgefühle sind häufig dominant im Erleben. Neurotische Symptome müssen nicht zwingend vorhanden sein und Patient:innen können temporäre psychotische Episoden erleben. Die Manifestation ist nicht selten permanenten Veränderungen unterworfen. In zwischenmenschlichen Beziehungen schwanken die Patient:innen zwischen oberflächlichen Kontakte und Anklammerung in Beziehungen; trotz dieser schwierigen Beziehungsgestaltungen sind sie meist sozial gut eingebunden. Die Symptome sind vielfältig: sie umfassen frei flottierende Angst, verschiedene Phobien, Zwangssymptome, Konversionssymptome, Dissoziationen, Depression, polymorph-perverse Sexualität, Phasen des Impulskontrollverlusts (Rohde-Dachser, 1983). Rohde-Dachser (1983) bezieht sich hier auf Kernberg, nennt aber keine konkrete Quelle. Auf emotionaler Ebene herrscht oftmals ein starkes Schwanken zwischen extremen Empfindungen, Patient:innen schildern, sie fühlten sich „als hätten sie ‚keine Haut'", und eine affektlose Starre, in welcher sie sich in einem „'todesähnlichen' Zustand" befänden, der Verwirrung, Panik und Selbstverletzung nach sich ziehen könne (Lohmer, 2013, S. 16).

Die Patient:innen können ihre intensiven Gefühle weder beherrschen noch verstehen oder verarbeiten (De Masi, 2022). Ebenso schildert Rohde-Dachser (1983) das Erleben von qualvollen Gefühlen der Leere, Sinnlosigkeit, Orientierungslosigkeit in einer als nicht durschaubar und bedrohlich erlebten Umgebung. Die Patient:innen wissen nicht, wer sie sind (Rohde-Dachser, 1983) und die Störungen der Identität machen sie zu „strangers to themselves" (Gammelgaard, 2010, S. 16). Sie tun sich schwer mit der Ausbildungs- und Berufsfindung und weisen eine „innere Standortlosigkeit" auf (Rohde-Dachser, 1983, S. 70), haben Probleme auf der Arbeit (mit Kolleg:innen) und in partnerschaftlichen Beziehungen, Kontakt-, Bindungs- und Trennungsängste. Es werden verschiedene psychosomatische Beschwerden und Krankheitsgefühle berichtet, für welche keine organische Erklärung gefunden werden kann (Rohde-Dachser, 1983). Manipulationen des Körpers, hypochondrische Ängste und somatoforme und dissoziative Symptome können auch als Versuch interpretiert werden, ein wackeliges psychisches Gleichgewicht erhalten zu wollen (Weiß & Schött, 2016), Borderline-Patient:innen zeigen starke Affektaktivierungen und eine fehlende Kontrolle der Affekte (Kernberg, 2006), sind sehr impulsiv und haben eine fehlende Impulskontrolle. Sie schwanken zwischen gegensätzlichen Ausdrücken eines Konflikts in ihrem Verhalten, welches dadurch widersprüchlich wird, worüber sie sich bewusst sind. Frühe und weiterhin bestehende Spaltungstendenzen führen zur Aufteilung von ausschließlich guten oder bösen Objekten und zeigen sich in der Idealisierung und Verteufelung der nahen Bezugspersonen und Mitmenschen (Kernberg, 1966).

Das Vorhandensein abgespaltener primitiver Ich-Anteile (ego states) und die Aufspaltung der elterlichen Objektbeziehungen in rein gute und böse Objekte sind ein starker Hinweis auf eine Borderline-Struktur (Kernberg, 1967). Es zeigen sich brüchige Ich-Grenzen, diffuse Angst und kein Gefühl für ein überdauerndes Selbst (Green, 2008). Die Identitätsdiffusion führt zu Schwierigkeiten in zwischenmenschlichen und insbesondere in intimen Beziehungen, sie können nur schwer oder gar nicht Zärtlichkeit zu zeigen und weisen oft kindliche und polymorph-perverse Tendenzen auf oder ihre sexuellen Reaktionen sind gehemmt; die Betroffenen haben Schwierigkeiten, zielgerichtet bei einer beruflichen Tätigkeit zu bleiben, (Kernberg, 2006). Sie haben oft Probleme in der Kommunikation, weil Erfahrungen von Trennung und Verlust nicht tolerierbar sind und sie eine Konkretheit der Symbolverwendung aufweisen (Weiß, 2009). Sie können psychische Ereignisse nicht registrieren, wahrnehmen und erinnern. Ihrem Unbewussten mangelt es daran, dass sie aus ihm heraus nicht assoziieren und intuitiv empfinden können. Anders als bei neurotischen Patient:innen dient die Übertragung nicht des Ausdrucks eines Konflikts oder Wunsches, ihnen fehlt die Fähigkeit zu träumen und Emotionen in einer Erzählung zu repräsentieren und es fällt ihnen schwer, eine beständige Bindung zu einem äußeren Objekt zu erhalten (De Masi, 2022). Die Patient:innen fühlen sich weder gänzlich separiert noch verschmolzen mit ihren Objekten und befinden sich in einem Grenzbereich, was auch als ein seelischer Rückzug begriffen werden kann (Steiner, 1998). Die Patient:innen erscheinen auch nach außen wie in einem Grenzbereich und nur schwer fassbar. Sie wirken weder gesund noch verrückt, weder erwachsen noch kindlich, weder liebevoll noch hasserfüllt und bewegen sich zwischen Männlichkeit und Weiblichkeit, Hetero- und Homosexualität, Kindheit und Erwachsensein, Liebe und Hass, Innen und Außen, Fülle und Leere und sind weder hier noch dort (Rey, 1994). Das Leben im Grenzbereich oder im Schwebezustand zwischen innerer und äußerer Realität (Weiß, 2009), das weder hier noch dort sein (Rey, 1994) wird als anstrengend erlebt (Weiß, 2009).

Meltzer beschreibt im psychoanalytischen Prozess eine Phase der „geographischen Verwirrung" (S. 178) und meint damit eine Verworrenheit von innerer und äußerer Welt bzw. eigener Identität und äußerer Objekte (Meltzer, 1995); bei Borderline-Patient:innen taucht diese nicht erst im therapeutischen Prozess auf, sondern ist Teil der psychischen Struktur. Gammelgaard (2010) versucht mit dem Begriff *betweenity*, welcher eine Übersetzung des dänischen Wortes „mellenværende" ist und in etwa „dazwischen sein" oder „das, was dazwischen ist" bedeutet (S.xiv), die Essenz der Schwierigkeiten von Borderline-Patient:innen auszudrücken. Die Patient:innen sind nicht rein psychotisch und können oftmals gut und angepasst in ihrem sozialen Umfeld und im Beruf funktionieren, sind nicht selten intelligent, kreativ und erfolgreich. Sie können jedoch dem Verzicht auf Triebbefriedigung nichts abgewinnen und haben Schwierigkeiten in engen Beziehungen, Nähe und Intimität und beim Aushalten von Spannung, Frustration und Ambivalenz, in dessen Kontexten ihre Verletzlichkeit besonders zutage tritt. Ihre Verletzlichkeit zeigt sich in diesen Momenten des Zwischenmenschlichen, der sozialen Welt und der engen persönlichen Bindungen und Beziehungen. Ihre Probleme werden im Zwischenmenschlichen nicht nur auffällig, sondern gestalten sich hier aus und spielen sich in diesem Bereich ab. Sie nehmen gewissermaßen im Dazwischen Gestalt an, zwischen dem Ich und dem Anderen, dem Selbst und dem Objekt weshalb die Essenz der Probleme als eine des Dazwischens oder Zwischendrins verstanden werden kann. Dies mach deutlich, dass gerade das therapeutische bzw. analytische Setting ihre Schwierigkeiten und ihre Verletzlichkeit herausfordert (Gammelgaard, 2010).

2.3.3 Trauma und Borderline-Persönlichkeitsorganisation

Wie in Abschnitt 2.3.2 zur Genese der Borderline-Persönlichkeitsstruktur bereits erwähnt wurde, nehmen psychische Traumatisierung in der Ätiologie der Probleme eine wesentliche Rolle ein. Weil sie so relevant sind und auch in den Interviews mehrfach thematisiert wurden, werden theoretische Annahmen und Erkenntnisse hier genauer ausgeführt. Im folgenden Abschnitt findet zunächst eine Begriffsklärung statt und anschließend soll die Rolle psychischer Traumatisierungen und die mit ihr verbundenen psychischen Mechanismen beleuchtet werden.

Als Trauma ist eine Erfahrung zu verstehen, die sich durch eine Überflutung an Reizen und eine hohe Intensität auszeichnet. Daraus resultiert das Unvermögens des Individuums, diese angemessen zu verarbeiten. Ein traumatisches Ereignis kann eine grundlegende Erschütterung und pathogene Auswirkungen auf die Psyche zur Folge haben (Laplanche & Pontalis, 1973). Die Entstehung der Probleme geschieht durch das Zusammenspiel mehrerer Dimensionen: gemäß des Diathese-Stress-Modells sind dies verschiedene Belastungen, eine individuelle Vulnerabilität (Diathese) und äußere Ereignisse und Stressoren (Peichl, 2007). Die neueren Theorieentwicklungen des Traumabegriffs in der Psychoanalyse seit den 1980er Jahren stammen oftmals aus Forschungen zu Misshandlung und sexuellem Missbrauch. Der Begriff „Trauma“ bezeichnet ein Erlebnis, was als so schlimm und erschütternd erlebt wird, dass es die Psyche eines Menschen nachhaltig negativ beeinflusst und ebenso bezeichnet es die durch das Ereignis ausgelösten psychischen Folgen. Die heftige affektive Erregung bei einer traumatischen Erfahrung kann die Fähigkeit beeinträchtigen, das Erlebte in bestehende Selbst- und Objektrepräsentanzen einzuarbeiten und das Trauma bleibt eine nicht repräsentierbare Erinnerung (Bohleber, 2011). Bereits bestehende sprachliche Erinnerungen können nicht mit dieser Erinnerung verknüpft werden und Intrusionen, sich aufdrängende wiederkehrende Erinnerungen, werden leichter ausgelöst. Die traumatische Erinnerung kann auch rein körperlich in Form von bestimmten körperlichen Reaktionen oder Emotionen erinnert werden, ohne dass dies mit der bewussten Erinnerung verknüpft würde (Kirsch et al., 2011). Wird die Erinnerung abgespalten oder verleugnet, spricht man von dissoziativer Abwehr (Bohleber, 2011); Breuer und Freud (1895) beschrieben die traumatische Erinnerung zunächst als einen Fremdkörper in der Psyche, dessen Wirkung nur durch affektives Erinnern nachlässt und später als eine nicht vollständig abgetrennte Erinnerung, deren Isolation vom Rest der Psyche in der Therapie aufzulösen ist. Freud setzte sich in der Schrift „Jenseits des Lustprinzips" (Freud, 1920b) nach dem Ersten Weltkrieg mit sogenannten Kriegsneurosen auseinander und war der Ansicht, traumatische Erfahrungen im Kindesalter würden zu neurotischen Störungen führen, was er später relativierte. Er benannte den Wiederholungszwang und beschrieb mit der Bläschenmetapher eine Schutzhülle, welche beim Trauma zerstört wird; er prägte damit das Verständnis von psychischen Traumatisierungen. Für Freud können Traumatisierungen durch äußere Ereignisse, aber auch durch starke Triebregungen entstehen; in jedem Fall besteht eine Überforderung und Lähmung des Ichs, welches nicht in der Lage ist, die psychischen Spannungen zu bewältigen. Gemäß dem objektbeziehungstheoretischen Ansatz werden bei schweren Traumatisierungen nicht nur innere Objektbeziehungen gestört, sondern auch die schützende Verbindung von Selbst- und Objektrepräsentanzen und das Vertrauen in die Existenz guter Objekte und in Empathie geschädigt (Bohleber, 2011).

Traumatische Erfahrungen können die Psyche eines Menschen dauerhaft prägen: unter anderem zeigen sich nach Traumatisierungen Unsicherheiten im Identitätserleben, selbstverletzendes Verhalten und Gefühle von Leere, Unwirklichkeit und Bedrohung (Weiß, 2017). Um solche Gefühle abzuwehren, greifen Spaltungsmechanismen und das Abgespaltene äußert sich womöglich später in Form von dissoziativen Zuständen (Brenner, 2001). Wenn traumatische Erlebnisse, die zwar registriert, aber nicht angemessen verarbeitet werden können, abgespalten werden, spricht man von dissoziativer Abwehr oder dissoziierten Selbstzuständen. Die Dissoziation stellt demnach eine Reaktion des Ichs in einer traumatischen Situation dar. Sie setzt integrative Funktionen von Bewusstsein, Gedächtnis und Identität außer Kraft. Im Gegensatz zu verdrängten Inhalten sind dissoziierte Inhalte dem Bewusstsein in den damit verbundenen Bewusstseinszuständen zugänglich (Bohleber, 2011). Durch die traumatische Abwehr kann es zu Ängsten und Einschränkungen in Beziehungen kommen (Weiß, 2017). Cavalli (2012) beschreibt die Konsequenzen eines Traumas in sehr drastischer Weise: die Betroffenen müssten nach einem Trauma die Teile des zerrütteten Selbst wieder zu etwas zusammensetzen, was dem früheren Selbst ähnlich sei. Die Integration der traumatischen Erfahrung in die Struktur des Selbst gefährde die bisherige Organisation desselbigen, weshalb Abwehrmechanismen zu dessen Schutz zum Einsatz kämen (Cavalli, 2012). Wichtige Bezugspersonen, z. B. die Eltern, schützen das Kind vor überfordernden Reizen; versagen sie in dieser Schutzfunktion, wird das Kind überwältigt und es kann zum *silent trauma*, begleitet von Trennungs- und Verlassensängsten, kommen (Hoffer, 1952, zitiert nach Bohleber, 2011).

Herman et al. (1989) berichteten einen deutlichen Zusammenhang zwischen der Borderline-Persönlichkeitsstörung und berichtetem Missbrauch im Kindesalter: Personen mit einer solchen Persönlichkeitsstörung ($n = 21$) berichteten im Vergleich zu Personen mit Borderline-Persönlichkeitszügen ($n = 11$) und zu Personen, die mit einer verwandten Störung wie bipolarer Störung, antisozialer und schizotyper Persönlichkeitsstörung diagnostiziert waren ($n = 23$), deutlich häufiger von Traumatisierungen in der Kindheit, wie z. B. körperlichen und sexualisierten Missbrauch und das Beobachten schlimmer häuslicher Gewalt. Personen mit einer Borderline-Diagnose berichteten häufiger von Missbrauchserfahrungen und von mehr Arten, früherem Beginn und längerer Dauer von Traumatisierungen. Die Annahme der Relevanz von Missbrauchserfahrungen in der Kindheit für die Entwicklung einer Borderline-Persönlichkeitsstörung wird durch die Ergebnisse der Studie bestätigt; möglicherweise haben Traumatisierungen besonders bei Kindern mit anfälligen Temperamenten oder ohne fehlende schützende Bedingungen die schädlichste Wirkung (Herman et al., 1989). Besonders im Alter der Adoleszenz werden aufgrund der Überarbeitung vorangegangener Entwicklungsprozesse frühere Traumatisierungen unter Umständen aktiviert und wiederholt, woraus sich die Frage ergibt, ob diese in der aktuellen Entwicklungsphase gut verarbeitet werden können oder sich negativ auswirken und langfristigere schädliche Folgen nach sich ziehen (Streeck-Fischer, 2006). Aktuellere empirische Befunde zum Zusammenhang von Traumatisierungen und Borderline-Persönlichkeitsproblemen finden sich im Kapitel zum aktuellen Forschungsstand unter Abschnitt 2.5.3.

In der Ätiologie von Borderline-Problemen spielen, ähnlich wie bei anderen psychischen Krankheitsbildern, genetische Faktoren, Persönlichkeitseigenschaften und die psychische Konstitution, individuelle Vulnerabilität und äußere

Ereignisse und Stressoren eine Rolle. Bei Borderline-Problemen sind oft Erfahrungen von Vernachlässigung und Gewalt in der Kindheit besonders relevant. Ausgelöst wird die Manifestation bzw. die Verschlimmerung im frühen Erwachsenenalter durch eine Reihe von Ereignissen. Negative Erfahrungen in den frühen Bindungen erwecken isoliert betrachtet nicht den Anschein gravierender traumatischer Ereignisse. Finden sie jedoch wiederholt über einen längeren Zeitraum in einer dysfunktionalen Bindung zur Mutter bzw. zu engen Bezugspersonen statt, können diese als Mikrotraumata wirken und der Entwicklung des Kindes schaden. Macht ein Kind, welches ohnehin in einer dysfunktionalen durch Aggression und Grenzüberschreitungen geprägten Familienumgebung aufwächst, massiv traumatische Erfahrungen wie beispielsweise schmerzhafte Trennungen, starke Vernachlässigung, körperliche Gewalt oder sexueller oder emotionaler Missbrauch, kann die Angst vor Vernichtung zu frei flottierender Angst werden, welche von nun an das Erleben des Kindes bzw. des Jugendlichen oder jungen Erwachsenen bestimmt (Peichl, 2007). Die Entstehung von Borderline-Problemen ist oftmals mit traumatischen Erfahrungen im Lauf der Entwicklung in Verbindung zu bringen, da solche Erfahrungen die Fähigkeit zur innerpsychischen Integration beeinträchtigen können (Streeck-Fischer, 2006). Es gibt Hinweise auf eine kausale Verbindung von Traumatisierungen im Kindesalter und der Entwicklung von Borderline, weshalb Kindheitstraumatisierungen als ein ätiologischer Faktor verstanden werden (Ball & Links, 2009; Ford & Courtois, 2014). Traumatisierungen in der Kindheit werden als zentral bei der Entwicklung der Borderline-Persönlichkeitsstörung, aber als weniger entscheidend für die Ausbildung der Symptome angesehen (Wilfer et al., 2020).

Die Borderline-Persönlichkeitsstörung weist hohe Komorbiditäten mit der posttraumatischen Belastungsstörung und der komplexen posttraumatischen Belastungsstörung auf (Ford & Courtois, 2014; Golier et al., 2003). Menschen mit einer Borderline-Persönlichkeitsstörung sind daher möglicherweise besonders vulnerabel für die Entwicklung einer posttraumatischen Belastungsstörung. Patient:innen mit diversen Persönlichkeitsstörungen (n = 180) wiesen hohe Raten von Traumatisierungen über die Lebensspanne hinweg auf und die Verbindung von Traumata und posttraumatischer Belastungsstörung fand sich nicht nur bei der Borderline-Persönlichkeitsstörung. Borderline-Patient:innen (n = 72) wiesen jedoch deutlich höhere Raten körperlichen Missbrauchs in Kindheit und Jugend auf als Patient:innen mit anderen Persönlichkeitsstörungen und hatten ein doppelt so hohes Risiko eine posttraumatische Belastungsstörung zu entwickeln, Patient:innen mit einer paranoiden Persönlichkeitsstörung (n = 63) hatten aber die höchsten Komorbiditätsraten mit der posttraumatischen Belastungsstörung und auch erhöhte Raten körperlichen Missbrauchs in Kindheit und Jugend (Golier et al., 2003); Verbindungen zu Traumatisierungen hinsichtlich der Ätiologie und Komorbiditäten bestehen demnach auch bei anderen Persönlichkeitsstörungen. Bei Borderline-Patient:innen treten häufig komorbide Traumatisierungen und dissoziative Symptome auf (Mosquera & Steele, 2017). Wiederholt wurde eine Korrelation zwischen traumatischen Erlebnissen und Dissoziation festgestellt, daher besteht die Vermutung, dass unter anderem Traumatisierungen verantwortlich sind für dissoziative Symptome bei Borderline-Patient:innen (Löffler-Stastka et al., 2009; Watson et al., 2006). Auch wurde ein signifikanter Zusammenhang des Schweregrads der Traumatisierung und des sexuellen Missbrauchs und dem Vorliegen einer posttraumatischen Belastungsstörung mit einer Borderline-Persönlichkeitsstörung festgestellt (Kindl et al., 2015).

Traumatisierungen spielen eine zentrale Rolle bei der Pathogenese der posttraumatischen Belastungsstörung, der komplexen posttraumatischen Belastungsstörung, und der Borderline-Persönlichkeitsstörung (Kulkarni, 2017). Die Borderline-Persönlichkeits-störung und die posttraumatische Belastungsstörung gehören zwar unterschiedlichen Störungsgruppen an, weisen jedoch konzeptuelle und phänomenologische Gemeinsamkeiten (auf neuronaler Ebene) auf (Amad et al., 2019). Neben den erwähnten Gemeinsamkeiten zwischen der Borderline-Persönlichkeitsstörung und posttraumatischen Belastungsstörung werden auch Gemeinsamkeiten mit der komplexen posttraumatischen Belastungsstörung berichtet (Ford & Courtois, 2014). Es wird daher argumentiert, dass man die posttraumatische Belastungsstörung, die komplexe posttraumatische Belastungsstörung und die Borderline-Persönlichkeitsstörung, die auch oft komorbid auftreten, auf einem Kontinuum unter Traumastörungen zusammenfassen könnte (Giourou et al., 2018). Es besteht eine starke Ähnlichkeit zwischen der komplexen posttraumatischen Belastungsstörung und der Borderline-Diagnose, die komplexe posttraumatischen Belastungsstörung wird jedoch nicht als Ersatz oder Subtyp der Borderline-Persönlichkeitsstörung verstanden (Ford & Courtois, 2014) und trotz der Überlappung der verschiedenen Symptomatiken (z. B. Dissoziation) werden die Störungsbilder als separate Konstrukte begriffen (Borroni et al., 2021; Ford & Courtois, 2014). Auch besteht kein enger Bezug von Borderline-Kriterien und Kriterien für eine posttraumatische Belastungsstörung auf diagnostischer Ebene, weil das Vorhandensein von Traumatisierungen für die Diagnose einer Borderline-Persönlichkeitsstörung weder notwendig noch ausreichend ist (Goodman & Yehuda, 2002). Goodman und Yehuda (2002) nehmen an, dass Traumatisierungen bei manchen Menschen durch das Zusammenspiel mit dem Temperament und biologischen Vulnerabilitäten zu einer dysfunktionalen Persönlichkeitsentwicklung führen können und sehen eine Borderline-Störung nicht allgemein als Traumastörung an. Dass bei Traumastörungen traumatische Erfahrungen als Auslöser Teil der Pathogenese und Voraussetzung für die Stellung der Diagnose sind, bei Borderline dies aber nicht der Fall ist, stellt den zentralen Unterschied dar (Ford & Courtois, 2014).

Abseits der Diskussion um die Einteilung klinischer Diagnosen steht die Frage danach auf welche Weise traumatische Erfahrungen einen negativen Effekt haben. Traumata, insbesondere wiederholte chronische Bindungstraumatisierungen, wirken sich schädigend auf das Bindungssystem, die Mentalisierungsfähigkeit und auf die Fähigkeit zu vertrauen und positiv von der individuellen Umgebung zu profitieren aus. Sie resultieren in Isolation und einer von außen als rigide und schwer zu erreichenden Persönlichkeit, was ursprünglich eine Strategie der Anpassung der Betroffenen darstellte (Luyten et al., 2019). Traumatisierungen in der Kindheit können sich schädlich auf die Emotionsregulation auswirken und werden ins Erwachsenenleben mitgenommen. Sie beeinflussen, wie die Betroffenen sich selbst und andere wahrnehmen. Verschiedene Traumatisierungen stehen in Zusammenhang mit den Borderline-Symptomen. Sexualisierte Gewalt hatte den stärksten Einfluss auf deren Entstehung und Mobbingerfahrungen spielten ebenfalls eine bedeutsame Rolle. Elterliche Vernachlässigung, Unzuverlässigkeit und emotionale Kälte führen zu negativen Emotionen, dem Vermeiden verlassen zu werden und zu Schuldgefühlen und Gefühlen von fehlender Sicherheit beim Kind und können traumatisch wirken (Hasya, 2023). Dass Kindesmisshandlung innerfamiliär über Generationen hinweg weitergegeben wird und dass dies durch Borderline-Pathologien oder damit zusammenhängende Risikofaktoren begünstigt werden könnte, zeigten Paul et al. (2019) anhand einer Stichprobe von älteren Erwachsenen ($n = 364$) und ihren erwachsenen Kindern ($n = 573$). Adoleszente mit selbstverletzendem Verhalten ($n = 6$) charakterisierten familiäre Beziehungen oftmals als traumatisierend und nannten die Selbstverletzung als eine Methode, damit umzugehen und ihrem Ärger freien Lauf zu lassen. Es bestand gleichzeitig die Angst, dysfunktionale Muster weiterzuführen und der Wunsch, neue Muster zu etablieren (Buckmaster et al., 2021).

Die Frage nach der Auswirkung psychischer Traumatisierungen auf Borderline-Probleme lässt sich im Rahmen der Promotion nicht beantworten, jedoch ist die subjektive Verarbeitung traumatischer Erlebnisse für die subjektiven Krankheitstheorien womöglich relevant. Es gab mehrmals biographische Erzählungen von eigenen oder elterlichen Traumatisierungen, auch im Kontext von Migration, und die Berichte über Traumatisierungen waren teilweise in die Schilderung transgenerationaler Dynamiken eingebettet.

2.3.4 Transgenerationale Dynamiken im Kontext der Borderline-Persönlichkeits-organisation

Kinder wachsen in einer bestehenden und sich verändernden Familie bzw. in einem sozialen Gefüge auf und sind stark abhängig von ihren Eltern bzw. den primären Bezugspersonen. Ihre Entwicklung wird maßgeblich durch diese bestimmt und beeinflusst, was die Relevanz transgenerationaler Dynamiken verdeutlicht. Die Familie bzw. das soziale Gefüge, in welchem sie aufwachsen und aus welchem sie sich im Adoleszenzalter herauslösen, ist eingebettet in und wird geprägt durch kulturelle Hintergründe, gesellschaftliche Prozesse und soziale Ungleichheitsverhältnisse (King, 2016a). Prozesse des Aufwachsens und der Ablösung sind demnach abhängig von den äußeren Bedingungen und davon, wie die Eltern und Bezugspersonen mit diesen umgehen und welche Möglichkeiten sie den Kindern für ihre Entwicklung bieten oder auch verwehren. Generationale Dynamiken bergen „Gaben und Bürden" für Adoleszente, welche sich verändern und neu ausrichten müssen im Generationengefüge (King, 2016a, S. 117).

Der Übergang von einer zur nächsten Generation in der Adoleszenz ist verbunden mit einem Generationenkonflikt, der neue Aushandlungen der generationalen Verhältnisse verlangt und den Adoleszenten Möglichkeiten zu neuen Erfahrungen bietet (Erdheim, 2015). Oftmals ist die Entwicklung und der Ausbildungs- und Berufsweg der Kinder von Erwartungen und Hoffnungen der Eltern begleitet, was diese unter Druck setzen kann. Wurde die elterliche Migrationsgeschichte durch diese nicht ausreichend verarbeitet und es verbleiben Belastungen und Traumatisierungen, kann sich dies als hinderlich für die Ablösung der Kinder vom Elternhaus und der Etablierung von Getrenntheit der Generationen ausgestalten (King, 2016a). Traumatische Erfahrungen können sich maßgeblich auf die Persönlichkeit der Betroffenen auswirken. Resultiert daraus ein dysfunktionales Bindungsverhalten, kann über dieses auch die selbst nicht betroffene Nachfolgegeneration durch das Trauma der Eltern beeinflusst werden und daraus psychische Probleme bei diesen resultieren; das Trauma wird generationenübergreifend weitergegeben. Ist die Migration für die Migrierten ein schwere Krise, kann sie auf diese Weise traumatisierend wirken und auch für Folgegenerationen der Migrierten eine Bewältigungsaufgabe darstellen. Die Migration kann jedoch auch eine Möglichkeit für eine positive Entwicklung darstellen, bei welcher das Individuum sich neu orientiert, strukturiert und seine Identität stärkt (Endres, 2005).

Kinder von Müttern (oder Vätern) mit Borderline-Problemen wachsen durch die Impulsivität, Instabilität im emotionalen Erleben und dem Schwanken zwischen Abwertung und Idealisierung in Beziehungen in einer emotional verwirrenden Umwelt auf. Ihre Umgebung gleicht einem „emotionalen Labyrinth"

(Lawson, 2006, S. 10) und die Beziehung zur Mutter ist intensiv und zugleich unbeständig, aus der sie sich befreien wollen. Die Mütter verlagern ihre intensiven Affekte in die Kinder. Haben die Mütter mehrere Kinder, spalten sie diese in „gute" und „böse" Kinder. Kinder von Borderline-Müttern können diesen nicht trauen, erfahren sie als unberechenbar, berichten, dass diese sie dazu bringen, sich schlecht zu fühlen, sich nicht an Schlimmes erinnern oder es abstreiten. Die Mütter lösen Scham und Schuld durch Herabwürdigung und Angst durch drohende Selbstschädigung in ihren Kindern aus. Die Kinder werden von den negativen Affekten und impulsiven Verhaltensweisen der Mütter überrumpelt und können dies nur schwer ertragen; um sich zu schützen, ziehen sie sich zurück. Sie sind damit beschäftigt, herauszufinden, was ihre Mutter gerade empfindet und schwanken zwischen dem Beschützen der Mutter und dem Ankämpfen gegen sie. Suchen die Kinder Therapie auf, sind die Gründe oftmals Gefühle von Verwirrung und Fragmentation, depressive Verstimmungen, und den Wunsch, die Mutter besser zu verstehen. Mädchen fällt es aufgrund des gleichen Geschlechts schwerer, ihre Identität als getrennt von der der Mutter zu sehen. Bleibt eine Behandlung der Mutter aus, besteht die Gefahr, dass die Kinder ähnliche Probleme entwickeln, weshalb es wichtig ist, diese bei den Müttern früh zu erkennen und zu behandeln, wobei durch eine Behandlung das Risiko der Weitergabe an die nächste Generation vermutlich nicht gänzlich verschwindet, sondern lediglich gesenkt wird. Töchter von Müttern mit Borderline-Problemen suchen wesentlich häufiger therapeutische Behandlungen auf als die Söhne ebendieser; die Söhne geraten öfter mit dem Gesetz in Konflikt. Um selbst zu überleben, müssen Kinder von Borderline-Müttern sich ablösen, was jedoch das Überleben der Mutter gefährdet (Lawson, 2006). Diese tiefgreifenden und existenziellen Konflikte, Ängste und Bedrohungen lassen vermuten, dass Krisen und Momente der notwendigen Veränderung zu Überforderung führen können und bei Ausbruch oder Verschlimmerung der Probleme professionelle Hilfe, z. B. Psychotherapie, gebraucht wird.

2.3.5 Rolle der Psychotherapie: Raum zur Entwicklung

Bricht eine pathologische Persönlichkeitsorganisation zusammen und versetzt den Betroffenen in einen Zustand von Angst und Panik, ist dies oft der Anlass für das Aufsuchen von Behandlung (Steiner, 1998). Borderline-Patient:innen erscheinen durch neurotische oder psychotische Symptome womöglich zunächst dem entsprechenden Bereich zugehörig, weshalb es einer genauen Diagnostik bedarf, um die dahinter liegende Borderline-Struktur zu erkennen und nicht vorschnell falsche Behandlungsentscheidungen zu treffen (Kernberg, 1967). Die Therapie von

Borderline-Patient:innen stellt sich oft als schwierig dar, da sie ihre eigenen psychischen Dynamiken nicht verstehen und die Gründe Anderer für deren Verhalten nicht nachvollziehen können. Mit dem Anderen können sie sich nur schwer identifizieren. Traumatisierungen aus Kindheit und Jugend sind stets präsent und die Patient:innen sehen sich hinsichtlich des Traumas oft als wehrloses Opfer. Aufgrund des Aufwachsens in einer traumatischen Umgebung haben sie eine geringe Fähigkeit Frustration auszuhalten und die Tendenz, auf Frustration und Konflikte mit Gewalt zu reagieren (De Masi, 2022).

Zur Behandlung der Borderline-Persönlichkeitsstörung wurden verschiedene Therapieverfahren entwickelt, wie z. B. die mentalisierungsbasierte und die übertragungs-fokussierte Therapie. Die mentalisierungsbasierte Therapie wurde entwickelt, um die Fähigkeit der Mentalisierung, das Verstehen und Einordnen können von psychischen Zuständen und Prozessen bei sich selbst und bei anderen, zu stärken und besser nutzen zu können. Diese ist bei Borderline-Patient:innen oftmals eingeschränkt, weil ihre Emotionen und Affekte in dysfunktionalen und desorganisierten (frühen) Bindungen nicht genügend gespiegelt und verarbeitet wurden, das Kind sich von Affekten der Bezugsperson zum Schutz abkapselte und so in der Entwicklung seiner Mentalisierungsfähigkeit gehemmt und beeinträchtigt wurde. Die gestörte Fähigkeit zur Mentalisierung kann auch als Kern von Borderline-Problemen verstanden werden (Bateman & Fonagy, 2013).

Als Übertragung wird in der Psychoanalyse der Prozess bezeichnet, durch welchen „die unbewussten Wünsche an bestimmten Objekten im Rahmen eines bestimmten Beziehungstypus, der sich mit diesen Objekten ergeben hat, aktualisiert werden“, wie besonders im Rahmen der psychoanalytischen therapeutischen Beziehung. Es kommt zur „Wiederholung infantiler Vorbilder“, welche vom Patienten als aktuell erfahren werden (Laplanche & Pontalis, 1973, S. 550). Wenn von Übertragung gesprochen wird, ist damit meist die im analytischen Behandlungssetting gemeint. In der Übertragung finden die (zu behandelnden) Probleme Ausdruck, aufgrund dessen Deutungen und Schlussfolgerungen vollzogen werden (Laplanche & Pontalis, 1973). Mit Gegenübertragung ist die „Gesamtheit der unbewussten Reaktionen des Analytikers auf die Person des Analysanden und ganz besonders auf dessen Übertragung“ gemeint (Laplanche & Pontalis, 1973, S. 164). Versteht man Übertragung als die innere Wiederholung vergangenen Erlebens oder einer Erfahrung, versucht man Übertragungen ungestört entstehen zu lassen. Begreift man die Übertragung jedoch als Teil der zwischenmenschlichen Dynamik zwischen Analytiker:in und Analysand:in, welche durch die Person des Analytikers und das Therapiesetting beeinflusst ist, wird die therapeutische Haltung und der Rahmen flexibel darauf angepasst. Deutungen der Übertragungen werden als wichtiger Teil der analytischen Arbeit gesehen und Theorien zu Übertragung und Gegenübertragung als zentral für das psychoanalytische Verständnis der psychischen Struktur (Hamburger, 1993).

Die übertragungsfokussierte Therapie beruht auf der von Kernberg geprägten Annahme, dass bei Borderline-Patient:innen dysfunktionale Objektbeziehungen entscheidend für die Psychopathologie sind. Die daraus resultierenden Beziehungsdynamiken reinszenieren sich in der therapeutischen Beziehung, weshalb die übertragungsfokussierte Therapie hier ansetzt und die Behandlung sich auf die Bearbeitung dieser Beziehungsaktualisierungen konzentriert. So sollen die inneren und äußeren Objekte, die Objektbeziehungen und die eigene Beziehungsgestaltung für den Patienten versteh- und reflektierbar werden (Yeomans & Diamond, 2013). Die Übertragung bei der Behandlung von Borderline-Patient:innen ist oft durch den Wechsel intensiver Affekte belastet und in schwierigen und herausfordernden Phasen der Behandlung wird der Therapeut zum bösen Objekt, auf welches sich Wut und Rachefantasien richten. Auch versuchen sie ihn zum Agieren zu bewegen. Ihr Über-Ich zeichnet sich oft durch sadistische Tendenzen aus (De Masi, 2022). Sie sperren sich oftmals gegen die Regression im therapeutischen Setting aufgrund ihrer Ich-Schwächen, des Risikos zur Übertragungspsychose und des Ausagierens ihrer Konflikte in der therapeutischen Beziehung (Kernberg, 1968). Bei der Behandlung von Borderline-Patient:innen ist besonders darauf zu achten, den Patienten vor seinen (selbst-)destruktiven Tendenzen zu schützen, als Therapeut:in neutral zu bleiben, die therapeutische Strategie nicht aufzugeben und von einem deutenden nicht in ein stützendes Vorgehen überzugehen. Das Ziel ist durch die Interpretation das Verhalten, subjektive Erlebens und die Übertragungen in die zwischenmenschliche Erfahrung der therapeutischen Beziehung einzubinden (Kernberg, 1983). Gelingt Patient:innen die Mitteilung von Anteilen des Selbst nur durch die projektive Verlagerung ebendieser in Andere, ist es Teil der therapeutischen Arbeit diese Anteile wieder ins Selbst zurück zu holen und zu (re)integrieren. Dies ist mit dem Durcharbeiten der emotionalen Erfahrungen und mit Trauerprozessen verbunden (Weiß, 2009).

Während einer Psychoanalyse gelangen Patient:innen zeitweise in eine Phase der projektiven Identifizierung, in welcher ihr Selbst in äußere Objekte eintritt; die Folge sind klaustrophobe Zustände, in welchen die Verhältnisse von Selbst und Objekten verändert wahrgenommen werden und es zu einer „geographischen Verwirrung zwischen der inneren und der äußeren Welt" (Meltzer, 1995, S. 178) kommt und die Identität des Selbst weniger im äußeren Objekt verloren geht. Diese Phase fällt bei psychotischen und Borderline-Patient:innen tendenziell länger aus (Meltzer, 1995). Seelische Rückzugsorte, an denen sich besonders häufig Borderline-Patient:innen vor unliebsamen Affekten und Ängsten in Schutz gebracht haben, stellen oft ein Hindernis für Fortschritt und Entwicklung in der Therapie dar (Weiß, 2009).

Kommen migrantische adoleszente Borderline-Patient:innen in die Therapie, sind neben den Herausforderungen der Borderline-Probleme noch andere Herausforderungen aufgrund des jungen Alters und der eigenen oder elterlichen Migrationsgeschichte im Therapieprozess präsent. Westlich geprägte Psychotherapie strebt danach, die individuelle Autonomie und Unabhängigkeit zu stärken, was möglicherweise nicht kompatibel ist mit dem Bedürfnis nach sozialer Einbindung und Zugehörigkeit von Migrant:innen, welche in der Ankunftsgesellschaft möglicherweise noch nach Verbindungen und einem Platz suchen. Daher müssen Behandler:innen offen und flexibel an den diagnostischen Prozess herangehen, den Patient:innen mit kultureller Sensibilität begegnen und sich selbst gut reflektieren können (Calliess et al., 2008). Gerade in der Psychotherapie mit jungen Menschen kann es der Fall sein, dass es sich als mühsam gestaltet, diese ins Erzählen zu bringen. Ein Grund hierfür könnte sein, dass der Therapeut oder die Therapeutin einer elterlichen Figur gleicht, und sie sich sträuben, sich dieser zu öffnen und anzuvertrauen, versuchen sie sich doch gerade aus den elterlichen Abhängigkeitsverhältnissen in der Familie zu lösen. In der Therapie ist es wichtig, den Adoleszenten ihre eigene Verantwortung für ihr Leben aufzuzeigen und sie nicht in der Annahme zu lassen ihren Lebensumständen passiv und wehrlos ausgeliefert zu sein, ihr Interesse an ihrer Emotionalität und ihren psychischen Problemen zu fördern und Mittel und Strategien zur Bewältigung zu entdecken (Anderson & Dartington, 2005).

Wie die Adoleszenz kommt auch Psychotherapie, insbesondere psychoanalytische Therapien, mit Unruhe, Verunsicherung, möglichen Krisen, Veränderungen, Brüchen, Risiken und dem Potential zur kreativen Lösung von Problemen einher. Beides sind Prozesse des Übergangs und können mit hoffnungsvollen Aussichten und ängstigenden Bedrohungen verbunden sein. Sie verändern den Blick auf die Vergangenheit und eröffnen neue Perspektiven auf die Zukunft. In beiden Prozessen kann es aber neben positiven Entwicklungen auch zum Stagnieren oder Scheitern kommen (Erdheim, 2015). Gleiches gilt für die Verarbeitung eigener Migrationserfahrungen oder die Bewältigung des transgenerational weitergegebenen Erbes unverarbeiteter elterlicher Migrationserfahrungen. Migrantische adoleszente Borderline-Patient:innen, die sich im psychotherapeutischen Behandlungsprozess befinden, sind mit einer dreifachen Veränderungsherausforderung konfrontiert, der sie mit einem belasteten psychischen Erbe, einer instabilen inneren Erlebenswelt und einer wenig bis kaum gefestigten Identität begegnen müssen. Als Gegenpol zu einer verdreifachten Anforderung könnte man den Umgang mit bzw. die Bewältigung der Migration, der Adoleszenz und der Borderline-Probleme auch als eine dreifache Möglichkeit einer positiven Entwicklung betrachten. Morgenroth (2010) bezeichnet in ihrer biographischen Forschung zur Behandlung von drogenabhängigen Jugendlichen die Adoleszenz als eine „zweite Chance“ (S. 99) zur Korrektur vorangegangener Entwicklungsdefizite und zeigt auf, wie therapeutische Behandlungsangebote als eine „postadoleszente dritte Chance“ (S. 99) für eine positive Entwicklung genutzt werden können, wenn die Ergreifung der zweiten Chance in der adoleszenten Entwicklung nicht ergriffen werden konnte (Morgenroth, 2010). Neben der Verarbeitung der Migration und der Bewältigung der Adoleszenz könnte man die psychotherapeutische Behandlung der Borderline-Probleme als eine dritte Chance für eine glückende Entwicklung begreifen. Wie sich die genannten Dimensionen der Lebensrealität im Erleben und Verstehen adoleszenter Borderline-Patient:innen mit eigener oder familiärer Migrationsgeschichte zu ihren psychischen Problemen wiederfinden, welche Bedeutungen mit diesen verbunden sind und welche Herausforderungen und Chancen die Patient:innen sehen, soll anhand der Untersuchung ihrer subjektiven Krankheitstheorien erkundet werden.

2.4 Subjektive Krankheitstheorien

Im Fokus der Arbeit stehen wie bereits ausgeführt subjektive Krankheitstheorien von adoleszenten Patient:innen, welche eine Migrationsgeschichte haben und wegen Borderline-Problemen in tagesklinischer Behandlung sind. Es sollen das Erleben, die Wahrnehmung und das Verständnis der Befragten zu ihren Problemen erfasst werden.

Alle psychisch erkrankten Menschen müssen sich mit den aus der psychischen Erkrankung resultierenden Problemen auseinandersetzen und das damit verbundene Erleben und Verstehen ist bei jeglicher Art von psychischen Erkrankungen für Behandler:innen relevant. Warum genau subjektive Krankheitstheorien von adoleszenten Borderline-Patient:innen als relevantes Forschungsthema der vorliegenden Arbeit gewählt wurde, ist darin begründet, dass Adoleszente häufiger Borderline-Probleme aufweisen als andere Altersgruppen. Im Alter der Adoleszenz werden Borderline-Persönlichkeitsprobleme oftmals virulent und sind überproportional vertreten (APA, 2013), was sich auch in aktuellsten Studien zeigt (vgl. Chanen & Kaess, 2012; Johnson et al., 2008, siehe Abschnitt 2.5.3). Die Relevanz der eigenen oder elterlichen Migration ist begründet in migrationsbedingten Risiken oder positiven Einflüssen für die psychische Verfassung, der transgenerationalen Verarbeitung von Migrationsprozessen, der doppelten Entwicklungsanforderung an migrantische Adoleszente und der Notwendigkeit, dass Behandler:innen (ohne eigene Migrationserfahrung oder -geschichte) den Einfluss der Migration besser nachvollziehen können (vgl. Abschnitte 2.1.3 und 2.1.4). Daher ist es von Interesse, die Thematik bei adoleszenten Borderline-Patient:innen zu untersuchen, um diese besser zu verstehen, Behandler:innen für wichtige Aspekte zu sensibilisieren und Beratung und Behandlung zu verbessern. Dies ist essentiell, um Betroffene in dieser für Identität, beruflichen Werdegang und das Finden des eigenen Platzes in der Gesellschaft wichtigen Phase gut zu unterstützen und eine positive Entwicklung fördern zu können.

Das Konzept, welches in der vorliegenden Arbeit hinter dem erwähnten Erleben und Verstehen liegt, ist das der subjektiven Krankheitstheorien und umfasst individuelle subjektive Annahmen zur eigenen körperlichen oder psychischen Erkrankung von Patient:innen. Andere Begriffe, die verwendet werden, sind unter anderem naive Theorien, Alltagstheorien (Flick, 1998a), subjektive Krankheitskonzepte, Laienmodelle von Krankheit, Krankheitsschemata oder kognitive Repräsentationen von Krankheit. Sie beziehen sich alle auf Vorstellungen des Individuums zum Beginn und zur Entwicklung seiner Erkrankung (Thommen et al., 1990). Wie Patient:innen ihr körperliches oder psychisches Leiden erfahren und wahrnehmen, womit sie es in Zusammenhang bringen und welche Behandlungen sie für sinnvoll erachten, ist zentral für die Diagnostik und Behandlungsplanung. Insbesondere bei psychotherapeutischen Behandlungen ist es wichtig für Behandler:innen dies nachzuvollziehen, um die Patient:innen bestmöglich zu verstehen und auf sie eingehen zu können. Im Folgenden wird der Fokus aufgrund der Forschungsthematik auf Erläuterungen von subjektiven Krankheitstheorien zu psychischen Problemen, und nicht zu körperlichen Erkrankungen, liegen. Um nachvollziehen zu können, wie Patient:innen ihr psychisches Leiden einordnen und erklären, sollten lebensgeschichtliche Hintergründe, wie z. B. die familiäre Umgebung und eigene oder elterliche Migrationserfahrungen, beleuchtet werden. Neben den individuellen Annahmen ist die Ergründung subjektiver Krankheitstheorien auch interessant, weil diese Ausdruck des inneren Erlebens und der inneren Wirklichkeit der Patient:innen sind (vgl. Wirth, 2023). Von Interesse ist, welche Annahmen die Patient:innen zu ihren Borderline-Problemen haben bezüglich Beginn, Manifestation, Verlauf, Erleben und Auswirkungen auf ihren Alltag und welche Ursachen und Gründe sie für die Entstehung und Ausprägung ihrer Probleme anführen. Daran schließt sich auch das Interesse an der wahrgenommenen Rolle der Lebens- und Migrationsgeschichte und an den Bedeutungen, die die Patient:innen ihren persönlichen Erfahrungen und der (familiären) Migration geben, an.

2.4.1 Was sind subjektive Krankheitstheorien?

Wird ein Mensch körperlich oder psychisch krank, verändert sich sein Selbstverhältnis und er muss sich in die Rolle des Kranken einfinden und sich damit abfinden. Er muss sich darauf einstellen, dass sich etwas verändert hat und dass er (für bestimmte Zeit) Einschränkungen und Leiden hinnehmen und mit Ungewissheit zurecht kommen muss. Was ihm geschieht und warum er sich in einer neuen, oft unglücklichen Situation befindet, möchte er sich erklären und formt subjektive Annahmen bzw. gestaltet bisher bestehende Annahmen zu dieser Erkrankungen weiter aus und bezieht sie auf sich. Bei psychischen Problemen kommt oft die Herausforderung hinzu, sich anderen stärker erklären zu müssen, da bei diesen oftmals der Verdacht im Raum steht, das Problem oder die Belastung sei nicht echt, nicht so schlimm oder es werde gar nur simuliert. Hier sehen sich Betroffene in Erklärungsnot und sind mit Stigmatisierung konfrontiert, sie werden in ihrem Leiden diskreditiert (Voswinkel, 2017).

Subjektive Krankheitstheorien umfassen subjektive Annahmen zur eigenen psychischen Störung oder körperlichen Erkrankung bezüglich Ursachen, Entwicklung, Manifestation, Verlauf, Konsequenzen, Ursachen, Kontrollierbarkeit, eigener Einfluss, eigenen Bewältigungsstrategien und professionellen Behandlungsmöglichkeiten der Störung bzw. Erkrankung und die Zusammenhänge dieser Annahmen. Primär werden sie als ein kognitives Konstrukt verstanden. Sie stellen Erklärungen der Patient:innen zu Ursachen und Funktionen körperlicher und psychischer Erkrankungen dar, sind eng verbunden mit Grundbedürfnissen und Fantasiesystemen, wie sie in der Interaktion mit der sozialen Umgebung entstehen. Sie umfassen die Beschreibung der kognitiven Annahmen der betroffenen Person darüber, wie die Probleme entstanden, sie sich entwickelten und warum sie weiterhin bestehen (Thommen et al., 1990). Da die Vorstellungen und Annahmen miteinander in Verbindung stehen, wird von subjektiven Krankheitstheorien, also einem zusammenhängenden Konstrukt von Annahmen, gesprochen (Flick, 1998a). Diese Theorien sind wissenschaftlichen Theorien nicht gleichzusetzen, denn sie dienen den Patient:innen als Orientierung und Rechtfertigung für ihr Handeln und können selbstwertstabilisierend wirken (Solojenkina, 2013). Sie bestehen nicht nur aus rationalen kognitiven Annahmen, sondern sind auch mit intuitiven Überzeugungen und emotionalen Prozessen verknüpft, die mitentscheidend für die Kognitionen sind. Die Erfassung des Erlebens neben dem Verstehen ermöglicht es, emotionale und kognitive Komponenten subjektiver Repräsentationen besser differenzieren zu können (Verres, 1989).

Subjektive Krankheitstheorien sind Teil der inneren Welt von Patient:innen, welche in Erzählungen dargestellt werden (Seidlein & Salloch, 2019) und zu welchen man als Außenstehende durch ebendiese Zugang erlangt (Lutz-Kopp, 2015), z. B. wie hier umgesetzt in narrativen Interviews (genauere Erläuterungen zur Interviewmethode siehe Abschnitt 3.3.2). Werden subjektive Krankheitstheorien nur auf der kognitiven Ebene betrachtet, geht die emotionale Ebene verloren. Diese ist jedoch prägend und entscheidend für das subjektive kognitive Verständnis, da krankheitsbezogenes Wissen und Erfahrungen mit Affekten und Emotionen verbunden ist und die beiden Ebenen eng miteinander verwoben sind und unter gegenseitigem Einfluss stehen (Flick, 1998a).

2.4.2 Entstehung subjektiver Krankheitstheorien

Im Kontext „individueller und historisch gewachsener Lebensbedingungen erhält Krankheit individuell eine je eigene Bedeutung, die sich in den subjektiven Krankheitstheorien widerspiegelt“ (Küchenhoff, 1994, S. 262). Wie eine körperliche oder psychische Krankheit aufgenommen und verstanden wird, ist individuell unterschiedlich (Küchenhoff, 1994). Noch bevor Behandlung aufgesucht wird, beginnt ein Mensch bei Verschlechterung seines körperlichen oder psychischen Zustandes sich zu fragen, warum dies so geschieht, entwickelt Annahmen zu Art und Ursache der Erkrankung oder Probleme. Dies ist geprägt durch das individuelle Alltags- und eventuell Fachwissen, durch Wissen, was medial und im Internet verfügbar ist und durch soziokulturelle Konzepte zu Gesundheit und Krankheit (Alsdorf, 2017). In subjektiven Krankheitstheorien finden sich oftmals Ansätze wissenschaftlicher Erklärungen und Konzepte, diese sind aber vermischt und verzerrt durch Denk- und Verhaltensweisen und sozial Erlerntes spiegelt sich in diesen wieder (Thommen et al., 1990). Auch findet sich eine Hin- und Herbewegung zwischen dem Allgemeinen und Individuellen, während das Individuelle Ausdruck des Allgemeinen ist, aber auch das Allgemeine wiederum formt (Küchenhoff, 1994).

Die subjektiven Krankheitstheorien von Patient:innen unterscheiden sich oftmals stark: während manche Menschen sehr genaue Annahmen über ihre Erkrankung haben, können andere keine oder kaum vermutete Gründe oder Hypothesen anführen (Bauer-Wittmund, 1996). Krankheitsbezogenes Erleben und Erwartungen sind geprägt durch die Lebensgeschichte, soziokulturelle Orientierungen und zwischenmenschliche Erfahrungen (Kleinman, 1988). Das Geschlecht, Alter und der sonstige Gesundheitszustand der Person können ebenso einflussreich sein (Flick, 1998a). Nicht nur sind verschiedene lebensweltliche Bedingungen prägend, sondern auch das Selbstbild der Patient:innen, die Art und Weise wie die Erkrankung sich manifestiert, wie sie verläuft, welche motivationalen Konflikte mit der Erkrankung verbunden sind, wie die Patient:innen versuchen zu bewältigen und welche Emotionen mit all dem verbunden sind; das subjektive Erleben und Verstehen variieren demnach und sind situations- und kontextabhängig (Verres, 1989). Vorstellungen und Annahmen zu Gesundheit und Krankheit können als sozial (mit-)konstruiert begriffen werden und fachliches Wissen dazu stellt lediglich einen Bereich des Wissens bzw. der Annahmen in der Gesellschaft dar (Flick, 1998a). Subjektive Krankheitstheorien sind das Ergebnis der Interaktion von Individuum und Umwelt und wirken sich wiederum auf diese aus (Thommen et al., 1990).

Verres (1989) begreift subjektive Krankheitstheorien als ein Aggregat mehr oder weniger richtigen Wissens, emotionaler Einstellungen und auch subjektiver Phantasien, welche aus der Verarbeitung motivationaler Prozesse resultieren. Sie können als „subjektive Repräsentanzen von Krankheit“ begriffen werden (Küchenhoff, 1994, S. 262), ihre Veränderung sind Teil und Ausdruck des individuellen Krankheitsverarbeitungsprozesses, daher nicht konstant und gleichbleibend und bewegen sich im Spannungsfeld zwischen somatischen Prozessen und biographischen Verläufen (Küchenhoff, 1994). Dies ist besonders für psychosomatische Erkrankungen relevant, da sich bei diesen die Ergründung der Ursachen mangels körperlicher Befunde den individuellen Erfahrungen und der Biographie zuwendet. Chronische Erkrankungen sind verbunden mit Erfahrungen, verschiedenen Lebensereignissen, daher eng verwoben mit der Lebensgeschichte und erhalten auf diese Weise eine bestimmte Bedeutung für die Betroffenen (Kleinman, 1988).

Was für chronische körperliche Erkrankungen gilt, kann ebenso auf für schwere psychische Probleme gelten, die die Betroffenen über einen langen Zeitraum bzw. das restliche Leben begleiten. Wie eng die Erkrankung mit dem eigenen Selbst verbunden ist und wie nah sie demnach dem Ich ist, hängt von der Art der Erkrankung ab. Ist eine Erkrankung sehr eng mit dem Selbst verbunden, hat sie potentiell einen stärkeren Einfluss auf das Selbstbild und die Selbstwahrnehmung (Verres, 1989). Bei Persönlichkeitsproblemen wie den Borderline-Problemen, bei der es gewissermaßen um eine Störung der Identität und des Selbst geht, ist diese Ich-Nähe vermutlich sehr stark ausgeprägt. Sind die subjektiven Krankheitstheorien von Patient:innen durch den Behandler:innen unbekannte kulturelle Kontexte beeinflusst, müssen die Behandler:innen dem Raum geben, damit es Eingang in den psychotherapeutischen Prozess finden kann und die Patient:innen sich trauen, ihre Vorstellungen zu äußern (Pedrina, 2005).

2.4.3 Funktionen subjektiver Krankheitstheorien

Subjektive Krankheitstheorien werden maßgeblich durch die Persönlichkeit, die Lebensgeschichte und das Krankheitsgeschehen geprägt und können eine integrative Funktion bei der Krankheitsbewältigung haben (Faller & Walitza, 2001). Sie entstehen in Anlehnung an Piaget auf der kognitiven Ebene durch Assimilation, der Aufnahme und Einordnung von Informationen in bestehende kognitive Schemata, und Akkommodation, der Umstrukturierung der Schemata an die sich ständig ändernde Wahrnehmung der Welt. Sie können der Emotionsabwehr dienen, besonders wenn die Erkrankung besonders schwerwiegend oder bedrohlich ist (Verres, 1989), als kognitive Schemata womöglich wiederum die Krankheitsverarbeitung steuern und sind nicht selten von Inkonsistenzen oder Widersprüchen geprägt, was auf subjektive Ambivalenzen, beispielsweise zwischen dem rationalen Gesundheitsbewusstsein und Schuldgefühlen über eigenes Risikoverhalten, hindeutet (Faller, 1993). Sie sind eine „zentrale Komponente gesundheits- und krankheitsbezogener Selbst-regulation“ (Vollmann et al., 2013, S. 239) und beeinflussen den Verlauf der Erkrankung, die Behandlung, die Motivation zur Behandlung, die Adhärenz, die Compliance, andere gesundheitsrelevanten Verhaltensweisen und die wahrgenommene Sinnhaftigkeit möglicher Behandlungen (Solojenkina, 2013). Auch sind sie mitentscheidend dafür, ob der Betroffene überhaupt Behandlung aufsucht und wenn ja, zu welchem Zeitpunkt (Flick, 1998a).

Sie können einen eigenen Bezugsrahmen angesichts einer neuen Situation und gesellschaftlicher Erwartungen darstellen, die nicht mehr oder nur noch schwer erfüllbar sind (Lutz-Kopp, 2015), strukturieren die Bedürfnisse des Patienten neu und überwachen gewissermaßen, wie sich die Krankheit auf das Erleben auswirkt (Thommen et al., 1990). Die Annahmen und subjektiven Deutungen, die mit einer Erkrankung oder Störung verbunden sind, können Einfluss auf die Manifestation und das Ausmaß der Einschränkung haben (Kleinman, 1988). Auch ermöglichen sie für Betroffene eine Prognose zukünftiger Ereignisse (ob diese stimmt, ist eine andere Frage) und es werden Verhaltensweisen aus ihnen abgeleitet. Die Betroffenen werden durch ihre subjektiven Erklärungen gewissermaßen Expert:innen im Bereich ihrer Erkrankung (Flick, 1998a). Bauer-Wittmund (1996) schließt aus seiner Untersuchung zu subjektiven Krankheitstheorien von Patient:innen mit chronisch-entzündlicher Darmerkrankung ($n = 11$), dass die subjektiven Krankheitstheorien Ausdruck von Bewältigungsstrategien sind, welche nur aus der Biographie der Patient:innen heraus verstanden werden können. Als Beispiel dafür wurde ein Patient angeführt, welcher nichts dazu sagen konnte, woher die Krankheit komme, er hatte keine Vorstellung zur Ätiologie. Dies war Ausdruck seiner Bewältigungsstrategie der Dethematisierung: er blendete die Erkrankung aus und stellte keine Zusammenhänge zu seiner Lebensgeschichte her, Leben und Krankheit standen so gut wie unverbunden nebeneinander. Die Dethematisierung ließ in seinem Leben einen Schwebezustand erhalten, der durch die Klärung der Zusammenhänge in Gefahr gebracht worden wäre und aus welchem er sich nicht lösen wollte. Eine andere Patientin entwickelte während der Behandlung ein psychosoziales Verständnis der Ätiologie und konnte ihre Krankheitsgeschichte mit lebensgeschichtlichen Erfahrungen in Verbindung bringen (Bauer-Wittmund, 1996). Wie unterschiedlich die subjektiven Krankheitstheorien sein können, zeigt auf, dass gerade bei psychotherapeutischer Behandlung dem individuellen Verständnis der Probleme Beachtung geschenkt werden muss.

2.4.4 Rolle subjektiver Krankheitstheorien in der Behandlung

Da das individuelle Krankheitsverständnis und die subjektiven Erklärungen eine Rolle dafür spielen, wie Menschen mit psychischen Problemen umgehen und auf welche Behandlungen sie sich einlassen, ist es einerseits wichtig, eigene Bedeutungsgebungen zu fördern, da dies relevant für sinnstiftende Prozesse ist (Lutz-Kopp, 2015). Es muss aber ebenso beachtet werden, dass die subjektiven Theorien der Behandelten aufgrund ihrer Subjektivität oftmals nicht vollständig, organisiert und fachlich richtig sind, was einer erfolgreichen Bewältigung und Überwindung der Probleme im Weg stehen kann (Thommen et al., 1990). Möglicherweise sind dysfunktionale Krankheitstheorien Teil des psychischen Problems, damit auch Bestandteil des zu behandelnden Problems und ein weiterer Grund für die Notwendigkeit der Behandlung. Sie können demnach einerseits nützlich sein zur rationalen Handlungssteuerung, aber auf der anderen Seite auch entgegen der Vernunft der Angstabwehr und Vermeidung dienen (Birkner, 2006). Gespräche mit Behandler:innen, welche die subjektiven Krankheitstheorien thematisieren und infrage stellen können, können sich als ein Angreifen der oder Einbruch von abwehrenden subjektiven Erklärungen ausgestalten (Verres, 1989).

Subjektive Krankheitstheorien dienen der Sinnfindung und können im Gegensatz zum Anteil der Probleme auch eine Art Selbstermächtigung gegenüber den Pathologisierungen und Determinierungen durch Diagnosen von Ärzt:innen gegenüberstehen, wodurch die Patient:innen die Deutungshoheit über ihr Selbst wiedererlangen. Sie können dazu genutzt werden, Pathologisierung von sich zu weisen, Krankheitszuschreibungen zu relativieren und medizinische Normen infrage zu stellen. Widerstreben Patient:innen die Ansichten und Einschätzungen der Ärzt:innen, kann dies dazu führen, dass Behandlungsangebote nicht angenommen werden. Haben Patient:innen den Eindruck, etwas werde ihnen aufgedrängt und über ihren Kopf entschieden, können Versuche die Kontrolle zu zurück zu erlangen darin gipfeln, dass die Behandlung verweigert oder sabotiert wird (Lutz-Kopp, 2015).

Auch ist zu beachten, dass Patient:innen und Behandler:innen im Verlauf des Behandlungsprozesses die subjektive Krankheitstheorie im Spannungsfeld zwischen (laienhaften) Annahmen des Patienten und Fachwissen und Erfahrung des Behandlers gewissermaßen be- und aushandeln (Birkner, 2006). In diesem Prozess lernen die Patient:innen sich in den Konzepten der Behandlerin zu verstehen und einzuordnen, während die Behandler:innen versuchen, die individuellen Konzepte der Patient:innen nachzuvollziehen und diese miteinfließen zu lassen (Alsdorf, 2017). Die beiden Seiten stellen gegensätzliche Perspektiven auf das gleiche Phänomen dar, was in der problem-orientierten Therapie die Problemdefinition darstellt. Beide Seiten werden als gleichberechtigte Sichtweisen verstanden. Subjektive Krankheitstheorien spielen in dieser Therapieform demnach eine zentrale Rolle und Teil des Therapieziels ist die Entwicklung neuer krankheitsbezogener Schemata. In der therapeutischen Interaktion kann der Behandler die subjektiven Erklärungen entweder als Abwehr verstehen, versuchen durch sie die Perspektive des Patienten einzunehmen oder diese offen mit dem Patienten diskutieren (Thommen et al., 1990), was Teil des oben genannten Aushandlungsprozesses sein kann. Bleiben Diskrepanzen zwischen der Wahrnehmung und fachlichen Einschätzung des Behandlers und der subjektiven Annahmen in der Behandlung unentdeckt, kann sich dies negativ auf den Behandlungsprozess und das Verhältnis zwischen Patient:in und Behandler:in auswirken (Seidlein & Salloch, 2019). Man könnte Behandlungen gar gänzlich als Aushandlungsprozess des subjektiven Krankheitsverstehens von Patient:innen begreifen (Flick, 1998a).

Subjektive Krankheitstheorien können außerdem zur Diagnostik beitragen und im therapeutischen Prozess genutzt und besprochen werden, um psychische Probleme umfassender zu verstehen (Faller & Walitza, 2001). Haben bestimmte Symptome eine Bedeutung, die den Patient:innen nicht bewusst ist oder die sie nicht verstehen, kann die Aufdeckung dieser Bedeutung und das Verstehen der dahinter liegenden Prozesse und Gründe das Symptom gewissermaßen entmachten und ihm seine bisherige Funktion nehmen, wodurch Fortschritte in der Behandlung gemacht werden können (Kleinman, 1988). Neben dem Verständnis der Erkrankung oder des Problems ist auch das subjektiv erlebte Leiden durch ebendiese entscheidend für den Erfolg des Diagnose- und Behandlungsprozesses (Seidlein & Salloch, 2019). Für die psychiatrische und psychotherapeutische

Behandlung von Patient:innen mit psychischen Störungen ist es daher essentiell, die subjektiven Annahmen der Patient:innen über die Ursachen und Gründe für die Entwicklung und Manifestation ihrer Störung, ihre Attributionen und den Zusammenhang zur Behandlungscompliance zu verstehen. Alltägliches Wissen kann fachliches Wissen und wissenschaftliche Theorien ergänzen, subjektive Theorien können als Ausgangspunkt für gegenstandbegründete Theorieentwicklungen genommen werden und mehr Erkenntnisse zur sozialen und individuellen Konstruktion von Gesundheit und Krankheit liefern (Flick, 1998a).

Im Bereich der psychischen Störungen und Probleme, in welchem das subjektive Erleben und Leiden keine Begleiterscheinung, sondern zentraler Teil des Problems und des Phänomens ist, ist fraglich, ob die Grenze zwischen fachlich begründeten und wissenschaftlich gestützten Theorien und den subjektiven Theorien, welche mit dem Erleben eng verwoben und von diesem nicht zu trennen sind, aufrecht erhalten werden soll oder kann. In jedem Fall sind das subjektive Erleben und Verstehen als Teil der Erkrankung bzw. psychischen Problems zentral für das Verständnis der Behandler:innen ebendieser. Aus diesem Grund ist das fachliche Verständnis zu psychischen Problemen zu kurz gegriffen, bezieht es nicht die subjektive Perspektive der Patient:innen mit ein. Theoretische Konzeptionen und wissenschaftliche Erkenntnisse beziehen automatisch das Erleben und Leiden der Betroffenen ein und können demnach nicht frei sein von der subjektiven Wahrnehmung. Jedoch orientieren sie sich meist an äußeren und mehr oder weniger objektiven Kriterien und Maßstäben. Hier setzt eine gegenstandsbegründete Theoriebildung des subjektiven Erlebens und Verstehens abseits der klinischen Symptomkategorien und psychodynamischen Beschreibung von (unbewussten) Prozessen und Mechanismen an. Mittels der Grounded Theory Methode, welche eine gegenstandsverankerte Theoriebildung zum Ziel hat, wird das subjektive Erleben und das damit verbundene Verständnis von migrantischen adoleszenten Borderline-Patient:innen herausgearbeitet, um einen Einblick in die innere Welt der Betroffenen zu ermöglichen und das (fachliche) Verständnis von Behandler:innen zu schärfen und zu vertiefen.

Die zentrale Forschungsfrage der Arbeit ist, wie adoleszente Patient:innen mit einer Borderline-Problemen diese erleben und verstehen. Daran schließt sich die Frage an, welche Bedeutung die Patient:innen ihrer Lebens- und Migrationsgeschichte geben. Ebenfalls relevante Teilfragestellungen sind die, welche Symptome sie nennen, wie sie die Auswirkungen auf ihren Alltag schildern und welche Attributionen sie anführen. Abseits der systematischen Analyse dieser Komponenten subjektiver Krankheitstheorien wurde in der vorliegenden Arbeit ein besonderer Fokus darauf gelegt, abseits der inhaltlich erzählten

„Fakten" übergreifende Dimensionen und Qualitäten des Erlebens und Verstehens herauszuarbeiten, welches die Komponenten miteinander verbindet und Gemeinsamkeiten über Patient:innen mit verschiedenen Manifestationen, individuellen Lebensgeschichten und unterschiedlichen subjektiven Deutungen hinweg einfängt.

2.5 Aktueller Forschungsstand

Nach der Darlegung des theoretischen Hintergrunds soll nun anhand aktueller empirischer Ergebnisse die Befundlage zu den einzelnen Theorieaspekten skizziert und die Relevanz des Themas dargelegt werden. Die Recherche zur endgültigen Aktualisierung des Forschungsstands fand vom 17. bis zum 19. Januar 2024 statt. Danach publizierte Artikel etc. flossen nicht mehr in die Arbeit mit ein. Es wurden Veröffentlichungen der Zeitraum der letzten 5 Jahre fokussiert (Januar 2019 bis Januar 2024); gab es in diesem Zeitraum keine oder nur wenige relevante Publikationen, wurden auch ältere Studien referiert, um existente Befunde ausreichend abzubilden.

Die Online-Kataloge folgender Bibliotheken und wissenschaftlichen Datenbanken wurden für die Recherchen zum Theoriehintergrund und Forschungsstand im Verlauf der Promotion genutzt: die Bibliotheken des Sigmund-Freud-Instituts, der Goethe-Universität Frankfurt und der Universität Kassel und die Datenbanken Wiley Online Library, PubPsych, ScienceDirect, PubMed, JSTOR, PEPweb, Social Science Open Access Repository, ResearchGate und Google Scholar. Für die Suche nach aktuellen Statistiken zum Migrationsanteil in Deutschland wurde die Google-Suchmaschine genutzt. Themen und Zusammenhänge, zu denen zum Theoriehintergrund und aktuellen Forschungsstand recherchiert wurde, waren folgende: Migration in Deutschland (aktuelle Statistiken), Rassismus und Diskriminierung in Deutschland, Migration (Zusammenhang zu Adoleszenz, psychische Gesundheit, Borderline-Persönlichkeitsstörung), Borderline-Persönlichkeitsstörung (Prävalenz, spezifisch hinsichtlich Migration und Adoleszenz, Zusammenhang zu Psychosomatik, Genese, Trauma, Adoleszenz generationale Dynamiken, Psychotherapie), generationale Dynamiken (Zusammenhang zu Migration und Adoleszenz) und subjektive Krankheitstheorien (bei psychischen Störungen, Persönlichkeitsstörungen und der Borderline-Persönlichkeitsstörung, Zusammenhang zu Migration, Adoleszenz, Psychotherapie, Erfahrung der Borderline-Persönlichkeitsstörung, Behandlung in einer Tagesklinik). Die für die Recherche verwendeten Suchwörter und deren Kombinationen finden sich unter Anhang 9.2.

2.5.1 Migration

Um die Relevanz und Bedeutung der Migrationsthematik für migrantische Patient:innen in Deutschland zu verstehen, reicht es nicht aus, theoretische Überlegungen und Konzepte auszuführen, wie in Abschnitt 2.1 geschehen. Ebenso zentral ist es, sich anzuschauen, wie viele Menschen mit Migrationsgeschichte in der Bundesrepublik leben und wie sich Umstand der eigenen oder familiären Migration in ihrer Lebensrealität widerspiegelt.

Die folgenden Angaben basieren auf den Ergebnissen des Mikrozensus 2022[2]. Laut dem statistischen Bundesamt (Destatis, 2023b) hatten im Jahr 2022 in Deutschland 20,2 Millionen Menschen und damit 24,3 % der Bevölkerung eine Einwanderungsgeschichte. Das sind 1,2 Millionen mehr als im Vorjahr; 2021 waren es 19,0 Millionen Menschen. Der Anteil von Menschen mit Einwanderungsgeschichte lag im Jahr 2021 bei 23 % und stieg 2022 um 1,3 % auf 24,3 %. Männern hatten zu 24,8 % eine Einwanderungsgeschichte, Frauen zu 23,8 %. Von den 20,2 Millionen Menschen mit Einwanderungsgeschichte waren 15,3 Millionen selbst nach Deutschland migriert und 4,9 Millionen waren direkte Nachkommen von Eingewanderten. Die Bevölkerung in Deutschland bestand demnach im Jahr 2022 zu 18,4 % aus Eingewanderten und zu 5,9 % aus Kindern der Eingewanderten. Weitere 3,9 Millionen in Deutschland geborenen Menschen (4,6 % der Bevölkerung) hatten nur einen eingewanderten Elternteil. Diese Gruppe wird nach der vom statistischen Bundesamt verwendeten Definition nicht zu den Personen mit Einwanderungsgeschichte gezählt. Das Statistische Bundesamt veröffentlicht jedoch auch weiterhin Ergebnisse gemäß der Definition des Migrationshintergrunds. Im Jahr 2022 hatten 23,8 Millionen Menschen und damit 28,7 % der Bevölkerung in Deutschland einen Migrationshintergrund, im Jahr 2021 waren es 22,6 Millionen und 27,5 % der Bevölkerung (Destatis, 2023b). Was hinter den Statistiken hinsichtlich der Unterschiedlichkeit von Menschen mit Migrationsgeschichte und deren Lebensrealität in Deutschland steckt, wird im Folgenden skizziert.

Laut Kajikhina et al. (2023) bestehen verschiedene Zusammenhänge systematischer Benachteiligung migrantischer Menschen in verschiedenen Lebensbereichen, z. B. in der Bildung, Arbeit und Gesundheitsversorgung, mit der körperlichen und seelischen Gesundheit, gesundheitsrelevanten Verhaltensweisen und dem Wahrnehmen von Leistungen des Gesundheitssystems. Unter anderem wirken sich traumatische Erfahrungen, Diskriminierung, soziale Benachteiligung

---

[2] Das statistische Bundesamt hatte den Mikrozensus für das Jahr 2023 zum Zeitpunkt der letzten Recherche noch nicht veröffentlicht.

und höhere Risiken am Arbeitsplatz negativ auf die Gesundheit der Betroffenen aus (Kajikhina et al., 2023). Machleidt (2013) führt eine höhere Vulnerabilität für psychische Störungen im Migrationsprozess an und in einem Review wurde der Migrationsprozess mit einer erhöhten Vulnerabilität für psychische Störungen in Verbindung gebracht (Calliess et al., 2008). Laut einem Bericht aus Österreich zeigte es sich sowohl in empirischen Studien als auch in der Praxis, dass mit der Migration verstärkte psychische und soziale Belastungen einhergehen können; dies trifft bei sozial und/oder ökonomisch benachteiligten Menschen und Geflüchteten zu (Weigl & Gaiswinkler, 2019). Rousseau und Frounfelker (2019) legten dar, dass die meisten Migrant:innen resilient sind, psychische Störungen jedoch in manchen migrantischen Subgruppen, wie z. B. bei Geflüchteten oder Migrant:innen mit unsicherem rechtlichen Status, überrepräsentiert sind. Eventuelle traumatische Erfahrungen während des Migrationsprozesses sowie Armut und fehlende soziale Unterstützung nach der Ankunft tragen zur Schwere und Dauer psychiatrischer Erkrankungen bei und wirken sich negativ auf die psychische Gesundheit aus (Rousseau & Frounfelker, 2019). Kluge et al. (2020) resümierten aus zahlreichen Studien, dass Menschen mit Migrationshintergrund bzw. Angehörige ethnischer Minderheiten, die zu marginalisierten Gruppen gehören, besonders häufig psychisch belastet oder von psychischen Störungen betroffen sind. Beispielsweise wurden Belege für migrationsassoziierte Risiken für Schizophrenie allgemein bei Migrant:innen und bei Migrant:innen der ersten und zweiten Generation berichtet (Cantor-Graae & Selten, 2005).

Migrant:innen der ersten Generation sind aufgrund der häufig schlechten sozioökonomischen Situation, Benachteiligungen bezüglich der Bildung und fehlender Zugehörigkeit in der Ankunftsgesellschaft womöglich besonders vulnerabel für psychischen Stress (Klein, 2020). Dies stützt auch der Befund, dass Migrant:innen der ersten Generation in Deutschland ($n = 1582$) deutlich mehr von depressiver und Symptomen von Angst, Panikattacken und Suizidgedanken berichteten als Nicht-Migrierte ($n = 11418$) und Migrant:innen der zweiten Generation ($n = 1943$) (Beutel et al., 2016). In einem Review über 17 Studien wurde dargelegt, dass junge Migrant:innen höhere Raten von Selbstverletzung und Suizidversuchen als nicht-migrierte junge Menschen aufwiesen, die entsprechenden Raten von Suizidgedanken und Tod durch Suizid sich jedoch nicht unterschieden (Basu et al., 2022). Unter Student:innen in Niedersachsen ($n = 10638$) war die Prävalenz folgender Kriterien bei denjenigen mit Migrationshintergrund (Anteil von 23,3 % in der Stichprobe) deutlich höher als bei Nicht-Migrierten: Suizidversuche, Suizidgedanken und selbstverletzendem Verhalten (Donath et al., 2019). In einer Studie mit Jugendlichen in der 9. Klasse in Süddeutschland ($n = 452$) zeigte sich, dass Jugendliche, die außerhalb von Deutschland geboren waren (n = 28), eine höhere Lebenszeitprävalenz von nicht-suizidaler Selbstverletzung und Suizidversuchen aufwiesen im Vergleich mit nicht-migrantischen Jugendlichen (n = 329), und zu Jugendlichen, bei denen mindestens ein Elternteil nicht in Deutschland geboren war (n = 123) (Plener et al., 2015). In einer schottischen Studie basierend auf einem Datensatz zum Gesundheitsverhalten von Schulkindern zeigte sich bei den Jugendlichen (n = 121751), dass migrantische Jugendliche (11–15 Jahre) der ersten und zweiten Generation aus 29 Ländern eine geringere Lebenszufriedenheit und mehr psychosomatische Symptome aufwiesen als ihre gleichaltrigen nicht-migrierten Peers (Delaruelle et al., 2021).

Kluge et al. berichteten (2020), dass sich Diskriminierungs- und Ausgrenzungserfahrungen in verschiedenen sozialen und ethnischen Gruppen belastend und negativ auf die psychische Gesundheit auswirkten, entweder in Form von alltäglichen Mikroaggressionen, schlimmeren einzelnen Ereignissen oder durch strukturelle Benachteiligung. Bei strukturellen Benachteiligungen verschränkt sich oftmals der Einfluss verschiedener sozialer Diskriminierungsformen, z. B. von Rassismus und Klassismus; letzterem sind Menschen mit Migrationsgeschichte öfter ausgesetzt durch ungleich verteilte Bildungs- und berufliche Chancen (vgl. Kluge et al., 2020). In einer Meta-Analyse über 134 Stichproben zeigte sich, dass wahrgenommene Diskriminierung negative Effekte auf die körperliche und psychische Gesundheit hatte (Pascoe & Smart Richman, 2009). Anhand von Daten zur psychischen Gesundheit migrierter oder geflüchteten Latin Americans (n = 1629) und Asian Americans (n = 1639) in den USA zeigte sich, dass Traumatisierungen vor, während oder nach der Migration mit psychischer Belastung und Störungen in Verbindung standen und dass Diskriminierung, akkulturationsbedingter Stress und familiäre Konflikte das Risiko für psychischen Stress und Störungen erhöhten (Sangalang et al., 2019). In Interviews mit schwarzen Menschen und Menschen of Colour (n = 20) wurde deutlich, dass Rassismuserfahrungen sich in subklinischen psychotischen Anzeichen eines Gefühls des Anders seins, negativer Eigenwahrnehmung, paranoider Ideenbildung zum Verfolgt werden, Hinterfragen des Selbst und instabilem Selbstwert niederschlugen (Lazaridou et al., 2023).

Die aufgeführten empirischen Befunde verdeutlichen meist einen negativen Zusammenhang zwischen Migrationserfahrungen bzw. familiärer Migrationsgeschichte; dies bedeutet jedoch nicht, dass die migrationsbedingte Effekte auf die (psychische) Gesundheit immer ausschließlich negativ sind. Das genaue Verhältnis von Migration und der Entstehung psychischer Störungen ist weiterhin nicht ausreichend ergründet (Pascual et al., 2008). Was genau eine eigene oder familiäre Migrationsgeschichte für die Entwicklung von Persönlichkeitsproblemen bedeutet, scheint noch nicht sehr weitreichend erforscht. Durch die Migration entstandene Traumatisierungen könnten nach der Migration möglicherweise eine Persönlichkeitsstörung oder eine traumatische Störung auslösen oder verstärken; in welchem Ausmaß der kulturelle Kontext die Entwicklung von Persönlichkeitsstörungen beeinflusst, ist jedoch unbekannt (Calliess et al., 2008). Auch ist wenig bekannt über das Verhältnis von Persönlichkeitsstörungen und Ethnizität bzw. Migration (Nielsen et al., 2014). Laut Callies et al. (2008) können die Lebensumstände in westlichen Gesellschaften bei Migrant:innen Verhaltensweisen hervorrufen, die den Symptomen der Borderline-Persönlichkeitsstörung ähnlich sind, da ungelöste innere Konflikte zu Stimmungsschwankungen, Impulsivität, Unberechenbarkeit und Ambivalenz führen können. Die Autor:innen argumentieren, dass möglicherweise schützende Faktoren der Kultur des Herkunftslandes nach der Migration wegfallen und die neue Vulnerabilität der migrierten Person kann die Manifestation einer tatsächlichen Persönlichkeitsstörung begünstigen. Demnach wird Migration von Calliess und Kolleg:innen als Risikofaktor oder auch Auslöser für die Manifestation von Merkmalen einer Persönlichkeitsstörung verstanden (Calliess et al., 2008). Pascual et al. (2008) und Nielsen et al. (2014) berichten hingegen auf Basis von Untersuchungen in einer psychiatrischen Notfallambulanz in Spanien ($n = 11578$) und den Daten stationärer Psychiatriepatient:innen in einem Klinikum in Deutschland ($n = 2494$) von geringeren Raten von Borderline-Diagnosen bei migrantischen Personen im Vergleich zu nicht-migrantischen Personen. Möglicherweise tragen unterschiedliche Bedingungen für Migrant:innen dazu bei, dass diese psychisch unterschiedlich stark belastet sind; ebenso ist denkbar, dass unterschiedliche Gesundheitssysteme unterschiedlich zugänglich sind für Menschen mit (schweren) psychischen Problemen wie Borderline-Pathologien, weshalb diese unterschiedlich häufig (bei Migrant:innen) festgestellt werden. Auch können unterschiedliche diagnostische Verfahren und Tendenzen zu unterschiedlichen Raten an Borderline-Diagnosen führen.

Die Migration kann nicht nur die psychische Gesundheit selbst beeinflussen, sondern auch den Zugang zu psychotherapeutischen Versorgung: wird die Sprache des Ankunftslandes nicht gut beherrscht, kann dies die psychotherapeutische Behandlung unmöglich machen oder zumindest ein Hindernis darstellen, bei Psychotherapeut:innen, die nicht die eigene Muttersprache sprechen, Behandlung aufzusuchen (Erim & Morawa, 2017). Untersuchungen, welche migrantische Patient:innen in ambulanten oder (teil-)stationären Settings in den Blick nehmen, sind daher immer selektiv und schließen migrantische Menschen nicht mit ein, welche (noch) keinen Zugang zur psychotherapeutischen Versorgung erhalten konnten. Empirische Befunde sind daher womöglich mit Vorsicht zu betrachten und eine eigene oder familiäre Migrationsgeschichte sollte nicht automatisch als abträglich für die psychische Gesundheit begriffen werden. Welche Bedeutung die individuelle Migrationsgeschichte für eine Person und ihr psychisches Befinden hat, ist für ein Verständnis der psychischen Verarbeitung der Migration zu ergründen.

2.5.2 Adoleszenz

Ebenso wie die Migration prägt das Alter und die Entwicklungs- bzw. Lebensphase eines Menschen seine mentale Verfassung und spielt eine wichtige Rolle für psychische Probleme und deren Entstehung. Beim Thema der Adoleszenz ist zu beachten, dass die damit gemeinte Altersspanne abhängig von der zugrunde gelegten Definition variiert. Oftmals werden in Studien und anderen Quellen die Altersspannen nicht genannt bzw. die Definition nicht ausgeführt; daher kann nicht davon ausgegangen werden, dass alle referierten Quellen die in dieser Untersuchung verwendete Altersspanne von 18–30 Jahre zugrunde legen. Auch die Begrifflichkeiten variierten zwischen Adoleszenz (adolescence), Jugendlichen und jungen Erwachsenen (early adulthood). Ebenso ist anzumerken, dass oftmals Jugendliche mit jungen Erwachsenen verglichen wurden, jedoch nicht junge Erwachsene (Adoleszente) mit Erwachsenen über 30 Jahren.

Streeck-Fischer (2019) legt anhand von Fallbeispielen dar, dass der Prozess der Spaltung, welcher bei der adoleszenten Entwicklung in gewissem Maße normal ist, auch während der Einfindung in ein neues Land und der Anpassung an eine neue Kultur stattfindet. Während die Spaltung einerseits das Einfinden in die neue Umgebung begünstigen kann, ist andererseits eine Verstärkung der Polarisierung bis hin zu Borderline-Eigenschaften möglich; dies ist in der psychotherapeutischen Behandlung adoleszenter Migrant:innen zu beachten. Die Untersuchung von Rassismus und seinen Auswirkungen auf die betroffenen Familien und dort stattfindende Sozialisation junger Menschen zum Umgang mit rassistischer Diskriminierung hat laut Juang et al. (2022) bisher wenig Platz in der Jugendforschung, was eine Forschungslücke darstellt. Gerade in Deutschland, wo Menschen mit verschiedenen Herkunftsgeschichten leben, ist es wichtig zu verstehen, wie sich die Erfahrung von Rassismus bei jungen Menschen ausgestaltet und auf die Identitätsbildung auswirkt.

2.5.3 Borderline-Persönlichkeitsprobleme

Es folgen Erläuterungen zu aktuellen Erkenntnissen und Positionen zur Diagnosestellung in der Jugend, zum Zusammenhang mit psychischen Traumatisierungen und zur Behandlung. Auch wird dargelegt, wie präsent allgemein Persönlichkeitsstörungen und im Speziellen die Borderline-Persönlichkeitsstörung ist und wie sie abhängig von Altersgruppen und in verschiedenen Behandlungssettings verteilt ist. In einem umfassenden Review stellen Leichsenring et al. (2024) wichtige aktuelle Erkenntnisse zur Borderline-Persönlichkeitsstörung zusammen: mithilfe semistrukturierter diagnostischer Interviews, wie beispielsweise dem SCID-5-PD (Structured Clinical Interview for DSM-5 Personality Disorder) (First et al., 2016), Diagnostic Interview for DSM-IV Personality Disorders (DIPD-IV) (Zanarini et al., 1996) oder dem Structured Interview of Personality Organization (STIPO-R) (Clarkin et al., 2004) kann die Borderline-Persönlichkeitsstörung ausreichend von anderen psychischen Störungen abgegrenzt werden. Sie geht mit starken funktionellen Einschränkungen, hohen sozialen Kosten und starker Inanspruchnahme des Gesundheitssystems einher und es besteht ein hohes Risiko für Selbstverletzung und Suizid (Leichsenring et al., 2024). In einem Review über 33 Studien zeigte sich, dass das Vorhandensein einer Borderline-Diagnose oder damit verbundene Persönlichkeitszüge wiederholte Suizidversuche (suicide recurrence) vorhersagte; bei Adoleszenten stellte die Borderline-Diagnose einen Prädiktor für zukünftige Suizidversuche dar und Suizidalität im Alter der Adoleszenz sagte Borderline-Diagnosen im Erwachsenenalter voraus (Moselli et al., 2023). Eine frühe Diagnosestellung bei Borderline-Störungen kann individuelles Leid und gesellschaftliche Kosten reduzieren (Leichsenring et al., 2024). Das psychosoziale Funktionsniveau von Borderline-Patient:innen ist oftmals reduziert und ihre Lebenserwartung im Vergleich zum Bevölkerungsdurchschnitt geringer (Stoffers-Winterling et al., 2021). Die Borderline-Persönlichkeitsstörung ist eine verbreitete Persönlichkeitsstörung, bezüglich ihrer Erfassung und Diagnose gibt es jedoch starke Kontroversen. Sie taucht in verschiedenen Kulturen auf und der individuelle kulturelle Hintergrund sollte bei der Diagnosestellung berücksichtigt werden, da kulturell beeinflusst wird, was hinsichtlich der Persönlichkeit als normal und nicht normal gesehen wird. Weil die Dimensionen, in welchen die Persönlichkeit beurteilt wird, wie z. B. interpersonales Funktionieren, Emotionen und das Selbst, unterschiedlich in verschiedenen Kulturen (im Hinblick auf das Kontinuum zwischen normalen und nicht normalen Funktionieren der Persönlichkeit) unterschiedlich erlebt werden. Auch sind mögliche kulturspezifische Symptome noch nicht ausreichend erforscht (Choudhary & Gupta, 2020).

Auffällig ist die offenbar große Relevanz von psychischen Traumatisierungen für die Borderline-Persönlichkeitsstörung. Verschiedene Arten von Traumatisierungen und aversive Erfahrungen in der Kindheit werden signifikant häufiger von Borderline-Patient:innen berichtet als von Personen ohne psychiatrische Diagnose (Bandelow et al., 2005; Herman et al., 1989; Porter et al., 2020;

Weaver & Clum, 1993), Personen mit Borderline-Zügen (Herman et al., 1989), Personen mit anderen Persönlichkeitsstörungen (Bozzatello et al., 2021; Golier et al., 2003) und Personen mit anderen psychiatrischen Diagnosen (Porter et al., 2020; Sansone et al., 2006). In einer nicht-klinischen Stichprobe von Jugendlichen zwischen 14 und 19 Jahren ($n = 270$) wurden auf Basis ihrer Selbstberichte bedeutsame Zusammenhänge zwischen Borderline-Merkmalen und kontrollierendem, chaotischem und abweisendem elterlichen Erziehungsverhalten festgestellt (Armour et al., 2023). Die Borderline-Persönlichkeitsstörung ist mit Missbrauch und Vernachlässigung in der Kindheit stärker verknüpft als andere Persönlichkeitsstörungen (Battle et al., 2004; Yen et al., 2002). Bandelow et al. (2005) fanden eine hohe Prävalenz von sexuellem Missbrauch in der Kindheit bei Borderline-Patient:innen ($n = 66$). Es wurde ein konsistenter Zusammenhang von Traumatisierungen in der Kindheit und der Entwicklung einer Borderline-Persönlichkeitsstörung über Studien hinweg festgestellt (MacIntosh et al., 2015) und die Schwere und Dauer der Traumatisierungen wies einen starken Zusammenhang mit der Schwere der Borderline-Symptome auf (Yuan et al., 2023).

Dass Persönlichkeitsstörungen keine Seltenheit sind, zeigen im Folgenden aufgeführte Untersuchungen. In einer Metaanalyse über 39 Studien aus verschiedenen Ländern über mehr als 37 Jahre wurde eine Prävalenz von Persönlichkeitsstörungen von 7,8 % ermittelt; in Ländern mit höheren Einkommen war die Prävalenz höher (Winsper, Bilgin, et al., 2020). Die Punktprävalenz von Persönlichkeitsstörungen lag je nach Erfassungsinstrument bei 12,7 % bis 14,6 % (Johnson et al., 2008), bei jungen Erwachsenen im Alter von 20 Jahren lag sie bei 14,7 % und bei ihren Eltern bei 11,2 %, während die Cluster-B-Persönlichkeitsstörungen (antisoziale, Borderline-, histrionische und narzisstische Persönlichkeitsstörung) bei den Adoleszenten besonders oft auftraten (Barnow et al., 2009) und die Lebenszeitprävalenz für Persönlichkeitsstörungen lag für 33-Jährige bei 28,2 % (Johnson et al., 2008). War in der Elterngeneration eine Persönlichkeitsstörung präsent ($n = 411$), so war die Wahrscheinlichkeit höher, dass auch die Kinder ($n = 334$)eine solche aufwiesen, was besonders für Cluster-B-Persönlichkeitsstörungen galt, bzw. ging eine elterliche Persönlichkeitsstörung mit allgemein höheren Werten im Instrument des SCL-90 (Franke, 2014) einher (Barnow et al., 2009).

Auch die Borderline-Persönlichkeitsstörung ist keine sehr seltene psychische Erkrankung. Die Prävalenz der Borderline-Persönlichkeitsstörung wird auf einen Anteil von ca. 3 % in der allgemeinen Bevölkerung geschätzt (Guilé et al., 2018), die geschätzte Lebenszeitprävalenz bei Erwachsenen liegt zwischen 0,7 % und

2,7 % (Coid et al., 2006; Leichsenring et al., 2024; Trull et al., 2010). Die kumulativen Prävalenzen der Borderline-Persönlichkeitsstörung lagen bei 14-Jährigen bei 0,9 %, bei 16-Jährigen bei 1,4 %, bei 22-Jährigen bei 3,2 % und bei 33-Jährigen bei 5,5 % (Johnson et al., 2008), was zeigt, dass das Vorkommen der Borderline-Persönlichkeitsstörung im Alter der Jugend und Adoleszenz deutlich ansteigt. Es stützt auch den Befund, dass Borderline-Probleme während der Adoleszenz klinisch offenkundig, ihren Höhepunkt im frühen Erwachsenenalter erreicht und im weiteren Lebensverlauf schwächer wird (Chanen & Kaess, 2012). Die Prävalenz in ambulanten Therapiesettings liegt bei ca. 12 % und in stationären psychiatrischen Settings bei ca. 22 % (Leichsenring et al., 2024). Dies deckt sich mit Erkenntnissen von Ellison et al. (2018), gemäß welcher die Prävalenz in ambulanten psychiatrischen Settings bei 10–12 % und in stationären Settings bei 20–22 % liegt. Unter stationären Psychiatriepatient:innen (*n* = 72) waren diejenigen mit einer Borderline-Persönlichkeitsstörung (*n* = 31) deutlich jünger, bekamen mehr Psychopharmaka verschrieben, wiesen höhere Depressionswerte und häufiger Suizidgedanken auf. Auch war unter ihnen die Wahrscheinlichkeit höher, 30, 90 und 180 Tage nach Entlassung wieder für durchschnittlich neun Tage in einer psychiatrischen Klinik aufgenommen zu werden (Gregory et al., 2021).

Sowohl in einem psychiatrischen Notfalldienst (Pascual et al., 2008) als auch in einem stationären psychiatrischen Setting (Nielsen et al., 2014) (*n* = 11578 und *n* = 2494) wurden bei migrantischen Patient:innen (*n* = 1345 und *n* = 374) eine geringere Rate an Borderline-Persönlichkeitsstörungen diagnostiziert als bei nicht-migrantischen Patient:innen (*n* = 10233 und *n* = 2120). In einer US-amerikanischen Studie zu verschiedenen Störungen (Angststörungen, affektive Störungen und Persönlichkeitsstörungen) wurde hingegen gefunden, dass Migrant:innen der ersten Generation (*n* = 5363) zwar seltener mit einer Borderline-Persönlichkeitsstörung diagnostiziert wurden als nicht-migrantische Personen (*n* = 24461), dass Migrant:innen der zweiten Generation (*n* = 4826), jedoch häufiger als nicht-migrantische Personen mit einer Borderline-Persönlichkeitsstörung diagnostiziert wurden (Salas-Wright et al., 2014). Die referierten Studien zeigen einerseits wie präsent die Borderline-Persönlichkeitsstörung gerade in intensiven Behandlungssettings ist und wie komplex ihre Zusammenhänge zu anderen psychischen Problemen und verschiedenen Lebensbedingungen sind. Inwiefern bereits Jugendliche und junge Erwachsene betroffen sind, soll nun erläutert werden.

Laut einer Überblicksarbeit von Guilé et al. (2018) kann ab dem Alter von 11 Jahren eine Borderline-Persönlichkeitsstörung zuverlässig diagnostiziert werden. Der Anteil von Borderline-Diagnosen bei Jugendlichen in ambulanten Settings liegt laut dieser Arbeit bei 11 % und bei suizidalen adoleszenten Patient:innen in einer Notaufnahme bei 78 % (Guilé et al., 2018). Bei 9-jährigen Kindern ($n = 70$) und 14-jährigen Jugendlichen ($n = 76$) zeigte sich kein Unterschied in der Häufigkeit von Borderline-Diagnosen und den Borderline- Persönlichkeitszügen (intensive Wut, affektive Instabilität, chronisches Gefühl der Leere, Identitätsstörung, stressbezogene Paranoia oder Dissoziation, Angst vor dem Verlassenwerden, Selbstverletzung und Suizidalität, instabile Beziehungen) und in beiden Gruppen waren Borderline-Merkmale verbunden mit komorbiden Störungen, geringerer Lebensqualität und emotionalen und Verhaltensproblemen (Fleck et al., 2023). Laut einem Review über 128 Studien mit einer Fallzahl von $n = 513188$ lag die Lebenszeitprävalenzrate von Suizidversuchen von Jugendlichen bei 9,7 % und für Suizidgedanken bei 29,9 % (Evans et al., 2005); diese sind zwar nicht ausschließlich bei Borderline-Problemen präsent, sondern auch z. B. bei depressiven Störungen, aber können aber ein Zeichen für Borderline-Probleme sein. 12-jährige Jugendliche mit einer Borderline-Persönlichkeitsstörung hatten gemäß einer Überblickarbeit von Bürger und Kaess (2023) im jungen Erwachsenenalter (18–23 Jahre) ein höheres Risiko für Depressionen, hypomane und psychotische Symptome (Bürger & Kaess, 2023). In einem Vergleich von adoleszenten Borderline-Patient:innen ($n = 104$) und einer nicht-klinischen Gruppe Adoleszenter ($n = 60$) zeigte sich, dass sich die Gruppen hinsichtlich der Ethnie und des sozioökonomischen Status nicht unterschieden. Unterschiede gab es hinsichtlich des Geschlechts, unter den Borderline-Patient:innen waren mehr Frauen vertreten, hinsichtlich des Alters, die Borderline-Patient:innen waren im Schnitt ein Jahr älter und hinsichtlich aversiver Erfahrungen in der Kindheit, die Patient:innen berichteten mehr Vernachlässigung und Missbrauch und weniger positive Beziehungen in der Kindheit (Zanarini et al., 2020).

Ob eine Borderline-Störung im Alter der Adoleszenz bereits diagnostiziert werden sollte, ist umstritten: einerseits ist eine solche offenbar auch schon in diesem Alter diagnostizierbar und frühe therapeutische Interventionen können ihre negativen Effekte für die Betroffenen mildern, andererseits sind Adoleszente in ihrer Entwicklung noch so sehr Veränderungen unterworfen, dass es fraglich ist, ob diesen eine solche Diagnose gegeben werden sollte, die mit Stigmatisierung und Ängsten oder gar dem Einrichten in der Diagnose verbunden sein kann. Kaess et al. (2014) sehen diese Debatte als nicht mehr gerechtfertigt an. Aktuelle Befunde würden zeigen, dass die Borderline-Persönlichkeitsstörung bei Adoleszenten wie bei Erwachsenen zuverlässig festgestellt werden kann und dass Adoleszente von früher Behandlung profitieren können. Sie plädieren dafür, die Borderline-Diagnostik in der Routine-Diagnostik zu psychischer Gesundheit bei Adoleszenten zu verankern, um bei betroffenen Patient:innen das psychische Wohlbefinden und die Langzeit-Prognose zu verbessern (Kaess et al., 2014).

In einer Follow-Up-Studie von Jørgensen et al. (2024) zu Jugendlichen mit psychischen Problemen, welche fünf Jahre nach der Ersterhebung erneut im Alter von 19–23 Jahren untersucht wurden ($n = 97$), zeigte sich eine mittlere Stabilität der kategorialen Borderline-Diagnose. Adoleszente, welche die Kriterien für diese erfüllten, zeigten eine Vielfalt schlechter Outcomes, weshalb die Autor:innen eine Borderline-Diagnose als einen Indikator für eine verschlechterte Anpassungsfähigkeit in der Adoleszenz und ein Anzeichen für schwere Probleme im Übergang ins junge Erwachsenenalter verstehen. Interventionen für adoleszente Borderline-Patient:innen sollten demnach auf eine Bandbreite funktionaler und psychopathologischer Kriterien abzielen (Jørgensen et al., 2024). Wird eine bestehende Borderline-Persönlichkeitsstörung bzw. Borderline-Merkmale unter der diagnostischen Schwelle bereits im Jugendalter diagnostiziert bzw. registriert, könnten mittels entsprechender Behandlungen und Präventionen im Idealfall genannte Manifestationen im jungen Erwachsenenalter verhindert oder abgefedert und früh aufgefangen werden (Bürger & Kaess, 2023; Chanen et al., 2020; Winsper, Wolke, et al., 2020). Diese Erkenntnisse und Annahmen sprechen dafür, sich bereits bei jugendlichen Patient:innen an die Borderline-Diagnostik heranzuwagen, um entsprechende Probleme früh zu erkennen und entsprechende Behandlungsentscheidungen treffen zu können.

Zur Behandlung von Borderline-Problemen erwiesen sich verschiedene Psychotherapieverfahren wie z. B. dialektisch-behaviorale Therapie, übertragungsfokussierte Psychotherapie und Schematherapie als wirksam (Bürger & Kaess, 2023; Leichsenring et al., 2024). Psychotherapie erwies sich allgemein als gute und wirksame Behandlungsmethode für Borderline-Persönlichkeitsstörungen bzw. subklinischer Borderline-Symptome in der Adoleszenz, zumindest auf kurze Zeit gesehen; mehr Studien mit langfristigen Wirksamkeitsüberprüfungen sind notwendig (Bürger & Kaess, 2023; Chanen et al., 2020; Wong et al., 2020). Die Behandlung mit Psychopharmaka erwies sich für die Kerneigenschaften einer Borderline-Diagnose nicht als effektiv, ist daher nur bei sehr starker depressiver, psychotischer oder Angstsymptome indiziert (Leichsenring et al., 2024) und kann zur Bewältigung akuter Krisen eingesetzt werden (Euler et al., 2022), z. B. in Form von niedrig-wirksamen Antipsychotika oder sedativen Antihistaminen (Leichsenring et al., 2023). Da Borderline-Patient:innen oft als schwierig gelten und stigmatisiert werden, besteht die Gefahr der Abweisung und Unterversorgung durch Behandler:innen; jedoch brauchen gerade diese Patient:innen, die nicht selten Komorbiditäten mit anderen psychiatrischen und körperlichen Erkrankungen aufweisen, eine umfassende medizinische Behandlung (Euler et al.,

2022). Dies gilt womöglich besonders für adoleszente Borderline-Patient:innen, bei welchen altersbedingt besondere Herausforderungen präsent sind und wichtige Weichen für die spätere Entwicklung gestellt werden. Die Adoleszenz als kritisches Entwicklungsmoment erlangt hier besondere Bedeutung und verlangt besondere Unterstützung.

Werden Adoleszente mit der Borderline-Persönlichkeitsstörung diagnostiziert, sprechen sie gut auf dafür entwickelte Therapien an (Streeck-Fischer, 2013). Speziell auf Borderline-Probleme zugeschnittene Behandlungen können das Funktionsniveau der Patient:innen im Vergleich zu üblichen und unspezifischen Behandlungsmethoden deutlich besser erhöhen (Zahediabghari et al., 2020). Zur Behandlung von Borderline-Patient:innen erwiesen sich die dialektisch-behaviorale Therapie, mentalisierungsbasierte Therapie, Schematherapie und übertragungsfokussierte Psychotherapie als wirksam und zeigten positive Behandlungsergebnisse; keine dieser Therapien stellte sich als überlegen im Vergleich zu den anderen heraus (Ellison, 2020). Bei psychotherapeutischen Behandlung adoleszenter Borderline-Patient:innen sind teilweise sehr hohe Abbruchraten zu verzeichnen (bis zu 75 %), in einer Untersuchung von Cornelisse et al. (2023) zu Abbrüchen adoleszenter Borderline-Patient:innen in einer drei-monatigen stationären Behandlung mit dialektisch-behavioraler Therapie ($n = 172$) konnte nur junges Alter signifikant mit häufigeren Abbrüchen in Verbindung gebracht werden. Es ergaben sich keine statistisch signifikanten Korrelationen mit komorbiden psychiatrischen Erkrankungen, der Schwere der Borderline-Pathologie und borderline-typischen Verhaltensweisen. Es müssen weitere Untersuchungen stattfinden, um die Gründe der häufigeren Abbrüche im jüngeren Alter der Adoleszenz zu ermitteln (Cornelisse et al., 2023). Stationäre psychodynamische Therapie erwies sich bei adoleszenten Borderline-Patient:innen ($n = 28$) als wirksam, unter anderem verbesserten sich die Werte des GAF, GSI und des BPI (Erläuterungen zu den Inventaren siehe Abschnitt 4.2.1) deutlich und eine frühzeitige Behandlung erwies sich als sinnvoll (Salzer et al., 2014). In Tageskliniken mit psychotherapeutischem Schwerpunkt rücken die sozialen und familiären Aspekte von psychischen Problemen neben der biopsychologischen Dimension stärker in den Fokus und die Behandlung wird als Möglichkeit der Auseinandersetzung mit der Diagnose und Chance zur Weiterentwicklung der Persönlichkeit begriffen (Böker & Himmighofen, 2016). Ein Vorteil gerade für Borderline-Patient:innen in tagesklinischen Settings ist, dass diese einerseits Versorgung und Struktur bieten und die Patient:innen nicht alleine lassen und andererseits aber nicht der einzige Raum sind, in welchem sich die Patient:innen in der Phase der Behandlung bewegen, sondern diese sich auch immer wieder aus diesem lösen und trennen. Dies erweist sich für die Patient:innen als geeignet, die gemäß des agora-klaustrophoben Dilemmas (vgl. Rey, 1994; Weiß, 2009) sich einerseits schnell eingeengt fühlen und andererseits aber auch nicht gut alleine sein können (Weiß & Schött, 2016). Welche Bedeutung subjektive Annahmen zu den eigenen Problemen für die Behandlung haben und wie sich erstere im Laufe letzterer auch verändern können, wird im nächsten Abschnitt ausgeführt.

2.5.4 Subjektive Krankheitstheorien

Die Beachtung subjektiver Annahmen zur zu behandelnden Erkrankung erfordert und ermöglicht einen gezielten Fokus auf die Person des Patienten bzw. der Patientin, da bewusst ein Augenmerk auf die individuellen Theorien und Bedeutungen gelegt wird und diese Teil des therapeutischen Prozesses werden. Für eine patient:innenorientierte Therapie muss die Diskrepanz zwischen der subjektiven Krankheitstheorie des:der Patient:in und dem Konzept des:der Behandler:in nicht nur aufgezeigt, sondern auch überbrückt werden (Thommen et al., 1990). Subjektive Krankheitstheorien werden als Bereicherung für die Diskussion über das Krankheitsverständnis von Patient:innen angesehen (Seidlein & Salloch, 2019) und die Übereinstimmung der Krankheitskonzepte von Patient:innen und Behandler:innen erwies sich in einer Studie mit Schizophrenie-Patient:innen ($n = 40$) als förderlich für den Behandlungserfolg (Wigand et al., 2017). Dies zeigt, wie wichtig es ist, das Verständnis der Patient:innen von ihren psychischen Störungen zu ergründen. Studien zu subjektiven Krankheitstheorien und Persönlichkeitsstörungen sind jedoch nur vereinzelt vorhanden und es gibt lediglich wenige Studien, die sich allein auf subjektive Krankheitstheorien von Menschen mit einer Borderline-Persönlichkeitsorganisation fokussieren. Die wenigen existenten Studien untersuchen ausschließlich bestimmte Aspekte, haben mehrfach rein weibliche Stichproben und bieten keinen umfassenden Blick auf das Krankheitserleben und -verstehen, eingebettet in lebensweltliche Bedingungen. Es folgt ein Überblick über Studien zu subjektiven Krankheitstheorien bei psychischen Störungen, Persönlichkeitsstörungen, der Borderline-Persönlichkeits-störung und im Hinblick auf den Umstand der Migration.

Subjektive Krankheitstheorien bei psychischen Störungen In Studien zu subjektiven Krankheitstheorien bei psychischen Störungen zeigte sich, dass die subjektiven Krankheitstheorien von Psychiatriepatient:innen ($n = 50$) oft nicht kongruent mit dem biomedizinischen Modell sind (Elliott et al., 2012), Patient:innen ($n = 5$) Wissen zur Grundlage der Störungen fehlt und sie dysfunktionale Annahmen zu Gesundheit und Krankheit haben; durch Korrektur der Fehlannahmen war jedoch Fortschritt in der Therapie möglich (Langs et al., 2002). Stigma, Armut und fehlende soziale Unterstützung wurden von jungen erwachsenen Psychiatriepatient:innen ($n = 10$) als hinderlich für das psychische Wohlbefinden erachtet (Mbuthia et al., 2018). Kausale Attributionen von Menschen mit psychischen Problemen wurden in 20 Fokusgruppen ($n = 159$) erhoben und umfassten substanzbezogene, biologische, psychische, soziale und spirituelle oder religiöse Ursachen (Arthur & Whitley, 2015). Unter psychiatrischen Patient:innen ($n = 145$) äußerten Männer öfter als Frauen externale Attributionen und die Häufigkeit der Nennung interpersonaler Attributionen variierte zwischen Diagnosen (Hambrecht & Hohmann, 1993). Gemäß einer Studie von Goyal et al. (2020) stand bei Patient:innen mit häufigen psychischen Störungen ($n = 63$) eine höhere Symptomschwere in Zusammenhang mit stärkeren wahrgenommenen negativen Auswirkungen, eine höhere Selbstwirksamkeit hingegen mit einer kürzer angenommenen Dauer der Probleme, weniger starkem subjektiven Krankheitsempfinden, der Wahrnehmung von weniger negativen Auswirkungen und einer besser angepassten emotionalen Reaktion auf die Störung. Die Wahrnehmung der eigenen psychischen Störung stand in Zusammenhang mit Beruflichem, sozialer Angepasstheit und dem Aufsuchen psychologischer Hilfe. Wahrgenommene Stigmatisierung stand in negativem Zusammenhang zur Kontrollierbarkeit, Kohärenz, und emotionaler Reaktion und in positivem Zusammenhang zur wahrgenommenen Krankheitsdauer, Anzahl erlebter Symptome und negativer Folgen. Krankheitsrepräsentationen hatten einen Einfluss auf gesundheitsrelevante Verhaltensweisen und auf die Vorliebe der Behandlungsart. War das wahrgenommene Stigma gering, trug dies zum Aufsuchen von und Verbleiben in Behandlung bei (Goyal et al., 2020).

Faller und Walitza (2001) untersuchten das Klientel einer psychotherapeutischen Poliklinik ($n = 197$): es wurden bei den Attributionen am häufigsten intrapsychische Ursachen genannt, gefolgt von zwischenmenschlichen, sozialen und körperlichen Ursachen. Eine depressive Selbsteinschätzung war stark verbunden mit Annahmen zu intrapsychischen Ursachen, beispielsweise mit Angaben, selbstkritisch, abhängig, ängstlich und weniger durchsetzungsfähig zu sein. Diese oft als zentral berichteten Ursachen sind häufig Teil der depressiven Symptome, weshalb hier die Annahmen über Ursachen mit den Symptomen konfundieren mögen. Die Patient:innen erklären sich ihr psychisches Leiden mit dem, worunter sie leiden, aber nicht weshalb sie darunter leiden (Faller & Walitza, 2001). In einer Untersuchung zur Veränderung der Krankheitsrepräsentationen von Patient:innen in einer stationären psychosomatischen Behandlung fanden Balck et al. (2012), dass die Patient:innen ($n = 172$) am Ende eine Verbesserung ihrer Symptome, eine Reduktion krankheitsbedingter Folgen und ein höheres Maß an Kontrolle über ihre Erkrankung empfanden, was mit einer Erhöhung der berichteten Lebensqualität einher ging; die Thematisierung und Beachtung solcher Krankheitsrepräsentationen in der Behandlung könnten daher maßgeblich zur Verbesserung der Lebensqualität beitragen. Krankheits- und behandlungsbezogene Annahmen wirkten sich bei Patient:innen mit verschiedenen psychischen Störungen ($n = 239$) auf das Ergebnis der Rehabilitation aus, weshalb sie in den entsprechenden Behandlungen Beachtung finden sollten (von der Warth et al., 2022). Schaefer und Bischoff (2002) entwickelten ein Kategoriensystem zur Erfassung der subjektiven Krankheitstheorien zu psychischen Störungen mit den Kategorien „ungünstige Lebensbedingungen", „interpersonelle Probleme", „interpersonale Probleme", „somatische/körperliche Probleme" und eine Restkategorie für nicht Zuzuordnendes, was geeignet ist, um die krankheitsbezogenen Vorstellungen von Laien zu erfassen. Jedoch verbleiben die Kategorien sehr an der deskriptiven Oberfläche und vermögen nicht die subjektive Erlebensqualität, die mit den psychischen Problemen einhergeht und sich auf die Wahrnehmung und das Verständnis derselbigen auswirkt, zu erfassen.

Was die Betrachtung subjektiver Krankheitstheorien hinsichtlich des Einflusses bestimmter Lebensbedingungen angeht, gibt es kaum Untersuchungen. Eine Ausnahme ist die Arbeit von Alsdorf (2017), in der es darum ging, die Rolle der Erwerbsarbeit im Hinblick auf die Subjektivierung moderner Arbeitsbedingungen, wie z. B. steigender Leistungsdruck, Arbeitsverdichtung und befristete Arbeitsverhältnisse, in den Krankheitstheorien psychosomatischer Patient:innen zu untersuchen. Ziel war es zu schauen, ob die Arbeitsbedingungen in den subjektiven Erklärungen eine Rolle spielten und wenn ja, ob beispielsweise Scheitern und Erschöpfung durch die Arbeit als individuelles Problem verstanden wurden. Dazu wurden Patient:innen in einer psychosomatischen Klinik zu ihren Krankheitstheorien befragt und bei der Analyse wurde ein besonderer Fokus auf die Funktion des Klinikaufenthalts gelegt. Diesbezüglich wurden vier Deutungstypen herausgearbeitet: Erholung, Reparatur, Selbstfindung und Krankheitseinsicht (Alsdorf, 2017). Stand die Deutung der „Erholung" während des Klinikaufenthalts im Vordergrund, erhofften sich die Patient:innen z. B. zur Ruhe zu kommen und eine Auszeit vom überfordernden Alltag zu haben; dies passt wenig zur fordernden und aktiven Auseinandersetzung mit den eigenen Problemen, die das Ziel der Behandlung sein sollte. Patient:innen, welche vom Klinikaufenthalt „Reparatur" erwarteten, wollten wieder funktionieren, wieder hergestellt werden und möglichst schnell ins Arbeits- und Alltagsleben zurückkehren können. Beim Ziel der „Selbstfindung" wollten die Patient:innen Ratschläge von den Behandler:innen erhalten, sich selbst besser verstehen und gefestigter werden in ihrem Selbst und ihrer Identität. War die „Krankheitseinsicht" im Vordergrund, hofften die Patient:innen darauf, ihren eigenen Anteil an ihrem Problem besser zu sehen und zu verstehen und herauszufinden, welche Ursachen und zugrunde liegenden Konflikte sie in ihre behandlungsbedürftige Lage gebracht hatten (Alsdorf, 2017).

Heim (2018) stellt heraus, dass es wichtig sei, offen und ohne Wertung nach außergewöhnlichen Anschauungen und Erfahrungen der Patient:innen zu den Symptomen zu fragen und sich auf die Krankheitstheorien und Vorstellungen des Patienten einzulassen und aktiv zu erkunden, um ein tieferes Verständnis für den einzelnen Patienten und seine Probleme zu erlangen. Lutz-Kopp (2015) berichtete von der Zurückweisung der klinischen Krankheitszuschreibung durch die Patient:innen: die Symptome wurden wahrgenommen, aber nicht als Zeichen für eine Störung gesehen. Pathologisierungen seitens der Ärzt:innen waren bedrohlich für die Patient:innen, denn die „Person wird zu einem ‚Fall von etwas'" (S. 160). Nach Auffassung des Autors wird die Erzählung durch die Betroffenen so generiert, dass das Selbst gesund bleiben kann, ohne sozialen Erwartungen gerecht werden zu müssen (Lutz-Kopp, 2015). Es zeigt sich, wie wichtig es ist, den Betroffenen die Deutungshoheit über ihre Biografie und das Verständnis der Störung nicht abzusprechen und eigenständige Deutungen zu fördern. Auch erwies es sich als problematisch, den Patient:innen von außen eine pathologisierende Diagnose zuzuweisen. In den Erhebungen für die vorliegende Studie wurde daher in den Interviews darauf geachtet, den Befragten keine Bezeichnung des Problems vorzugeben, sondern ihr Vokabular zu übernehmen und im Gesprächsverlauf ihre Worte zu verwenden.

Subjektive Krankheitstheorien bei spezifischen Störungen In einer Untersuchung von Dienst (2008) beim Vergleich subjektiver Krankheitstheorien zu Depression von Erkrankten ($n = 53$) und Nicht-Erkrankten ($n = 58$) mittels Fragebögen zeigten sich bedeutsame Unterschiede zwischen den zwei Gruppen in mehreren Aspekten, welche durch depressive Denkweisen der Erkrankten, aber auch durch konstruktive Bewältigungsstrategien erklärt werden konnten. Es wurden Unterschiede hinsichtlich der wahrgenommenen Behandlungskontrolle, der Schwere der Konsequenzen und der Wahrnehmung von Sinn festgestellt. Zu den Aspekten der persönlichen Kontrolle und dem chronischen Verlauf unterschieden sich die Gruppen nicht. Die Behandlungskontrolle wurde von Depressiven deutlich niedriger eingeschätzt als von Nicht-Erkrankten, was als ein Anzeichen für eine Neigung zu negativen Denkweisen von Depressiven verstanden werden kann. Beide Gruppen schätzen die Erkrankung als chronisch ein, bei Erkrankten wird diese Überzeugung zudem mit zunehmender Depressivität stärker und mit steigender Depressivität werden Konsequenzen als schlimmer und der wahrgenommene Sinn der Erkrankung niedriger eingeschätzt, was ebenso auf depressive Denkweisen hinweisen kann. Die Depressivität hatte demnach einen Einfluss auf die subjektiven Krankheitstheorien, diese wiederum prägten die Strategien des Umgangs, welche sich zwischen Aktivierung und Schonung bewegten. Im Bereich der Handlungsoptionen im Umgang mit Depressionen wurde Aktivierung von Erkrankten weniger hilfreich und Schonung als hilfreicher im Vergleich zu Nicht-Depressiven empfunden. Depressive gaben an, seltener Hilfe einzufordern oder sich zurück zu ziehen. Erkrankte schätzten die Schwere der Konsequenzen niedriger ein und verliehen ihrer Krankheit mehr Sinn als Nicht-Depressive, was im Kontrast zu negativem Denken steht. Depressive stuften den Einfluss von körperlichem Verfall, von psychotropen Substanzen und schädlichen äußeren Einflüssen geringer ein als Nicht-Erkrankte. Es zeigten sich keine Unterschiede in Einschätzungen der Wirksamkeit von emotionaler, informationaler oder instrumenteller sozialer Unterstützung. Soziale und zwischenmenschliche Faktoren wurden von beiden Gruppen als sehr relevant für die Erkrankung erachtet und intrapsychische Gründe als wichtig eingeschätzt. Depressive stimmten somatischen Ursachen wenig zu, Nicht-Erkrankte hielten es hingegen für möglich, dass körperlicher Verfall und Drogenkonsum für eine Erkrankung auslösend wirken können (Dienst, 2008).

In einer Untersuchung zu subjektiven Krankheitstheorien bei Patient:innen mit depressiven Störungen konnten Vollmann et al. (2013) zeigen, dass die subjektiven Krankheitstheorien in Zusammenhang standen mit der Bewältigung, der Therapiewahl und dem Ergebnis der Intervention. Zeitweise war es in akuten depressiven Episoden jedoch aufgrund von starker Überlappung nicht möglich, die subjektiven Annahmen zu den psychischen Problemen von den Symptomen und der Bewältigung zu separieren (Vollmann et al., 2013). In einer Studie zu Krankheitstheorien von depressiv erkrankten Männern ($n = 12$) zeigte sich, dass die Orientierung an der beruflichen Rolle oftmals als Grund für die Depression angeführt wurde; Unterschiede zeigten sich im Verständnis und der Bewältigung, dergestalt, dass sich die Befragten teilweise beruflich umorientierten und die Krise als Chance nutzen, teilweise jedoch auch in ihrem Beruf verblieben (Staiger et al., 2020). In einer Studie zu den Annahmen depressiver Patient:innen ($n = 98$) wurden diese vor, nach und in einer Follow-Up-Erfassung zu ihren Annahmen zu ihrer depressiven Erkrankung und der Behandlung befragt: es zeigte sich, dass Überzeugungen zur eigenen Depression und Rehabilitation die Depressionswerte voraussagten (Glattacker et al., 2013).

In einer Studie mit Schizophrenie-Patient:innen ($n = 77$) wurde deutlich, dass die subjektiven Krankheitstheorien vielfältig waren und sie verschiedene Bewältigungsstile widerspiegelten. Nur etwas mehr als die Hälfte der befragten Schizophrenie-Patient:innen sah sich selbst als psychisch krank. Psychosoziale Ursachen wurden häufiger als angenommener Grund für die Störung genannt als biologische Ursachen (Holzinger et al., 2002). Die subjektiven Krankheitstheorien von Menschen mit Schizophrenie in Mali ($n = 15$) umfassten folgende Aspekte: psychosoziale Faktoren und das Brechen von Tabus und familiäre Konflikte wurden als Auslöser gesehen, oftmals externale Attributionen genannt und Symptome werden oft durch Besessenheit durch Hexen oder Geister erklärt; lokalspezifische Konzepte waren in Erklärungen für die Störung enthalten. Unterstützende familiäre Beziehungen wurden als förderlich für die Compliance und gegen Stigma genannt und es gab eine Präferenz für eine Kombination aus traditionellen und modernen Behandlungsweisen; all dies spricht für eine kultursensible Herangehensweise bei der Diagnostik und für die Stärkung von sozialen Beziehungen (Napo et al., 2012).

Subjektive Krankheitstheorien bei Persönlichkeitsstörungen In einer qualitativen Studie von Frommer und Reißner (1997) zu subjektiven Theorien bei diversen Persönlichkeitsstörungen wurden von den Patient:innen ($n = 12$) diverse psychische Leiden geschildert. Die Patient:innen mit Persönlichkeitsstörungen unterschieden sich in ihren subjektiven Krankheitstheorien von Patient:innen mit Depressionen oder neurotischen Phobien. Sie sahen oftmals psychische Gründe und selten somatische Ursachen für ihre Persönlichkeitsstörung und manche begriffen diese als Schicksal oder die Ursache als etwas Unverständliches (Frommer et al., 1996). Konflikte in interpersonalen Beziehungen waren der meistgenannte Grund für die Probleme (Frommer & Reißner, 1997). Aus den Berichten der verschiedenen Patient:innen konnten keine zusammenhängende, stimmige Krankheitstheorie rekonstruiert werden und ihre Annahmen und die daraus abgeleiteten Theoriefacetten widersprachen sich teilweise (Frommer et al., 1996), was an der gleichzeitigen Untersuchung diverser Persönlichkeitsprobleme liegen könnte. Womöglich ist es auch ein Hinweis darauf, dass Betroffene individuell so unterschiedliche Denk- und Deutungsmuster haben, dass es keine gewissermaßen gemeinsame zugrunde liegende Krankheitstheorie gibt.

In einer qualitativen Studie zu den Krankheitstheorien von Patient:innen ($n = 15$) mit einer vermeidenden Persönlichkeitsstörung kristallisierte sich als übergreifendes Thema „a story of becoming forlorn“ heraus; dieses Gefühl wurde von den Betroffenen als stärker in Phasen der Veränderung beschrieben (Sørensen et al., 2020). Dieser Befund zeigt möglicherweise, dass die Begrenzung auf ein spezifisches psychisches Problem die Herleitung einer übergreifenden Erlebensqualität erst ermöglicht, was einen Vorteil für die vorliegende Untersuchung darstellen würde. Die Erkenntnis, dass das zentrale Gefühl des Verlorengehens während Veränderungen intensiver auftritt, kann dahingehend gedeutet werden, dass sowohl die Migration als auch die Adoleszenz als Phasen der Veränderung das zentrale Element des Erlebens einer

Persönlichkeitsstörung möglicherweise verstärken können und daher eine besondere Bedeutung für die Manifestation der Persönlichkeitsstörung haben könnten.

Subjektive Krankheitstheorien bei der Borderline-Persönlichkeitsstörung Ein älterer Artikel zum Verständnis der Borderline-Persönlichkeitsstörung von Frommer und Reißner (1997), basierend auf der Studie von Frommer et al. (1996), fasst Folgendes zu subjektiven Krankheitstheorien von Borderline-Patient:innen zusammen: es wurden vielfältige psychische Beschwerden genannt, psychische Probleme in diversen Bereichen berichtet (mangelndes Selbstvertrauen, Selbstüberforderung, Impulskontrolle, Affekt und Antrieb, zwischenmenschliche Beziehungen) und Konflikte in zwischenmenschlichen Beziehungen als Hauptursache der Borderline-Persönlichkeitsstörung gesehen. Organische Ursachen wurden selten erwähnt, die Beziehung zur Mutter oftmals als problematisch geschildert, die Beziehung zum Vater weniger einheitlich berichtet und die Schilderung von Kindheit und Jugend blieb eher blass (Frommer & Reißner, 1997).

Neuere Studien stellen eher spezifische Aspekte heraus. Sterna und Moskalewicz (2023) untersuchten in einer qualitativen Interviewstudie den psychischen Anpassungsprozess an eine Borderline-Persönlichkeitsstörungsdiagnose bei adoleszenten Frauen ($n = 10$, 20–32 Jahre). Dieser war gekennzeichnet durch ein wachsendes Gefühl der Unzulänglichkeit vor der Diagnose, einem Ausbruch der Diagnose und ein Kampf zwischen Fragmenten des Selbst bei der Anpassung an diese. Die Symptome wurden als separat zu gesunden Selbstanteilen und der Prozess nicht als linear erlebt und seine separaten temporären Komponenten und innere Bilder von Gegenwart und Vergangenheit bestanden aus unverbundenen emotionalen Extremen (Sterna & Moskalewicz, 2022). In einer qualitativen Interviewstudie von Tedesco et al. (2023) zur *lived experience*, der gelebten Erfahrung, von Borderline-Patient:innen ($n = 15$) zeigte sich, dass die ersten Anzeichen im Durchschnitt im Alter von etwa zwölf Jahren auftauchte, die Diagnose jedoch deutlich später im Schnitt im Alter von etwa dreißig Jahren gestellt wurde. Die Probleme wurden durch biologische, soziale und psychologische Faktoren erklärt. Einerseits wurden Vorteile der Diagnosestellung genannt, wie ein besseres Verständnis, bessere Behandlungsplanung und reduzierte Isolation, andererseits wurden Nachteile wie z. B. mangelnde Verfügbarkeit von Behandlungsoptionen und Stigmatisierung genannt. Nur etwa ein Viertel der Patient:innen fühlte sich während des diagnostischen Prozesses gut unterstützt (Tedesco et al., 2023). Borderline-Patient:innen ($n = 40$) wiesen in einer Untersuchung ihrer impliziten Assoziationen eine höhere Identifikation mit Selbstschädigung und Tod und eine positivere Einstellung zu Selbstschädigung auf als gesunde Kontrollproband:innen ($n = 25$) (Scheunemann et al., 2023).

Wie verschiedene Behandlungen in Zusammenhang mit den Borderline-Problemen erlebt werden, ist für Patient:innen, Behandler:innen und für den therapeutischen Prozess relevant. Frauen, die wegen Bordeline-Problemen in Behandlung waren, empfanden in Bezug auf ihre Probleme oftmals Scham, erfuhren Stigmatisierung durch andere und stigmatisierten sich auch selbst, sie empfanden sich z. B. als Versagerin oder als wertlos (Hegge, 2012). Koivisto (2022) nahm in einer Interviewstudie das individuelle Erleben von Borderline-Patient:innen einer psychoedukativen Gruppe zur psychischen Belastung, Entwicklung und Veränderung durch die Intervention in den Fokus. Es wurden 40 Sitzungen dokumentiert und analysiert. Die Befragten hoben die Fähigkeit zu beobachten und klarer wahrzunehmen, psychische Vorgänge bei sich und anderen besser zu verstehen, mehr Kontrollfähigkeit zu erleben und mit ihren Emotionen in Verbindung bleiben zu können als bedeutsam hervor. Veränderungen in verinnerlichter Strenge und Selbstabwertung waren besonders wichtig für ihr persönliches Wachstum. Durch in der Psychoedukation vermitteltes Wissen und Konzepte konnten sie sich selbst besser verstehen und mitfühlender sich selbst gegenüber sein. Der Austausch in der Gruppe wurde als hilfreich empfunden und hatte Auswirkungen auf ihr Gefühl grundsätzlich und tiefgreifen makelbehaftet zu sein (Koivisto, 2022). In einer Studie zur Rolle der Sprache bei der Stigmatisierung von Borderline-Patient:innen wurden Patient:innen ($n = 33$) und Personen, die Patient:innen unterstützten ($n = 30$), befragt. Alle berichteten von Erfahrungen mit stigmatisierender Sprache. Patient:innen empfanden durch die Stigmatisierung oftmals Unzulänglichkeit und Frustration, besonders, wenn sie ihre Bedürfnisse nicht ernst genommen sahen. Negative Sprache wirkte sich nachteilig auf ihr Selbstverständnis aus und konnte zu Selbststigmatisierungen führen. Unterstützer:innen empfanden Frustration, wenn sie beschuldigt oder ihre Bedürfnisse nicht anerkannt wurden. Beide Seiten nahmen hilfreiche Sprache als verbindend und wertschätzend wahr (van Schie et al., 2024).

Das subjektive Erleben und Verstehen ist nicht nur zu Beginn der Symptome, bei Verschlimmerung oder Veränderung ebendieser und während der Behandlung relevant, sondern auch dann, wenn Besserung eintritt. Zum Genesungsprozess kristallisierten sich bei erwachsenen Borderline-Patient:innen ($n = 14$) folgende Phasen heraus: kein Weiterkommen, Diagnose und Verbesserung der Erfahrung bzw. des Empfindens. Diese wurden begleitet von Hoffnung, aktiver Beteiligung am Genesungsprozess und das Einlassen auf Behandlungsangebote, bedeutsame Aktivitäten und Beziehungen (Ng et al., 2019). Bei ehemaligen Patient:innen mit einer Borderline-Persönlichkeitsstörung ($n = 60$) gab es starke Überschneidungen in der subjektiv wahrgenommenen Genesung und der empfundenen Lebenszufriedenheit

(Zeitler, 2019). In einer Untersuchung mit Frauen, die wegen einer Borderline-Persönlichkeitsstörung in Behandlung gewesen waren und sich seit mindestens zwei Jahren als genesen sahen ($n = 9$), zeigte sich, dass geliebte Bezugspersonen hilfreich für die Genesung waren, die Genesung als langer Prozess beschrieben und verbunden mit Rückfällen und der Wiedererlangung einer gesunden Identität, und dass die Genesung in Zusammenhang steht mit einem lebenswerten Leben (Liljedahl et al., 2023). Umfassendere Erkenntnisse zu subjektiven Krankheitstheorien von Borderline-Patient:innen und ein Verständnis, wie die Probleme in die eigene Lebensgeschichte und -umstände eingeordnet werden, könnten dazu verhelfen, die individuelle Therapie besser auf die einzelne Person zuschneiden zu können. Eine bessere und effizientere Behandlung liegt in im Interesse der Betroffenen, würde aber auch die Arbeit von Behandler:innen erleichtern.

Subjektive Krankheitstheorien im Kontext von Migration und Flucht Der Einbezug wesentlicher Lebensumstände ist von Bedeutung, denn in die subjektive Krankheitstheorie einer Person und die damit verbundenen Attribuierungen gehen möglicher-weise auch biographische Faktoren wie z. B. Migrationserfahrungen ein (Franz et al., 2007). Lebensbedingungen im Ankunftsland nach einer Flucht können aus Sicht der Betroffenen eine Auswirkung auf psychisches Leiden haben. Bei einer Untersuchung zu kausalen Attributionen von somalischen Geflüchteten in Finnland ($n = 128$) wurden Lebensereignisse, interpersonelle, somatische, psychologische und religiöse Ursachen genannt; Männer äußerten mehr somatische und psychologische Attributionen, Frauen mehr interpersonelle und religiöse Attributionen (Kuittinen et al., 2017). Traumatisierte geflüchtete Frauen mit extremen Gewalterfahrungen ($n = 116$) attribuierten ihre somatischen Symptome psychisch, physisch, religiös und übernatürlich; Schmerzen wurden oftmals physisch attribuiert (Rometsch et al., 2020). Bei der Erhebung von subjektiven Krankheitstheorien Geflüchteter ($n = 9$) bezüglich ihrer posttraumatischen Belastungsstörung von Mika et al. (2015) wurde festgestellt, dass der Kontext (z. B. unsicherer Aufenthaltsstatus), die soziale Isolierung und Kontaktabbrüche zu Angehörigen und Freund:innen belastend wirkten. Diese stellten psychische und strukturelle Probleme dar, welche als post-migratorische Faktoren wirken und die posttraumatische Belastungsstörung überlagern, gegebenenfalls aufrechterhalten oder gar verschlimmern, und daher schwierig von der Traumareaktion zu trennen sind: in der Psychotherapie müssen diese Umstände miteinbezogen werden (Mika et al. 2015). Es gibt Untersuchungen zu subjektiven Krankheitstheorien bei syrischen Geflüchteten in Deutschland, z. B. in Dissertationen von Enjaieh (2023) zum Umgang mit psychischen Krisen und Erkrankungen (Zbidat, 2020) zur Wahrnehmung von Traumatisierungen, Beschwerden, Somatisierungen und der Bewältigung dieser. Da jedoch der Fokus der vorliegenden Arbeit nicht auf Flucht lag, werden diese nicht näher ausgeführt und das Augenmerkt mehr auf Studien zu Menschen mit Migrationsgeschichte, und nicht explizit Fluchterfahrung, gelegt.

Türkische Migrant:innen in Deutschland ($n = 79$) wiesen öfter pessimistischere und external attribuierte subjektive Krankheitstheorien auf als nicht-migrantische Personen ($n = 79$) (Franz et al., 2007), auch waren sie sozioökonomisch schlechter gestellt als nicht-migrantische Personen. Daraus resultierte die Empfehlung, den Fokus nicht auf mögliche kulturelle Differenzen, sondern auf den Prozess der Migration zu legen, welcher im Ankunftsland offenbar darin mündete, dass die Migrierten im Schnitt gesellschaftlich schlechter gestellt sind als die dort bereits ansässige Bevölkerung (Franz et al., 2014). Edman und Koon (2000) berichteten Differenzen bei Überzeugungen zu psychischen Störungen zwischen Ethnien, aber nicht zwischen Generationen. Beim Vergleich türkischer Migrant:innen der ersten Generation (Migration im Erwachsenenalter) ($n = 690$) und vierten Generation (geboren und aufgewachsen in Deutschland) ($n = 350$) zeigte die vierte Generation mehr problemorientiertes Bewältigen und weniger dysfunktionale Strategien bezüglich der Behandlung (Kizilhan, 2012). Bei Migrant:innen in Deutschland mit den Störungen Depression, der posttraumatischen Belastungsstörung und Angststörungen ($n = 2317$) wurde eine Selbstattribution oder erwartete Fremdattribution als Migrant:in seltener in der zweiten Generation als in der ersten Generation geäußert. Die Selbst- oder erwartete Fremdattributionen wiesen einen signifikanten positiven Zusammenhang mit den Symptomen der posttraumatischen Belastungsstörung bzw. der Depression auf; bei Menschen mit einer Angststörung war dieser positive Zusammenhang auch vorhanden, erwies sich aber nicht als statistisch signifikant (Nesterko et al., 2019).

Weigl und Gaiswinkler (2019) kombinierten in einer Studie zum Zusammenhang von psychischer Gesundheit und Migration und dem Gesundheitsverständnis von Migrant:innen ein Literaturreview internationaler Studien und eine Interviewuntersuchung, bei welchem in Österreich lebende Migrant:innen aus der Türkei, Syrien, Afghanistan und Somalia zu ihrem Verständnis von psychischer Gesundheit und ihrem Zugang zur psychosozialen Versorgung befragt wurden. Das Verständnis erwies sich als sehr heterogen und es wurde von Barrieren zur Versorgung berichtet; bei türkeistämmigen Personen, welche meist schon länger in Österreich lebten, zeigten sich aber Veränderungen in den Einstellungen zu Psychotherapie. Die Autor:innen formulierten Empfehlungen, vielfältige und niedrigschwellige Angebote zu implementieren und nach Möglichkeit das Verständnis psychischer Gesundheit zu fördern und negative Erfahrung in der Versorgung zu verhindern, um die Annahme von Behandlungsangeboten bei migrierten Menschen zu verbessern (Weigl & Gaiswinkler, 2019).

Die Ausführungen von Franz et al. (2014, s. o.) zum migrationsbedingten schlechteren sozialen Stand von Migrierten und die Erläuterungen von Weigl und Gaiswinkler (2019, s. o.) hinsichtlich der Unterschiedlichkeit des subjektiven Verständnisses von psychischer Gesundheit und entsprechenden Versorgungsangeboten zeigen auf, wie individuell verschieden und sozial bedingt subjektive Krankheitstheorien (bei Migrierten) sind. Aus diesem Grund wurde in der vorliegenden Untersuchung nicht nach (vermeintlichen) kulturellen Differenzen geschaut, sondern die subjektiv wahrgenommene Bedeutung der eigenen oder familiären Migrationsgeschichte exploriert. Wie dies methodisch umgesetzt wurde und welche weiteren Auswertungen zur Ergründung der Forschungsfrage vorgenommen wurden, wird im folgenden Kapitel zur Methodik dargelegt.

3 Methodik

Um das Forschungsthema aus verschiedenen Perspektiven betrachten zu können, besteht das Studiendesign aus einem quantitativen und einem qualitativen Teil und folgt einem Mixed-Methods-Ansatz. Demnach wurden quantitative und qualitative Daten erhoben, entsprechende Auswertungsmethoden verwendet und die Ergebnisse der Auswertungen in der Diskussion miteinander in Bezug gesetzt. Der Schwerpunkt lag auf dem qualitativen Teil der Auswertung. Sämtliche Daten der die Studie wurden in der Abteilung für Psychosomatische Medizin am Robert-Bosch-Krankenhaus Stuttgart erhoben. Die Daten der quantitativen Auswertung stammen aus der Routine-Dokumentation der psychosomatischen Tagesklinik. Der Datensatz enthält sowohl Daten von Patient:innen, die in der Tagesklinik der Abteilung für Psychosomatische Medizin am Robert-Bosch-Krankenhaus Stuttgart nur ein Erstgespräch führten, als auch von Patient:innen, die dort im Anschluss an das Erstgespräch über mehrere Wochen in teilstationärer Behandlung waren. Es wurden alle Patient:innendaten der Jahre 2015 bis 2022 verwendet. Im qualitativen Teil wurden zur Erfassung der subjektiven Krankheitstheorien zu den eigenen psychischen Problemen zwölf narrative Interviews mit in der Tagesklinik in Behandlung befindlichen adoleszenten migrantischen Borderline-Patient:innen geführt und textanalytisch ausgewertet. Um mögliche Unterschiede in der Häufigkeit von Borderline-Diagnosen in relevanten Substichproben und hinsichtlich relevanter Dimensionen des psychischen Zustands hinsichtlich der Migrationsgeschichte und des Alters zu identifizieren und so

---

Ergänzende Information Die elektronische Version dieses Kapitels enthält Zusatzmaterial, auf das über folgenden Link zugegriffen werden kann https://doi.org/10.1007/978-3-658-50568-4_3.

L. Wirth, *Im Innen und Außen kein Zuhause finden und gefangen sein im Dazwischen*, Adoleszenzforschung 17,
https://doi.org/10.1007/978-3-658-50568-4_3

den Geltungsbereich der qualitativen Ergebnisse einschätzen zu können, wurden die quantitative Daten herangezogen und statistisch ausgewertet. Diese enthalten Angaben zu den Patient:innen, die von den Behandler:innen festgehalten wurden; Näheres dazu findet sich in Abschnitt 3.3.1 zur quantitativen Datenerhebung. Im Folgenden werden die Komponenten des Forschungsprozesses und die verwendeten Methoden erläutert.

3.1 Forschungsfragen

Forschungsfragen enthalten automatisch Vorannahmen und werden anhand theoretischer Modelle und den bereits vorliegenden Erkenntnissen aus der wissenschaftlichen Literatur formuliert. Der Anspruch sollte aber sein, diese mit möglichst wenigen Vorannahmen zu formulieren und die zugrunde liegenden theoretischen Modelle zu reflektieren (Willig, 2022). Aus diesem Grund wurde der Begriff der subjektiven Krankheitstheorien nicht für die zentrale Forschungsfrage genutzt. So war auch eine Öffnung weg von lediglich subjektiven Annahmen hin zum individuellen Erleben möglich. Die Forschungsfragen der quantitativen Analyse bezogen sich auf mögliche Häufigkeitsunterschiede von Borderline-Diagnosen, suizidalen Krisen und selbstverletzendem Verhalten in Abhängigkeit vom Alter und der Migrationsgeschichte. Auch wurde untersucht, ob sich Patient:innen in wichtigen Befunden zur Schwere der Pathologie hinsichtlich des Alters und der Migrationsgeschichte unterschieden. Im Fokus der qualitativen Untersuchung stand die Frage, wie Borderline-Patient:innen ihre psychischen Probleme wahrnehmen, erleben und verstehen und welche Gründe und Ursprünge sie für die Entwicklung dieser anführen. Auch relevant waren Fragen nach der Einordnung in die eigene Lebensgeschichte. Ebenso interessierte, welche Rolle die eigene oder familiäre Migrationsgeschichte für die Probleme spielt und wie Herausforderungen der Adoleszenz verarbeitet und bewältigt wurden bzw. noch werden. Es folgt eine Übersicht über die Forschungsfragen. Die Hypothesen zu den Forschungsfragen der quantitativen Auswertung werden in Abschnitt 4.2.1 dargelegt. Zu Forschungsfragen der qualitativen Analyse wurden keine Hypothesen formuliert, da diese explorativ waren.

Forschungsfragen der statistischen Analyse:

- Lässt sich das Vorliegen von Borderline-Diagnosen durch das Alter und die Migrationsgeschichte vorhersagen?
- Lässt sich das Vorliegen von suizidalen Krisen durch das das Alter und die Migrationsgeschichte vorhersagen?

- Lässt sich das Vorliegen von akuter Selbstverletzung durch das Alter und die Migrationsgeschichte vorhersagen?
- Unterscheiden sich die Mittelwerte der Schwere der Symptome und des psychosozialen Funktionsniveaus (GAF-Wert), der subjektiv erlebten Beeinträchtigung (GSI-Wert) und der Borderline-Pathologie (BPI-Wert) vor der Behandlung in Abhängigkeit vom Alter und der Migrationsgeschichte?

Zentrale Forschungsfrage der qualitativen Analyse:

- Wie erleben und verstehen Menschen im Alter der Adoleszenz mit einer (familiären) Migrationsgeschichte ihre Borderline-Persönlichkeitsprobleme?

Weitere Forschungsfragen der qualitativen Analyse:

- Welche Symptome berichten die Patient:innen?
- Wie erleben sie die Auswirkungen ihrer Borderline-Persönlichkeitsprobleme?
- Welchen Einfluss haben die Probleme auf ihren Alltag?
- Welche Attributionen führen sie an? Welche Ursachen und Gründe nennen sie für die Entwicklung und Ausprägung der Probleme?
- Wie erleben und verstehen sie die Rolle ihrer Lebensgeschichte für ihre Probleme?
- Wie erleben und verstehen sie die Rolle ihrer eigenen oder familiären Migrationsgeschichte in Bezug auf ihre Probleme?
- Welche adoleszenten Prozesse werden in den Berichten der Patient:innen thematisiert und welche Rolle wird diesen in den Erzählungen zuteil?
- Welche generationalen Prozesse und Familiendynamiken werden von den Patient:innen thematisiert und welche Zusammenhänge stellen diese zu den Problemen her?

3.2 Forschungssetting und -design

Die Forschungsarbeit ist im Promotionskolleg „Psychosoziale Folgen von Migration und Flucht – adoleszente Verläufe und generationale Dynamiken“ am Sigmund-Freud-Institut in Frankfurt am Main angesiedelt. Im quantitativen Teil wurden anhand der retrospektiven Auswertung von Patient:innendaten mittels geeigneter statistischer Verfahren (siehe Abschnitt 4.2.1) die Forschungsfragen zur quantitativen Analyse beantwortet, im qualitativen Teil anhand textanalytischer Interviewauswertung die Fragen zur qualitativen Analyse. Der qualitative

Forschungsteil wurde mithilfe textanalytischer Auswertung narrativer Interviews an einer definierten Subgruppe migrantischer Tagesklinikpatient:innen der ersten und zweiten Generation durchgeführt. Im Zentrum der Studie steht die Interviewanalyse durch die Methode der reflexiven Grounded Theory. Abschließend wurden gemäß des Mixed-Methods-Ansatzes die Ergebnisse beider Auswertungen im Diskussionskapitel (siehe Abschnitt 6.2) zusammenfassend betrachtet. Die Ergebnisse der quantitativen Analyse wurden mit der entwickelten Grounded Theory in Beziehung gesetzt und mögliche Erklärungsansätze erläutert.

3.3 Datenerhebung

Im Folgenden wird die Erhebung der quantitativen und qualitativen Daten erläutert. Da die Erhebungen in einer Tagesklinik für volljährige Patient:innen stattfanden, umfassen die Stichproben der quantitativen und qualitativen Analyse nur Patient:innen im Alter der Volljährigkeit. Die quantitative Stichprobe umfasste Patient:innen im Alter von 18 bis 84 Jahren. Die qualitative Stichprobe der Interviewpartner:innen umfasste Personen im Alter von 21 bis 31 Jahren. Eine Person über 30 im Alter von 31 Jahren wurde eingeschlossen, da bei ihr adoleszente Prozesse in der individuellen Entwicklung noch sehr relevant waren.

3.3.1 Quantitative Datenerhebung

In der Tagesklinik werden bei Erstgesprächen mit Behandlungssuchenden und bei der Neuaufnahme von Patient:innen durch die zuständigen Behandler:innen Daten zu den Patient:innen erhoben und in Patient:innenbüchern dokumentiert. Die Dokumentation wird in einer Excel-Tabelle mit den Datensätzen aller Patient:innen jährlich geführt und umfasst ca. 80 Variablen. Diese sind demographische und sozioökonomische Variablen, z. B. Alter, Geschlecht, Migrationsgeschichte etc., Angaben zur Übertragungs- und Gegenübertragungsdynamik, zu aktuellen Symptomen und zur Behandlungsvorgeschichte. Aktuelle Symptome wurden durch verschiedenen Kriterien und Dimensionen des psychischen Zustands und mit psychometrischen Testverfahren erhoben. Für die Studie standen die Patient:innenbücher der Jahre 2015 bis 2022 zur Verfügung; auf diesen Daten basiert der für die quantitative Auswertung genutzte Datensatz.

3.3.2 Qualitative Datenerhebung

In der Tagesklinik wurden narrative Interviews mit zwölf adoleszenten migrantischen Borderline-Patient:innen geführt, die sich dort in Behandlung befanden. Die Gespräche zielten darauf ab, Erzählungen subjektiven Erlebens und Verstehens bezüglich der psychischen Probleme zu generieren und Einblick in wahrgenommene Zusammenhänge und subjektive Deutungen zu erlangen. Es wurde ein Augenmerk auf die individuelle Migrationsgeschichte und damit verbundene Diskriminierungserlebnisse gelegt. Zu jedem Interview wurde im direkten Nachgang ein Feldprotokoll verfasst, um die Eindrücke und Beobachtungen der Interviewsituation zu dokumentieren, im Nachhinein den möglichen Einfluss der Autorin darlegen zu können und um Übertragungs- und Gegenübertragungsprozesse in der Interviewsituation ansatzweise nachvollziehen zu können und so der Reflexivität der Auswertungsmethode Rechnung zu tragen. Die Transkripte der Interviews wurden textanalytisch mit der reflexiven Grounded Theory Methode ausgewertet. Aus den Interviews entstand eine Theorie-Skizze bzw. ein Modell gemäß der Grounded Theory.

Die Interviewmethode des narrativen Interviews In der Literatur werden die Begriffe „narratives Interview" und „narrativ-biographisches Interview" oft synonym oder zumindest nicht trennscharf verwendet. Bei den folgenden Ausführungen zur Interviewmethode wird der Begriff aus der jeweiligen Quelle verwendet.

Um das subjektive Krankheitserleben der Betroffenen zu erfassen, eignen sich qualitative Interviews, welche dazu dienen, Zugang zur inneren Erfahrungswelt der Beforschten zu erlangen (Weiss, 1994). Das narrative Interview wurde von Fritz Schütze in den 1970er Jahren entwickelt (Schütze, 1983) und stellt die subjektive Perspektive des:der Befragten in den Fokus des Gesprächs. Beim narrativen Interviews sollen persönliche Geschichten der Interviewten erfasst werden, beispielsweise in Bezug auf Gesundheit und Krankheit. Auch dienen sie dazu, zu erfassen, wie Menschen Sinn und Bedeutung in ihrem Leben konstruieren, setzen die Deutungen der Befragten an erste Stelle und priorisieren damit ihre Perspektive, weniger die Agenda der Forscher:innen (Anderson & Kirkpatrick, 2015). Narrationen beinhalten Ausschnitte des emotionalen Erlebens, der Gedankenwelt und der subjektiven Annahmen und Theorien der Erzähler:innen und ermöglichen die Rekonstruktion von Erfahrungen und wie diese aktuelle Bedeutungsgebungen prägen (Rosenthal & Loch, 2002). Forscher:innen erhoffen sich auf diese Weise das Erleben und Verhalten von Menschen besser zu verstehen und mehr Einblicke in die Lebenszusammenhänge und -umstände der Befragten zu erlangen als es mit quantitativen Forschungsmethoden möglich ist (Anderson & Kirkpatrick, 2015).

Bei (narrativ-)biographischen Interviews steht die Erzählung der Lebensgeschichte im Fokus, bei narrativen Interviews allgemein Erzählungen zu einem bestimmten Thema (Helfferich, 2011).

Anwendungsbereiche für qualitative Interviews und narrativ-biographische Interviews Narrative Interviews sind in der qualitativen Sozialforschung und der Biographieforschung eines der bekanntesten Verfahren (Rosenthal & Loch, 2002) und auch in der qualitativen Gesundheitsforschung weit verbreitet. Im Gesundheitsbereich werden narrative Methoden möglicherweise mit Elementen aus halbstrukturierten Interviews verbunden und für die Interviewführung ein Leitfaden mit Themen verfasst, um bestimmte Themen im Interview nicht aus dem Blick zu verlieren. Narrative Interviews gehen Hand in Hand mit einen patient:innenzentrierten Ansatz in Forschung und Praxis (Anderson & Kirkpatrick, 2015). Mithilfe qualitativer Forschungsansätze können nicht nur die üblichen Informationen über eine Erkrankung erfasst werden, sondern auch die damit verbundenen Emotionen und Leidenserfahrungen. Die Patient:innen können mittels der Erzählungen Klarheit über ihre Krankheit erlangen und ihren Erfahrungen Bedeutung und Sinn zuordnen (Picchi et al., 2018); ob dies immer realistisch ist, ist jedoch zu bezweifeln. Erzählungen sind auch durch Abwehr und damit verbundene falsche Annahmen und Konstruktionen bestimmt.

Warum narrative Interviews? Bei narrativ-biographischen Interviews wird zu Beginn eine „erzählgenerierende Frage" (Hornung, 2010, S. 128), auch Erzählaufforderung genannt, gestellt, welche eine offene Narration anregen soll. Auf diese Weise steht die Perspektive der befragten Person im Fokus und sie kann steuern, was sie thematisieren möchte; dies kann in der späteren Analyse interpretiert werden (Hornung, 2010). In einem exmanenten sich der Erzählung anschließenden Frageteil können weitere Nachfragen gestellt werden, um Lücken in der Erzählung zu schließen und mehr Informationen zu erlangen. Narrative haben nicht nur die Funktion, Ereignisse oder Erfahrungen aufzulisten, sondern diese in Zeit und Bedeutung zu verknüpfen (Anderson & Kirkpatrick, 2015). Ein narratives Interview mit exmanentem Frageteil ist für die Exploration des subjektiven Krankheitserlebens und -verstehens geeignet, da die Erzählaufforderung zu Beginn und der offene Charakter der Interviewführung von den Interviewpartner:innen bestimmte Erzählungen evoziert und durch die exmanenten Fragen gleichzeitig bestimmte zu erkundende Aspekte nicht aus dem Blick verloren gehen.

Die Interviewführung bei narrativen Interviews hat zum Ziel „alltagsweltliche Konstruktionen" und subjektive Bedeutungen freizulegen (Rosenthal & Loch, 2002,

S. 1). Zu diesem Zweck werden Themen im Vorab nicht begrenzt und die Interviewpartner:innen sollen selbstbestimmt ihre Erzählungen gestalten, damit subjektive Relevanzsetzungen und Deutungsmuster erkennbar werden (Rosenthal & Loch, 2002). Dies zeigt, dass narrative Interviews eine geeignete Methode zur Erfassung der subjektiven Annahmen und Konstruktionen zu eigenen psychischen Problemen und des Erlebens und der Einordnung dieser in die eigene Biografie und lebensgeschichtliche Umstände sowie die Verarbeitung adoleszenter Anforderungen und der individuellen Migrationsgeschichte sind. Es wurde in der Erzählaufforderung darum gebeten, „in eigenen Worten" zu erzählen, warum man in der Tagesklinik in Behandlung sei und Nachfragen wurden direkt an die Person adressiert (z. B. „Was denken Sie, warum sich die Probleme bei Ihnen entwickelt haben?"), um das individuell entwickelte Verständnis zu erfassen.

Der Fokus der durchgeführten Interviews lag darauf, durch die anfängliche Erzählaufforderung Erzählungen zum Erleben und Verstehen der individuellen psychischen Probleme zu generieren, die Interviewten frei und offen erzählen zu lassen und sich von ihren Relevanzsetzungen leiten zu lassen. Das Interview war daher offen und nicht als (semi-)strukturiertes Interview entworfen. Nachfragen im exmanenten Fragenteil dienten der Erkundung des Themas und wurden offen und erzählanregend formuliert. Die Erzählungen zur Lebensgeschichte sollten durch Nachfragen evoziert werden, waren aber der zentralen Thematik untergeordnet. Die für das narrative Interview typische Erzählaufforderung zu Beginn und die Orientierung des Verlaufs an der Narration des jeweiligen Interviewpartners statt an der Reihenfolge der Fragen im exmanenten Fragenteil zeichnet die durchgeführten Interviews als narrative Interviews aus. Narrative Interviews sind von narrativ-biographischen, semi-strukturierten und problemzentrierten Interviews abzugrenzen. Bei ersteren läge der Fokus auf der individuellen Biografie, bei zweiteren wäre die Struktur durch die Interviewerin stärker vorgegeben und bei letzteren wäre das Thema oder die Problemstellung, um was sich das Interview dreht, stärker vorgegeben und vorformuliert. Hätte es mehrere Interviewtermine pro Patient:in geben sollen, hätte die qualitative Stichprobe aus weniger Patient:innen bestehen müssen, um die verarbeitbare Datenmenge nicht zu überschreiten. Dies wäre dem Forschungs-ziel der Entwicklung einer Theorie zu subjektiven Krankheitstheorien von Borderline-Patient:innen mit Migrationsgeschichte abträglich gewesen, da es als wichtig erachtet wurde, möglichst viele verschiedene Berichte zum subjektiven Erleben und Verstehen von unterschiedlichen Patient:innen zu explorieren. Die Interviewführung bezog sich inhaltlich auf die für die Forschungsfrage relevanten Themenfelder, welche im exmanenten Frageteil angelegt waren, und orientierte sich an den Erzählungen der Interviewten. Am Ende der Interviews wurde den Interviewpartner:innen Raum gegeben für Fragen oder Erzählungen, die ihnen erst im Laufe des Interviews in den Sinn gekommen waren. Der Interviewleitfaden findet sich unter Anhang 9.3.

Ablauf eines Interviews: die Interviewsituation Zentral ist es, zu Beginn des Interviews eine Beziehung und Vertrauen zum Interviewpartner aufzubauen, während des Interviews gut zuzuhören und möglichst wenig zu unterbrechen oder einzugreifen (Anderson & Kirkpatrick, 2015). Um den Interviewpartner ins Erzählen zu bringen, sind eine vertrauensvolle und freundliche Atmosphäre, Zeit und Empathie vonnöten (Hornung, 2010). Da Narrationen nicht einfach automatisch entstehen, sondern hervorgerufen werden müssen, ist es ein zentrales Anliegen der Gesprächsführung im narrativen Interview die Befragten zum Erzählen ausreichend zu motivieren. Die Erzählaufforderung zu Beginn kann offen gehalten sein oder auf das Forschungsthema hinlenken. Wichtig ist, dass sie keine spezifischen Hinweise auf die Forschungsfrage enthält. Diese kann zwar durch Vorinformationen oder -gespräche bekannt sein, sollte aber möglichst unbekannt bleiben, damit sich die Erzählungen nicht zu sehr am Forschungsziel orientieren, sondern die Forschungsthematik offen exploriert werden kann. Sollten wichtige Aspekte in den Erzählungen fehlen, kann dies durch Nachfragen nachgeholt werden (Rosenthal & Loch, 2002). Durch die anfängliche Erzählaufforderung werden im Idealfall längere Narrationen evoziert. Auch die Nachfragen dienen dazu, weitere Erzählungen anzuregen (Küsters, 2009). Bei narrativen Interviewmethoden lassen sich die Forscher:innen während des Interviews von der Themensetzung und der Geschwindigkeit der Interviewten leiten. Der Interviewer oder die Interviewerin hat meist schon Vorkenntnisse zum Gegenstand des Interviews, z. B. durch Recherchen oder vorangegangene Interviews oder Forschungsarbeiten. Hier kann die Schwierigkeit bestehen, sich mit Vorwissen zurückzuhalten, die Kontrolle über die Interviewführung teilweise abzugeben und dem Interviewpartner in seinen Erzählungen zu folgen; besonders bei emotionalen oder traumatischen Berichten kann es schwer fallen, nicht zu viel einzugreifen (Anderson & Kirkpatrick, 2015).

Die Interviewführung richtete sich nach folgender Struktur von Anderson und Kirkpatrick (2015), die das Gespräch in vier Abschnitte aufteilt:

1. Einleitung und Erklärungen zum Forschungsgegenstand: zu Beginn werden die Interviewpartner:innen durch die Studienunterlagen und die zu unterschreibenden Einverständniserklärungen über die Aufzeichnung auf dem Audiogerät und die Verwendung ihrer Daten informiert. Das Anschalten des Audiogeräts wurde jedes Mal angekündigt. Mit Erklärungen zum Forschungsgegenstand wurde Zurückhaltung geübt, um möglichst offen an das Interview heranzugehen. Aus diesem Grund war die Erzählaufforderung offen gehalten.

2. Narrativ: die befragte Person beginnt nach der Erzählaufforderung durch die Interviewerin ihre Erzählung. Hier steht im Fokus, die Person möglichst lange frei sprechen zu lassen und ihren Erzählungen im Anschluss zu folgen, in dem man an Erwähntes anknüpft und dies vertieft.
3. Fragephase: hier geht es nicht darum, die Fragen des exmanenten Frageteils unverändert abzuhandeln, sondern flexibel auf den Interviewverlauf einzugehen, sich an den Erzählungen zu orientieren und das Vokabular der Interviewpartner:innen aufzugreifen und für die Formulierung der Nachfragen zu nutzen. So verhindert man die Verwendung von Fachjargon und orientiert sich an den Deutungen der befragten Person.
4. Abschluss: als abschließende Bemerkung erklärt der Interviewer:die Interviewerin die nächsten Schritte und erkundigt sich, ob der:die Interviewte noch etwas erzählen möchte (Anderson & Kirkpatrick, 2015). Am Ende jeden Interviews wurde gefragt, ob es noch etwas vonseiten der Interviewpartner zu erzählen gäbe oder ob sie noch Fragen hätten. Es wurde darauf verzichtet, den Forschungsprozess weiter zu erläutern; von manchen Interviewpartner:innen kamen dazu jedoch Fragen, die beantwortet wurden.

Die verwendete Erzählaufforderung kann als leicht vorstrukturierend eingeordnet werden, da diese die Aufforderung enthält, in eigenen Worten zu berichten, wie bzw. warum die Interviewpartner:innen in die Tagesklinik in die Behandlung gekommen sind; als geschlossenste Form einer Erzählaufforderung ist diese nicht einzuordnen, da bei letzterer explizit das Forschungsthema angeführt und ein starker thematischer Fokus gesetzt wird (vgl. Rosenthal & Loch, 2002). Da es nicht das Ziel war, die komplette Lebensgeschichte der Interviewpartner:innen zu erfahren, sondern die subjektiven Krankheitstheorien zum aktuellen psychischen Problem zu erfassen, war es indiziert, eine teils vorstrukturierte auf das Thema hinführende Erzählaufforderung zu wählen. Der Interviewleitfaden bestand daher aus der Erzählaufforderung und einem exmanenten Fragenteil, in welchem mögliche Nachfragen festgehalten wurden. Die Erzählaufforderung lautete wie folgt: „Könnten Sie mir in eigenen Worten erzählen, wie es dazu kam, dass Sie hier in die Tagesklinik gekommen sind? Sie können jetzt anfangen ganz offen zu erzählen. Ich werde Sie erstmal nicht unterbrechen."

Auf die anfängliche Stegreiferzählung folgt die Phase des Interviews, in welcher die interviewende Person Nachfragen stellt und das Gespräch mehr einen dialogischen Charakter annimmt (Helfferich, 2011). Bei erzählinternen Nachfragen werden Fragen zur bisherigen Erzählung gestellt, um detailliertere oder ergänzende Informationen zu erhalten; bei erzählexternen Nachfragen handelt es sich um Fragen, die nicht direkt an die vorangegangenen Erzählungen anschließen, sondern sich am Forschungsthema orientieren und auf Informationen abzielen, die bisher nicht thematisiert wurden. Beide Nachfragetypen werden erzählgenerierend formuliert, um weitere Narrationen zu evozieren (Rosenthal & Loch, 2002). Im Folgenden werden Beispiele für einzelne Fragen aus dem exmanenten Frageteils des Interviewleitfadens aufgeführt:

- Was denken Sie, warum ist bei Ihnen die Persönlichkeitsproblematik entstanden? (Annahmen zur Genese der eigenen Probleme)
- Was denken Sie, was Ihre Lebensgeschichte mit Ihrem Erleben zu tun hat? (Einordnung der Probleme in die eigene Biografie)
- Sie haben gesagt, dass Sie migriert sind/Ihre Eltern migriert sind. Könnten Sie etwas mehr dazu erzählen, was das für Sie bedeutet? (Deutungen der eigenen bzw. familiären Migrationsgeschichte)

Die Rolle der Subjektivität im Interview Jedes Interview findet in einem anderen Setting statt, da es durch den Kontext, die Beteiligten und darin stattfindende Aushandlungsprozesse bedingt ist (Mey, 2000). Im narrativen Interview liegt es beim Interviewpartner, was er thematisiert und in welchem Umfang er dies tut, was im späteren Verlauf der Forschung für die Auswertung interessant ist (Hornung, 2010). Die „Kommunikationsbeziehung" (Hornung, 2010, S. 128) ist durch die Künstlichkeit der einseitigen Kommunikation des Interviews (eine Person fragt bzw. führt das Interview und hält sich viel zurück, die andere antwortet bzw. reagiert und spricht deutlich mehr) und durch Übertragungs- und Gegenübertragungsdynamiken geprägt (Erläuterungen hierzu siehe Abschnitt 2.3.5). „In biographischen Erzählungen werden über Brüche und Krisen hinweg ‚temporäre Identitäten' präsentiert" schreibt Hornung (2010, S. 128) und stellt damit heraus, dass Lebenswege oder -ereignisse nicht in ihrer rein faktenbasierten und chronologischen Natur wiedergegeben werden, sondern dass sich in der Erzählung die aktuelle Identitätskonstruktion des Erzählenden zeigt. Da sich die Perspektive auf die eigene Biographie stetig ändert, kann das Erzählen über die eigene Lebensgeschichte oder über individuelle Erfahrungen als „mehr oder weniger bewusstes Interpretieren des eigenen Lebens" verstanden werden (Hornung, 2010, S. 130). Das Erzählte in Interviews bildet daher nicht exakt die lebensgeschichtliche Realität ab und kann auch als ein Produkt der Interviewsituation begriffen werden. Die Interviewsituation kann wiederum als ein durch die Dynamik der Beteiligten beeinflussten „Herstellungsprozess" betrachtet werden (Mey, 2000, S. 147).

Tietel (2000) bezeichnet das Interview als „Beziehungsraum" (S. 1) und erläutert, wie Dynamiken des Interviewgeschehens Hinweise auf Vorgänge im Untersuchungsfeld und somit interessant für die Analyse sein können. Laut Hornung (2010) beginnen Übertragungsdynamiken im ersten Moment des Kontakts und im psychodynamischen Verständnis prägt das Unbewusste der Beteiligten den kommunikativen Prozess und beeinflusst ihr Verhalten und das Gesprochene. Dies trifft auch auf den Prozess des Forschungsinterviews zu. Im Interview beobachtet die Forscherin, wie sich der Interviewpartner mit anderen verhält und muss sich im Klaren darüber sein, dass sie die Andere ist, der etwas erzählt wird (Hornung, 2010). Hier wird deutlich, wie wichtig die Reflektion der eigenen Person und des damit verbundenen Einflusses auf die Interviewsituation, den Interviewpartner und im Anschluss auch auf den weiteren Forschungsprozess ist. Man kann sich als Forscherin nicht als Einfluss aus den Ergebnissen herausnehmen. Um diesem Umstand Rechnung zu tragen, fiel die Wahl der Textauswertungsmethode auf die reflexive Grounded Theory, bei welcher die Rolle der Forscherin besondere Beachtung findet (siehe Abschnitt Methodenkapitel 3.4.2) und es wurden Überlegungen zur eigenen Position im Forschungsprozess in Abschnitt 3.5 ausgeführt.

3.4 Datenanalyse

Im Folgenden wird in Abschnitt 3.4.1 zunächst die quantitative Auswertung und anschließend in Abschnitt 3.4.2 die qualitative Analyse dargelegt. Im Promotionskolleg wurden in Kolleg- und Auswertungssitzungen die Forschungsschritte der Autorin durch die anderen Kollegiat:innen und die Koordinatorin des Kollegs begleitet. Intensiver wurde die Auswertung der Interviews durch eine Grounded-Theory-Auswertungsgruppe, die wöchentlich online stattfand, durch den dort stattfindenden Austausch und Besprechungen von wiederholt eingebrachtem Material begleitet. Die statistische Auswertung wurde durch eine Mitarbeiterin des Instituts begleitet und am Ende durch eine Evaluationsforscherin zwecks der methodischen Absicherung überprüft.

3.4.1 Quantitative Analyse

Die quantitative Auswertung diente zur Ergänzung der qualitativen Auswertung und zur Einordnung der qualitativen Stichprobe und den interviewanalytischen Ergebnissen. Sie basiert auf den Daten der Patient:innenbüchern der Jahre 2015 bis 2022 der psychosomatischen Tagesklinik; Näheres siehe Abschnitt 5.1.1. Für die Inferenzstatistik wurden die Gesamtwerte folgender Inventare verwendet, die beim Erstgespräch bzw. bei der Aufnahme in die Tagesklinik erhoben werden:

SCL-90-S (Symptom-Checkliste-90-Standard, GSI) die Symptom-Checkliste ist ein Selbstbeurteilungsverfahren und dient zur Erfassung der subjektiv erlebten Beeinträchtigung durch körperliche und psychische Symptome in den letzten sieben Tagen. Es kann bei Jugendlichen und Erwachsenen und in psychologischen, psychotherapeutischen, psychiatrischen und medizinischen Settings eingesetzt werden. Das Inventar umfasst 90 Items auf den folgenden neun Skalen: Aggressivität/ Feindseligkeit, Ängstlichkeit, Depressivität, Paranoides Denken, Phobische Angst, Psychotizismus, Somatisierung, Unsicherheit im Sozialkontakt und Zwanghaftigkeit. Es werden drei globale Kennwerte über alle Items hinweg ermittelt. Der GSI bildet die grundsätzliche psychische Belastung ab, der PSDI erfasst die Intensität der Reaktionen auf die Items und der PST gibt die Anzahl der Symptome an, bei denen eine Belastung vorliegt. Im Manual finden sich aktuelle, bevölkerungsrepräsentative Normen, eine gesonderte Normierung für Student:innen und mehrere Untersuchungen zu Gütekriterien in unterschiedlichen Stichproben (z. B. $n = 1263$ stationäre Psychotherapiepatient:innen und $n = 237$ Orthopädiepatient:innen in der stationären Rehabilitation) werden berichtet. Die Reliabilität des Instruments ist als zufriedenstellend (Skala Aggressivität/Feindseligkeit) über gut (Paranoides Denken, Phobische Angst, Psychotizismus, Somatisierung, Unsicherheit im Sozialkontakt) bis sehr gut (Zwanghaftigkeit, Ängstlichkeit, Depressivität, GSI) einzuordnen. Der globale Kennwert (GSI) ergab sehr gute Reliabilitätswerte von Cronbachs $\alpha = 0{,}97$ bis $\alpha = 0{,}98$. Den Items wurde Augenscheinvalidität zugesprochen und die Items hatten mittlere bis hohe Trennschärfen. Inhaltliche passende Korrelationen mit entsprechenden diagnostischen Instrumenten und fehlende Korrelationen mit abweichenden Konstrukten sprechen für die Validität. Anhand der bevölkerungsrepräsentativen, deutschsprachigen Stichprobe ($n = 2025$, 16 bis 75 Jahre, aus den Jahren 2011–2012) wurden nach Geschlecht und Alter getrennte T-Normwerte für Erwachsene bestimmt. Separat liegen geschlechtsspezifische T-Normwerte für Studierende ($n2 = 1061$) vor (Franke, 2014). Der globale Kennwert des Instruments zur psychischen Belastung (GSI) wurde für die vorliegende statistische Analyse verwendet.

Borderline-Persönlichkeits-Inventar (BPI) das BPI ist ein Fragebogen zur Selbstbeurteilung und dient zur Erfassung der Borderline-Persönlichkeitsstruktur. Das Inventar beruht auf dem Konzept der Borderline-Persönlichkeitsorganisation nach Kernberg. Es wird als Screening-Instrument bei Verdacht auf eine Borderline-Persönlichkeitsstörung und für die dimensionale Erforschung von Borderline-Merkmalen bei Achse-I- und Achse-II-Störungen eingesetzt. Das Inventar umfasst 53 Items (BPI-53), welche den vier faktorenanalytisch konstruierten Skalen Entfremdungserlebnisse und Identitätsdiffusion, primitive Abwehrmechanismen und Objektbeziehungen, mangelhafte Realitätsprüfung und Angst vor Nähe zugeordnet sind. Die Gütekriterien wurden in einer Stichprobe von Studierenden, die sich nicht in psychotherapeutischer Behandlung befanden, und in einer Stichprobe von Patient:innen mit verschiedenen psychischen Problemen, die in stationär psychotherapeutisch in Behandlung waren, überprüft. Die interne Konsistenz und Retest-Reliabilität sind als fragwürdig (>.60) bis exzellent (>.90) einzustufen: der Wert des Cronbach´s Alpha liegt für die interne Konsistenz zwischen $\alpha = 0{,}68$ und $\alpha = 0{,}91$. Die Werte der Retest-Reliabilität der Skalen und des kompletten Inventars liegen zwischen $r_{tt} = 0{,}73$ und $r_{tt} = 0{,}88$. Der Wert für die Sensitivität liegt zwischen 0,85 und 0,89 und der für die Spezifität zwischen 0,76 und 0,94. Analysen zur Konstruktvalidität sprechen für das Instrument (Leichsenring, 1997; Leichsenring & Chabrol, 2006). Es kann in Beratungsstellen, ambulanten Settings oder psychotherapeutischen und psychiatrischen Kliniken eingesetzt werden. Anhand der 20 trennschärfsten Items wird ein Maximalwert von 20 Punkten mit dem Cut-Off von 10 verwendet (Nienhaus, 2003); dieser Gesamttestwert BPI wurde für die vorliegende statistische Analyse verwendet.

Global Assessment of Functioning (GAF) Die GAF-Skala unterscheidet zehn Stufen des psychosozialen Funktionsniveaus. Ihre Werte gehen von 100 (höchstes Leistungsniveau) bis 1 (niedrigstes Leistungsniveau). Sie ist ein Messinstrument zur Erfassung der Schwere psychiatrischer Erkrankungen anhand der Schwere der Symptome und des psychosozialen Funktionsniveaus (Aas, 2011) und dient dazu, die psychische Belastung einzustufen (Hall, 1995). Niedrige Werte bezüglich Symptomatik und Funktionsfähigkeit dienen als allgemeiner Indikator für die Symptombelastung und soziale Dysfunktion. Ein substantieller Unterschied der beiden Skalen war nur in etwa 10 % der Fälle, bei denen die Einschränkungen besonders schwer waren, zu finden. Die beiden Dimensionen erwiesen sich damit als valide, jedoch gilt die Empfehlung, die GAF-Skala zu erweitern, um die Dimensionen durch besser feststellbare Unterschiede klarer differenzieren zu können (Pedersen & Karterud, 2012). Eine Kritik an der Skala ist, dass die durch sie getroffenen Einschätzungen auch von anderen Faktoren außer der funktionalen Einschränkung beeinflusst werden, was anhand einer Studie von Bacon et al. (2002) mit drei Ratern belegt wurde. Die Einschätzungen der psychosozialen Funktionsniveaus wurden mitunter durch die Symptomschwere maßgeblich beeinflusst, weshalb die GAF-Skala kein gutes Instrument zur Erfassung der Anpassungsfähigkeit ist und dafür bessere Messinstrumente vonnöten sind (Bacon et al., 2002). Die Skala wurde für die axiale Beurteilungsebene V des DSM-IV genutzt, um zu einer Einordnung des Patienten auf einem Kontinuum zwischen psychischer Gesundheit und Krankheit zu kommen. Sie ist jedoch kein Bestandteil des DSM-5 mehr; als Begründung wurden unter anderem ein „Mangel an konzeptueller Klarheit“ und die „mangelnde psychometrische Qualität bei der Anwendung in der Routineversorgung“ angebracht (Falkai et al., 2015, S. 23). Die Skala ist dennoch international bekannt und ihr Nutzen allgemein anerkannt (Aas, 2010). Bei Schizophrenie-Patient:innen wurde sie bei Klinikeinweisung, und zu den 6- und 12-monatigen Follow-Up-Zeitpunkten erhoben und es zeigte sich, dass die ermittelten Einstufungen mit weiteren Einschätzungen der Symptome und des Sozialverhaltens bei Einweisung nicht stark korrelierten, bei den Follow-Ups jedoch hoch korreliert waren; die Interrater-Reliabilität erwies sich als gut. Die GAF-Skala kann daher nach minimaler Schulung eingesetzt werden und valide die Symptome und das soziale Funktionsniveau bei Schizophrenen erfassen, vorausgesetzt diese befinden sich nicht in einer akuten psychotischen Episode (Startup et al., 2002). Die Validität der separaten Dimensionen der Symptomatik und des Funktionsniveaus wurde mittels Diskriminanzanalyse zu anderen relevanten klinischen Messinstrumenten bestätigt (Pedersen & Karterud, 2012). Aufgrund der guten Interrater-Reliabilität und der Validität der genannten Dimensionen fiel die Entscheidung, die Skala trotz bestehender Kritik für die Auswertung zu nutzen, da diese gemäß den referierten Studien zuverlässig und ausreichend personen-unabhängig zur Erfassung des psychosozialen Funktionsniveaus dienen kann.

Verwendete diagnostische Kriterien Für die vorgestellte statistische Analyse galt das Vorliegen einer Borderline-Diagnose als erfüllt, wenn mindestens eins der folgenden Kriterien erfüllt war:

- es lag eine klinische Borderline-Diagnose nach ICD-10-Kriterien (vgl. Dilling & Freyberger, 2013) vor (emotional instabile Persönlichkeitsstörung (F60.3X), impulsiver Typ (F60.30) oder Borderline-Typ (F60.31))
- im Borderline-Persönlichkeitsinventar lag gemäß des Cut-Off-Werts von 10 ein Wert von 10 oder höher vor.

Im Datensatz wurden für die Berechnungen Fälle entfernt, bei den die Angabe zum Geschlecht ($n = 3$), zum Alter ($n = 15$) oder zur Migrationsgeschichte fehlte ($n = 55$), da sie ohne die Vollständigkeit dieser Angaben nicht relevant für die Auswertung waren. Im Datensatz waren 17 Patient:innen enthalten, welche 16 oder

17 Jahre alt waren; diese Fälle wurden ebenso aus dem Datensatz entfernt, da der Fokus der Studie auf volljährigen Patient:innen lag. Dadurch reduzierte sich der Datensatz nach dem Streichen der entsprechenden Fälle ($n = 90$) von ursprünglich $n = 2131$ Personen auf $n = 2041$ Personen. Die verbleibende Fallzahl von $n = 2041$ bietet eine ausreichend große Stichprobe für die statistische Auswertung. Bei der Auswertung der deskriptiven Statistiken und der logistischen Regressionen wurden sowohl die Daten von Personen verwendet, die nur zum Erstgespräch in der Tagesklinik waren, als auch die Daten der Personen, die im Anschluss an das Erstgespräch in der Tagesklinik über mehrere Wochen dort in Behandlung waren, um den Analysen eine möglichst große Stichprobe zugrunde legen zu können. Für die Kovarianzanalyse (MANCOVA) wurde die Subgruppe der Patient:innen der Tagesklinik vertiefend zu bestimmten Kriterien der Pathologie untersucht, da in dieser Subgruppe zusätzlich Werte erhoben wurden, die für die Fragestellung interessant waren, wie z. B. der Gesamtwert des Borderline-Persönlichkeitsinventars und der GSI-Wert des SCL-90-S.

Deskriptive Statistik Zu allen verwendeten Variablen wurden die Häufigkeiten ausgewertet. Deskriptive Häufigkeiten wurden als absolute und relative Häufigkeiten angegeben (Eid et al., 2013). Die Ergebnisse zu den deskriptiven Häufigkeiten der verwendeten soziodemographischen Variablen werden in Abschnitt 5.1.1 zur Stichprobe der quantitativen Auswertung berichtet. Zur besseren Übersicht wurde hierzu eine Tabelle erstellt, siehe Tabelle 5.1 in Abschnitt 5.1.1. Für numerische Variablen wurden zudem die deskriptiven Statistiken ausgewertet, siehe Tabelle 5. 3 in Abschnitt 5.2. Auch wurde eine Analyse fehlender Werte durchgeführt. Die Ergebnisse der deskriptiven Häufigkeiten kategorialer psychometrischer Variablen, die deskriptiven Statistiken metrischer psychometrischer Variablen und die Ergebnisse zur Analyse der fehlenden Werte werden zu Beginn von Abschnitt 5.2 zu den Ergebnissen der inferenzstatistischen Berechnungen berichtet.

Inferenzstatistik Inferenzstatistische Verfahren prüfen, ob sich Merkmale zwischen Populationen bedeutsam unterscheiden oder nicht. Ein statistisch bedeutsamer Unterschied liegt dann vor, wenn der errechnete p-Wert unter dem a priori festgelegten Signifikanzniveau liegt (Eid et al., 2013). Für alle im Folgenden dargelegten inferenzstatistischen Analysen wurde ein Signifikanzniveau von $\alpha = 0{,}05$ festgelegt. Die inferenzstatistischen Verfahren wurden jeweils mit allen verfügbaren Fällen gerechnet, die in den entsprechenden Variablen keine fehlenden Werte aufwiesen.

Logistische Regression Das Verfahren der logistischen Regression ermöglicht die Vorhersage eines dichotomen Kriteriums durch Prädiktoren, die ein beliebiges Skalenniveau aufweisen können. Voraussetzungen zur Durchführung sind nach Rudolf und Müller (2012) ein dichotomes Kriterium (Binomialverteilung; 0/1-dummycodiert), die statistische Unabhängigkeit der Prädiktoren und vollständige Datensätze. Die Stichprobe sollte hinreichend groß sein (mindestens 25 Fälle je Kriteriumsausprägung). Backhaus et al. (2011) empfehlen die Prüfung des Gesamtmodells anhand der Gütekriterien auf Basis der LogLikelihood-Funktion (Güte der Anpassung), anhand der Pseudo-R-Quadrat-Statistiken (Güte des Gesamtmodells) und der Beurteilung der Klassifikationsergebnisse (Güte der Anpassung). Für die vorliegenden logistischen Regressionen wird der Likelihood-Ratio-Test berichtet (Signifikanz des Modells). Für die Güte des Gesamtmodells werden die Pseudo-R-Quadrat-Statistiken nach Cox und Snel sowie Nagelkerke angegeben. Für die Güte der Anpassung wird das Ergebnis des Hosmer-Lemeshow-Tests berichtet (Backhaus et al., 2011).

Mehrfaktorielle multivariate Kovarianzanalyse (MANCOVA) Zum Vergleich von Mittelwerten numerischer Variablen hinsichtlich der Ausprägungen von unabhängigen Variablen wurde eine MANCOVA gerechnet. P-Werte wurden mit drei Nachkommastellen angegeben. Die multivariate Varianzanalyse mit Einbeziehung einer Kontrollvariable (MANCOVA) ist eine erweiterte Form der Varianzanalyse. Dabei wird untersucht, ob ein mehrfach gestufter Faktor (unabhängige Variable) einen Einfluss auf eine oder mehrere abhängige Variablen hat. Wenn begründet davon auszugehen ist, dass abhängige Variablen zusätzlich durch eine metrische Variable beeinflusst werden, kann diese als Kovariate in die Berechnung mit aufgenommen werden (Rudolf & Müller, 2012).

Vor der Durchführung der MANCOVA sollten die folgenden Voraussetzungen überprüft werden: Die Unabhängigkeit der Zufallsstichprobe sollte durch das Studiendesign gewährleistet werden und die Daten sollten keine Ausreißer beinhalten. Die Gruppen sollten mindestens 20 Fälle beinhalten (Backhaus et al., 2011). Die Homogenität der Varianzen wird mittels Levene-Test geprüft. Die Normalverteilung in den Faktorstufen ist eine weitere Voraussetzung zur Durchführung, diese wird durch die Kolmogorov-Smirnov- oder Wilk's-Anpassungstests geprüft. Rudolf und Müller (2012) bewerten die Verletzung dieser Voraussetzung als weniger problematisch, insbesondere dann, wenn die Voraussetzung der Varianzhomogenität erfüllt ist. Von Vorteil ist dabei eine gleich große Zellbesetzung. Bei der Durchführung einer Kovarianzanalyse sollte die Kovariate über die Gruppen hinweg ähnlich sein, dies wird durch eine ANOVA über das Alter nach Migrationshintergrund geprüft. Die Homogenität der Varianz-Kovarianz-Matrix wird mittels Box-M-Test geprüft.

3.4.2 Qualitative Analyse: Grounded Theory Methodologie

Im Zentrum der empirischen Untersuchung stand die qualitative Interviewanalyse mittels der reflexiven Grounded Theory und die aus ihr hervorgegangenen Ergebnisse bilden den Kern der gewonnenen Erkenntnisse. Die Grounded Theory ist eine Methode der qualitativen Sozialforschung, die eine Bandbreite von Verfahren und Forschungsstilen umfasst. Die Erkenntnisgewinnung zielt auf das Verstehen und Interpretieren von lebensweltlichen Phänomenen und analysiert z. B. Bedeutungen oder Handlungen. Im Rahmen einer Grounded-Theory-Studie geht es um die Entwicklung und Ausarbeitung einer Theorie (Breuer et al., 2019). Sie wurde 1967 von den Soziologen Glaser und Strauss im Rahmen einer empirischen Studie entwickelt und die Methode erstmal in ihrem Werk „The Discovery of Grounded Theory: Strategies for Qualitative Research" festgehalten (Glaser & Strauss, 1967). Seitdem hat sich die Methode stetig weiterentwickelt und stellt heute durch das Aufbrechen in verschiedene Strömungen und Varianten mehr ein Methodenspektrum als eine singuläre Methode dar. Eine Übersicht über die verschiedenen Strömungen findet sich bei Breuer et al. (2019) im Abschnitt 2.2 „Diversifikation der Grounded Theory-Wege".

Der Grundgedanke der Methode der Grounded Theory ist es, neue auf empirischen Daten basierende Theorien zu entwickeln, um die Entstehung neuer Theorien zu ermöglichen (Willig, 2022) und Daten nicht stets mit der Linse vorhandener Theorien zu betrachten (Ruppel & Mey, 2017). Der Begriff *Grounded Theory* kann als „gegenstandverankerte Theorienbildung" übersetzt werden (Böhm, 1994, S. 121). Diese Theorien entstehen in einem bestimmten Kontext des Untersuchungsgegenstands, sind für diesen spezifisch und in den Daten verankert („grounded"), aus welchen sie heraus entwickelt wurden (Willig, 2022). Glaser und Strauss, die Entwickler der Grounded Theory, betonten die Notwendigkeit der Entwicklung neuer Theorien und sahen die Kreativität der Forschenden als zentral dafür an (Breuer et al., 2019).

Der Methode liegt das Menschenbild der qualitativen sozialwissenschaftlichen Methoden eines „in Sinn- und Bedeutungswelten handelnden Subjekts" zugrunde (Breuer et al., 2019, S. 73), welches sich im Rahmen bestimmter Bedingungen und Deutungsstrukturen verhält, von diesen jedoch nicht gänzlich bestimmt ist und dessen Denken und Verhalten auch autonom, selbstbestimmt und durch freien Willen geleitet ist. Sein Denken ist durch Vernunft gekennzeichnet und seine Erkenntnis fußt auf seinem Bewusstsein. Dies trifft sowohl für Forschende als auch für Beforschte zu. Kontextuelle Rahmenbedingungen bestimmen das Handeln und Interagieren von Menschen; dieses kann sich bei Veränderungen prozessual anpassen und ändern (Breuer et al., 2019). Borderline-Probleme bzw. die Veränderung der Symptome wirken sich auf das Handeln und das emotionale Erleben der Betroffenen aus und umgekehrt. In diesem Fall kann die Veränderung, hier das Auftreten und die Veränderung der Borderline-Symptome, als Störung oder Unterbrechung einer Handlungs- und Erlebensroutine verstanden und erforscht werden. Auch die Entscheidung, sich in Behandlung zu begeben und mit der Therapie verbundene Veränderungen stellen Umbrüche dar und können Gegenstand der Analyse sein. Schütze (1983) führt an, dass die Analyse negativer Ereignisstränge die Thematisierung der individuellen Biographie unumgänglich macht, da die Ereignisse unweigerlich mit dem Lebenslauf einer Person verbunden sind, von ihr verarbeitet und darin eingeordnet werden und ihre Identität angreifen bzw. beeinflussen. Die Manifestation von Borderline-Problemen, die Diagnose und die Entscheidung, sich in tagesklinische Behandlung zu begeben, kann als eine solche Verkettung negativer bzw. prägender Ereignisse und den Versuch des Umgangs damit gesehen werden, worin der Sinn der Erfragung der Rolle der individuellen Lebensgeschichte gründet.

Methodentheoretischer Hintergrund zur Grounded Theory Methodologie Sowohl Forscher:innen als auch Beforschte sind in der qualitativen Forschung anthropologisch gesehen mit gleichen Voraussetzungen ausgestattet: beide verfügen über (selbst-)reflexive Fähigkeiten, ihre Perspektiven sind jeweils durch ihre Individualität und ihre Eingebundenheit in (unterschiedliche) gesellschaftliche Strukturen standpunktbedingt. In der kultur- und sozial-wissenschaftlichen Forschung werden Beforschte als Personen begriffen, die in der Lage sind, über ihre Lebensgeschichte, -situation, Wahrnehmung, über ihr Handeln und ihr Eingebundensein in gesellschaftliche Zusammenhänge und ihr Erleben und ihre Deutungen nachzudenken und zu berichten, sowie dass sie mit den Fähigkeiten ausgestattet sind, all dies zu beeinflussen und zu verändern (Breuer et al., 2019). Das beschriebene Menschenbild knüpft an zentrale Voraussetzungen für psychotherapeutisches Arbeiten an. Auch dieses fußt auf den Annahmen, dass Menschen einerseits selbstreflektiv über ihr Erleben und Verhalten nachdenken und es einordnen können und andererseits auch in der Lage sind, dieses mitbestimmen und verändern können bzw. dabei in der Therapie Unterstützung erfahren. In diesem Sinne bietet die sozialwissenschaftliche Forschung das Potential, subjektives Erleben und individuelle Bedeutungsstrukturen zu ergründen, was eine Schnittstelle zur therapeutischen Arbeit darstellt, an psychotherapeutisches und psychoanalytisches Verstehen anknüpft und wodurch sich wissenschaftliche Erkenntnisse und therapeutisches bzw. psychoanalytisches Verstehen gegenseitig befruchten können.

Die Grounded Theory als Datenauswertungsmethode Mit dem Begriff *Grounded Theory* wird ein Forschungsansatz, eine Datenauswertungsmethode und auch das Auswertungsergebnis dieser Methode bezeichnet. Die am Ende aus den Daten entstandene Grounded Theory ist ein Modell bzw. ein Theorieentwurf (Breuer et al., 2019). Brüsemeister (2008) bezeichnet die Grounded Theory als „die klassische, Theorien entdeckende qualitative Methode" (S. 151). Die Anwendung der Grounded Theory variiert je nach Forschungsfrage, theoretischem Hintergrund und Ziel der Untersuchung (Belgrave & Seide, 2019), wie auch bei vielen anderen qualitativen Ansätzen (Ruppel & Mey, 2015). Die Grounded Theory ist keine qualitative Inhaltsanalyse und es geht nicht um das Zählen von Wörtern (Suddaby, 2006). Auch verfolgt sie nicht das Ziel der Hypothesenprüfung und der damit verbundenen Logik des Kritischen Rationalismus nach Karl Popper, bei welcher empirische Phänomene anhand allgemeiner Gesetze erklärt und abgeleitet werden, sondern bewegt sich in der Denkweise der Hermeneutik, wo es um das Verstehen von sozialen und/oder kulturellen Gegebenheiten und Prozessen und damit verknüpfte Sinn- und Deutungsgebungen geht. Beim hermeneutischen Verstehens-prozess geht es darum, empirische Beobachtungen von Erfahrungen, Handlungen usw. in einen Bedeutungsrahmen einzuordnen oder diesen gar erst zu ergründen und zu deuten, was dahinter stehende Sinngebungen und Intentionen sein könnten. In der sozialwissenschaftlichen Forschung geht es nicht um ein heuristisches alltägliches Verstehen, sondern um die systematische Ergründung des Forschungsgegenstands, dessen Einordnung und Interpretation und ein nach und nach im Analyseprozess entstehendes Verständnis, basierend auf einer offenen und reflexiven Haltung. Bei der Grounded Theory werden die subjektiven Wahrnehmungen und Konzepte der Beforschten analysiert, die Entwicklung der Kategorien und des Modells geht jedoch über ihr subjektives Verstehen hinaus (Breuer et al., 2019). Die Grounded Theory als ein interpretatives Auswertungsverfahren besitzt im Moment der Deutung auch kreatives Potential: um dieses zu erhalten, muss die Methode offen und flexibel genug gehalten werden, um angemessen auf das Datenmaterial zu reagieren (Willig, 2022). Sie wird genutzt um Forschungsfragen zu explorieren, zu denen wenig bekannt ist (Chun Tie et al., 2019) und ermöglicht es, die subjektive Erfahrung der Beforschten zu analysieren und diese in Zusammenhang mit sozialen Dynamiken zu erklären (Willig, 2022). In der vorliegenden Untersuchung wurden das subjektive Erleben, Verstehen und Bedeutungsgebungen der Befragten analysiert, mit dem lebensweltlichen Kontext der Befragten in Zusammenhang gebracht und von individuellen Berichten auf ein übergreifendes und abstrahierendes Level gehoben.

Breuer et al. (2019) bezeichnen den der Datengewinnung dienenden Kontakt der Forscher:innen mit den Beforschten im Feld als „interpersonale Interaktion mit einem alltagsweltlichen Rahmen“ (S. 219), was ihn von einer künstlich hergestellten laborähnlichen Erhebungssituation abgrenzt und in den Vordergrund stellt, dass die Erhebung in einem sozial gewachsenen Bedingungskontext stattfindet. Alle an der Erhebung Beteiligten, die Forscher:innen und die Beforschten, nehmen eine bestimmte Rolle im Untersuchungsfeld ein, die an Regeln und Konventionen gekoppelt ist und die mitbestimmt, was die Beforschten mitteilen und was nicht (Breuer et al., 2019). Daten, die mit der Grounded Theory analysiert werden können, sind sogenannte „naturalistische Felddaten“ (Breuer et al., 2019, S. 2), z. B. aus Beobachtungen im Feld, wie hier die Interviews mit Borderline-Patient:innen in der Tagesklinik, und die Forschung ist theoriegenerierend, nicht -prüfend. Ebenso können Dokumentationen der Forscherin zu ihren eigenen Reaktionen und Eindrücke während des Forschungs- und insbesondere des Datenerhebungs- und Auswertungsprozesses in die Analyse einfließen, wie hier die Feldprotokolle und Memos, in welchen Eindrücke und Gedanken festgehalten wurden. Durch die Identifizierung der Kategorien anhand der Daten ist die später entstehende Theorie in den Daten gegründet. Das „Dahinter“, was hinter oder in den Daten verborgen ist, soll während des Analyseprozesses mittels theoretischer Sensibilität und Kreativität herausgestellt werden. Die Vielfalt der empirischen Beobachtungen soll durch verallgemeinernde und abstrahierende Beschreibungen, eingefangen in den Kategorien, strukturiert dargelegt werden, so wie hier verbindende Erlebens- und Verstehensdimensionen aus den Erzählungen der unterschiedlichen Interviewpartner:innen herausgearbeitet wurden.

Die Grounded Theory als Auswertungsmethode ist ein kodierendes Verfahren zur Analyse qualitativer Daten. Es geht darum, Kategorien herauszuarbeiten, zu identifizieren und zu einem Modell zu integrieren und im Verlauf des Auswertungsprozesses miteinander in Beziehung zu setzen; das Produkt dieses Prozesses ist die am Ende entwickelte Theorie. Die Kategorien werden aus den Daten entwickelt und umfassen verschiedene Bedeutungen und Dimensionen, die aus dem Datenmaterial herausgearbeitet wurden. Das stellt einen interpretativen Prozess dar, der durch die Person der Forscherin geprägt ist. Daher ist der Begriff der Emergenz und der Entdeckung von Kategorien problematisch: diese Begriffe spielen den kreativen Teil der Arbeit herunter und implizieren, es würde schlicht aufgedeckt werden, was in den Daten vorhanden ist (Willig, 2022). Was jedoch das Ergebnis ist, wird aktiv im Deutungsprozess der Datenanalyse entwickelt, nicht entdeckt, und ist untrennbar mit der Perspektive der Forscherin und ihrer Person verwoben. Es wird gewissermaßen von der Forscherin konstruiert (Willig, 2022) und die Daten von der Forscherin und den Beforschten ko-konstruiert (Belgrave & Seide, 2019). Schütze (1983) stellte die Notwendigkeit kontrastiver Vergleiche heraus. Bei der Grounded Theory erfolgt die Analyse anhand permanenter Vergleiche, einerseits anhand von unterschiedlichen Interviews bzw. Fällen oder Datensegmenten und andererseits anhand des wiederholten Vergleichs und Abgleichs herausgearbeiteter Codes und Kategorien; das stete Vergleichen bezeichnet man als *constant comparison method*. Durch die konstanten Vergleiche können die Kategorien spezifiziert, Subkategorien anhand von Differenzen innerhalb der Kategorien herausgearbeitet und Unterschiede der Kategorien identifiziert werden (Willig, 2022). Insbesondere sollen Fälle mit großen Unterschieden einander gegenüber gestellt und verglichen werden, um aus den Differenzen Rückschlüsse über Bedingungen zu erlangen bzw. zu überprüfen, ob der Differenz ein gemeinsames Thema zugrunde liegt. Neben einzelnen Fällen können auch berichtete Eigenschaften, Ereignisse oder Perspektiven verglichen werden. Das Vergleichen wird als Werkzeug zur Erkenntnis genutzt. Es dient dazu, Gegensätze, Dynamiken, Strukturen und Widersprüche zu erkennen und verbindende Dimensionen herauszuarbeiten und die Gemeinsamkeiten und Ähnlichkeiten oder auch Differenzen zwischen den einzelnen Beforschten oder innerhalb der Beforschten aufzuzeigen (Breuer et al., 2019).

Die Grounded Theory beruht auf Induktion, ihre Begründung stützt sich auf empirische Analysen und die Schlussfolgerungen gehen vom Speziellen (einzelne Fälle) zum Allgemeinen (übergreifende Kategorien und deren Zusammenhänge). Die einzelnen Fälle werden detailliert erkundet und analysiert und aus dieser kleinteiligen Analyse erfolgt die Herausarbeitung der übergreifenden Themen und Kategorien und letztlich der Zusammenhänge der Kategorien und die Zurückführung auf eine oder mehrere zentrale Kategorien (Breuer et al., 2019). Das Ergebnis der Auswertung einer Grounded Theory Studie ist weniger eine umfassende Theorie, sondern mehr eine der Erklärung dienende Rahmenstruktur (Willig, 2022) bzw. eine Theorie mittlerer Reichweite (Breuer et al., 2019). Sie bewegt sich demnach auf einem mittleren Niveau theoretischer Verallgemeinerbarkeit (Brüsemeister, 2008).

Auf diese Weise soll die Grounded Theory dazu dienen, mithilfe eines regelgeleiteten Prozesses neue theoretische Annahmen zum Forschungsgegenstand zu generieren (Breuer et al., 2019). Mithilfe der Grounded Theory sollen Theorien entwickelt werden, die allein in den Daten fußen, aus denen heraus sie entwickelt wurden, und die nicht von bereits existierenden theoretischen Konzepten abhängen (Willig, 2022). Während der Auswertung ist demnach eine konsequente und permanente Wegbewegung von bekannten Theorien und Konzepten, die einem während der Analysearbeit in den Kopf kommen, vonnöten. Bei der Analyse der Interviews wurde daher vermieden, klinisch-psychologische und psychoanalytische Konzepte in der Auswertung zu verwenden, um bei den subjektiven Erfahrungen der Patient:innen zu bleiben und nicht in das Wiedererkennen von bekannten psychischen Phänomenen und Begriffen zu verfallen.

In der vorliegenden Auswertung wurden die einzelnen Interviews zunächst separat betrachtet und ausgewertet und in weiteren Auswertungsschritten miteinander verglichen und anhand dessen abstraktere, generellere und tiefgreifendere Dimensionen des Erlebens und Verstehens herausgearbeitet. Die Entdeckung des Neuen wird aber nicht allein durch Induktion geleistet. Dazu gehört ebenso der Prozess der Abduktion, worunter eine kreative und interpretierende Art der Verstehensleistung der Forscher:innen gemeint ist, welche im Konzept der Induktion nicht inbegriffen ist. Die abduktive Haltung geht über ein induktives Vorgehen hinaus: bei der Induktion ist zentral, von detaillierten Einzelfällen den Schritt hin zur Verallgemeinerung und höheren Abstraktion zu gehen. Die Abduktion hingegen umfasst eine kreative Fähigkeit und Kunst, Neues in den Daten zu entdecken bzw. zu entwickeln, die einzelnen Komponenten des Neuen miteinander in Beziehung zu setzen und aus den Verbindungen einen neuen Theoriezusammenhang zu formulieren. Als kreatives und nicht regelgeleitetes Moment der Entdeckung ist sie nicht replizierbar, sondern zielt auf das Erkennen bzw. das Herstellen neuer Verknüpfungen und damit neuer Verständnisweisen ab, aus welchen deduktiv Annahmen und Erkenntnisse abgeleitet werden können (Breuer et al., 2019). Bei der Auswertung wurde nicht nur induktiv übergreifende Kategorien mit höherem Abstraktions- und Generalisierungsgrad herausgearbeitet, sondern durch das Einfühlen und Eindenken in die Erzählungen von Erfahrungen und Empfindungen und durch Interpretation der individuellen Berichte versucht, eine verbindende Erlebensqualität zu identifizieren, was in den Kategorien des Modells festgehalten wurde; Näheres siehe Abschnitt 5. 3.

Da es um die Ergründung des subjektiven Erlebens der Borderline-Probleme abseits existierender klinisch-psychologischer und psychoanalytischer Konzepte und Theorien basierend auf empirischen qualitativen Daten ging, bot sich die Grounded Theory als Auswertungsmethode für die Analyse der Interviewtranskripte an. Im Rahmen der Studie wurde eine Theorieskizze zu den subjektiven Krankheitstheorien zur eigenen Borderline-Persönlichkeitsstruktur in der Adoleszenz im Kontext der individuellen Lebens- und Migrationsgeschichte von migrantischen Patient:innen entwickelt. Diese stellt zentrale Dimensionen des Erlebens und Verstehens der Borderline-Patient:innen zu ihren psychischen Problemen heraus und ergründet die Rolle der eigenen oder familiären Migrationserfahrungen, um die subjektive Perspektive der Betroffenen besser nachvollziehen zu können und eine Antwort auf die Frage zu bekommen, wie sich bei den Patient:innen die psychosozialen Folgen von Migration in den subjektiven Krankheitstheorien widerspiegeln.

Die Reflexive Grounded Theory Die (reflexive) Grounded Theory dient wie bereits ausgeführt der Erforschung der Bedeutung von Verhalten und Erleben im Kontext sozialer Bedingungen. Bei der Reflexiven Grounded Theory, welche für die vorliegende Untersuchung gewählt wurde, erfährt die Rolle der Forscherin als Einfluss auf den Forschungs- und Datenauswertungsprozess besondere Aufmerksamkeit, um dem Einfluss der gesellschaftlichen Position, der persönlichen Erfahrungen und möglichen Berührungspunkten der Forscherin mit der Forschungsthematik Rechnung zu tragen (Breuer et al., 2019). Es wird ein besonderer Fokus auf den Einfluss der Forscher:innen auf den Forschungs- und insbesondere den Daten-erhebungs- und Auswertungsprozess. Die Forscherin wird demnach nicht nur als ausführendes Organ für die Datenanalyse gesehen, sondern ihr wird eine kreative Wirkweise zugeschrieben und sie wird mit einer „Lizenz zum Selbst-Denken“ ermächtigt, mit ihrer individuellen Perspektive den Forschungsgegenstand zu betrachten (Breuer et al., 2019, S. 4). Der Subjekthaftigkeit und dem Einfluss der eigenständigen durch Subjektivität geprägten Denkleistung werden also explizit wertvoller Nutzen zugeschrieben anstatt diese als Störfaktoren zu begreifen. Erkenntnisse sind durch die individuellen Perspektiven der am Forschungsprozess Beteiligten geprägt und entstehen auch nicht nur auf Basis der manifesten Daten, z. B. das gesprochene Wort im Interview, sondern auch aufgrund von dem, was die Forscher:innen zwischen den Zeilen sehen und in der Interviewsituation wahrnehmen (Breuer et al., 2019). Da in der vorgestellten Studie die Perspektive der Autorin als relevanter Einfluss auf den Forschungsprozess erachtet wird, wurde die reflexive Grounded Theory als Forschungsansatz und Auswertungsmethode gewählt.

Der Verlauf des Forschungs- und Auswertungsprozesses Den Erhebungs- und Auswertungsprozess parallel durchzuführen ist ein zentrales Merkmal der Grounded Theory Methodologie (Brüsemeister, 2008). Die Arbeitsschritte und Werkzeuge der Grounded Theory können in Einzelarbeit aber auch kooperativ in Gruppen durchgeführt werden (Breuer et al., 2019). Letzteres könnte beispielsweise die Arbeit im Forschungsteam sein, oder auch die gemeinsame Bearbeitung in Auswertungsgruppen, Seminaren usw. Die Besprechung der Forschungs- und Auswertungstätigkeit in der Gruppe dient dazu, verschiedene Lesarten und Perspektiven zu erhalten und in die Auswertung einfließen zu lassen; der individuelle Standpunkt der Forscherin wird dadurch relativiert und ausdifferenziert und die Analyse gewinnt mehr Tiefe.

Die Gruppe kann als Raum zur Erkenntnisförderung, Überprüfung und Kontrolle der eigenen Perspektive und als Ausgleich von Unsicherheiten und zur Motivation dienen. Auch kann sie zum Hinterfragen individueller Vorannahmen und der Überwindung von Denkblockaden beitragen und blinde Flecken aufzeigen (Breuer et al., 2019) und so zur Überprüfung der Gültigkeit von Ergebnissen beitragen (Brüsemeister, 2008). Die kooperative Arbeit mit anderen ist besonders für Anfänger:innen der Methode von großem Nutzen. Der gesamte Forschungsprozess wird durch das Verfassen von sogenannten Memos begleitet: Memos stellen systematische Notizen dar, in denen beispielsweise das methodische Vorgehen, Ideen zum Material und zur Auswertung oder auch Gedanken zu späteren Theoriebezügen festgehalten werden (Breuer et al., 2019). Sie dienen dazu, den Forschungsprozess zu dokumentieren, Gedanken und Fortschritte festzuhalten und das Vorgehen und die Auswertung nachvollziehbar zu machen (Willig, 2022), stellen eine Gedächtnisstütze dar und verhindern, dass Dinge aus dem Blick geraten; sie fungieren gewissermaßen auch als Notizen der Forschenden an sich selbst (Belgrave & Seide, 2019). Memos können demnach einen großen Beitrag dazu leisten, die komplexe Forschungsarbeit zu bewältigen. Der Verlauf des Forschungsprozesses kann ebenso im für die Grounded Theory üblichen Forschungstagebuch dokumentiert werden; das Tagebuch kann dazu dienen, Wichtiges in chronologischer Reihenfolge zu verschriftlichen (Breuer et al., 2019).

Im Folgenden wird der Forschungsprozess in Schritten dargelegt. Die Schritte der Auswertung werden in der Reihenfolge erklärt, in welcher sie durchgeführt wurden. Wichtig ist, dass der Auswertungsprozess der Grounded Theory kein linearer ist, sondern von einem Schritt nochmal zu einem vorherigen zurückgegangen wird, wenn es das Datenmaterial und Erkenntnisse erfordern. Die Auswertung ist ein iterativer Prozess mit „Rückschritten" und der konstanten Überprüfung der bereits erfolgten Schritte. Auf diese Weise werden die Kategorien gebildet und das theoretische Modell konstruiert. Diese iterative Dynamik der Analyse wird auch als eine „hermeneutische Spirale" vom Individuellen (einzelne Interviews) zum Allgemeinen (übergreifende Kategorien) beschrieben (Breuer et al., 2019, S. 55).

1. Forschungsidee

Die Auswahl und Entwicklung der Forschungsidee, das mit ihr verbundene Forschungsdesign und die Fragestellung sind der Auswertung zeitlich vorgelagert. Jedoch spielen schon hier Überlegungen eine Rolle, die später im Datenerhebungs- und Auswertungsprozess nicht aus dem Blick geraten dürfen. Die Forscher:innen sollten sich bereits in der Anfangsphase des Prozesses fragen, was ihre Berührungspunkte mit dem Thema sind und welche Präkonzepte, welches Wissen und welche Erfahrungen sie mitbringen und wie dies ihre Forschungsarbeit möglicherweise beeinflusst, um im Blick zu behalten, wie dies das von ihnen entworfene Studiendesign prägt (Breuer et al., 2019).

2. Literaturrecherche

Auch bei der Recherche und dem Lesen der theoretischen und methodischen Literatur und aktuellen Studien zum Forschungsstand muss mitgedacht werden, mit welchem Fokus man recherchiert, liest und wie dies den Forschungsprozess beeinflusst (Breuer et al., 2019).

3. Verfassung des Ethik-Antrags und Erstellung des Interviewleitfadens

Um die Datenerhebung beginnen zu können, muss das Forschungsvorhaben seitens eines Ethikrats oder einer entsprechenden Kommission begutachtet und genehmigt werden.

4. Theoretisches Sampling

Der Zugang zum Feld erfolgt oft über sogenannte *Gatekeeper* (Breuer et al., 2019, S. 226). Die Datenerhebung erfolgt im Sinne der Grounded Theory Methode gemäß der Idee des *theoretical sampling* (theoretisches Sampling): es werden in mehreren Erhebungsphasen nach und nach Fälle nach bestimmten Kriterien selektiert, um einen möglichst differenzierten und umfassenden Einblick in die Forschungsthematik zu erhalten (Breuer et al., 2019).

5. Datenerhebung

Die Daten werden sukzessive erhoben und aufgezeichnet. Die Rekrutierung von Beforschten findet meist im Sinne des theoretischen Samplings im weiteren Verlauf der Erhebung parallel statt, weil meist zu Beginn der Datenerhebung noch nicht alle Beforschten gefunden sind und feststehen, auch wenn ein theoretisches Sampling nicht möglich ist. Die Daten werden während den Erhebungen direkt aufgezeichnet, z. B. auf Video- oder Tonaufzeichnungsgeräte.

6. Datendokumentation

Direkt nach den Erhebungsterminen werden oftmals Beobachtungsnotizen z. B. in Form von Feldprotokollen verfasst, um Eindrücke aus der Situation zu dokumentieren (Breuer et al., 2019). Wird das aufgezeichnete Material nicht in der Form analysiert, wie es während der Erhebung erfasst wurde, wird es in eine Datenform transferiert, die die Analyse erleichtert, z. B. werden im Audioformat aufgezeichnete Interviews transkribiert.

7. Offenes Kodieren: das Aufbrechen des Datenmaterials

Das Kodieren des Datenmaterials ist die Grundlage und „das methodisch-prozedurale Herzstück der GTM“ (Breuer et al., 2019, S. 18). Die erste Phase der Auswertung ist die Kodierung, bei welcher offen und assoziativ an das Datenmaterial herangegangen wird. Dabei werden die Daten, z. B. der Text der Interviewtranskripte, in Inhalts-, Sinn- und Bedeutungseinheiten eingeteilt, das Material wird „auseinandergebrochen“ (Böhm, 1994, S. 127) und jede Einheit wird mit einer Code-Bezeichnung versehen (Breuer et al., 2019). Die Bezeichnung ist die Übersetzung der Daten in die Antwort auf die Frage „Was ist das für die Forschungsfrage Relevante in den Daten?“ (Böhm, 1994). Zu wissen, wann ein Datensegment wichtig für die Auswertung ist, wird als *theoretical sensitivity* (theoretische Sensibilität) bezeichnet (Chun Tie et al., 2019, S. 6). Die Codes bilden gewissermaßen die ersten Theoriebausteine und werden in konstanten Vergleichsprozessen gemäß der constant comparison method miteinander verglichen (Brüsemeister, 2008). Das Datenmaterial soll offen und genau betrachtet und interpretiert werden, um im weiteren Verlauf abstraktere und übergreifende theoretische Konzepte daraus entwickeln und mit einander in Beziehung setzen zu können. Es wird in seine kleinsten inhaltlichen Einheiten aufgebrochen, um die Vielfalt und Varianz im Material einzufangen und es im weiteren Verlauf durch Kategorisierung neu zusammensetzen und verbinden zu können (Breuer et al., 2019). Die Bezeichnung der Codes ist deskriptiv (Willig, 2022) und soll sehr textnah den für die Auswertung und Beantwortung der Forschungsfrage relevanten Inhalt des kodierten Datenmaterials zusammenfassen. Es sollen erste Ideen und Konzepte zum Forschungsgegenstand basierend auf dem Datenmaterial entstehen. Dies wird auch als „systematisiertes Nachdenken über die gesammelten Daten“ bezeichnet (Breuer et al., 2019, S. 137).

Im weiteren Verlauf der Analyse werden Kategorien gebildet: zunächst auf einem niedrigeren Level der Abstraktion werden sie nach und nach abstrakter und übergreifender herausgearbeitet. Um zu vermeiden, dass bestehende Theorien den Auswertungsprozess zu sehr formen und man lediglich bereits existierende Erkenntnisse in den Daten wieder findet, sollten die Bezeichnungen der Codes und Kategorien sich nicht an theoretischen Konzepten und Bezeichnungen orientieren, sondern sich möglichst nah am Material orientieren; ideal sind in-vivo-Bezeichnungen, also Bezeichnungen, die den Wortlaut der Befragten wiedergeben und zitiert werden können (Willig, 2022). In-vivo-Codes können *„Feld-Jargon"*, bestimmtes Vokabular oder Redensarten der Befragten, und damit verbundene Bedeutungen und Konstruktionen präzise erfassen oder verwendete Metaphern oder Wortneuschöpfungen ohne Bedeutungsverlust erhalten (Breuer et al., 2019, S. 263). Das Kodieren kann Zeile für Zeile, Satz für Satz oder Abschnitt für Abschnitt erfolgen; je kleiner die Code-Einheit, desto zahlreicher und detailreicher die resultierenden Codes (Willig, 2022). Insgesamt kann das offene Kodieren als „Benennungsarbeit" gesehen werden, bei welchem es darum geht herauszufiltern, was im Datenmaterial für das Forschungsinteresse Relevantes enthalten ist und das beobachtete Phänomen in Worte zu fassen (Breuer et al., 2019).

Nach dem offenen Kodieren beginnt die Kategorisierung der Codes. Dies kann je nach Vielfalt und Menge des Datenmaterials auch zunächst in Subkategorien erfolgen, welche in weiteren Schritten zu abstrakteren Kategorien konsolidiert werden. Die Bildung von Kategorien geschieht zunächst bottom-up direkt aus dem Datenmaterial, im weiteren Verlauf auch durch top-down-Prozesse, bei welchen bestehende Kategorien anhand des neu ausgewerteten Datenmaterials überprüft und angepasst oder verworfen werden. Für die Bezeichnungen der Kategorien dienen Formulierungen, die ihren Inhalt abstrakt zusammenfassen oder in Form von In-vivo-Codes präzise auf den Punkt bringen. Wichtig ist bei der Bezeichnung von Codes und Kategorien nicht auf bekannte theoretische Konzepte aus der eigenen Disziplin zurückzufallen und so die Entwicklung von Neuem zu unterbinden. Da die am Ende entwickelte Theorie gegenstandsbezogen und datenbegründet ist, sollten die Kategorien mit Formulierungen „mittleren Verallgemeinerungsgrades" benannt werden, auch um den Bezug zu den Einzelfällen und der Vielfalt der beobachteten Phänomene nicht zu verlieren (Breuer et al., 2019, S. 266). Die Findung der Benennungen der Kategorien ist aufwendig und wird als ein „Ringen um sprachliche Ausdrücke" beschrieben, worin deutlich wird, wie anstrengend und mühsam dies ist oder sein kann (Breuer et al., 2019, S. 267).

8. Axiales Kodieren: Konsolidierung der Zwischenergebnisse

Beim axialen Kodieren steht die Fokussierung auf die Herausarbeitung übergreifender und zentraler Themen und Dimensionen im Vordergrund. Im Idealfall gibt es eine Kernkategorie, die die Essenz der anderen Kategorien zusammenfasst, einen Bezug zu allen Kategorien hat und das Kategoriengeflecht ordnet bzw. den zentralen Fokus der Theorie bildet. Es werden die bisher entwickelten Kategorien weiter ausgearbeitet und eine zentrale Kategorie, die das Phänomen beschreibt und auch „Kernkategorie" oder „Achsenkategorie" genannt wird, entwickelt und die Kategorien werden anhand eines Kodierparadigmas und einer damit einhergehenden Modell-Logik zueinander in Bezug gesetzt (Böhm, 1994, S. 135; Breuer et al., 2019, S. 255). Jedoch ist die Grounded Theory keine starre technische Abfolge von Analyseschritten, sondern eine flexible Methode, und auch die Verwendung eines Kodierparadigmas ist nur indiziert, wenn dies zu den Daten passt (Suddaby, 2006). Zur Ausarbeitung der Kategorien gehören auch die verschiedenen Facetten, die Varianz ihrer Inhalte und mögliche Kontraste und Gegensätzlichkeiten innerhalb einer Kategorie zu beachten und nachvollziehbar zu machen (Breuer et al., 2019). Es werden Verbindungen zwischen den Kategorien erkundet und die Daten so gewissermaßen neu zusammengesetzt (Rosenthal, 2015). Bei der Entwicklung der Theorie spielt weiterhin Abduktion eine Rolle, ein interpretierender und kreativer Prozess, in dem versucht wird die Daten und daraus entwickelten Kategorien in neuem Licht zu sehen und das Neue herauszustellen. Die Bezeichnungen der Kategorien werden beispielsweise mittels Abduktion erarbeitet. Hier ist die oben erwähnte Flexibilität und Offenheit der Methode zentral, um Neues zulassen zu können (Breuer et al., 2019).

9. Selektives Kodieren: Finalisierung der Auswertung

Im letzten Schritt der Auswertung steht die Ausarbeitung des theoretischen Modells im Vordergrund, welches einerseits kreativ entwickelt wird und andererseits das bisher Gefundene systematisch und fokussiert in einen Bedeutungszusammenhang bringen soll (Breuer et al., 2019). In der Phase des selektiven Kodierens werden die entwickelten Kategorien um die zentrale Kategorie herum in einen Gesamtzusammenhang integriert (Rosenthal, 2015). Das Ergebnis dieser Auswertung ist der Entwurf eines theoretischen Modells. Das Modell kann entweder eine bereichsbezogene oder eine formale Theorie sein: während erstere sich auf ein klar umgrenztes Gegenstandsgebiet beziehen, sind formale Theorien auf weitere Bereiche übertragbar (Breuer et al., 2019). Bei der hier dargelegten Auswertung handelt es sich um eine bereichsbezogene Theorie, da das Forschungsinteresse darin bestand, das Erleben und Verstehen von Patient:innen in einem bestimmten Alter mit einer bestimmten Persönlichkeitsstruktur und damit verbundenen Problemen und bestimmten lebens-geschichtlichen Umständen in einem spezifischen Setting zu erforschen. Die Ergebnisse sind nicht unbedingt verallgemeinerbar auf Patient:innen anderer Altersstufen, ohne Migrationsgeschichte, mit anderen psychischen Problemen und außerhalb einer tagesklinischen Behandlung.

In Abbildung 3.1 gibt eine Grafik aus dem Buch von Breuer et al. (2019, S. 257) eine Übersicht über die Schritte des Kodierungsprozesses vom offenen Kodieren über das axiale Kodieren hin zum selektiven Kodieren mit den begleitenden Prozessen (Schritt 7.-9.).

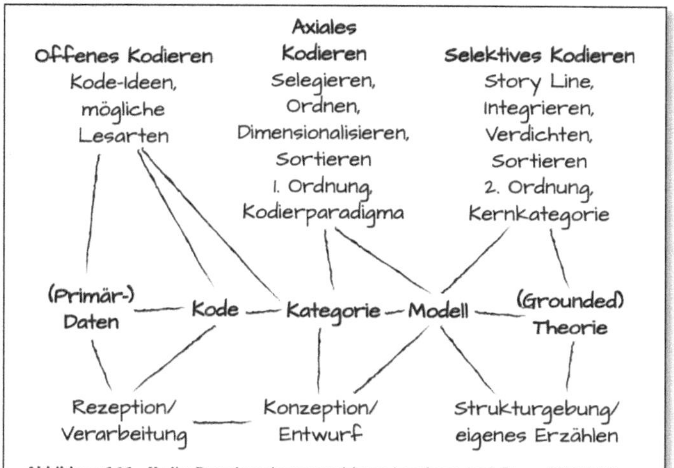

Abbildung 6.16 Kodier-Prozeduren in systematisierter Anordnung (nach Breuer 2010, S.76)

Abbildung 3.1 Grafik zum Ablauf des Kodierprozesses der R-GTM. (Anmerkung: Grafik zum Ablauf des Kodiersprozesses der R-GTM (Breuer et al., 2019, S. 257))

3.4.3 Mixed-Methods-Analyse

In diesem Abschnitt folgen methodische Ausführungen zur Kombination der quantitativen und qualitativen Ergebnisse im Sinn eines Mixed-Methods-Forschungsdesigns. In sozialwissenschaftlichen Bereichen wie z. B. der Pflege und Erziehung wurden bereits vor der Konzeptualisierung von Mixed-Methods-Designs verschiedene Methoden für empirische Untersuchungen genutzt, da die Erforschung des praktischen Kontexts einerseits Generalisierung über Individuen und Gruppen hinweg und andererseits die Analyse des Besonderen bei Einzelfällen oder spezifischeren Subgruppen erforderte (Greene, 2008). Ein solches Ansinnen wurde auch in der vorliegenden Arbeit verfolgt: im Fokus der Untersuchung standen die Erfahrungen und Annahmen adoleszenter migrantischer Borderline- Patient:innen, zu denen Dimensionen des Erlebens und Verstehens der Borderline-Probleme herausgearbeitet wurden, um die innere Welt der Patient:innen besser zu verstehen. Ebenso war es von Interesse, Häufigkeiten und Ausprägungen von Merkmalen der Psychopathologie im Verhältnis zu anderen Patient:innen-Gruppen zu vergleichen, um allgemeinere Aussagen zur Subgruppe der Interviews treffen zu können.

Wird ein Forschungsgegenstand zur Beantwortung der Fragestellung von zwei oder mehr methodischen Perspektiven oder theoretischen Zugängen aus ergründet, spricht Flick (2011) von Triangulation. Die Kombination von quantitativen und qualitativen Forschungsmethoden wird als gegenseitige Ergänzung betrachtet und nicht als die gleichzeitige Verwendung konkurrierender Forschungsansätze. Die Anwendung der Triangulation muss durch einen realistischen Erkenntnisgewinn gegenüber der Anwendung einer einzelnen Methode oder theoretischen Perspektive begründet sein. Aus unterschiedlichen methodischen Herangehensweisen resultieren unterschiedliche Datensorten, welche miteinander verknüpft werden, um mögliche Zusammenhänge herstellen zu können (Flick, 2011). Werden verschiedene Datenerhebungs- und Auswertungsmethoden genutzt, handelt es sich um ein Mixed-Methods-Forschungsdesign. Voraussetzung für ein Mixed-Methods-Design ist die Möglichkeit der Erhebung oder die Verfügbarkeit quantitativer und qualitativer Daten (Creswell & Creswell, 2017). Es gibt verschiedene Gründe für die Verwendung ein Mixed-Methods-Designs. Quantitative Ergebnisse können mit qualitativen Daten angereichert und die Befunde möglicherweise besser erklärbar gemacht werden. Die Ergänzung qualitativer Auswertungen durch die Analyse quantitativer Daten kann dazu verhelfen, eine Grundgesamtheit besser zu überblicken, keinem der qualitativen Stichprobe eventuell spezifischen Bias zu verfallen und kann dazu dienen, die einzelnen Fälle in ein Verhältnis zur Gesamtpopulation zu setzen (Miles & Huberman, 1994). Auch bietet ein solches Design die Möglichkeit, verschiedene Perspektiven des Forschungsgegenstandes beleuchten zu können, Datenbefunde einer Art mit anderen Datenbefunden besser zu erklären, die Messmethoden oder diagnostische Instrumenten zu entwickeln, experimentelle Settings durch die Erhebung individueller Perspektiven anzureichern und ein tieferes und differenzierteres Verständnis des Forschungsgegenstandes zu erlangen (Creswell & Creswell, 2017). Für die vorliegende Untersuchung wurden bereits existente quantitative Daten statistisch ausgewertet, um neben der qualitativen Auswertung der Interviews Vergleiche zu Häufigkeiten der Borderline-Diagnose und der Schwere der Symptome bezüglich des Alters und der Migrationsgeschichte der Patient:innenpopulation ziehen und den Verallgemeinerungsgrad des entwickelten Grounded Theory Modells einordnen zu können.

Kluge (2001) beschreibt ein „integriertes Paneldesign" (S. 37 ff.), bei welchem in mehreren Phasen quantitative und qualitative Daten erhoben werden und welches dazu dient, die Verallgemeinerbarkeit der qualitativen Daten anhand der quantitativen Ergebnisse zu prüfen. Dies geht über ein Design hinaus, in welchem zunächst qualitative Daten erhoben und ausgewertet und die Ergebnisse im Folgenden durch quantitative Daten überprüft werden. Es erfüllt den Zweck, mittels qualitativer Daten aus individuellen Schilderungen und Berichten zu verstehen, welche Bedeutung Individuen den durch die quantitative Methodik erfassten sozialstrukturellen Bedingungen verleihen, wie sie auf diese reagieren und damit umgehen und umgekehrt konnte anhand der quantitativen Ergebnisse die Verallgemeinerbarkeit der qualitativen Befunde eingeschätzt werden (Kluge, 2001). Bei einem Mixed-Methods-Ansatz werden (meist) numerische und textbasierte Daten entweder gleichzeitig oder aufeinander folgend erhoben. Die Untersuchung fußt auf quantitativen und qualitativen Daten und die Forscher:innen arbeiten meist pragmatisch, problemfokussiert und orientieren sich an den möglichen Konsequenzen ihrer Forschung (Creswell & Creswell, 2003). Ein Mixed-Methods-Forschungsdesign zeichnet sich dadurch aus, dass quantitative und qualitative Daten mit den entsprechenden Methoden erhoben, die Daten mit quantitativen und qualitativen Auswertungsmethoden analysiert werden und die Ergebnisse der verschiedenen Datensorten verbunden, miteinander erklärt, die Datensätze aufeinander aufbauen oder die Daten in einen größeren Rahmen eingebettet werden (Creswell & Creswell, 2017). Es gibt verschiedene Varianten der Kombination von qualitativer und quantitativer Methodik, welche sich darin unterscheiden, in welcher Reihenfolge die Erhebungs- und Auswertungsmethoden angewandt werden oder ob diese parallel stattfinden, inwiefern eine Datenerhebung auf (den Ergebnissen) der anderen aufbaut und welche Phasen sich daraus ergeben (Miles & Huberman, 1994).

Creswell und Creswell (2017) beschreiben drei zentrale Mixed-Methods-Designs:

- Konvergentes Design/Ein-Phasen-Design (Convergent Design/One-Phase-Design): quantitative und qualitative Daten werden parallel erhoben und die Ergebnisse zusammengebracht, um diese abschließend zu interpretieren und zu vergleichen.
- Erklärendes aufeinander folgendes Design/Zwei-Phasen-Design (Explanatory Sequential Design/Two-Phase-Design): bei diesem Design werden zunächst quantitative Daten erhoben und ausgewertet (Phase 1), die Ergebnisse ermittelt, anschließend die qualitativen Daten erhoben und abschließend analysiert (Phase 2), wie die qualitativen Ergebnisse die quantitativen Befunde erklären können.
- Erklärendes aufeinander folgendes Design/Drei-Phasen-Design (Explanatory Sequential Design/Three-Phase-Design): bei diesen Design werden zunächst qualitative Daten erhoben und ausgewertet (Phase 1), anschließend Merkmale für die quantitative Erhebung identifiziert (Phase 2), daraufhin quantitative Tests zur Überprüfung der ermittelten Merkmale durchgeführt (Phase 3) und abschließend alle Ergebnisse übergreifend interpretiert und analysiert, inwiefern der Test die Ergebnisse der Studie verbessert hat.

Eine frühere Klassifizierung von Mixed-Methods-Designs von Creswell (1994) unterscheidet drei Arten kombinierter Forschungsdesigns (in Flick, 2011, S. 82):

- Phasen-Designs, in welchen die unterschiedlichen Methoden abwechselnd durchgeführt werden,
- „dominant/less dominant“ Designs, in welchen eine Methodik vorherrschend ist und den anderen untergeordnet am Rande einbezieht
- Mixed Methods Designs, die in allen Phasen beide Ansätze verbinden

Werden qualitative Daten zuerst erhoben werden, besteht der vorrangige Sinn der Studie in der Exploration des Forschungsthemas mit Studienteilnehmer:innen aus dem Feld. Ist eine der Datenerhebungs- und -auswertungsmethoden dominant, spiegelt dies eine Priorität im Forschungsdesign wieder (Creswell & Creswell, 2003). Ob eine Studie als eine tatsächliche Mixed-Methods-Untersuchung angesehen werden kann, ist eine Frage der Einschätzung, da es laut Greene (2008) mehrere ungeklärte Fragen bezüglich der Kriterien für ein Mixed Methods Design gibt. Es gibt wenig aktuelle Konzepte, wie zu einer Forschungsfrage die entsprechende Methode ausgewählt werden soll und auf welche Weise die unterschiedlichen Ansätze kombiniert und „gemischt" werden sollen. Warum das hier durchgeführte Studiendesign als Mixed-Methods-Design gesehen werden kann, wird in Abschnitt 4.2.3 ausgeführt.

3.5 Reflexivität der Forscherin

Was beim Begriff der Reflexivität zu beachten ist, dass die reflexive Praxis nicht imstande ist unbewusste Einflüsse, Dispositionen und Verwicklungen zutage zu fördern. Sie ist von psychoanalytischen Übertragungs- und Gegenübertragungsprozessen abzugrenzen, in welchen im analytischen Therapiesetting unbewusste Inhalte und Prozesse aktualisiert werden, sowohl beim Patienten als auch beim Analytiker. Mittels der Deutung der Übertragung durch den Analytiker werden die unbewussten Anteile des Patienten diesem teilweise bewusst gemacht und er wird sich unbewusster Einflüsse und Motive gewahr, vgl. Abschnitt 2.3.5 (Laplanche & Pontalis, 1973). Bei der Reflexivität hingegen geht es nicht um Bewusstwerdung im Sinne des analytischen Prozesses, sondern um die Reflektion offenkundiger und bewusster möglicher Einflüsse der eigenen Person als Forscherin im Rahmen der Forschung, auch im Austausch mit und durch Rückmeldung von Kolleg:innen, z. B. hinsichtlich bestimmter Eigenschaften oder Einstellungen, die sich auf den Forschungsprozess auswirken können.

3.5.1 Begriff der Reflexivität

Im Forschungsprozess kommt es zu einem komplexen Zusammenspiel der Einflüsse der Forscher:innen und des Forschungsprozesses, welche Gegenstand reflexiver Analyse sein müssen. Auch stellt sich die Frage, inwiefern die Forscher:innen zum Forschungsfeld dazu gehören oder von außen an das Feld herantreten. King und Subow (2013) argumentieren, dass eine Insider- bzw. Outsider-Position, gehört die Forscherin in bestimmten Aspekten der Gruppe der Beforschten an oder nicht, nicht perse ein Vor- oder Nachteil ist. Beispielsweise kann eine Insider-Position mehr Vertrauen oder aber mehr Zurückhaltung oder Misstrauen hervorrufen und eine Outsider-Position kann eine hilfreiche oder hinderliche Distanz herstellen. Der Kontakt zwischen Forscherin und Beforschten wird als soziale Interaktion verstanden, die alle Beteiligten beeinflussen. Breuer et al. (2019) beschreiben „wissenschaftliche Forschungstätigkeit" als „eine soziokulturelle Praxis unserer Lebenswelt" (S. 86), welche von einer Forscherin ausgeübt wird, die diese Rolle auf Basis ihrer akademischen Ausbildung und Sozialisation und innerhalb der Rahmenbedingungen ihrer Tätigkeit durchführt. Sie ist in dieser geprägt durch Denkweisen, Perspektiven, Vokabular und Werten ihrer Bildung und Forschungsstätte, was sich auf ihr wissenschaftliches Handeln auswirkt. Werden persönliche Einflüsse der Forscher:innen unter dem Anspruch der objektiven Erkenntnis negiert oder bleiben unbeachtet, haben diese einen Einfluss, z. B. durch unhinterfragte Verwicklungen mit oder nicht bedachten blinden Flecken zum Forschungsgegenstand (Breuer et al., 2019).

Sozialwissenschaftliche Forschung vollzieht sich im interaktiven Kontext: die Forscherin beobachtet und wird beobachtet. Sie reagiert und das Feld bzw. die Untersuchungspartner:innen reagieren auf sie. Die Daten sind das Produkt dieser Interaktion (Breuer, 2017). Die interaktiven Effekte und Resonanzen werden als systematischer Bestandteil des Forschungsprozesses betrachtet und behandelt. Es wird davon ausgegangen, dass die beforschten Subjekte eine (selbst-)reflexive Haltung zu ihrem Wahrnehmen, Denken und Handeln einnehmen (können), sowohl Forschende als auch Beforschte sind demnach selbstreflexive Subjekte und können in gewissem Maße kritisch über den eigenen Einfluss nachdenken und diesen erkennen. Dies kann für die Theoriebildung genutzt werden. Unbewusste Einflüsse, Dispositionen und Verwicklungen können jedoch nicht selbstreflexiv erkannt werden und bleiben somit verborgen; lediglich durch den Austausch mit anderen (z. B. in Auswertungsgruppen), die auf etwas hinweisen, was einem selbst nicht bewusst war, und einem den Spiegel vorhalten, können ansatzweise eigene unbewusste Einflüsse bemerkt werden.

Soziokulturelle und lebensgeschichtliche Prägungen aller beteiligten Personen sind relevant. Die berufliche Position und der Habitus sind bei Studierenden weniger wichtig, bei Berufstätigen oder Doktorand:innen jedoch bedeutsamer. Unter dem Habitus ist die Gesamtheit der Praxisformen einer Person zu verstehen. Er umfasst das Auftreten, Erscheinungsbild, Verhaltensweisen, Eigenschaften und Merkmale ebendieser. Der Habitus stellt ein System von Erzeugungsmustern dar, resultiert aus den individuellen Existenzbedingungen und der sozialen Umwelt eines Menschen und bestimmt Wahrnehmungs- und Beurteilungsschemata. Er wirkt sich maßgeblich auf den Lebensstil aus, prägt die Erscheinung und die Eigenheiten der Person und spiegelt im sozialen Miteinander gesellschaftliche Positionen und Unterschiede wider (Bourdieu, 1982). Präkonzeptualisierungen aus dem wissenschaftlich-institutionellen Kontext sind sowohl bei Studierenden als auch berufstätigen Wissenschaftler:innen sowie Doktorand:innen nicht zu vernachlässigen (Breuer, 2017).

Die Erhebungssituation in der qualitativen Sozialforschung ist demnach ein wichtiger Bestandteil des Analyseprozesses und kann nicht getrennt davon betrachtet werden. Die emotionalen Eindrücke und Reaktionen der Forscher:innen bei der Erhebung sind neben den erhobenen Daten Quellen der Information, da sie ebenso etwas über das Forschungsfeld und den Untersuchungsgegenstand aussagen. Die Begegnung von Forscher:innen und Forschungssubjekten bedarf daher der Reflektion und es sollten szenische Elemente der Situation für die Schärfung des Verständnisses des Untersuchungsgegenstands Teil der Auswertung sein (Tietel, 2000). King (2008) macht deutlich, dass gemäß der von Bourdieu benannten Objektkonstruktion, der Konstruktion des Forschungsgegenstandes, durch die Auswahl von Theoriebezügen und Methoden Reflexivität nicht erst ab der Datenerhebung, sondern bereits bei der Auswahl und Planung des Forschungsvorhabens eine Rolle spielen muss. Auch ist anhand Bourdieus Konzeption wissenschaftstheoretischer Reflexivität hervorzuheben, dass die reflexive Analyse im Forschungsprozess nicht nur punktuell, sondern permanent mitlaufen muss (King, 2008).

Was unter Reflexivität in der vorliegenden Arbeit verstanden wird, wird im Folgenden ausgeführt. Bei der *reflexivity* bzw. *Reflexivität* geht es darum, den eigenen Standpunkt nicht als eine allgemeingültige Norm erscheinen zu lassen und den individuellen Bezug zum Forschungsgegenstand zu reflektieren und darzulegen, inwiefern dies den Forschungsprozess und die Ergebnisse geprägt hat (Willig, 2022, S. 7). Mann (2016) stellt die Differenzen zwischen Reflektion, reflektiver Praxis und Reflexivität heraus. Er definiert Reflektion als das Nachdenken über etwas und reflektive Praxis als einen Lernprozess durch Erfahrung anhand des darüber Nachdenkens. Reflexivität begreift er als einen Prozess der andauernden Selbstwahrnehmung, welche über das Nachdenken hinausgeht, einen ständigen inneren Dialog der hinterfragenden Selbsteinschätzung und Positionierung darstellt und eine Person befähigt, sich im Forschungsfeld zu verorten. Es umfasst das Nachdenken über den eigenen Einfluss auf den Forschungsprozess sowie den Einfluss der Forschung auf sich und stellt eine gegenseitige Einflussnahme in den Fokus. Mann (2016) formuliert eine Arbeitsdefinition wie folgt: „Reflexivity is a conscious process of thought and articulation centred on the dynamics of subjectivities in relation to the interviewer, the interviewee(s), and the research focus and methodology“ (S. 15). Er hebt damit die Dynamik der Subjektivitäten der am Forschungsprozess Beteiligten hervor und rückt diese ins Zentrum der Aufmerksamkeit des reflexiven Prozesses.

Die Begriffe von Reflektion und Reflexivität werden oftmals nicht trennscharf verwendet; der entscheidende Unterschied ist, dass Reflektion das generelle Nachdenken über etwas umfasst, während Reflexivität stärker auf die Eigenwahrnehmung fokussiert. Ein Teil von Reflexivität sei, während des Forschungsprozesses nicht so zu handeln, dass Vorannahmen oder bereits Bekanntes in den Ergebnissen nur bestätigt werden (Mann, 2016). King (2008) benennt als Dilemma sozialwissenschaftlicher Forschung, dass sie Gefahr läuft, ihre Untersuchungsgegenstände von eben der Gesellschaft vorgegeben zu bekommen, die sie untersucht. Sie führt an, dass Reflexivität in der Migrationsforschung in Bezug auf die eigene Involviertheit in das wissenschaftliche und das untersuchte Feld vonnöten ist, um bei der Einordnung der Ergebnisse nicht in bereits existierende Deutungsschablonen und Narrative zu fallen, einen Bruch herzustellen und prüfen zu können, ob die verbreiteten Deutungen Gültigkeit für die Betroffenen besitzen.

Willig (2022) unterscheidet zwischen der *personal reflexivity,* welche sich auf die persönlichen Eigenschaften der Forscherin wie z. B. soziale Identität, Einstellungen und Erfahrungen bezieht, und der *epistemological reflexivity*, bei welcher der Einfluss der Forschungsfrage, der Gestaltung des Forschungsdesigns und der Analysemethode auf die Daten und Ergebnisse ergründet wird. Auch führt sie den Einfluss der Sprache an: die Verwendung von Sprache und Begriffen wirkt sich auf Ergebnisse aus, weshalb beispielsweise die bedachte Ausformulierung des Interviewleitfadens von zentraler Bedeutung ist. Die Forscherin kann als Zeugin der Ergebnisse betrachtet werden, der wenig Einfluss zuteil wird; sie kann jedoch auch als Autorin begriffen werden, wodurch ihr eine die Ergebnisse stärker formende Rolle zugeschrieben wird (Willig, 2022). Generell wird in der Grounded Theory die Forscherin als Zeugin verstanden, in konstruktivistischen Versionen der Grounded Theory wird ihr aber mehr Einfluss zugesprochen: es wird angenommen, dass sie aktiv das Verständnis des Forschungsgegenstandes herstellt. Letztere Konzeption der Forscher:innenrolle trifft auch für die Reflexive Grounded Theory zu (Breuer et al., 2019).

3.5.2 Rolle der Reflexivität bei der Reflexiven Grounded Theory

Das Ergebnis einer Grounded-Theory-Studie, die Theorie mittlerer Reichweite bzw. das Modell, ist demnach geformt und beeinflusst durch die Forscherin (Breuer et al., 2019). Gemäß der Grounded Theory tritt man zwar mit dem Postulat der theoretischen Offenheit an das Forschungsvorhaben heran. Das Ideal der erkenntnisbezogenen tabula rasa („ich weiß nichts und schaue mir aus dieser Perspektive die Daten an und so entsteht die Theorie“) ist jedoch illusorisch, weil Forschende ihre Eigenschaften und Erfahrungen mitbringen, die prägen und beeinflussen. Forscher:innen haben immer in gewissem Maße Präkonzepte: Präkonzepte sind den Forscher:innen bekannte Theorien und Konzepte, die sie mitbringen (vgl. Abschnitt 3.4.2). Diese umspannen das Vorwissen und alle Vorerfahrungen, die für das Thema relevant sind und mit denen sie bewusst und kritisch umgehen müssen. Dazu müssen sie bewusst sein bzw. müssen so gut wie möglich bewusst gemacht werden durch eine selbstreflexive Auseinandersetzung mit der Materie. Realistisch und auch gewünscht ist ein reflektiertes Nutzen des Vorwissens statt einer unrealistischen tabula rasa. Die Rolle des erkennenden Subjekts ist zentral und muss beachtet werden, da nichts von selbst emergiert; das Erkenntnissubjekt hat aktive Funktion im Prozess der Datenanalyse.

Bezüglich des Vorwissens stellt sich auch die Frage, wie mit Literatur zum Gegenstandsgebiet umgegangen wird. Die disziplinäre Sozialisation der Forscherin ist relevant, weil diese die Präkonzepte, welche von der Forscherin mitgebrachtes Wissen, theoretische Konzepte und die Haltung umfassen, prägt und mit der Literatur, die dazu gelesen wurde und noch wird, zusammenhängt. Ebenso ist die persönliche und private Sozialisation von Bedeutung. In der Reflexiven Grounded Theory wird die Rolle des Forschungssubjekts besonders hervorgehoben. Die Grundidee der Reflexivität besteht in einer idealtypischen selbst-reflektiven Aufmerksamkeit, die den Forschungsprozess begleitet, wie die von Mann (2016) benannte andauernde Selbstbewusstheit (siehe oben). Die Forscherin muss daher reflektieren, welche Vorannahmen etc. sie mitbringt, wie ihre individuelle Herangehensweise an die Arbeit charakterisiert ist und wie diese Arbeitsweise wiederum die Forschung und deren Ergebnisse beeinflusst. Devereux (1973) gibt zu bedenken, was das Geschehen im Untersuchungsfeld am Forschenden auslöst, was die beforschten Subjekte bei dem Forschungssubjekt auslösen und was das Forschungssubjekt im Untersuchungsfeld wiederum bewirkt. Die dazugehörigen Reflektionsprozesse sind im Rahmen der Forschung auf die bewusste Ebene limitiert und stellen keine Analyse der Übertragungs- und Gegenübertragungsdynamik im psychoanalytischen Sinne dar. Auch argumentiert er, dass jede Forschung auf der unbewussten Ebene selbstbezogen ist, auch wenn der Forschungsgegenstand auf der objektiven Ebene wenig Berührung mit der Person und der Lebensrealität der Forscherin hat (Devereux, 1973).

Der Blick der Forscherin auf das Eigene aus einer Beobachtungsposition muss hinterfragen, wie sie handelt und wie sie gegenüber der Untersuchungspartner:innen agiert. Diese Phänomene werden nicht als Störfaktoren gesehen, sondern als hilfreiche Irritationen, die zu Beobachtungen führen, welche zum Erkenntnisgewinn und zum Lernen über das Forschungsfeld beitragen. Breuer (2017) fasst diesen Nutzen in seinem Vortrag zur Einführung in den Forschungsstil der Reflexiven Grounded Theory an der Universität Klagenfurt wie folgt zusammen: „Die Subjekthaftigkeit der sozialwissenschaftlichen Erkenntnisarbeit wird als produktive Erkenntnisquelle genutzt“. Die Forschungstätigkeit löst Assoziationen, Reaktionen etc. bei der Forscherin aus und subjektive Charakteristika des Forschungsfeldes werden als heuristische Erkenntnismöglichkeiten begriffen und nicht als zu eliminierende Fehler betrachtet. King (2008) führt zu Bourdieus Konzeption wissenschaftstheoretischer Reflexivität aus, dass in der hermeneutischen Forschung die Gestaltung und das Erleben der Forschungssituation durch die individuellen Forscher:innen nicht stören, sondern bedeutsam sind. Störende Einflüsse sind jedoch nicht gänzlich auszuschließen, wenn bestimmte Eigenschaften oder Voraussetzungen der Forscher:innen dem methodischen Vorgehen oder Erkenntnisgewinn im Wege stehen.

Die Reflexive Grounded Theory legt einen starken Fokus auf den biographischen und wissenschaftlichen Hintergrund der Forscherin, aus welchem sich Einflüsse auf ihre Forscherinnenperspektive ergeben. In einem Vortrag führte Franz Breuer die Relevanz der Reflexivität allgemein für die Grounded Theory aber auch im Spezifischen für die Reflexive Grounded Theory aus (Breuer, 2017). Die Erkenntnishaltung in der Reflexiven Grounded Theory lässt sich wie folgt zusammenfassen. Man hat als Forscherin Vorwissen, Vor-/Ahnungen und eine Haltung, die das Erkenntnisinteresse und das Verständnis bezüglich des Forschungsthemas leiten: man ist nicht das unbeschriebene Blatt, sondern kommt mit einem sozialisatorischen Gepäck. Man ist neugierig, in welchem Verhältnis das zu den Sichtweisen und Haltungen von Feldmitgliedern oder Betroffenen steht und wie sich die eigenen Präkonzepte zu denen der Untersuchten verhalten. Daraus muss eine Bereitschaft resultieren, die andere Perspektive wahr- und ernst zu nehmen. Man zeigt sich offen für die Entdeckung neuer Konzepte und Strukturen und ist bereit, Vertrautes, „Gewusstes“ und für richtig Gehaltenes in Frage zu stellen. Die Quelle der Entdeckungen sind empirische Daten, die die Forscherin durch ihr Forschungshandeln im Studienkontakt hervorbringt, auch in Übertragungs- und Gegenübertragungsdynamiken, in den Daten fußend, und die Beobachtungen in den empirischen Phänomenen begründen.

Durchführung

4

In diesem Kapitel wird das Setting und die Durchführung des Forschungsprozesses ausgeführt. Alle im Folgenden beschriebenen Forschungsschritte wurden auf einem MacBook Air (13-inch, Early 2015) mit dem Betriebssystem MacOS Monterey (Version 12.5) durchgeführt. Die für die Auswertungen genutzten Programme wurden in den Versionen verwendet, die mit dem genannten Betriebssystem kompatibel waren.

4.1 Durchführung der Datenerhebung

Vor der Durchführung der Studie wurde ein Ethikantrag gestellt, anhand dessen die Unbedenklichkeit der Untersuchung geprüft wurde. Der Antrag wurde bei der Ethik-Kommission der Medizinischen Fakultät der Eberhard-Karls-Universität Tübingen eingereicht, da das Robert-Bosch-Krankenhaus das Lehrkrankenhaus der Universität Tübingen ist. Die Ethikkommission nannte in der Beurteilung „keine grundsätzlichen Bedenken" und forderte lediglich eine Klarstellung bezüglich der quantitativen Datenauswertung und die Ergänzung der Teilnahme-Unterlagen um ein Formular, in welchem die Studienteilnehmer:innen über die Datenschutzrechte nach EU-DSGVO informiert werden. Die Klarstellung bezüglich der quantitativen Datenerhebung erfolgte daraufhin an die Kommission und das geforderte Formular wurde den Teilnahme-Unterlagen beigefügt. Der Antrag

---

Ergänzende Information Die elektronische Version dieses Kapitels enthält Zusatzmaterial, auf das über folgenden Link zugegriffen werden kann https://doi.org/10.1007/978-3-658-50568-4_4.

L. Wirth, *Im Innen und Außen kein Zuhause finden und gefangen sein im Dazwischen*, Adoleszenzforschung 17,
https://doi.org/10.1007/978-3-658-50568-4_4

und die Ergänzung sind unter Anhang 9.6 zu finden. Die Erlaubnis des Robert-Bosch-Krankenhauses zur Nutzung der quantitativen Daten aus der Tagesklinik wurde von Prof. Dr. med. Heinz Weiß eingeholt und die Patient:innenbücher der Jahre 2015–2022 durch ihn zur Verfügung gestellt. Die Erhebung der quantitativen und qualitativen Daten wurden in der Tagesklinik der Abteilung für Psychosomatische Medizin des Robert-Bosch- Krankenhauses Stuttgart unter seiner Leitung durchgeführt.

4.1.1 Durchführung der quantitativen Erhebung

Für die quantitative Analyse wurden die bestehenden Patient:innenbücher von 2015 bis 2022 herangezogen und keine weiteren eigenständigen Erhebungen durchgeführt. Die Daten wurden der Forscherin durch die Tagesklinik zur Verfügung gestellt.

4.1.2 Durchführung der qualitativen Erhebung

Die im Fokus der Studie stehenden zwölf narrativen Interviews wurden mit migrantischen Borderline-Patient:innen im Alter von 18 bis 31 Jahren geführt. Die Gespräche fanden in den Räumen der Tagesklinik statt und wurden mit einem Audioaufnahmegerät aufgezeichnet.

Verlauf der Interviewdurchführungen Die Interviews wurden zwischen Juli 2021 und August 2022 durchgeführt. Die Interviewtermine wurden mit dem Personal des Pflegestützpunkts der Tagesklinik abgestimmt. Eine theoriegeleitete Stichprobenziehung, wie es die Grounded Theory Methode vorgibt (Brüsemeister, 2008), war im gegebenen Erhebungs-setting nicht möglich. Dies erfordert eine so große Menge an potentiellen Interview-partner:innen, dass man sich daraus im Laufe der Erhebung passende und in bestimmten Kriterien variierende Fälle auswählen kann. In der Tagesklinik, deren Patient:innenpopulation den Pool für die Interviewerhebungen darstellte, waren über einen Zeitraum von ca. 14 Monaten (Juni 2021 bis August 2022) lediglich 13 Patient:innen in Behandlung, die die Studienkriterien erfüllten (im Adoleszenzalter, Migrationshintergrund, Borderline-Diagnose). Eine Patientin sagte zwei Mal einen vereinbarten Interviewtermin ab, weshalb auf eine dritte Termin-vereinbarung verzichtet wurde. Für die Selektion hätte der Erhebungszeitraum deutlich gestreckt werden müssen, was aufgrund der Begrenztheit von zeitlichen und finanziellen Ressourcen nicht möglich war. Beim

Forschungsdesign der Grounded Theory Methodologie geht es nicht darum, die Methodologie in allen Punkten zu befolgen, sondern die Methodologie im Rahmen des Möglichen umzusetzen und Abweichungen von Regeln zu begründen. Da kein theoretisches Sampling durchgeführt wurde, bezieht sich die Grounded Theory Methodologie in der hier dargelegten Studie hauptsächlich auf den Auswertungsprozess der Interviews. Die Studie kann demnach als eine verkürzte Version einer Grounded-Theorie-Studie angesehen werden. Dies sollte nie die erste Wahl sein (Willig, 2022), die vollständige Methodologie wäre aber im gegebenen Setting nicht umsetzbar gewesen.

Zu Beginn der Interviewerhebung erhielten die Teilnehmer:innen Studieninformationen, eine Teilnahmeaufklärung und ein Informationsblatt bezüglich der Datenschutzregelungen. Die Teilnehmer:innen wurden gebeten, eine Einwilligungserklärung zur Teilnahme an der Studie und eine Einwilligungserklärung zum Umgang mit den erhobenen Daten unterschreiben, in welchen sie der Durchführung der Interviews und der Verwendung ihrer Daten zustimmten. Die Teilnahmeunterlagen finden sich unter Anhang 9.4. In den Interviews ging es um folgende Themen, eingeleitet durch die Erzählaufforderungen und weitere Fragen aus einem für die Studie entworfenen Interviewleitfaden:

- Anlass für die Behandlung in der Tagesklinik
- Manifestation und Auswirkungen der Borderline-Diagnose: dies dient dazu, einen Eindruck der individuellen Probleme der Person zu bekommen
- Entwicklung der Borderline-Probleme, wodurch adoleszente Verläufe herausgearbeitet werden können; weiterhin wurde hier nach den ersten Anzeichen der Probleme gefragt.
- Subjektive Krankheitstheorie: Fragen zu subjektiver Krankheitstheorie, um mehr über subjektive Annahmen und Attributionen zu den psychischen Probleme zu erfahren
- Lebensgeschichte: Um die subjektiven Krankheitstheorien auf dem Hintergrund der individuellen Entwicklung zu verstehen, wurden die Patient:innen nach der wahrgenommenen Rolle ihrer Lebensgeschichte gefragt.
- Migrationsgeschichte: Bei migrantischen Patient:innen der ersten Generation wurde die Rolle der eigenen Migrationsgeschichte erfragt, bei migrantischen Patient:innen der zweiten Generation wurde nach dem wahrgenommenen Einfluss der Migrationsgeschichte der Elterngeneration gefragt. Bei allen Patient:innen wurde die Rolle von berichteten Diskriminierungserlebnisse erörtert.
- Familiendynamik: Um familiäre und generationale Dynamiken erfassen zu können, wurden die wahrgenommene Rolle der Familiengeschichte für die Borderline-Probleme und der Einfluss der Migrationsgeschichte erfragt.

- Fragen zur kulturellen Identität wurden gestellt, wenn dies von den Befragten thematisiert wurde, um die Migrationsgeschichte und Diskriminierungserfahrungen in ein ganzheitlicheres Bild der Person einordnen zu können.

Im direkten Anschluss an jedes Interview wurde ein Feldprotokoll erstellt. Das Feldprotokoll wurde wenige Tage nach der Durchführung des Interviews überarbeitet.

Datenspeicherung und Datenschutz Nach Abschluss eines Interviews wurde die Audiodatei auf einem verschlüsselten USB-Stick gespeichert. Zur Absicherung der Daten wurden die Audiodateien ebenfalls auf dem Server des Promotionskollegs am Sigmund-Freud-Institut gespeichert. Die unterschriebenen Teilnahme-Unterlagen sind abgeschlossen am Sigmund-Freud-Institut Frankfurt abgelegt. Die Interviews wurden als Audiodatei gespeichert und wortwörtlich transkribiert, wie in der qualitativen Forschung üblich (Anderson & Kirkpatrick, 2015). Die Transkription wurde mithilfe der Transkriptionssoftware f4 bzw. f5 (f4 auf Rechnern mit Windows-Betriebssystemen, f5 auf Rechnern mit MacOS-Betriebssystemen, https://www.audiotranskription.de/en/f4transkript/ aufgerufen am 11.09.2023), gemäß den Transkriptionsregeln des Promotionskollegs durchgeführt. Die Transkriptionsregeln finden sich unter Anhang 9.5. Die Transkription erfolgte durch Praktikant:innen des Kollegs und durch die Autorin, die alle der Schweigepflicht unterliegen. Die Feldprotokolle und Transkripte wurden als Word-Dokumente gespeichert, pseudonymisiert und als pdf-Dokumente exportiert. Alle Dokumente wurden mit einem Passwort geschützt und auf einem verschlüsselten USB-Stick und dem geschützten Kollegserver gespeichert. Auf einem separaten verschlüsselten USB-Stick wurde je Interview eine verschlüsselte Verblindungsliste verfasst, um die pseudonymisierten Gehalte des Interviews nachvollziehen zu können. Die Auswertungsdatei, in welcher die anonymisierten Transkripte und Feldprotokolle zwecks der Analyse eingepflegt wurden, und die quantitativen Daten, welche in anonymisierter Form an die Autorin übergeben worden waren, wurde ebenso nur auf verschlüsselten Speichermedien und dem Kollegserver gespeichert. Zum Kollegserver haben nur Angehörige des Kollegs, welche alle der Schweigepflicht unterliegen, Zugriff. Zu den verschlüsselten Speichermedien hat nur die Autorin Zugriff. Dieses Vorgehen entspricht der im Ethikantrag formulierten Datenschutzrichtlinien und Handhabung der sensiblen Daten. Die verschlüsselten Feldprotokolle und Interviewtranskripte finden sich unter Anhang 9.12, die Auswertungsdatei in MAXQDA unter Anhang 9.13 und die Modell-Visualisierungen unter Anhang 9.14.

4.2 Durchführung der Datenauswertung

Im Folgenden werden die verwendeten Datenauswertungsmethoden dargelegt.

4.2.1 Durchführung der quantitativen Auswertung

Zur effizienten Nutzung der quantitativen Daten in mehreren Forschungsprojekten des Sigmund-Freud-Instituts wurde durch einen wissenschaftlichen Mitarbeiter ein Skript zur Bereinigung des Datensatzes im Statistikprogramm R (R-Version 4.2.2 (2022-10-31) mit den Packages „data.table“, „ggplot2“, „readxl“, „writexl“, „dplyr“, „tidyr“, „lubridate“ und „foreign“) erstellt, mit welchem der Datensatz bereinigt und nutzbar gemacht wurde. Mit dem bereinigten Datensatz wurde die quantitative Auswertung im Statistikprogramm SPSS Statistics von IBM (Version 29.0.2.0 (20) für MacOS-Betriebssystem über eine Lizenz der Universität Kassel) vorgenommen. Der SPSS-Datensatz findet sich unter Anhang 9.8, die Syntax findet sich unter Anhang 9.9, das Output unter Anhang 9.10 und eine Excel-Tabelle zur Häufigkeit der Diagnosekategorien unter Anhang 9.11.

Erläuterungen zu den Variablen in den Klammern folgen diesem Schema: Variablenname (Kodierungen der Ausprägungen). Es wurden folgende Variablen für die Deskriptivstatistik zur Darstellung der Stichprobe und für die statistische Auswertung verwendet:

- Geschlecht (männlich = 0, weiblich = 1)
- Bildungsgrad (kein Schulabschluss, Hauptschule, Realschule, Gymnasium)
- Diagnose-Kategorien nach ICD-10 (Störungsgruppen gemäß des F-Kapitels, siehe Tabelle 5.1 in Abschnitt 5.1.1)
- Adoleszenz (ja = 1 (18–30 Jahre), nein = 0)
- Alter (aktuelles Alter in Jahren)
- Migrationshintergrund (MH 1. Generation = 1, MH 2. Generation = 2, kein Migrationshintergrund = 0)
- Vorliegen einer Borderline-Diagnose: BPS (ja = 1, nein = 0)
- Vorliegen einer suizidalen Krise: SUIZIDALITAET (ja = 1, nein = 0)
- Vorliegen akuter Selbstverletzung: SELBSTVERL (ja = 1, nein = 0)
- Globaler Kennwert des GAF aus der Skala des Global Assessment of Functioning: GAF_prä
- Globaler Kennwert des GSI aus dem SCL-90-S: GSI_prä
- Globaler Kennwert des BPI aus dem Borderline-Persönlichkeitsinventar: BPI_prä

Genauere Erläuterungen zu den Inventaren (GAF, SCL-90-S, BPI) siehe oben.

Deskriptive Statistiken Die Berechnung deskriptiver Häufigkeiten diente dazu, einen Eindruck der Stichprobe zu erhalten. Es wurden die Häufigkeiten aller kategorialen Variablen berechnet, welche für die Darstellung der Stichprobe interessant waren und/oder in den inferenzstatistischen Analysen verwendet wurden: Geschlecht, Bildungsgrad, Diagnose-Kategorien nach ICD-10, Migrationsgeschichte, Borderline-Diagnose, suizidale Krisen und akute Selbstverletzung. Für die metrischen Variablen wurden Mittelwerte und Standardabweichungen berechnet, das betrifft die Daten des BPI-Gesamtscore, der GSI-Werte und der GAF-Werte.

Analyse fehlender Werte Um zu überprüfen, ob fehlende Werte als rein zufällig fehlende Werte (missing completely at random) vorliegen oder nicht, wurde eine Analyse fehlender Werte durchgeführt.

Logistische Regressionen Bei den logistischen Regressionen wurde die Variable der Migrationsgeschichte dummy-kodiert, um mit dieser als binär kodierte unabhängige Variable rechnen zu können. Als weiterer Prädiktor wurde das Alter verwendet. Es wurden folgende logistische Regressionen mit den aufgeführten Hypothesen durchgeführt:

- Logistische Regression zum Vorliegen von Borderline-Diagnosen:
  UVs: Alter und Migration
  AV: Borderline-Diagnose ja/nein

H_0: Es besteht kein signifikanter Vorhersagewert der Prädiktoren für das Vorliegen einer Borderline-Diagnose.

H_1: Es besteht ein signifikanter Vorhersagewert von mindestens einem der Prädiktoren zum Vorliegen einer Borderline-Diagnose.

- Logistische Regression zum Auftreten suizidaler Krisen:
  UV: Alter und Migration
  AV: suizidale Krise ja/nein

H_0: Es besteht kein signifikanter Vorhersagewert der Prädiktoren für das Auftreten einer suizidalen Krise.

H_1: Es besteht ein signifikanter Vorhersagewert von mindestens einem der Prädiktoren zum Auftreten einer suizidalen Krise.

- Logistische Regression zum Auftreten von Selbstverletzung:
  UV: Alter und Migration
  AV: Selbstverletzung ja/nein

H_0: Es besteht kein signifikanter Vorhersagewert der Prädiktoren für das Auftreten akuter Selbstverletzung.

H_1: Es besteht ein signifikanter Vorhersagewert von mindestens einem der Prädiktoren zum Auftreten akuter Selbstverletzung.

Mehrfaktorielle multivariate Kovarianzanalyse (MANCOVA) Es wurde eine MANCOVA mit der Variable des Alters als Kovariate durchgeführt:

- MANCOVA zur Varianzanalyse der Werte im SCL-90-S (GSI), GAF und BPI
  UVs: Alter (Kovariate) & Migrationsgeschichte
  AVs: GSI (schwere_GSI_prä), GAF (schwere_GAF_prä), BPI (diag_BPI_prä)

H_0: Es zeigen sich keine Mittelwertsunterschiede bei den Werten des GAF, GSI und BPI hinsichtlich der Ausprägungen des Alters und der Migrationsgeschichte.

H_1: Es zeigen sich hinsichtlich der Ausprägungen von mindestens einer der unabhängigen Variablen Alter und Migrationsgeschichte Mittelwertsunterschiede bei mindestens einer der abhängigen Variablen des GAF, GSI und BPI.

4.2.2 Durchführung der qualitativen Auswertung

Die qualitative Auswertung wurde im Textauswertungsprogramm MAXQDA durchgeführt (Versionen: MAXQDA 2020 (Release 20.4.1), MAXQDA Analytics Pro 2022 (Release 22.5.0) und MAXQDA Plus 24 (Release 24.2.0); verschiedene Versionen aufgrund von mehreren Programmupdates über die Zeit). Das

Forschungstagebuch nutzte die Autorin weniger für die kontinuierliche Dokumentation der Forschung, sondern mehr dafür, Notizen von Vorträgen, Seminaren, Workshops, Tagungen etc. zu sammeln. Begleitend zum Datenerhebungs- und Auswertungsprozess der Grounded Theory wurden Memos im Programm MAXQDA verfasst und stellten die Dokumentation des Forschungsprozesses dar. Um die Reflexivität methodisch zu erfassen, wurden Feldprotokolle zu den Interviews mit den subjektiven Eindrücken der Erhebungssituation verfasst und es wurde ein Abschnitt zur eigenen Forscherinnenrolle in Abschnitt 3.5 verschriftlicht. Darin fließt nicht die Selbstreflexion der Autorin ein, sondern auch Feedback aus der Auswertungsgruppe, des transdisziplinären Promotionskollegs und der Grounded-Theory-Auswertungsgruppe zum Material und zur Vorgehensweise bei der Auswertung. Auch führte die Autorin ein Memo zu ihrem Einfluss als Forscherin, welches während der Auswertungen laufend aktualisiert wurde.

1. Forschungsidee
   Von der Autorin stammte die Idee, subjektive Krankheitstheorien bei psychisch belasteten Geflüchteten zu untersuchen. Seitens der Betreuung gab es den Vorschlag, stattdessen die subjektiven Krankheitstheorien von migrantischen Patient:innen mit Borderline-Problemen zu untersuchen. Im Rahmen des weiteren Bewerbungsprozesses und bei der Verschriftlichung der Exposés begann die Literaturrecherche zur Erläuterung des Vorhabens.
2. Literaturrecherche
   Zu Beginn der Arbeit stand die Recherche und Lektüre von Grundlagenliteratur zu Themen, Methoden und zum aktuellen Forschungsstand im Fokus. Das Lesen von Methodenliteratur und inhaltlichen Studien und Beiträgen begleitete die Arbeit. Bei der Verschriftlichung des Theorieteils wurde noch einmal abschließend eine ausführliche Recherche zum aktuellen Forschungsstand durchgeführt und wichtige Literatur gelesen und verschriftlicht.

   Die folgenden Schritte der Erhebung und Analyse wurden wiederholt in Besprechungen und Auswertungssitzungen des Kollegs, beim Einbringen von Beiträgen und Material bei Methodenworkshops und in einer Auswertungsgruppe, in welcher alle Beteiligten mit der Grounded Theory forschen, besprochen und diskutiert.
3. Verfassung des Ethik-Antrags und Erstellung des Interview-Leitfadens
   Der Ethik-Antrag wurde verfasst und bei Ethikkommission der Medizinischen Fakultät der Universität Tübingen eingereicht. Mit dem Antrag wurde der Leitfaden für die Durchführung des Interviews eingereicht. Dieser wurde auf Basis von Methoden- und empirischer Literatur zur Borderline-Diagnose und zu subjektiven Krankheitstheorien verfasst.

4. Theoretisches Sampling
   Wie bereits in Abschnitt 4.1.2 erwähnt war ein theoretisches Sampling mit sukzessiver Auswahl von Interviewpartner:innen nicht möglich. Die Auswahl der Interviewpartner:innen lag bei den Behandler:innen der Tagesklinik, welche einschätzten, ob ein Patient oder eine Patientin für die Studie infrage kam. Prof. Weiß fungierte als Gatekeeper der Tagesklinik und ermöglichte den Zugang zum Feld. Die Therapeut:innen waren die Gatekeeper:innen, durch die die Forscherin Zugang zu den einzelnen Patient:innen erhielt.
5. Datenerhebung
   Die Ausführung zur Datenerhebung findet sich in Abschnitt 4.1.2.
6. Datendokumentation
   Die Ausführung der Datendokumentation und -speicherung findet sich ebenso in Abschnitt 4.1.2.

   Die nun folgenden Auswertungsschritte wurden im Programm MAXQDA (verwendete Versionen: siehe oben) durchgeführt.
7. Offenes Kodieren: Entwickeln von Codes und Kategorien
   Die Interviews wurden in der Reihenfolge der Erhebung offen kodiert. Das gesamte Interviewmaterial wurde Zeile für Zeile kodiert; dies ist nach Möglichkeit immer einer gröberen Analyse vorzuziehen (Willig, 2022). Je nach Differenziertheit und Relevanz des Inhalts wurden einzelne oder mehrere Wörter, Satzteile, Sätze oder ganze Abschnitte unter einem Code zusammengefasst. Entscheidend war nicht die Länge des Textmaterials, sondern es wurden Sinn- und Bedeutungseinheiten kodiert. Die Redeanteile der Interviewerin wurden nur mitkodiert, wenn diese inhaltlich zum Code etwas beisteuerten. Die Bezeichnung der Codes wurde möglichst textnah und deskriptiv gehalten, um den Inhalt auf den Punkt zu bringen. Bei besonders auffälligen oder interessanten Formulierungen wurden In-vivo-Codes gebildet, die Code-Bezeichnung ist hier ein direktes Zitat aus dem Erzählten. Die Phasen des offenen Kodierens, des Gruppierens von Codes und der Entwicklung von Subkategorien überlappten sich zeitweise. Während die letzten Interviews noch nicht erhoben waren, wurde bei den ersten kodierten Interviews bereits mit der Gruppierung der Codes in Themen begonnen und Ideen für Kategorien entwickelt.

   Die Feldprotokolle wurden, wie die Interviewtranskripte, in MAXQDA ausgewertet. Die Kodierung der Feldprotokolle erfolgte laufend und die Kategorisierung über alle Protokolle hinweg wurde durchgeführt, nachdem alle Feldprotokolle fertig gestellt waren. In jedem Interview wurden einzeln nach Abschluss der offenen Kodierung die Codes in Themen bzw. Konzepte gruppiert, um die Vielzahl an Codes übersichtlicher zu halten und inhaltlich dichter zusammenzufassen. Danach wurden über die pro Interview erstellten Themen hinweg Subkategorien gebildet für Interview 1–4, 5–8 und 9–12. Diese Unterteilung der Interviews hatte pragmatische und methodische Gründe: erstens waren die Interviews 1–4 bereits fertig offen kodiert und die Codes gruppiert, als die letzten Interviews noch nicht stattgefunden hatten, daher ergab es Sinn, mit den ersten Interviews bereits weitere Auswertungsschritte durchzuführen, um den Auswertungsprozess nicht aufzuschieben. Zweitens war es einfacher, Einheiten von jeweils vier Interviews zu überblicken als von allen zwölf Interviews gleichzeitig. Der dritte Grund war methodischer Natur: durch die Hin- und Her-Bewegung zwischen den verschiedenen Auswertungsschritten wurde eine zirkuläre Dynamik des Analyseprozesses im Sinne der Grounded Theory erreicht, wodurch bei der Kodierung der letzten Interviews schon die Subkategorien zu den ersten Interviews bekannt waren und anhand des neu kodierten Datenmaterials neue Ideen und Adaptionen hierzu entwickelt werden konnten. Die Gruppierung der Codes und die Entwicklung der Subkategorien wurde zunächst in Word durchgeführt, später jedoch vollständig in MAXQDA übertragen und dort weitergeführt. Als alle zwölf Interviews einzeln kodiert, die Codes gruppiert und die Subkategorien entwickelt worden waren, wurden Kategorien übergreifend über alle zwölf Interviews erarbeitet.

8. Axiales Kodieren: Weiterentwicklung der Kategorisierung
   Nach der Entwicklung vorläufiger Kategorien wurde nach verbindenden Elementen, Themen und Dimensionen gesucht, um eine zentrale Kategorie herauszuarbeiten, die bisherigen Kategorien weiter auszuarbeiten und die Ergebnisse zu verdichten. Dies geschah weniger in MAXQDA und stellte mehr einen freien Prozess des Nachdenkens über mehrere Wochen dar, in dem unter Eindruck der Arbeit der Kategorienbildung assoziativ Notizen zu Einfällen und wahrgenommenen Verknüpfungen gemacht wurden. Die bisher gebildeten sechzehn Kategorien und eine Auswahl von Ideen zur zentralen Kategorie wurden mit Prof. Weiß besprochen.
9. Selektives Kodieren: Entwicklung des Modells & der Theorie
   Um die Auswertung zum Abschluss zu führen, wurden Textbezüge zu den einzelnen Kategorien, zur zentralen Kategorie und zu Verbindungen zwischen den Kategorien dokumentiert und ein erstes Modell grafisch entworfen. Erste Entwürfe der Modell-Entwicklung folgten dem Konzept des Kodierparadigmas und der Verlaufskurve; letztere verleiht dem Modell einen prozessuralen zeitlichen Charakter. Beide Entwürfe entlang dieser Modell-Konzepte erwiesen sich jedoch als wenig passend zum Datenmaterial und zur Beantwortung der Forschungsfrage, da einige der entwickelten Kategorien in beiden Modellen

mehrfach an verschiedenen Stellen des Modells passten und die Kategorien nicht eindeutig einzuordnen waren. Beim Berliner Methodentreffen, einer deutschsprachigen Tagung zu qualitativen sozialwissenschaftlichen Methoden, wurde der erste Modellentwurf im Rahmen einer Postersession präsentiert mit dem Fokus darauf, wie die Grounded Theory Analyse durchgeführt wurde und es wurde ein vorläufiges theoretisches Modell vorgestellt. Das Feedback war, dass die Kategorien zu zahlreich waren, die Bezeichnungen derselbigen nicht präzise genug und das Modell zu unübersichtlich. Daraufhin wurden die Bezeichnungen der Kategorien überarbeitet. Abschließend wurde anlässlich der vorangegangenen Kritik in Abstimmung mit Herrn Weiß aus den sechzehn Kategorien heraus fünf übergeordnete Kategorien entwickelt, die ehemaligen sechzehn Kategorien den fünf übergreifenden Kategorien zugeordnet und die zentrale Kategorie im Gespräch herausgearbeitet. Das Modell wurde grafisch im Programm PowerPoint (Microsoft PowerPoint for Mac, Version: 16.85) festgehalten. Weitere Ausführungen und die erwähnten Grafiken finden sich in Abschnitt 5.3.6.

4.2.3 Durchführung der Mixed-Methods-Analyse

Als Anspruch der Mixed-Methods-Forschung wird formuliert: *"We proposed that a truly mixed approach methodology (a) would incorporate multiple approaches in all stages of the study (i.e., problem identification, data collection, data analysis, and final inferences) and (b) would include a transformation of the data and their analysis through another approach"* (Tashakkori & Teddlie, 2003, S. xi, in Flick, 2011, S. 77). In der hier dargelegten Studie trifft zu, dass bei Datenerhebung, -auswertung und den daraus erarbeiteten Schlussfolgerungen Perspektiven aus der quantitativen und der qualitativen Forschung eine Rolle spielten. Eine Überführung der qualitativen Daten aus den Interviews in numerische Daten erfolgte nicht. Dennoch erfüllt die Studien in mehreren Punkten den Anspruch eines Mixed-Methods-Forschungsdesign. Es standen quantitative Daten für die Untersuchung zur Verfügung und es bestand die Möglichkeit der Erhebung qualitativer Interviewdaten, welche verschiedene Perspektiven auf den Forschungsgegenstand boten und ein differenzierteres Verständnis desselbigen ermöglichten (vgl. Creswell & Creswell, 2017). Von der Verwendung mehrerer Datensorten wurde daher ein Erkenntnisgewinn erwartet (vgl. Flick, 2011). Durch die parallele Sammlung der Daten kann das Vorgehen als *concurrent triangulation* bezeichnet werden (Creswell et al., 2003, S. 224, 229; in Flick, 2011, S. 83). Die hier durchgeführte Kombination quantitativer und qualitativer Datenauswertung erfolgte zwar nicht in mehreren Phasen, wie beim Paneldesign von Kluge (2001) beschrieben, jedoch war der Zweck auch eine Überprüfung der Verallgemeinerbarkeit der qualitativen Analyse anhand der quantitativen Ergebnisse.

Das hier umgesetzte Forschungsdesign entspricht einer gleichzeitigen Sammlung und Auswertung beider Datensorten, bei denen die Erhebungen nicht voneinander abhingen; die numerischen Daten wurden ausgewertet, die textbasierten Daten erhoben und ausgewertet. Die durchzuführenden Auswertungsprozesse waren im Voraus festgelegt und waren unabhängig voneinander. Das Design kann daher als konvergentes Design oder Ein-Phasen-Design eingeordnet werden (vgl. Creswell & Creswell, 2003). Die Analyse quantitativer Daten neben der Interviewanalyse diente dem Zweck einen besseren Eindruck der Grundgesamtheit zu erlangen (vgl. Miles & Huberman, 1994), der Gewinnung von verallgemeinerbaren Erkenntnissen und durch den Vergleich mit anderen Substichproben die Verallgemeinerbarkeit der qualitativen Ergebnisse besser einschätzen zu können (vgl. Kluge, 2001). Im Zuge der Ergebnisinterpretation wurden die Ergebnisse aus den Auswertungen der verschiedenen Datensorten aufeinander bezogen (vgl. Creswell & Creswell, 2017; vgl. Creswell et al., 2003, in Flick, 2011). Die qualitative Auswertung der Interviews steht im Fokus und ist deutlich umfassender als die quantitative Auswertung der numerischen Daten: sie kann daher als der dominante oder leitende Teil der Untersuchung verstanden werden (vgl. Creswell, 1994; in Flick, 2011). Die Untersuchung ist nicht rein explorativ, sondern legt den Fokus darauf, zu verstehen, wie die Forschungssubjekte ihre Persönlichkeitsprobleme erleben, verstehen und in ihre biografischen Umstände einordnen und was daraus die Behandlung solcher Patient:innen folgt; die Forschung kann daher als problemzentriert und an Konsequenzen orientiert verstanden werden. Gemäß den Ausführungen zur Einordnung von Mixed Methods Designs von Creswell et al. (2003, S. 218; in Flick, 2011, S. 83) ist das Design wie folgt einzuordnen:

- Durchführung der Datenerhebung: gleichzeitig
- Priorität: qualitative Daten
- Integration: bei der Dateninterpretation
- Theoretischer Standpunkt: implizit (nicht explizit präsent)

4.3 Darlegung der Reflexivität

Die Autorin legt nun im Sinne der Reflexivität ihre eigene Position als Forscherin dar und reflektiert über mögliche Einflüsse dieser auf den Forschungsprozess.

Biographischer Hintergrund. Eine kollektive familiäre Migrationsgeschichte gibt es in den drei Generationen vor der ihren nicht. Sie war den Interviewpartner:innen bezüglich des Alters und des damit verbundenen Lebensabschnitts teilweise sehr ähnlich: während der Forschungsarbeit und insbesondere während der Interviewerhebungen befand sie sich im Alter von Ende zwanzig bis Anfang 30.

Wissenschaftlicher Hintergrund, disziplinäre Sozialisation und bisherige Forschungserfahrung. Die Ausschreibung des Sigmund-Freud-Instituts für die Stelle im Promotionskolleg „Psychosoziale Folgen von Migration und Flucht“ weckte ihr Interesse, da sie sich sehr für klinisch-psychologische Themen und gesellschaftliche Zusammenhänge interessiert, ihr das Thema von Migration und Flucht auch aus politischen Gründen wichtig ist und mehrere Aspekte an Schwerpunkte ihres Studium und das Thema ihrer Masterabschlussarbeit anschlossen.

Persönliche Verbindungen zum Forschungsgegenstand, Vorwissen und subjektive Annahmen. Durch ihre der Promotion vorangegangene berufliche Tätigkeit im sozialen Bildungsbereich hatte sie mit Migrierten und Geflüchteten gearbeitet, erfahren, dass diese oft mit bürokratischen Hürden und institutionellen Erschwernissen zu kämpfen hatten und hatte die Migrations- oder Fluchtgeschichte oftmals als eine Belastung und Benachteiligung wahrgenommen.

Herangehensweise an die Arbeit. Der praktische Bezug des Themas war ihr wichtig, um einen produktiven Beitrag zur Forschung, zum Verständnis psychischer Probleme und damit verbundenen Lebensumständen und zur Sensibilisierung von Behandler:innen zu leisten.

Habitus und Herantreten an das Forschungsfeld. Als nicht-migrantische Person trat sie hinsichtlich der Migrationsthematik mit einer Außenperspektive an das Forschungsfeld heran. Bezogen auf ihr Alter war sie teils sehr nah an den Interviewpartner:innen, sie befand sich am Ende ihrer eigenen Adoleszenz. Ihr Habitus war nicht mehr studentisch, jedoch durch ihr relativ junges Alter geprägt. Sie war nicht Teil des Abteilungspersonals, weshalb sie die Interviewpartner:innen vor dem Interview nicht kannte und diese nicht mit ihr vertraut waren.

4.4 Gütekriterien quantitativer und qualitativer Forschung

In den folgenden Abschnitten werden wissenschaftliche Gütekriterien erläutert und es wird dargelegt, wie diesen gemäß der Literatur in der vorliegenden Arbeit gerecht wurde.

4.4.1 Gütekriterien quantitativer Forschung

Drei zentrale Gütekriterien quantitativer Forschung sind folgende (vgl. Himme, 2007):

- Reliabilität: die Reliabilität beschreibt die Verlässlichkeit einer Messung, was sich durch die Messwiederholbarkeit feststellen lässt: kommen bei gleichem methodischen Vorgehen bei Wiederholung die gleichen bzw. vergleichbare Ergebnisse zustande, wird die Analyse dem Gütekriterium gerecht. In der vorliegenden Untersuchung kann die Reliabilität als gut bewertet werden, da durch die standardisierten Erhebungs- und deskriptiv- und inferenzstatistischen Auswertungsverfahren die Analyse wiederholbar und die Ergebnisse reproduzierbar sind bzw. bei Anwendung in einem anderen Setting die Analyse ebenso durchführbar und die Ergebnisse vergleichbar sind.
- Validität: die Validität beschreibt die Gültigkeit einer Messung, was sich durch die Überprüfung des Gemessenen feststellen lässt und beurteilt ob das gemessen wurde, was erhoben werden sollte. Die Messung kann als valide gesehen werden, da zur Erfassung der Daten einerseits objektive Kriterien (demographische Variablen) erfasst wurden und andererseits psychische Kriterien bzw. der psychische Zustand mittels bewährter standardisierter Messinstrumente erhoben wurde (Erläuterungen der Instrumente siehe Abschnitt 4.2.1).
- Generalisierbarkeit: das Kriterium der Generalisierbarkeit stellt die Frage, wie weit sich die Ergebnisse und empirischen Befunde verallgemeinern lassen. Die Verallgemeinerbarkeit der hier erhobenen Daten und Ergebnisse ist dadurch begrenzt, dass die Grundgesamtheit eine Population von psychosomatischen Patient:innen in einer Tagesklinik war und dass in Substichproben für einzelne Analysen Einschränkungen bezüglich des Alters, der Diagnose und der Migrationsgeschichte vorgenommen wurden. Die Ergebnisse sind demnach nicht zwingend auf Patient:innen in anderen Therapiesettings, mit anderen Diagnosen und Problemen, in anderen Altersstufen und ohne Migrationsgeschichte verallgemeinerbar. Dass auch Daten von Personen eingeschlossen wurden, welche nur zum Erstgespräch in der Tagesklinik waren und danach womöglich in andere therapeutischen Settings vermittelt wurden, könnte dafür sprechen, dass sich die Ergebnisse nicht nur auf teilstationäre Patient:innen beziehen lassen. Da bei den Personen, welche nur zum Erstgespräch in der Tagesklinik waren, nicht erhoben wurde, wohin sie vermittelt wurden, kann hier keine Aussage zu einer möglichen Erweiterung des Geltungsbereichs getroffen werden.

4.4.2 Gütekriterien qualitativer Forschung

In einer Sichtung relevanter Literatur zu Gütekriterien qualitativer Sozialforschung wurden sieben wichtige Gütekriterien für qualitative Sozialforschung herausgearbeitet (Breuer et al., 2019; Steinke, 1999):

- Indikation des Forschungsprozesses: die Eignung und Angemessenheit der Erhebungs- und Analysemethoden für die Untersuchung des Forschungsthemas und damit verbundenen Fragestellungen wurden bei der Erläuterung der Datenerhebungs- und Auswertungsmethoden begründet (siehe Abschnitte 3.3 und 3.4).
- Intersubjektive Nachvollziehbarkeit: diese wurde durch die Dokumentation des Forschungsprozesses (siehe Kapitel 3 und 4), die gemeinsame Analyse- und Deutungsarbeit am Datenmaterial in Auswertungsgruppen, die Vorstellung der Auswertungsarbeit auf Konferenzen etc. und die regelgeleitete Anwendung der Reflexiven Grounded-Theory-Methode nach Breuer et al. (2019) gewährleistet.
- Empirische Verankerung: die Forschung basierte auf der Auswertung (quantitativer und) qualitativer Daten anhand regelgeleiteter Auswertungsverfahren (siehe Kapitel 3 und 4) und es wurden überprüfbare Hypothesen aus den Ergebnissen abgeleitet und diskutiert (siehe Kapitel 6).
- Limitation: im Rahmen der Interpretation und Diskussion der Forschung wurden Einschränkungen der Forschung und die Begrenztheit und der Gültigkeit der Forschungsergebnisse und damit verbundener Deutungen und Schlussfolgerungen ausgeführt (siehe Abschnitt 6.1).
- Kohärenz: durch wiederholte Überarbeitung der Begründung, Darlegung, Einordnung und Interpretation der Forschungsergebnisse und der daraus abgeleiteten Schlussfolgerungen durch die Forscherin und die Rückmeldung von Kolleg:innen und den Betreuern wurde sichergestellt, dass die logische Konsistenz und Widerspruchsfreiheit der Aussagen der Arbeit gewährleistet ist.
- Relevanz: die theoretische und praktische Relevanz und der damit verbundene Nutzen wurden dargelegt (siehe Kapitel 2 und 6).
- Reflektierte Subjektivität: der subjektive Einfluss und die Position der Forscherin auf die Forschungsarbeit wurde durch sie reflektiert und kritisch eingeordnet (siehe Abschnitt 3.5)

Die aufgeführten Gütekriterien können als erfüllt erachtet werden.

Nach der Erläuterung der Forschungsfragen des Forschungsdesigns, der Datenerhebungs- und auswertungsmethoden und der Umsetzung und Ausführung der Forschungsschritte werden im folgenden Kapitel die Ergebnisse der Analysen vorgestellt.

Ergebnisse 5

5.1 Stichproben

Zu Beginn der Ausführung der Ergebnisse werden die den Auswertungen zugrunde liegenden Stichproben näher betrachtet. Die untersuchten Stichproben der quantitativen und der qualitativen Analyse stellen keine Zufallsstichproben dar, sondern können am ehesten mit dem Begriff der Klumpenstichprobe beschrieben werden, welche eine "Gruppe von Personen, die fest vorgegeben ist" (Eid et al., 2013, S. 261) beschreibt, die zufällig ausgewählt wird und bei welchem alle Personen der Gruppe erhoben werden (Eid et al., 2013). Für die Population der Patient:innen in der Tagesklinik trifft zu, dass sie eine Klumpenstichprobe darstellt und alle Fälle der Auswertung zugrunde gelegt wurden. Als zufällig ausgewählt kann sie nicht angesehen werden, da sie nicht zufällig aus einer größeren Menge von Tagesklinikpopulationen zufällig ausgelost wurde.

5.1.1 Stichprobe der quantitativen Analyse

Die Gesamtheit aller Patient:innen der Tagesklinik der Jahre 2015 bis 2022 stellte die Stichprobe für die quantitative Analyse dar. Die Stichprobe ist selektiv, da sie nur Patient:innen umfasst, die in der Tagesklinik im genannten Zeitraum ein Erstgespräch führten bzw. dort in Behandlung waren. Eingeschlossen sind demnach Menschen, die sich aktiv Hilfe für den Umgang mit ihren psychischen Problemen geholt haben, Zugang haben zu den Leistungen des Gesundheitssystems und über ausreichende Deutschkenntnisse verfügen, da dies eine Voraussetzung für

L. Wirth, *Im Innen und Außen kein Zuhause finden und gefangen sein im Dazwischen*, Adoleszenzforschung 17,
https://doi.org/10.1007/978-3-658-50568-4_5

die Möglichkeit des Gesprächs und der Behandlung in der Tagesklinik ist. Ausgeschlossen waren Menschen, die aufgrund einer fehlenden Krankenversicherung keinen Zugang zum Gesundheitssystem haben und keine ausreichenden Deutschkenntnisse haben. Die Ergebnisse sind demnach nicht zwingend auf Patient:innen in stationären oder ambulanten Behandlungssettings und nicht auf Menschen übertragbar, welche keinen Zugang zur tagesklinischen Versorgung haben bzw. sich bisher (noch) nicht in Behandlung begeben haben. Prozentangaben wurden in der Berechnung des Statistikprogramms SPSS auf eine Nachkommastelle gerundet. Daher kann es vorkommen, dass z. B. bei Prozentangaben, welche in der Summe 100 % ergeben müssten, die Summe z. B. bei 100,1 % liegt. Zur Übersicht der Stichprobe dient die folgende Tabelle 5.1.

Tabelle 5.1 Übersicht zur quantitativen Stichprobe

		Anzahl	Prozentualer Anteil
Geschlecht	männlich	758	37,1 %
	weiblich	1283	62,9 %
Bildung	kein Bildungsabschluss	37	1,8 %
	Hauptschule	378	18,8 %
	Realschule	709	35,2 %
	Gymnasium	889	44,2 %
Diagnosen ICD-10 Kategorien	F00-F09 Organische, einschließlich symptomatischer psychischer Störungen	6	0,3 %
	F10-F19 Psychische und Verhaltensstörungen durch psychotrope Substanzen	146	7,2 %
	F20-F29 Schizophrenie, schizotype und wahnhafte Störungen	24	1,2 %
	F30-F39 Affektive Störungen	1653	80,9 %
	F40-F48 Neurotische, Belastungs- und somatoforme Störungen	674	33,0 %

(Fortsetzung)

Tabelle 5.1 (Fortsetzung)

		Anzahl	Prozentualer Anteil
	F50-F59 Verhaltensauffälligkeiten mit körperlichen Störungen und Faktoren	124	6,1 %
	F60-F69 Persönlichkeits- und Verhaltensstörungen	1382	67,7 %
	F70-F79 Intelligenzstörung	5	0,2 %
	F90-F98 Verhaltens- und emotionale Störungen mit Beginn in der Kindheit und Jugend	10	0,5 %
Migrationshintergrund	kein Migrationshintergrund	1385	67,9 %
	MH 1. Generation	331	16,2 %
	MH 2. Generation	325	15,9 %

Die Gesamtstichprobe umfasste $n = 2131$ Personen. Nach dem Streichen von Fällen mit fehlenden Daten lag die Stichprobe bei einem Umfang von $n = 2041$ (genauere Erläuterungen siehe Abschnitt 3.4.1). Von diesen waren 37,1 % ($n = 758$) Männer und 62,9 % ($n = 1283$) Frauen. Es hatten 67,9 % ($n = 1385$) keinen Migrationshintergrund und 32,1 % ($n = 656$) hatten eine Migrationsgeschichte; unter diesen waren 16,2 % ($n = 331$) Migrant:innen der ersten Generation und 15,9 % ($n = 325$) waren Migrant:innen der zweiten Generation (siehe Tabelle 5.1). Die Altersspanne der Patient:innen lag zwischen 18 und 84 Jahren, das Durchschnittsalter betrug 38,18 Jahre ($SD = 13,93$, siehe Tabelle 5.3 in Abschnitt 5.2.1).

5.1.2 Stichprobe der qualitativen Analyse

Die Stichprobe der qualitativen Interviews umfasste $n = 12$ Personen. Diese stellt eine hoch selektive Stichprobe dar, da folgende Kriterien erfüllt sein mussten:

- Alter zum Zeitpunkt des Interviews: 18–31 Jahre. Ursprünglich war eine Altersspanne von 18–30 Jahren anvisiert, jedoch wurde ein Interview mit einer 31-jährigen Patientin geführt, da sie sich noch in adoleszenten Entwicklungsprozessen befand, wie z. B. der emotionalen Loslösung vom Elternhaus.
- Borderline-Diagnose vorliegend: Borderline-Persönlichkeitsstörung nach ICD-10 diagnostiziert (Diagnose gemäß ICD-10-Code F60.3X vorliegend) und/ oder Wert des BPI-Inventars ≥ 10 (Erläuterungen zum Inventar siehe Abschnitt 4.2.1, Durchführung der quantitativen Erhebung).
- Migrationshintergrund: eigene Migrationserfahrung oder elterliche Migrationsgeschichte (ein Elternteil oder beide Eltern migriert).
- Bereitschaft, ein Interview für die Studie zu führen

Um von den Interviewpartner:innen nicht mit Nummern zu sprechen (z. B. Interviewpartner 1), wurde jeweils ein Buchstabe aus dem Nachnamen der Person verwendet (z. B. Herr W.). Unter den zwölf Personen waren sieben Frauen und fünf Männer. Die Befragten waren bei den Interviewterminen zwischen 21 und 31 Jahren alt. Drei von ihnen waren Migrant:innen der ersten Generation (Frau F., Interview 3; Herr M., Interview 7; Frau R., Interview 8). Die restlichen Teilnehmer:innen waren Migrant:innen der zweiten Generation, sie waren in Deutschland geboren und aufgewachsen. Entweder waren beide Elternteile nach Deutschland migriert (Herr W., Interview 1; Frau M., Interview 5; Frau C., Interview 6: Frau Y., Interview 10; Herr A., Interview 11; Frau P., Interview 12) oder nur ein Elternteil (Herr C., Interview 2; Frau S., Interview 4; Herr V., Interview 9). Sie bzw. ihre Familien stammten aus Italien, Kasachstan, Kroatien, Marokko, Mazedonien, Peru, Polen, Serbien und der Türkei. Es folgt eine tabellarische Auflistung der Erhebungen mit der Aufführung der Buchstaben des Nachnamens und dem Alter der Person zum Zeitpunkt des Interviews. Um die Anonymität der Patient:innen zu wahren, wurde darauf verzichtet, in der Tabelle die jeweiligen Herkunftsländer (der Eltern) aufzuführen (Tabelle 5.2).

Tabelle 5.2 Übersicht zur qualitativen Interviewstichprobe

Nr.[1]	Name[2]	Alter[3]
1	Herr W.	21 J.
2	Herr C.	21 J.
3	Frau F.	30 J.
4	Frau S.	25 J.
5	Frau M.	25 J.
6	Frau C.	28 J.
7	Herr M.	28 J.
8	Frau R.	26 J.
9	Herr V.	26 J.
10	Frau Y.	27 J.
11	Herr A.	25 J.
12	Frau P.	31 J.

Anmerkungen.
[1] Nummerierung der Interviews in der Reihenfolge der Durchführung;
[2] Benennung nach Buchstaben des Nachnamens;
[3] Alter zum Zeitpunkt des Interviews.

5.2 Ergebnisse der quantitativen Datenauswertung

Der Bericht der statistischen Ergebnisse folgt den Ausführungen in Abschnitt 4.2.1.

5.2.1 Deskriptive Statistik

Von den Patient:innen waren 36,8 % (n = 752) adoleszent und 63,2 % (n = 1289) nicht im Alter der Adoleszenz. Es wiesen 66,7 % (n = 1362) keine Borderline-Diagnose auf, bei 33,3 % (n = 679) war eine solche Diagnose festgestellt worden. Das Kriterium der Borderline-Diagnose war erfüllt, wenn eine Borderline-Diagnose gestellt worden war (F60.3X emotional instabile Persönlichkeitsstörung, impulsiver Typ (F60.30) und Borderline-Typ (F60.31)) oder im Borderline-Persönlichkeitsinventar ein Cut-off-Wert von 10 oder höher vorlag (siehe oben). Hier ist zu beachten, dass sich das Kriterium der Borderline-Diagnose nach den gestellten Diagnosen nach dem ICD-10 und/oder nach der

Höhe des Werts im BPI richtet und dass bei Erstgesprächen der BPI nicht erhoben wird, weshalb dieser Wert nur bei den Personen „ausschlagen" kann, die auch zur Behandlung in der Tagesklinik verbleiben. Bei 89,5 % (n = 1826) der Patient:innen wurde keine suizidale Krise festgestellt, bei 10,1 % (n = 206) hingegen ja; bei 0,4 % (n = 9) fehlte die Angabe zur Suizidalität. 82,9 % (n = 1691) der Patient:innen wiesen kein akutes selbstverletzendes Verhalten auf, 16,5 % (n = 337) hingegen ja; bei 0,6 % (n = 13) fehlte die Angabe zu akuter Selbstverletzung.

Der Wert des GAF wurde bei n = 2035 Personen erhoben, bei n = 6 fehlte der Wert. Er lag im Durchschnitt bei 50,98 (SD = 6,61). Der Wert des GSI wurde bei n = 817 Personen angegeben, bei n = 1224 fehlte der Wert; dieser wurde nur bei Patient:innen erhoben, die in die Tagesklinik aufgenommen wurden und nicht bei denjenigen, die nur zu einem Erstgespräch gesehen wurden. Er lag im Durchschnitt bei 1,43 (SD = 0,67). Der Wert des BPI wurde bei n = 567 Personen erhoben, bei n = 1474 fehlte der Wert; dieser wurde ebenso nur bei Patient:innen erhoben, die in die Tagesklinik aufgenommen wurden und nicht bei denjenigen, die nur zu einem Erstgespräch gesehen wurden. Er lag im Durchschnitt bei 9,71 (SD = 4,65).

Tabelle 5.3 Deskriptivstatistiken zur quantitativen Stichprobe

Deskriptive Statistiken						
	N	Minimum	Maximum	Mittelwert	Standard-abweichung	Varianz
Alter	2041	18	84	38.18	13.925	193.912
GAF	2035	20	90	50.98	6.607	43.646
GSI	817	.00	3.39	1.4312	.66787	.446
BPI	567	0	19	9.71	4.647	21.598
Gültige Werte (listenweise)	566					

5.2.2 Analyse fehlender Werte

Da die Werte des Borderline-Persönlichkeits-Inventars (BPI) und des SCL-90-S (GSI) nur bei Patient:innen erhoben wurden, die im Anschluss an das Erstgespräch auch in die Tagesklinik aufgenommen wurden, liegen diese Werte in der Gesamtstichprobe nicht zufällig fehlend vor. Die Analyse fehlender Werte wurde daher ohne die Variablen des Borderline-Persönlichkeits-Inventars (BPI) und des SCL-90-S (GSI) durchgeführt. Es wurden folgende Variablen eingeschlossen: Angaben zu Geschlecht, Migrationsgeschichte, Alter, akuter Selbstverletzung und Suizidalität und GAF-Werte. Der MCAR-Test nach Little fiel folgendermaßen aus: $Chi^2 = 0{,}170$, $df = 1$, $p = 0{,}680$. Das zeigt, dass die fehlenden Werte der Variablen als rein zufällig fehlend (missing completely at random) vorliegen. Bei den logistischen Regressionen lagen demnach nur rein zufällig fehlende Werte vor, da für diese die BPI- und GSI-Werte nicht verwendet wurden. Für die MANCOVA wurden die Werte des Borderline-Persönlichkeits-Inventars (BPI) und des SCL-90-S (GSI) dennoch genutzt, da sie für die Forschungsfragen relevant waren und weil der dieser ohnehin nur vollständige Fälle einbezogen wurden.

5.2.3 Logistische Regression zur Vorhersage von Borderline-Diagnosen

Es wurde analysiert, ob sich das Vorhandensein einer Borderline-Diagnose durch die Migrationsgeschichte und das Alter vorhersagen ließ. Für die logistischen Regressionen wurde die Variable der Migrationsgeschichte dummy-kodiert, um diese als binär kodierte unabhängige Variable rechnen zu können.

In die Regressionsanalyse (Methode Einschluss) wurden $n = 2041$ Fälle einbezogen. Für die Vorhersage der Borderline-Diagnose zeigte sich ein signifikantes Modell ($Chi^2{}_{[3]} = 424{,}98$; $p < 0{,}001$). Damit ist davon auszugehen, dass die Prädiktoren signifikanten Vorhersagewert im Modell haben. Die Varianzaufklärung liegt bei 26,1 % (Nagelkerke's R^2; Cox & Snel $R^2 = 0{,}188$), das entspricht einer akzeptablen Güte des Gesamtmodells. Der Hosmer-Lemeshow-Test zur Bewertung der Anpassungsgüte war nicht signifikant ($Chi^2{}_{[8]} = 13{,}32$; $p = 0{,}101$). Der Gesamtprozentsatz korrekter Klassifikation lag bei 73,1 %, mit einer Sensitivität von 52,6 % und einer Spezifität von 83,3 %.

Die Analyse ergab, dass die Variable Migrationshintergrund 1. Generation keinen signifikanten Vorhersagewert für die Variable der Borderline-Diagnose hat ($B = 0{,}18$; $Exp(B) = 1{,}20$; KI: 0,90 – 1,61; $p = 0{,}212$). Die Variable Migrationshintergrund 2. Generation hat signifikanten Einfluss auf die Variable Borderline-Diagnose ($B = 0{,}37$; $Exp(B) = 1{,}44$; KI: 1,10 – 1,89; $p = 0{,}007$). Das bedeutet, dass das Risiko für eine Borderline-Diagnose bei Migrationshintergrund der 2. Generation 1,4-mal so hoch ist. Auch bei der Variable Alter zeigt sich ein signifikanter Einfluss ($B = -0{,}09$; $Exp(B) = 0{,}919$; KI: 0,91 – 0,93; $p < 0{,}001$). Das be-deutet, dass mit einem Anstieg des Alters um ein Jahr die Wahrscheinlichkeit für das Vorliegen einer Borderline-Diagnose um 9,1 % sinkt. Die Ergebnisse sind in Tabelle 5.4 zu finden.

Tabelle 5.4 Logistische Regression zur Vorhersage des Vorliegens einer Borderline-Diagnose anhand von Migrationsgeschichte und Alter

Variablen in der Gleichung									
								95% K.I.[b] für Exp(B)	
		B	S.A.	Wald	df	Sig.	Exp(B)	UG[c]	OG[d]
Schritt 1[a]	Migrationshintergrund 1. Generation(1)	0,184	0,147	1,555	1	0,212	1,202	0,900	1,605
	Migrationshintergrund 2. Generation(1)	0,367	0,137	7,152	1	0,007	1,443	1,103	1,889
	Alter	-0,085	0,005	294,506	1	<0,001	0,919	0,910	0,928
	Konstante	2,203	0,172	164,567	1	0,000	9,052		

a. Variablen eingeschlossen bei Schritt 1[a]: Migrationshintergrund 1. Generation, Migrationshintergrund 2. Generation, Alter.
b. Konfidenzintervall (ebenso bei Tabelle 5, 6 und 9)
c. Untere Grenze des Konfidenzintervalls (ebenso bei Tabelle 5, 6 und 9)
d. Obere Grenze des Konfidenzintervalls (ebenso bei Tabelle 5, 6 und 9)

Die Forschungshypothese, dass die Variablen Migrationsgeschichte und Alter einen signifikanten Vorhersagewert für das Vorliegen einer Borderline-Diagnose haben, wird angenommen. Signifikanten Vorhersagewert lieferten die Variablen Migrationshintergrund 2. Generation (höhere Wahrscheinlichkeit) und Alter (jüngeres Alter höheres Risiko), während die Variable Migrationshintergrund 1. Generation keinen signifikanten Vorhersagewert hatte.

5.2.4 Logistische Regression zur Vorhersage des Auftretens von suizidalen Krisen

Es wurde analysiert, ob sich das Auftreten von suizidalen Krisen durch Migrationsgeschichte und Alter vorhersagen ließ.

In die Regressionsanalyse (Methode Einschluss) wurden 2032 Fälle einbezogen, in neun Fällen war das Vorliegen von suizidalen Krisen nicht im Datensatz enthalten. Für die Vorhersage von suizidalen Krisen zeigte sich ein signifikantes Modell ($Chi^2_{[3]} = 53{,}10$; $p < 0{,}001$). Damit ist davon auszugehen, dass die Prädiktoren signifikanten Vorhersagewert im Modell haben. Die Varianzaufklärung liegt bei 5,4 % (Nagelkerke's R^2; Cox & Snel $R^2 = 0{,}026$), dieser Wert liegt deutlich unter der Anforderung an ein akzeptables Modell. Der Hosmer-Lemeshow-Test zur Bewertung der Anpassungsgüte war nicht signifikant ($Chi^2_{[8]} = 5{,}68$; $p = 0{,}683$). Der Gesamtprozentsatz korrekter Klassifikation lag bei 89,9 %, mit einer Sensitivität von 0 % und einer Spezifität von 100 %.

Die Analyse ergab, dass die Variablen Migrationshintergrund 1. Generation (*B* = 0,28; *Exp(B)* = 1,32; KI: 0,89 – 1,96; $p = 0{,}174$) und Migrationshintergrund 2. Generation (*B* = 0,10; *Exp(B)* = 1,10; KI: 0,75 – 1,63; $p = 0{,}616$) keinen signifikanten Vorhersagewert für die Variable Auftreten von suizidalen Krisen haben. Die Ergebnisse sind in Tabelle 5.5 zu finden.

Tabelle 5.5 Logistische Regression zur Vorhersage des Auftretens von suizidalen Krisen anhand von Migrationsgeschichte und Alter

Variablen in der Gleichung									
								95% K.I. für Exp(B)	
		B	S.A.	Wald	df	Sig.	Exp(B)	UG	OG
Schritt 1[a]	Migrationshintergrund 1. Generation(1)	0,276	0,203	1,849	1	0,174	1,318	0,885	1,961
	Migrationshintergrund 2. Generation(1)	0,099	0,198	0,251	1	0,616	1,104	0,749	1,627
	Alter	-0,043	0,007	44,318	1	<0,001	0,958	0,945	0,970
	Konstante	-0,721	0,229	9,945	1	0,002	0,486		

a. Variablen eingeschlossen bei Schritt 1[a]: Migrationshintergrund 1. Generation, Migrationshintergrund 2. Generation, Alter.

Die Variable Alter hat signifikanten Vorhersagewert für das Auftreten von suizidalen Krisen (*B* = –0,04; *Exp(B)* = 0,96; KI: 0,95 – 0,97; $p < 0{,}001$). Das bedeutet, dass mit einem Anstieg des Alters von einem Jahr die Wahrscheinlichkeit für eine suizidale Krise um 4,2 % sinkt.

Die Forschungshypothese, dass die Variablen Migrationsgeschichte und Alter einen signifikanten Vorhersagewert für das Auftauchen einer suizidalen Krise haben, wird statistisch angenommen. Signifikanten Vorhersagewert hatte jedoch nur die Variable Alter (jüngeres Alter bedeutet höheres Risiko), während die Variablen Migrationshintergrund 1 Generation und 2. Generation keinen signifikanten Vorhersagewert hatten. Zu diesem Modell muss aber angemerkt werden, dass die Varianzaufklärung mit 5 % sehr gering ist und die Gütemaße des Modells nicht den Anforderungen an akzeptable bzw. gute Modelle entsprechen. Andere Variablen, die nicht im Modell enthalten sind, dürften signifikanten und bedeutsamen Vorhersagewert für das Auftreten von suizidalen Krisen haben.

5.2.5 Logistische Regression zur Vorhersage von selbstverletzenden Verhalten

Es wurde analysiert, ob sich das Auftreten von selbstverletzendem Verhalten durch Migrationsgeschichte und Alter vorhersagen ließ. In die Regressionsanalyse (Methode Einschluss) wurden 2028 Fälle einbezogen, in 13 Fällen war nicht bekannt, ob selbstverletzendes Verhalten vorlag oder nicht.

Für die Vorhersage von selbstverletzendem Verhalten zeigte sich ein signifikantes Modell ($Chi^2{}_{[3]}$ = 306,94; p < 0,001). Damit ist davon auszugehen, dass die Prädiktoren signifikanten Vorhersagewert im Modell hatten. Die Varianzaufklärung lag bei 23,7 % (Nagelkerke's R^2; Cox & Snel R^2= 0,140), das entspricht einer akzeptablen Güte des Gesamtmodells. Der Hosmer-Lemeshow-Test zur Bewertung der Anpassungsgüte war nicht signifikant ($Chi^2{}_{[8]}$ = 6,23; p = 0,622). Der Gesamtprozentsatz korrekter Klassifikation lag bei 83,4 %, mit einer Sensitivität von 0 % und einer Spezifität von 100 %.

Die Analyse ergab, dass die Variablen Migrationshintergrund 1. Generation (B = – 0,40; $Exp(B)$ = 0,67; KI: 0,44 – 1,01; p = 0,054) und Migrationshintergrund 2. Generation (B = – 0,12; $Exp(B)$ = 0,88; KI: 0,63 – 1,23; p = 0,426) keinen signifikanten Vorhersagewert für die Variable Auftreten von selbstverletzendem Verhalten hatten. Die Ergebnisse sind in Tabelle 5.6 zu finden.

Tabelle 5.6 Logistische Regression zur Vorhersage des Auftretens von selbstverletzendem Verhalten anhand von Migrationsgeschichte und Alter

Variablen in der Gleichung									
								95% K.I. für Exp(B)	
		B	S.A.	Wald	df	Sig.	Exp(B)	UG	OG
Schritt 1[a]	Migrationshintergrund 1. Generation(1)	-0,402	0,209	3,703	1	0,054	0,669	0,444	1,007
	Migrationshintergrund 2. Generation(1)	-0,124	0,169	0,540	1	0,462	0,883	0,634	1,230
	Alter	-0,100	0,007	188,701	1	0,000	0,905	0,892	0,918
	Konstante	1,735	0,221	61,378	1	0,000	5,670		

a. Variablen eingeschlossen bei Schritt 1[a]: Migrationshintergrund 1. Generation, Migrationshintergrund 2. Generation, Alter.

Die Variable Alter hat signifikanten Vorhersagewert für das Auftreten von selbstverletzendem Verhalten (B = – 0,10; $Exp(B)$ = 0,91; KI: 0,89 – 0,92; p < 0,001). Das bedeutet, dass mit einem Anstieg des Alters von einem Jahr die

Wahrscheinlichkeit für das Auftreten von selbstverletzendem Verhalten um 9,5 % sinkt.

Die Forschungshypothese, dass die Variablen Migrationsgeschichte und Alter einen signifikanten Vorhersagewert für das Auftreten von selbstverletzendem Verhalten haben, wird statistisch angenommen. Signifikanten Vorhersagewert hat nur die Variable Alter (jüngeres Alter bedeutet höheres Risiko), während die Variablen Migrationshintergrund 1. Generation und 2. Generation keinen signifikanten Vorhersagewert hatten.

5.2.6 MANCOVA

Zur Prüfung der Forschungshypothese, dass in den Werten des GAF, BPI und GSI signifikante Unterschiede zwischen Personen mit und ohne Migrationshintergrund und hinsichtlich der Migrationsgeneration (kontrolliert nach Alter) bestehen, wurde eine MANCOVA durchgeführt.

Die Voraussetzungen können wie folgt bewertet werden: Die Stichprobe ist hinreichend groß, eine ähnliche Zellbesetzung wäre von Vorteil. Die Überprüfung der Normalverteilung der abhängigen Variablen in den drei Faktorstufen ergab für die Variablen GAF und BPI eine signifikante Abweichung in allen Gruppen, siehe Tabelle 5.7. Die Variable GSI wies nur in der Gruppe ohne Migrationshintergrund keine Normalverteilung auf, der Kolmogorov-Smirnov-Test und der Shapiro-Wilk's-Test zeigten ähnliche Ergebnisse. Die relativ große Gruppengröße kann als Nachteil im Zuge der Normalverteilungsüberprüfung gesehen werden.

Die Überprüfung der Varianzhomogenität zeigte für alle drei abhängigen Variablen (GAF: $p = 0{,}904$; BPI: $p = 0{,}660$; GSI: $p = 0{,}236$) kein signifikantes Ergebnis, damit ist die Voraussetzung der Varianzhomogenität gegeben. Bei der Interpretation der Ergebnisse ist zu berücksichtigen, dass die Kovariate Alter mit der Variable Migrationshintergrund konfundiert ist ($F_{[2]} = 21{,}25$; $p < 0{,}001$). Personen mit Migrationshintergrund der 2. Generation ($M = 33{,}93$; $SD = 11{,}10$) sind signifikant jünger als Personen mit Migrationshintergrund der 1. Generation ($M = 40{,}62$; $SD = 12{,}23$) und Personen ohne Migrationshintergrund ($M = 38{,}60$; $SD = 14{,}70$). Die Homogenität der Regressionssteigungen wurde mittels Interaktion Migrationshintergrund * Alter geprüft in einer MANCOVA geprüft, dabei zeigte sich kein signifikantes Ergebnis für die Interaktion ($F_{[6;\,1118]} = 1{,}05$; $p = 0{,}393$). Der Box'M-Test bestätigte die Homogenität der Varianz-Kovarianz-Matrix (Box's $M = 20{,}83$; $F_{[12;\,315912{,}75]} = 1{,}72$; $p = 0{,}057$), damit ist auch diese Voraussetzung als erfüllt zu betrachten.

Tabelle 5.7 Überprüfung der Normalverteilung der abhängigen Variablen der Faktorstufen

Überprüfung der Normalverteilung							
Migrationshintergrund		Kolmogorov-Smirnov[a]			Shapiro-Wilk		
		Statistik	df	Sig.	Statistik	df	Sig.
kein Migrations-hintergrund ($n = 342$)	GSI	0,058	342	**0,008**	0,977	342	**<0,001**
	GAF	0,139	342	**<0,001**	0,967	342	**<0,001**
	BPI	0,078	342	**<0,001**	0,976	342	**<0,001**
MH 1. Generation ($n = 86$)	GSI	0,063	86	,200	0,989	86	0,688
	GAF	0,107	86	**0,017**	0,974	86	0,084
	BPI	0,103	86	**0,026**	0,973	86	0,067
MH 2. Generation ($n = 138$)	GSI	0,048	138	,200*	0,987	138	0,221
	GAF	0,106	138	**<0,001**	0,976	138	**0,016**
	BPI	0,097	138	**0,003**	0,974	138	**0,009**

[a]. Lilliefors Signifikanzkorrektur

Zusammenfassend kann gesagt werden, dass nicht alle Voraussetzungen gegeben waren, weswegen die Ergebnisse mit Vorsicht interpretiert werden sollten. Die multivariaten Tests ergaben, dass sich die Gruppen der Variable Migrationshintergrund signifikant in den Ausprägungen der abhängigen Variablen unterscheiden ($F_{[6;\,1122]} = 3{,}61$; $p = 0{,}001$) und auch die Kovariate Alter hat einen signifikanten Einfluss ($F_{[3;\,560]} = 26{,}08$; $p = 0{,}001$), siehe Tabelle 5.8. Die Effektgröße für die Variable Migrationshintergrund ist als klein zu bewerten, bei der Umrechnung von Eta^2 in $f\ \sqrt{\frac{\eta^2}{1-\eta^2}}$ zeigt sich ein kleiner Effekt von $f = 0{,}14$. Die Effektgröße für die Kovariate Alter liegt bei f = 0,37, das entspricht einem mittleren Effekt.

Tabelle 5.8 MANCOVA für die Variablen BPI, GSI und GAF nach Migrationshintergrund und Alter

Multivariate Tests[a]									
Effekt		Wert	F	Hypothese df	Fehler df	Sig.	Partielles Eta Quadrat d	Nonzent. Parameter	Beobachtete Power[d]
Konstanter Term	Pillai's Trace	0,92	2276,87[b]	3,0	560,0	<0,001	0,924	6830,62	1,00
	Wilks' Lambda	0,08	2276,87[b]	3,0	560,0	<0,001	0,924	6830,62	1,00
	Hotelling's Trace	12,20	2276,87[b]	3,0	560,0	<0,001	0,924	6830,62	1,00
	Roy's Largest Root	12,20	2276,87[b]	3,0	560,0	<0,001	0,924	6830,62	1,00
Alter	Pillai's Trace	0,12	26,08[b]	3,0	560,0	<0,001	0,123	78,25	1,00
	Wilks' Lambda	0,88	26,08[b]	3,0	560,0	<0,001	0,123	78,25	1,00
	Hotelling's Trace	0,14	26,08[b]	3,0	560,0	<0,001	0,123	78,25	1,00
	Roy's Largest Root	0,14	26,08[b]	3,0	560,0	<0,001	0,123	78,25	1,00
MH	Pillai's Trace	0,04	3,61	6,0	1122,0	0,001	0,019	21,68	0,96
	Wilks' Lambda	0,96	3,63[b]	6,0	1120,0	0,001	0,019	21,76	0,96
	Hotelling's Trace	0,04	3,64	6,0	1118,0	0,001	0,019	21,84	0,96
	Roy's Largest Root	0,03	6,37[c]	3,0	561,0	<0,001	0,033	19,10	0,97

a. Design: Konstanter Term + ALTER + MH
b. Exakte Statistik
c. Die Statistik ist eine Obergrenze auf F, die eine Untergrenze auf dem Signifikanzniveau ergibt.
d. Berechnet mit Alpha = 0,05

Bei den Between-Subjects-Effects zeigte sich, dass sich die abhängige Variable GAF in den Faktorstufen der unabhängigen Variable Migrationshintergrund nicht signifikant unterscheidet ($p = 0{,}239$), während sich für die abhängigen Variablen BPI ($p < 0{,}001$) und GSI ($p < 0{,}001$) signifikante Unterschiede zeigten. Auch der Einfluss des Alters hat sich nur für die beiden Variablen BPI ($p < 0,001$) und GSI ($p < 0,001$) bestätigt, es gab jedoch keinen Einfluss auf die Variable GAF ($p = 0,985$). Nachfolgend werden die Ergebnisse der drei abhängigen Variablen in Abhängigkeit vom Migrationshintergrund anhand der paarweisen Vergleiche (ohne Berücksichtigung des Alters) beschrieben und in Tabelle 5.9 dargestellt.

Tabelle 5.9 Paarweise Vergleiche der abhängigen Variablen BPI, GSI und GAF nach Migrationshintergrund

Paarweise Vergleiche							
Abhängige Variable/Scheffe			Mittlere Differenz (I-J)	Std. Fehler	Sig.	95% Konfidenz-Intervall UG	OG
GAF	kein Migrationshintergrund	MH 1. Generation	-0,69	0,63	0,553	-2,24	0,87
		MH 2. Generation	-0,81	0,53	0,313	-2,11	0,49
	MH 1. Generation	kein Migrationshintergrund	0,69	0,63	0,553	-0,87	2,24
		MH 2. Generation	-0,12	0,72	0,987	-1,89	1,65
	MH 2. Generation	kein Migrationshintergrund	0,81	0,53	0,313	-0,49	2,11
		MH 1. Generation	0,12	0,72	0,987	-1,65	1,89
BPI	kein Migrationshintergrund	MH 1. Generation	-0,82	0,56	0,336	-2,18	0,54
		MH 2. Generation	-1,52*	0,46	**0,005**	-2,66	-0,38
	MH 1. Generation	kein Migrationshintergrund	0,82	0,56	0,336	-0,54	2,18
		MH 2. Generation	-0,70	0,63	0,541	-2,25	0,85
	MH 2. Generation	kein Migrationshintergrund	1,52*	0,46	**0,005**	0,38	2,66
		MH 1. Generation	0,70	0,63	0,541	-0,85	2,25
GSI	kein Migrationshintergrund	MH 1. Generation	-,2584*	0,08	**0,005**	-0,45	-0,06
		MH 2. Generation	-,1836*	0,07	**0,022**	-0,35	-0,02
	MH 1. Generation	kein Migrationshintergrund	,2584*	0,08	**0,005**	0,06	0,45
		MH 2. Generation	0,07	0,09	0,711	-0,15	0,30
	MH 2. Generation	kein Migrationshintergrund	,1836*	0,07	**0,022**	0,02	0,35
		MH 1. Generation	-0,07	0,09	0,711	-0,30	0,15

Basiert auf den beobachteten Mittelwerten.
Der Fehlerterm ist Mittlerer quadratischer Fehler (MQF) = ,434.
*. Die mittlere Differenz ist signifikant auf einem Niveau von alpha = 0,05.

Bei der Variable GAF zeigt sich kein signifikanter Unterschied in Abhängigkeit vom Migrationshintergrund. Die Gruppe ohne Migrationshintergrund ($n = 342$; $M = 49,44$; $SD = 5,26$) weist den niedrigsten Mittelwert auf, die beiden Gruppen Migrationshintergrund 1. Generation ($n = 86$; $M = 50,13$; $SD = 5,39$) und Migrationshintergrund 2. Generation ($n = 138$; $M = 50,25$; $SD =$

5,13) liegen nur knapp darüber (Abbildung 5.1). Die Mittelwerte sind sehr ähnlich ausgeprägt und die kleineren Gruppen weisen naturgemäß etwas größere Konfidenzintervalle auf.

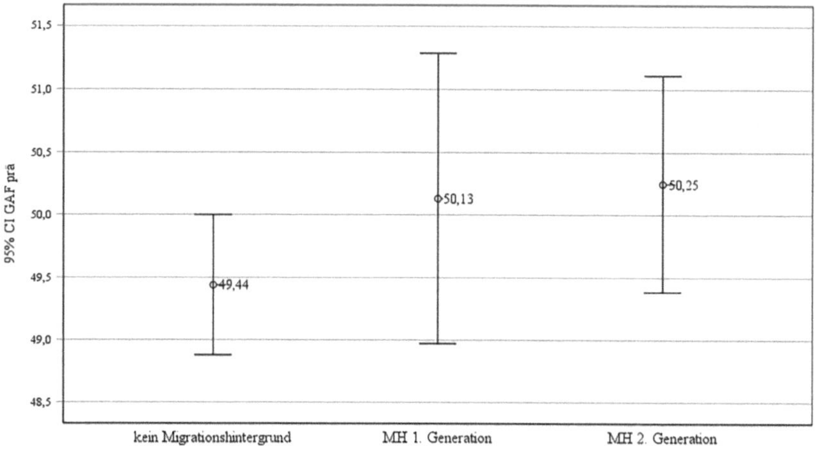

Abbildung 5.1 GAF-Mittelwerte mit 95 %-Konfidenzintervall nach Migrationshintergrund

Bei der Variable BPI zeigen sich signifikante Unterschiede nach Migrationshintergrund (Abbildung 5.2). Die Gruppe Migrationshintergrund 1. Generation ($n = 86$; $M = 10{,}02$; $SD = 4{,}40$) unterscheidet sich weder von der Gruppe ohne Migrationshintergrund ($p = 0{,}336$) noch von der Gruppe Migrationshintergrund 2. Generation ($p = 0{,}541$) signifikant.

Die Gruppe ohne Migrationshintergrund ($n = 342$; $M = 9{,}20$; $SD = 4{,}69$) weist im BPI signifikant niedrigere Werte auf ($p = 0{,}005$) als die Gruppe Migrationshintergrund 2. Generation ($n = 138$; $M = 10{,}72$; $SD = 4{,}50$).

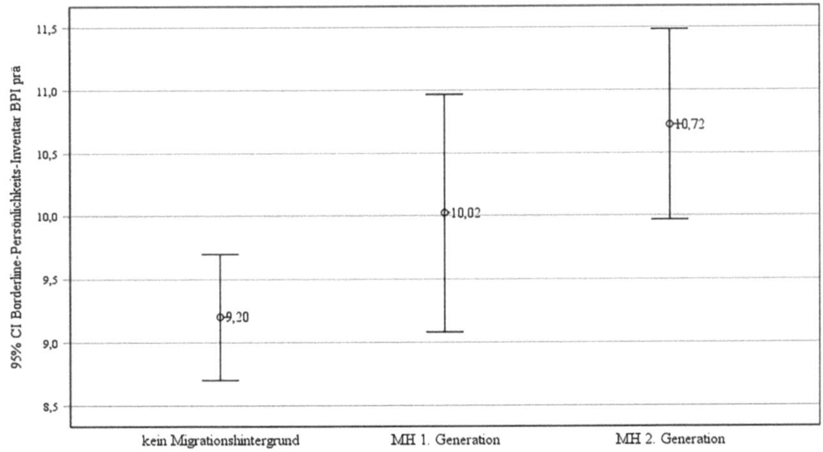

Abbildung 5.2 BPI-Mittelwerte mit 95 %-Konfidenzintervall nach Migrationshintergrund

Bei der Variable GSI zeigen sich ebenso signifikante Unterschiede in den Mittelwerten nach Migrationshintergrund (Abbildung 5.3). In der körperlichen und psychischen Symptombelastung zeigt sich kein signifikanter Unterschied zwischen Personen mit Migrationshintergrund der 1. Generation (n = 86; M = 1,69; SD = 0,70) und Migrationshintergrund der 2. Generation (n = 138; M = 1,61; SD = 0,65; p = 0,711). Die Gruppe ohne Migrationshintergrund (n = 342; M = 1,43; SD = 0,65) weist im GSI einen signifikant niedrigeren Wert auf als die beiden Gruppen mit Migrationshintergrund 1. Generation (p = 0,005) und Migrationshintergrund 2. Generation (p = 0,022).

Zusammenfassend kann geschlossen werden, dass sich Personen mit und ohne Migrationshintergrund in den GAF-Werten nicht signifikant unterscheiden und auch kein Einfluss durch das Alter gegeben ist. Bei den Variablen BPI und GSI zeigen sich signifikante Unterschiede nach Migrationshintergrund, die durch das Alter beeinflusst sind. Personen ohne Migrationshintergrund weisen signifikant niedrigere Werte im BPI sowie im GSI auf. Die Forschungshypothese, dass signifikante Unterschiede in Abhängigkeit vom Migrationshintergrund bestehen kann angenommen werden, allerdings ist der Effekt für die Variable Migrationshintergrund klein.

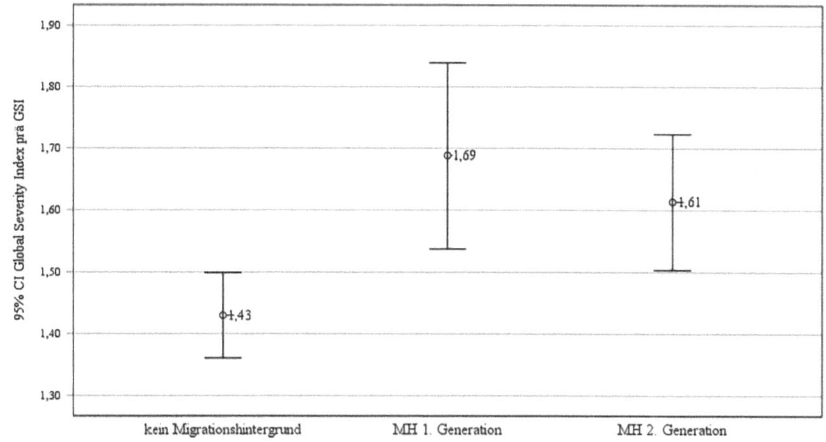

Abbildung 5.3 GSI-Mittelwerte mit 95 %-Konfidenzintervall nach Migrationshintergrund

5.3 Ergebnisse der qualitativen Interviewauswertung

Im Folgenden werden die Ergebnisse der qualitativen Interviewanalyse mittels der Grounded Theory Methode dargelegt. In den Definitionen zu Migration ist auch Flucht eine Form der Migration (vgl. Abschnitt 2.1). Migration wird in der hier vorliegenden Arbeit in Bezug auf die Interviewpartner:innen und ihre Familien jedoch als ein freiwilliges Umsiedeln von einem ins andere Land verstanden, da niemand mit Fluchterfahrungen in der Gruppe der Interviewten vertreten war. Das Gesprochene wurde in den Interviewtranskripten nicht korrigiert, es wurden nur kurze Versprecher weggelassen, und die Berichte der Interviewanalyse in Kapitel 5 und 6 orientieren sich am Wortlaut der Interviewten, um deren Verständnis und Wortwahl abzubilden. Aus diesen Gründen enthalten manche Zitate aus den Interviews kleine Fehler oder Formulierungen, die umgangssprachlich sind oder zumindest nicht dem wissenschaftlichen und praktischen Fachvokabular entsprechen. Bezüge zu Stellen in den Interviews werden hinter Zitaten nach folgendem Schema in Klammern angegeben: (Interviewnummer/Seite/Zeile(n)).

5.3.1 Fallvignetten

Zunächst werden die Patient:innen in der Reihenfolge der Durchführung der Interviews in kurzen Fallvignetten vorgestellt. Die darin enthaltenen Angaben beziehen sich auf den Zeitpunkt des jeweiligen Interviews. Die Schilderungen stellen nicht erschöpfend die Inhalte der Gespräche dar, sondern dienen der Vermittlung eines Eindrucks.

Herr W. war 21 Jahre alt. Seine Eltern sind nach Deutschland migriert. Er ist ein Transmann und war im Prozess der Geschlechtsangleichung. Herr W. befand sich in einer Ausbildung im labortechnischen Bereich. Im Interview konnte er viel erzählen und schien es zu genießen, dass ihm zugehört wurde. Er erzählte von seinen Borderline-Problemen und von zahlreichen schweren Symptomen. Herr W. berichtete von einer schwierigen Beziehung zu seiner Mutter und von einem Vater, der nicht zuverlässig da war und ihm sehr abwertend begegnete. Auch waren Diskriminierungserfahrungen ein Thema.

Herr C. war ebenso 21 Jahre alt. Sein Vater war nach Deutschland migriert, seine Mutter in Deutschland geboren und aufgewachsen. Er hatte zwei Studiengänge abgebrochen und stand vor dem Beginn einer Ausbildung im technisch-kreativen Bereich. Er wirkte schüchtern und antwortete oft zögerlich. Im Fokus seiner Erzählungen stand eine depressive Phase, in die er durch das Scheitern im Studium gerutscht sei. Er schilderte seine Mutter als überversorgend und seinen Vater als distanziert. Es schien, als habe er keine enge Bindung zum Vater und keinen Bezug zum Herkunftsland und dessen dort ansässiger Familie. Er schilderte, sich beim Mobbing wegen seines Aussehens zum ersten Mal als anders erlebt zu haben.

Frau F. war 30 Jahre alt. Sie war selbst vor ungefähr fünf Jahren nach Deutschland migriert. Ihre Mutter lebte noch im Herkunftsland und ihr Vater war verstorben. Frau F. hatte nach einem vor einigen Jahren abgebrochenen Studium zunächst in verschiedenen Bereichen gearbeitet und stand nun vor einem Ausbildungsbeginn im Gesundheitsbereich. Der Tod des Vaters war für sie der Anlass zur Migration, um sich von ihrer als sehr vereinnahmend geschilderten Mutter zu distanzieren. Sie erzählte, dass sie schon länger psychische Probleme habe und zwischen zwei Behandlungen durch die Recherche ihrer Symptome auf die Diagnose „Borderline-Syndrom" (3/1/21) gekommen sei.

Frau S. war 25 Jahre alt. Ihr Vater war migriert, ihre Mutter in Deutschland geboren und aufgewachsen. Sie hatte eine Ausbildung im sozialen Bereich abgeschlossen und arbeitete in diesem Bereich; ihre berufliche Tätigkeit gab ihr Halt. Sie schilderte, dass ihre Probleme bereits in der Pubertät begonnen hätten. In ihren Erzählungen thematisierte sie Schwierigkeiten mit dem Alleinsein, Drogenkonsum in der Vergangenheit und Selbstverletzung. In den Berichten zu ihrem Vater wurde deutlich, wie wenig er für sie da gewesen war und eine deutliche Wut ihm gegenüber war wiederholt zu spüren.

Frau M. war 25 Jahre alt. Beide Eltern waren migriert. Sie hatte ein Studium begonnen, jedoch noch nicht abgeschlossen und arbeitete in einem verwandten Bereich. Beruflich habe sie bisher nicht gewusst, was wirklich zu ihr passt. Sie wirkte während des Gesprächs sehr kontrolliert und berichtete von Depressionen, Essproblemen und dass sie versucht hätte, ihre Probleme mit Sport zu bewältigen, bis es weh getan habe. Ihre Probleme führte sie auf einen sexuellen Übergriff in der Kindheit durch einen engen Verwandten zurück und darauf, dass sie mit ihren Eltern nicht darüber habe sprechen können, weil diese sehr religiös seien.

Frau C. war 28 Jahre alt. Ihre Eltern waren beide migriert. Sie hatte eine Ausbildung im Verkehrsbereich absolviert und arbeitete im erlernten Beruf. Sie erzählte von Ausrastern ihrem Partner gegenüber, von starker Lethargie und davon, dass sie bis zu ihrem 13. Lebensjahr keine Erinnerungen habe. Zeitweise wirkte sie jünger als sie war. Es wurde deutlich, wie wenig sie die Gründe ihrer Probleme greifen und diese kaum einordnen konnte. Sie sei ohne Vater groß geworden, sei ganz anders als dieser, und gleichzeitig schilderte sie Parallelen zwischen sich und dem Vater, benannte diese aber nicht als solche. Ebenso thematisierte sie Mobbing ihr gegenüber in der Jugend aufgrund ihres laut ihr migrantisch geprägten Aussehens.

Herr M. war auch 28 Jahre alt. Seine Mutter war migriert, vermutlich geflüchtet, zu seinem Vater ist dazu nichts bekannt. Er wurde in Deutschland geboren, der Vater war nicht präsent. Einen großen Teil seiner Kindheit wuchs er bei seinen Großeltern mütterlicherseits im Herkunftsland der Mutter auf. Mit Anfang 20 migrierte er nach Deutschland. Herr M. berichtete weder von einer Ausbildung noch von einem Studium, war aber beruflich bereits in verschiedenen Branchen tätig gewesen. Im Fokus seiner Erzählungen standen Panikattacken, die er auf den Stress auf der Arbeit und auf frühe Traumatisierungen zurückführte. Seine Frau schien im Halt zu geben.

Frau R. war 26 Jahre alt. Sie war selbst nach Deutschland migriert, um hier ein Masterstudium im technischen Bereich zu absolvieren. Ihre Eltern wohnten noch im Herkunftsland. Ihre Mutter beschrieb sie als verrückt und sagte, dass sie ohne Vater groß geworden sei. Sie erzählte von starken Depressionen, Selbstverletzungen, Anorexie und mehreren Suizidversuchen. Seit sie in Deutschland lebte, ginge es ihr besser und sie habe hier nicht mehr versucht, sich umzubringen. Während des Interviews wirkte sie erschöpft und angestrengt, ihr Inneres schien gänzlich leer und sie konnte nichts zu ihrem Selbst berichten.

Herr V. war ebenfalls 26 Jahre alt. Seine Mutter war in Deutschland geboren und aufgewachsen. Die Familie des Vaters war nach Deutschland migriert, als dieser ein Kleinkind war. Herr V. studierte ein Fach im technischen Bereich. Er erzählte von problematischem Verhalten und dass er während der pandemiebedingten Umstellung des Studiums auf Online-Lehre Probleme mit dem Lernen gehabt habe und zum Schluss so viel gelernt habe, dass er Schlafmangel bekommen habe. Seine Eltern schilderte er als unterstützend, berichtete aber auch von der Strenge seiner Mutter, auf die er seinen Leistungsdruck zurückführte.

Frau Y. war 27 Jahre alt. Ihre Eltern waren migriert. Sie hatte eine abgeschlossene Ausbildung im Verwaltungsbereich und war dort auch tätig. Sie berichtete von starken Wasch- und Sauberkeitszwängen, von Isolation und von ihrer in die Brüche gegangenen Ehe. Sie erzählte viel von ihrem Ex-Mann und schwankte zwischen sehnsüchtigem Vermissen und Verteufelung des Mannes. Auch schilderte sie, wie sie sich lange isoliert habe, um mit ihrem Mann, der damals nicht in Deutschland lebte, Kontakt zu halten. Ihr Vater habe sich nicht um sie gekümmert, weshalb sie sich nach der Liebe eines Mannes gesehnt habe.

Herr A. war 25 Jahre alt. Sein Vater war migriert, seine Mutter in Deutschland geboren und aufgewachsen. Er war dabei, eine Ausbildung im sozialen Bereich zu absolvieren. Er erzählte von starken Panikattacken und wie ihn diese aus der Bahn geworfen hätten. In letzter Zeit habe er nicht mehr für seine Freunde da sein können und habe sich zurückgezogen, er könnte sich zu nichts mehr aufraffen. Er schilderte, wie er in seiner Jugend das Herkunftsland des Vaters idealisiert habe, heute verstehe er das nicht mehr und identifizierte sich als Deutscher. Diskriminierende Fragen nach seiner Herkunft verärgerten ihn stark.

Frau P. war 31 Jahre alt. Ihre Eltern waren migriert. Sie hatte einen Studienabschluss im Wirtschaftsbereich und arbeitete in einem Unternehmen. Sie berichtete von einer gewalttätigen Beziehung, seit deren Ende sie nicht mehr wisse, wer sie sei. Sie schilderte Schuld- und Schamgefühle, da auch sie gewalttätig gewesen sei. Sie sprach von einer posttraumatischen Belastungsstörung, Ängsten, Rückzugstendenzen, Panikattacken und dass sie nicht wisse, was sie fühle und brauche. Sie habe keinen Kontakt zu ihrer Familie, auch wegen früher Gewalterfahrungen. Sie wirkte sehr einsam, ihre Arbeit diente ihr als Ablenkung. Ihre aufbrausende Art führte sie auf ihre Herkunft zurück.

5.3.2 Erzählungen im Interview

Auf die Erzählaufforderung folgten kaum ausführliche oder tiefergehende Narrationen. Meist wurde von den Patient:innen knapp das Wichtigste den Symptomen und Beschwerden oder ihr Weg in die Tagesklinik geschildert. Manchmal gerieten Patient:innen ins Stocken oder antworteten zögerlich. Längere Berichte entstanden erst im Laufe des Interviews auf Nachfragen hin. Bei einzelnen Patient:innen schienen starke Belastungen die Erzählungen zu bremsen bzw. wurden diese möglicherweise auch knapp gehalten, um sich zu schützen. Manche Patient:innen erzählten am Ende, als ihnen das Wort ohne eine spezifische Nachfrage überlassen wurde, was ihnen noch eingefallen war. Diese Berichte gehörten teilweise zu den ausführlichsten Erzählungen, weshalb es sich als sinnvoll erwies, am Ende des Gesprächs Raum zu geben.

Es zeigten sich Unterschiede in der Herstellung von Erzählungen zwischen den Patient:innen. Manchen fiel es nicht schwer und sie kamen gut ins Erzählen, andere konnten zu manchem nicht viel berichten oder es fiel ihnen schwer über ihr subjektives Erleben zu sprechen. Ihre Berichte waren knapp und allgemein, weshalb die Interviewerin mit Nachfragen zum weiteren Erzählen anregen musste. Grundsätzlich waren die Interviewpartner:innen es durch die zahlreichen Therapiesitzungen in der Tagesklinik gewohnt, viel über sich zu sprechen und von ihrem inneren Erleben zu erzählen. Mögliche Gründe für wenig ausführliche Erzählungen können beispielsweise hinderliche Einflüsse der Stimmung und psychischen Verfassung sein, wie z. B. depressive Zustände, Erschöpfung und Müdigkeit. Der Überdruss über die eigenen Probleme zu sprechen, das Unvermögen Kontrolle abzugeben oder ein fehlendes Vertrauen, welches in der kurzen Zeit des Interviews nicht entstehen konnte, sind weitere mögliche Gründe. Kürzere Erzählungen können auch ein Ausdruck davon sein, dass manche Interviewpartner:innen distanziert waren, vielleicht weil sie die Interviewerin nicht kannten und auf Abstand halten wollten. Ebenso entstand der Eindruck, dass Patient:innen mit mehr Therapieerfahrung leichter und ausführlicher ins Erzählen kamen als diejenigen mit weniger Vorbehandlung. Möchte man Patient:innen in einem tagesklinischen Setting interviewen, sind solche Umstände unvermeidbar. Trotz der Schwierigkeiten einzelner Interviewpartner:innen entstanden über die Interviews hinweg genug tiefgehende Erzählungen, um viel über die Themen der Forschungsfragen zu erfahren.

5.3.3 Beobachtungen in der Interviewsituation

In den Feldprotokollen wurden Eindrücke und affektive Reaktionen aus der Interviewsituation im direkten Nachgang dokumentiert und im Sinne der Reflexivität versucht, mögliche Einflüsse zwischen dem Forschungsfeld, den Befragten und der Forscherin zu bedenken. Die festgehaltenen Beobachtungen und Erfahrungen werden in diesem Abschnitt berichtet. Die Feldprotokolle wurden in MAXQDA kodiert und Themen zugeordnet, um die Inhalte gebündelt aufzubereiten. Dies war nicht Teil der Grounded-Theory-Auswertung.

Das Setting der Interviews war durch eine eintägige Hospitation und die Vorstellung der Forschung in der Tagesklinik bekannt. Im Verlauf der Interviews wurde die Umgebung vertrauter und eine Routine stellte sich ein, wenn auch pandemiebedingte Regelungen sich hin und wieder änderten und für kurze Irritationen sorgten. Zu Beginn der Erhebungen trat die Autorin mit gewissen Erwartungen an die Gesprächssituation heran, z. B. dass die interviewte Person aufgrund von Identitätsproblemen unsicher wirken oder diffus erzählen würde oder dass ein Patient am Ende seines Aufenthalts in der Tagesklink ausführlich und eher reflektiert berichten würde. Im Verlauf der Interviewdurchführungen wurden die Erwartungen weniger spezifisch, da die Patient:innen in ihrem Wesen sehr verschieden waren und teils sehr unterschiedliche Symptome berichteten. Der Autorin waren meist nur allgemeine Informationen wie der Nachname, das Alter, die (familiäre) Herkunft und die bisherige Dauer des Aufenthalts bekannt, um keine spezifischen Vorannahmen zu entwickeln. Bei einzelnen Personen wurde ihr bereits vor dem Interview mehr mitgeteilt, wie z. B. die Trans-Identität von Herrn W. oder die Zwangssymptome von Frau Y. Spezifische Erwartungen machten sich nur an Vorinformationen fest, wie z. B. die Erwartung einer instabilen Person bei der Information vorangegangener Suizidversuche, oder sie entstanden zu Beginn des Gesprächs, beispielsweise die Vorahnung eines schwierigen Interviews durch das kontrollierende Verhalten der Patientin.

Die Patient:innen traten oft unsicher, nervös oder im Kontrast dazu sehr selbstsicher sowie kontrollierend auf. Teilweise wirkten die Interviewpartner:innen jünger und verletzlich. Frau M. wirkte durch ihre schlichte Kleidung und ihr brav wirkendes Auftreten blass und fast farblos, als wollte sie nicht zu sehr auffallen. Herr C. wirkte durch seine Erzählungen zur Beziehung zu seinem Vater regelrecht unverbunden mit dem Vater. Frau P. wirkte sehr isoliert, berichtete, sie habe kaum Kontakte, nur Freunde, die weiter weg wohnten. Es entstand die Vorstellung, dass die Gegend um sie herum leer sei und nur in größerer Distanz für sie wichtige Menschen lebten, was ihre innere Welt widerzuspiegeln schien. An einzelnen Stellen wurden interessante Nachfragen versäumt, z. B. berichtete Herr W. von einer Schwester, zu der keine weitere Nachfrage gestellt wurden. Teils wurde auch vermieden, zu potentiell belastenden Themen nachzufragen, wie z. B. bei der Beziehung zu den Eltern von Herrn M.

5.3.4 Reflexivität: (Be-)Rührungspunkte

Die Eindrücke während der Interviews werden gemäß der selbstreflexiven Forschungshaltung dargelegt und mit dem individuellen Standpunkt der Autorin verknüpft.

Die Konfrontation mit der inneren Realität der Patient:innen und das Einfühlen im Gespräch und riefen vielfältige emotionale Reaktionen hervor. Die Erzählungen der Patient:innen berührten und lösten Erschrecken, Hilflosigkeit, Beklemmung, Mitleid und Traurigkeit aus. Bei Schilderungen von dysfunktionalen Beziehungen, Misshandlungen und erfahrenem Unrecht kam Wut auf, Diskrepanzen zwischen Bericht und emotionalem Ausdruck und Widersprüche führten zu Irritation. Drastische Berichte von Selbstverletzung und gut sichtbare Narben lösten fast einen inneren Schmerz aus. Teils schienen sich Verunsicherungen der Patient:innen auf die Interviewerin zu übertragen. Auch entstand durch die oft distanzierte Art der Befragten eine Scheu, genauer nachzufragen. Vielleicht resultierte das Gefühl, die Interviewpartner:innen schonen zu müssen aus deren Tendenz, sich emotional einzuigeln und die Interviewerin von sich fernzuhalten, um genau dies zu erreichen.

Bei Patient:innen, die deutlich jünger waren als die Interviewerin, kam wiederholt das Gefühl auf, diese vor zu belastenden Themen schützen zu wollen, z. B. bei Herrn C. Dass dieser seine Mutter als sehr behütend beschrieb, passte zur Dynamik im Interview. Bei Ähnlichkeiten bezüglich des Alters und des Habitus fühlte die Interviewerin sich den Patient:innen näher und spürte eine andere Art der Rührung. Bei mehreren Interviewpartner:innen war der Kontakt eher kühl und distanziert. Bei Frau C. kam es mehrmals vor, dass sie Dinge nicht nachvollziehen konnte und sie von der Interviewerin eine Antwort zu erwarten schien, was Genervtheit erzeugte. Herr M. berichtete manches sehr verkürzt, schien nicht näher darauf eingehen zu wollen und die Interviewerin wusste oftmals nicht einzuschätzen, was in ihm vorging. Auch bei Herrn A. blieb oft unklar, was er empfand. Bei Frau R. zogen die zahlreichen Narben der Selbstverletzung Aufmerksamkeit auf sich und die Interviewerin musste bewusst ihren Fokus auf die Interviewführung lenken. Die Patientin wirkte fragil und es entstand der Eindruck, sie mit dem Gespräch zu belasten und stark zu fordern.

Blieben Erzählungen eher knapp und oberflächlich, löste dies bei der Interviewerin ein Gefühl von Unzufriedenheit und Ungeduld aus. Tendenzen, Kontrolle über die Situation zu übernehmen, erzeugten Verärgerung. Oftmals wurden schlimme Dinge bagatellisiert, bei Erzählungen von potentiell traumatischen oder zumindest belastenden Erfahrungen gelacht statt geweint, was die Interviewerin irritierte und sie nachdenklich machte. Die Patient:innen sprachen wiederholt davon, wie anstrengend die Symptome für sie seien, was die Interviewerin auch im Nachhinein sehr beschäftigte, auch weil sie sich nicht vorstellen kann, wie es war, in gewalttätigen Familien groß zu werden oder solch extremen Stimmungsschwankungen unter-worfen zu sein. Sie empfand wiederholt den Impuls, die Befragten zu trösten und hoffte, dass diese in Zukunft weniger einsam wären, bessere Beziehungen (zu ihrer Familie) herstellen könnten, ihr Problem besser verstehen und einen guten Umgang damit finden würden.

Mit der Konfrontation der inneren Realität der Interviewpartner:innen wurden ihr Empfindungen der Interviewpartner:innen vor Augen geführt, die ihr in diesem Ausmaß fremd sind und die sie teils emotional forderten. Sie verspürte Emotionen und gab ihnen Raum, denen die Interviewpartner:innen auch Raum einräumen müssten und es vielleicht nicht können. Möglicherweise fanden die Empfindungen, die bei den Patient:innen in Schach gehalten wurden, Platz im Mitfühlen der Interviewerin. Irritationen oder Verärgerungen können Teil von inneren Abgrenzungstendenzen gewesen sein. Es gab Hin-und-Her-Bewegungen zwischen Rührung und Berührung einerseits und Abstand nehmen andererseits. Gefühle von Hoffnung, beruhigt sein, den Interviewpartner:innen Besseres wünschen und sie schützen wollen bei der Interviewerin waren möglicherweise Ausdrücke davon, Negatives von sich fernzuhalten, sich selbst zu trösten und das Unwohlsein damit, die Patient:innen sich selbst zu überlassen.

Die Interviewerin war platziert im Dazwischen. Sie war nicht Teil des Tagesklinik-personals, war aber in der Wahrnehmung der Befragten nicht gänzlich davon getrennt und sie war nicht eine der Patient:innen, wies jedoch teilweise Ähnlichkeiten bezüglich des Alters und des Habitus auf. Der Kontakt bewegte sich zwischen tiefgehenden Einblicken in das psychische Leiden und der Erfahrung, von den Befragten auf Distanz gehalten zu werden. Das grundlegende Vertrauen im Gespräch musste teils wiederholt hergestellt werden. Sie konnte zu mehreren Interviewpartner:innen keinen engen emotionalen Kontakt herstellen und ihre Empfindungen in der Interaktion wenig spüren. Dieses Gefangensein im Dazwischen von berührenden Berichten und dem Unvermögen, die Affekte in den Befragten zu erkennen, passt womöglich dazu, dass die Patient:innen das Spüren vielleicht nicht zulassen konnten. Die Schrecken und Traumata schienen keinen Platz im Selbst und im inneren Erleben zu finden.

Die Interviewpartner:innen verblieben einerseits distanziert und waren schwer zu greifen, andererseits teilten sie sehr persönliche Informationen, was dafür spricht, dass die Interviewerin einen ausreichenden Zugang zu ihnen erlangte. Es war interessant, dass manche Interviewpartner:innen am Ende des Interviews mehr Nähe aufbauten, Nachfragen zu ihrer Forschung und Motivation für die Arbeit stellten und daraufhin mehrmals interessante Erzählungen zustande kamen. Auf diese Weise entstand ein vertrauterer Kontakt und gegen-seitiges Verständnis. Vielleicht spielte es eine Rolle, dass die Interviewpartner:innen sie als junge Frau wahrnahmen, die sie einordnen und zu der sie sich ins Verhältnis setzen wollten.

5.3.5 Inhalte der Interviewerzählungen

Im folgenden werden Inhalte der Interviews zu wichtigen Aspekten des Forschungsthemas überblicksartig zusammengefasst, um einen Eindruck der Erzählungen zu geben.

Bildungsweg Mehrere Interviewpartner:innen waren in Ausbildung oder studierten. Manche waren kurz davor, eine Ausbildung zu beginnen, andere hatten ihr Studium oder ihre Ausbildung bereits abgeschlossen. Ausbildungs- oder Studienabbrüche und eher häufige Jobwechsel waren bei mehreren der Befragten vorgekommen. Die Bildungs- und Berufswege und -entscheidungen waren wiederholt durch Unzufriedenheit, Unstetigkeit oder Unsicherheit geprägt. Manche der Befragten wussten nicht, was zu ihnen passen würde, und schilderten das gemacht zu haben, was andere ihnen vorgeschlagen hätten. Mehrere hatten schon diverse Tätigkeiten ausgeübt bzw. Studiengänge begonnen und wieder aufgehört. Dadurch starteten sie vergleichsweise spät in ihre aktuellen Ausbildungen. Mehrere Patient:innen mussten ihre Ausbildung oder Berufstätigkeit aufgrund der psychischen Probleme pausieren. Sowohl bei Herrn V. als auch bei Herrn C. hatte die Umstellung des Studiums auf virtuelle Lehre zu immensen Problemen geführt. Bei Herrn V. war dies der Auslöser dafür sich ins Studium hineinzusteigern und nur noch zu lernen, bis er unter Schlafmangel und anderen Symptomen litt, aufgrund dessen er realisiert hatte, dass er sich in Behandlung begeben musste. Bei Herrn C. schien die Umstellung zum Scheitern im Studium zu führen. Frau F., welche eine Ausbildung im Gesundheitsbereich begann, freute sich darauf, da sie zum ersten Mal etwas für sich selbst entschieden habe. Gleichzeitig hatte sie Sorge, dass die Borderline-Probleme das Vorankommen in der Ausbildung erschweren könnten. Frau C. und Frau S. sahen ihre beruflichen Tätigkeiten als strukturierend und stabilisierend. Bei

Herrn M. schien die Arbeit ein großer Stressfaktor zu sein. Die Wahl eines Ausbildungswegs und einer beruflichen Tätigkeit ist eine wichtige Entwicklungsaufgabe in der Adoleszenz. Hier zeigte sich, wie Borderline-Probleme sich in diesem Entwicklungsschritt manifestieren können, z. B. darin nicht zu wissen, was zu einem passen könnte und in welchem Bereich man gerne arbeiten würde, sich von eigentlichen Problemen abzulenken, in dem man viel arbeitet, aufgrund der aktuellen Probleme nicht im Studium voranzukommen oder sich ins Studium hineinzusteigern mangels eines anderen Halts.

Selbstbeschreibung Mehrere Patient:innen beschrieben sich als offen, kontaktfreudig, als Menschen, die schnell auf Andere zugehen, dann aber auch schnell wieder Kontakte abbrechen. Die Selbstbeschreibungen waren oftmals von Lücken und Widersprüchen geprägt. Herr W. sprach beispielsweise davon, nicht zu wissen, wer er sei, aber auch davon, dass er seit seiner Jugend wisse, dass er queer sei, dass er nie so werden wolle wie sein Vater und gleichzeitig, dass er dem Vater ähnlich sei. Bei vielen der Befragten zeigten sich Störungen der Identität in Berichten davon, dass sie nicht wussten, wer sie seien, was ihnen gut täte, was sie sich wünschten und was ihre Bedürfnisse und Gefühle seien. Frau Y. schilderte, ihr Selbst verloren zu haben. Bei Frau R. zeigte sich eine eindrückliche innere Leere: sie äußerte, nach ihrem dritten Suizidversuch sei nichts mehr von ihr übrig und sie sei innerlich gestorben, als ob sie ihre Identität nicht nur nicht kennen würde, sondern diese nicht mehr vorhanden sei.

Symptome Die Patient:innen schildern vielfältige Symptome. Sie berichteten von Flashbacks, Halluzinationen, Dissoziationen und dem Gefühl eines Gedankenkarussells im Kopf. Sie beschrieben sich als sehr empfindlich, sehr empathisch oder empathielos. Sie nannten hohe Anforderungen an sich selbst, Leistungsdruck, Schlafprobleme, Depressionen, Gefühle der Leere, Konzentrationsprobleme, Gefühlstaubheit, Gefühlskälte, Stumpfheit, Gleichgültigkeit und kein Kontakt zu eigenen Emotionen. Sie litten unter Kraft- und Lustlosigkeit, Anspannung und Unruhe und starken Stimmungsschwankungen. Sie hatten Schwierigkeiten im Umgang mit Emotionen und sozialen Kontakten und erzählten von Phasen des Rückzugs und der Isolation. Ebenso wurde berichtet von Heulkrämpfen und Weinen, dem Umstand, dass sie sich schnell aus Beziehungen zurückziehen, Ängste vor Nähe hatten, fürchteten zu versagen oder verlassen zu werden. Sie wurden geplagt von Hilflosigkeit, Schwarz-Weiß-Denken und Grübeln. Es wurden Schwierigkeiten eigene Bedürfnisse zu kommunizieren, Selbstwertprobleme und ständiges Vergleichen mit Anderen und Selbstzweifel thematisiert. Selbstverletzung und Suizidgedanken oder -versuche, Gefühle der Wertlosigkeit oder ungenügend zu sein, Wut und inneres oder äußeres Explodieren, Ausraster und Ticks, Suchtverhalten, Drogenkonsum und Essstörungen wurden wiederholt genannt. Es widerfuhren ihnen Panikattacken und damit verbundene Gefühle der Lähmung, Zwänge und kontrollierendes Verhalten gegenüber Mitmenschen, Selbstvorwürfe, Schuld- und Scham-gefühle. Es wurden mehrfach somatische Symptome angeführt, wie z. B. fehlendes Müdigkeits-empfinden, Herzklopfen und Magenschmerzen. Frau F. beschrieb das Gefühl der inneren Leere im Brustbereich als „es ist dunkelschwarz“ (3/4/97) und schilderte, dass die Intensität ihrer Gefühle „immer extrem“ (3/2/39) und „übertrieben“ (3/4/103) sei. Herr A. schilderte das Auf und Ab seiner Empfindungen als „Achterbahnfahrt“ (11/25–26/647–652). Frau S. äußerte, dass sie „wieder so n Einbruch“ (4/1/20) gehabt habe und sich deswegen in der Tagesklinik gemeldet habe. Oftmals wurden Symptome oder das Leiden normalisiert und bagatellisiert: Frau R. schilderte sich z. B. als „ein bisschen anorektisch“ (8/4/78–79) und sie hätte eine „normale Depression, nicht besonders“ (8/5/123). Mehrere Patient:innen, z. B. Frau S. und Frau Y., schilderten, dass ihre Symptome weniger stark seien als früher, dass sie ruhiger geworden seien und dass dies gut tue.

Interessant war die Beobachtung, dass mehrere Patient:innen in den Erzählungen zu ihren Problemen den Begriff „Borderline“ nicht erwähnten. Stattdessen standen bei diesen Patient:innen Erzählungen zu aktuell relevanten Symptomen im Fokus, wie z. B. Depressionen, starke Wutausbrüche und Panikattacken. Herr A. erwähnte zwar die Borderline-Diagnose seiner Schwester, benannte sie aber nicht bei sich selbst. Die Patient:innen, welche von „Borderline“ sprachen, hatten schon länger mit den Problemen zu kämpfen und waren bereits vor dem Tagesklinikaufenthalt in Behandlung gewesen. Bei den anderen waren die Borderline-Probleme später manifest geworden bzw. waren Schwierigkeiten vorher schon vorhanden gewesen, die Behandlung dieser war aber noch vermieden worden, und die Patient:innen waren vor der Tagesklinik noch nie oder nur ganz kurz in psychotherapeutischer Behandlung gewesen.

Attributionen Frau C. thematisierte, dass ihr Partner für ihre Ausraster ihm gegenüber nicht verantwortlich sei und sie in der Therapie noch dabei sei herauszufinden, „wohers genau kommt“ (6/2/35). Ihre Äußerung „irgendwo muss es ja herkommen“ (6/5/97) zeigt, dass sie sich im Klaren darüber war, dass ihre Probleme von etwas herrühren und sie nicht beliebig ereilten. Auch Frau M. äußerte, dass es einen Grund für die Probleme geben müsse. Neurologische Faktoren wurden kaum und nur unspezifisch thematisiert. Es war bewusst, dass Borderline anatomisch mitbedingt ist und neuronale Komponenten wie z. B. die Amygdala und Serotonin relevant sind. Hormone wurden als hilfreich für die Heilung angesehen.

Die Patient:innen sahen die Gründe und Ursachen für ihr Leiden hauptsächlich in vergangenen Erfahrungen (in der Kindheit). Diese umfassten beispielsweise eine belastete Familien-geschichte, Konflikte in der Familie, psychische Probleme der Mutter bzw. die postpartale Depression der Mutter als eigenes Trauma, die Abwesenheit des Vaters, starke Isolations-tendenzen in der Kindheit oder Jugend, einen sexuellen Übergriff durch den Bruder und die Unmöglichkeit in der streng religiösen Familie darüber zu sprechen und schlechte Erfahrungen in Bezug auf Männer und Sexualität. Fehlende Selbständigkeit wurde auf die Überbehütung durch die Mutter zurückgeführt oder die Strenge der Mutter wurde als ein Grund für die eigene Leistungsorientierung genannt. Aus den Süchten und der Abwesenheit des Vaters resultierten Verlustangst und das Bedürfnis, beim Partner immer oberste Priorität zu haben. Das Aufwachsen bei den Eltern wurde als prägend dafür erachtet, in problematischen Beziehungen zu bleiben und sich nicht zu trauen, eigene Bedürfnisse zu kommunizieren. Das Rollenbild, dass Männer nicht weinen dürfen, wurde als Grund für die Unterdrückung von Tränen und für Schwierigkeiten, mit den eigenen Emotionen umzugehen, gesehen, was wiederum zu den Problemen beigetragen habe.

Teilweise wurden die Probleme und Symptome auch auf relativ kurz zurückliegende Erfahrungen und äußere Umstände attribuiert, wie z. B. nicht bestandene Prüfungen im Studium, bisher keine Beziehung gehabt zu haben, eine vorangegangene gewalttätige Partner-schaft und die damit verbundene Trennung, (selbst erzeugter) Stress, Schwierigkeiten auf der Arbeit und die pandemiebedingte Umstellung des Studiums auf Online-Lehre. Die genannten Umstände wurden als Grund oder Auslöser bzw. als ein Katalysator oder Verstärker für die Probleme bzw. für einzelne Aspekte dieser begriffen.

Die Migrationsgeschichte wurde bei der Erklärung der Probleme öfters angeführt. Laut Herrn W. sei sie „sehr relevant" (1/29/697) gewesen und der Rassismus von Lehrern und sexuelle Avancen von „Männern mit dem gleichen Typus" hätten bei seinen Problemen „sehr, sehr, sehr viel mitgewirkt" (1/29/707). Auch seine Unsicherheit und Verwirrung bei den von ihm beherrschten Sprachen und das Gefühl, keine davon so richtig zu können, attribuierte er auf die familiäre Migrationsgeschichte. Frau C. bezeichnete Mobbingerfahrungen in ihrer Jugend aufgrund ihres Aussehens als belastend und sagte, sie habe „Schäden davon getragen" (6/48/1070). Herr C. thematisierte, dass er kein Deutscher sei, obwohl er in Deutschland geboren und aufgewachsen war. Er vermutete einen Zusammenhang zwischen seinen Selbst-wertproblemen und dem erfahrenen Mobbing in der Schule aufgrund seines „nicht-deutschen" Aussehens. Frau F. führte Sprachschwierigkeiten als Grund an, dass sie nicht immer gut verstanden wurde und sich daher einsam fühlte. Auch konnte sie sich deswegen nicht gleich Hilfe holen konnte und musste Tätigkeiten ausüben, die für ihr Selbstbewusstsein schlecht waren. Frau P. attribuierte ihre temperamentvolle und emotionale Art auf ihre Herkunft, nicht auf ihre psychischen Probleme.

Alle bisher berichteten Attributionen sind external und liegen im Außen. Jedoch war wiederholt das Bewusstsein über die Eigenverantwortung für die psychischen Probleme und die Besserung dieser erkennbar. Es wurden innere Attributionen genannt, wie z. B. die eigene Tendenz, Gefühle zu verdrängen oder sich von anderen Personen abhängig zu machen. Ebenso wurden die Weiterführung der Tabuisierung schlimmer Erfahrung während des Aufwachsens im Erwachsenenalter und der Hang, dem Studium zu viel Wert beizumessen, genannt.

Ressourcen und soziale Unterstützung Freundschaften und Partnerschaften wurden mehrfach als Halt und soziale Beziehungen als heilsam beschrieben. Beispielsweise waren die guten Beziehungen zu ihrer Cousine und ihrer Großmutter für Frau M. sehr wertvoll, da sie sich sonst niemandem in der Familie anvertrauen konnte und Herr M. schildert seine Frau und auch seine Großeltern als unterstützend. Mehrere Befragte erwähnten andere Patient:innen in der Tagesklinik als wertvolle Unterstützung. Teilweise wurden Partner:innen, Freund:innen oder Kolleg:innen aber auch als keine oder als das Gegenteil von Unterstützung beschrieben, weil diese entweder selbst psychisch belastet waren oder weil die Befragten Probleme hatten, sich diesen anzuvertrauen. Insbesondere die Eltern wurden oftmals nicht als Unterstützung, sondern als Grund für die Probleme geschildert. Mehrere Patient:innen führten ihren Beruf als haltgebende Ressource an. Frau Y. nannte ihren Glauben als Halt. Kreative Hobbies wie Zeichnen, Tanz, Theater und Musik sowie Sport wurden als wohltuende Beschäftigungen, als Halt oder als Möglichkeit, Gefühle zu bearbeiten, genannt. Frau M. sah ihre Zweisprachigkeit als etwas Positives und Frau F. schilderte, dass sie recht schnell Deutsch gelernt habe und bei verschiedenen Arbeitsstellen auch meist auf bessere Positionen gekommen sei.

Coping Die Patient:innen konnten kaum effektive Bewältigungsstrategien berichten. Von mehreren der Befragten wurden sportliche Aktivitäten, z. B. Laufen, Wandern oder Klettern, als eine hilfreiche Strategien beschrieben, um das Wohlbefinden zu verbessern und gegen depressive Verstimmungen anzugehen, auch Yoga und Meditation wurden genannt. In der Natur zu sein wurde als wohltuend erwähnt. Abends etwas mit Freunden zu unternehmen oder zu puzzeln wurde als entspannend beschrieben. Frau R. gab an, zu versuchen, Freude in Kleinigkeiten zu finden und Frau Y. nannte ihren Glauben als Halt und als Weg, die Hoffnung nicht zu verlieren. Herr C. wollte mittels Willenskraft Besserung herbeiführen. Oftmals wurde geschildert, keine Ressourcen oder Strategien zu haben, mit dem Problem besser umgehen zu können oder nichts tun zu können, damit es einem besser geht, weil man zu kraftlos ist. Mehrere Patient:innen schilderten, nicht zu wissen, was einem helfen oder gut tun würde und über keine wesentlichen hilfreichen Strategien zu verfügen. Teilweise wurde Abwehr als Umgang geschildert, beispielsweise sich mit Musik abzulenken oder etwas zu verdrängen. Auch wurde die Flucht in Traumwelten als Weg genannt, sich der Realität zu entziehen. Von Frau S. wurde die Selbstverletzung wie eine Coping-Strategie beschrieben statt als Teil des Problems und Herr A. sagte, der Umgang damit stecke „noch in den Kinderschuhen" (11/23/578).

Erleben der Behandlung Die Patient:innen begaben sich aus verschiedenen Gründen in Behandlung, beispielsweise weil ihnen bewusst war, dass ihr bisheriger Umgang mit den Problemen nicht hilfreich war und sie damit an ihre Grenzen stießen oder weil sie im Studium nicht mehr zurechtkamen. Sie wollten problematisches Verhalten bei sich unterbinden, ihre Probleme verstehen und nachvollziehen, warum sie z. B. Panikattacken ereilten. Auch wollten sie einen besseren Umgang mit dem Problem und Strategien zur Bewältigung lernen anstatt Medikamente einzunehmen und z. B. verhindern, dass sich das Scheitern im Studium in der anstehenden Ausbildung wiederholen würde. Frau R. äußerte die Befürchtung, am Ende des Aufenthalts alles zu verstehen, aber keinen Umgang damit gefunden zu haben.

Die Befragten gingen unter anderem auf Empfehlung von Partner:innen, Beratungsstellen oder Behandler:innen in anderen Behandlungskontexten in die Tagesklinik. Dort umfasste das Behandlungsangebot folgende Therapieformen: Gesprächstherapie einzeln und in Gruppen, Kunsttherapie, Musiktherapie, Körpertherapie, progressive Muskel-entspannung, Traumreisen und Gruppenaktivitäten. Die Vielfalt der Behandlungen und damit verbundene unterschiedliche Wirkweisen wurden als sinnvoll erachtet. Die Behandlungen wurden teils als unangenehm, schmerzhaft, anstrengend und sehr erschöpfend erlebt. Manchmal fehle die Motivation oder es sei anstrengend, in sich selbst zu schauen. Gerade der Anfang des Aufenthalts sei stressig gewesen, die Anstrengung der Behandlung schwanke abhängig vom Empfinden von Tag zu Tag und wurden mit Arbeit verglichen. Es kam zu Verunsicherungen hinsichtlich der eigenen Attributionen und zum Aufwühlen von in sich vergrabenen Dingen. Herr A. berichtete, er habe durch die Therapie nicht mehr gewusst, wer er sei und habe alles hinterfragt in seinem Leben. Auch wären Dinge hervorgebracht worden, von denen er nicht wusste, dass sie ihn beschäftigten. Er würde sich auf die Einzeltherapiesitzungen freuen, auch wenn diese ihn sehr aufwühlten und an seine Grenzen brächten.

Manche Patient:innen erfuhren einzelne Therapieangebote als weniger hilfreich. Die Gruppentherapie stellte einerseits eine Stresssituation dar und dort offen zu sprechen fiel mehreren Patient:innen (zu Beginn des Aufenthalts) schwer. Andererseits wurde sie als hilfreich erlebt, weil andere Patient:innen ähnliche Erfahrungen teilten und man sich so weniger alleine fühlte. Auch die Musiktherapie wurde einerseits als positiv erlebt, auf der anderen Seite konnten einige nicht viel damit anfangen. Es wurde Skepsis gegenüber der Kunsttherapie oder der Körpertherapie geäußert. Frau F. machte es nervös, wenn sich ihr Körper bei der Körpererfahrung automatisch entspannte und Frau P. nannte die Musiktherapie frustrierend, da dort sehr viel geschehe, was sie nicht erklären könne.

Herr W. schilderte in der Tagesklinik habe „sich sehr, sehr viel getan“ (1/26/609). Die Behandlungen in der Tagesklinik wurden insgesamt als hilfreich erlebt, besonders die Einzeltherapien und das Miteinander unter den Patient:innen wurden positiv hervorgehoben. Es sei hilfreich und mutmachend, frei sprechen zu können, ohne bewertet zu werden und ohne sich zu schämen. Sich auszutauschen, verschiedene Denkweisen der Therapeut:innen zu erfahren und durch die anderen Patient:innen viele Perspektiven einzunehmen, wurde positiv beschrieben. Die Patient:innen konnten durch die Behandlungen mehr Kontakt zu ihren Emotionen herstellen, diese erkennen und bearbeiten und mehr von sich verstehen und reflektieren. Mehrere Patient:innen berichteten, im Verlauf der Behandlung in der Tagesklinik bereits ruhiger geworden und z. B. nicht immer gleich innerlich zu explodieren, sondern über Handlungsmöglichkeiten nachdenken zu können. Das Miteinander wirkte unterstützend, jedoch wurden auch Schwierigkeiten beschrieben sich bei dem Bedarf nach Ruhe zurückzuziehen. Herr W. berichtete, dass er nun nach einigen Wochen etwas spürte, sich erreiche und mehr Mut und Hoffnung gefasst hatte. Er lernte sich selbst besser kennen und könne seine ihm fehlende Identität „langsam erkennen, fühlen und zurück bekommen“ (1/26/620–621).

Frau S. berichtete, sie sei bereits vor ein paar Jahren in der Tagesklinik gewesen, habe es damals als hilfreich erlebt und sei deshalb wiedergekommen, als es ihr wieder schlechter ging. Die Behandlungen hätten ihr damals dabei geholfen, ihre Probleme einzuordnen und ihre Eigenverantwortlichkeit für das Ändern der Probleme zu erkennen. Sie erlebte es aktuell als hilfreich, dass nun mehr jüngere Frauen mit ähnlichen Problemen unter den Patient:innen waren als bei ihrem vorherigen Aufenthalt. Die hohe Frequenz der Behandlungen im Kontrast zu ambulanter Therapie wurde als positiv empfunden, weil auf diese Weise Themen nicht umgangen werden konnten, die sonst vermieden wurden. Die Patient:innen zeigten sich dankbar über die Möglichkeit der Behandlung in der Tagesklinik und über Fortschritte durch die Therapien. Ein höheres Wohlbefinden, mehr zur eigenen Kindheit und Familie zu verstehen, Gefühle von Wut zu realisieren, Zeit für sich zu haben und sich mehr Menschen anvertrauen zu können wurden als Erfolge bzw. positive Effekte der Behandlungen genannt. Reden tue gut und ohne die Behandlung wäre man nicht weiter gekommen. Herr A. sagte er realisiere immer mehr, dass er „hier eigentlich eher aufarbeite […] statt was vernichte“ (11/32/830–831). Dies zeigt ein Verständnis, dass es in der tagesklinischen Behandlung nicht darum geht, das Problem bzw. die Symptome einfach loszuwerden oder zu eliminieren, sondern dass es um die Aufarbeitung und Verarbeitung dahinter stehender Gründe und Prozesse geht. Zugespitzt könnte man sagen, dass Herr A. nach und nach versteht, dass es nicht um Symptomreduktion oder -beseitigung geht, sondern um die Analyse der und den Umgang mit lebensgeschichtlichen Zusammenhängen und Auslösern und dass dies eine psychodynamische Betrachtungsweise widerspiegelt.

Zusammenhänge zur Migrationsgeschichte Hier werden beispielhaft einzelne Deutungen der (familiären) Migrationsgeschichte skizziert. Weitere Deutungen der Lebens- und Migrationsgeschichte finden sich in den Ausführungen der Kategorien des Grounded-Theory-Modells unter Abschnitt 5.3.6 und migrationsbezogene Attributionen wurden unter dem entsprechenden Abschnitt bereits ausgeführt (siehe oben). Die elterliche Migration wurde von Herrn W. als „lebensverändernd“ beschrieben und habe ein „riesiges Loch in die Familie gerissen“ (1/34/814–815), „die Seele ist einfach dort geblieben“ (1/9/205), als seien die Eltern als leere Hüllen nach Deutschland gekommen. Er schilderte, wie sich der ankunftsbedingte Schock und die Depression der Mutter auf ihn übertragen hätte. Mit der Migration sei „sehr viel Leid mitgekommen“ (1/34/815), die Mutter sei damit beschäftigt gewesen, sich in Deutschland über Wasser zu halten. Sie habe nicht die Kapazitäten gehabt, sich mit sich selbst auseinander zu setzen und sei deswegen ausgebrannt und nicht in der Lage gewesen sich um ihn zu kümmern. Er erzählte von dem Gedanken wegzuwollen „in ein Land, das Leben hat“ (1/31/757). Möglicherweise ist sein Eindruck von Deutschland hier stark eingefärbt vom Erleben der Mutter. Diese sei unglücklich in Deutschland, weswegen er sich schuldig fühlte, da sie wegen der Kinder hergekommen wäre. Herr W. schilderte die familiäre Migrations-geschichte als wäre es seine eigene. Herr C. erzählte, er hätte wenig Bezug zur Familie seines Vaters und zu seinem Vater selbst, da er seine Sprache nicht spreche. Den Druck des Vaters, sein Sohn solle eine akademische Karriere einschlagen, der ihm zugesetzt zu haben schien, verband er mit dem Ansinnen des Vaters, dass es seinem Sohn in Deutschland gut gehen solle. Frau M. verband mit dem Herkunftsland ihrer Eltern auch die starke katholische Religiosität und damit den Umstand, dass sie mit ihren Eltern nicht offen sprechen konnte. Sie führte die Unerreichbarkeit ihrer Eltern auf deren offenbar stark religiösen Hintergrund zurück, welchen sie in direkte Verbindung mit der Herkunft und Sozialisation der Eltern setzte. Bei Frau S. wurde deutlich, dass sie selbst keine optimale Distanz zum Herkunftsland des Vaters gefunden hatte: sie hatte es noch nie besucht, sehnte sich aber in dieses Land. Ihre Sehnsucht zeigte sich im Interview verbunden mit einer Zeit, in welcher die Familie noch nicht zerbrochen schien, sondern gemeinsame Reisen in die Heimat des Vaters unternahm. Frau P. fragte sich, welche Teile ihres Selbst auf die Herkunft ihrer Eltern zurückzuführen seien, wo sie eigentlich hingehöre und schien ihren Platz in der Gesellschaft nicht zu kennen.

Im folgenden Abschnitt werden die Ergebnisse der Interviewanalyse mittels der Grounded Theory dargelegt. Es werden Aspekte der Lebensgeschichte, (familiärer) Migrations-erfahrungen und des Altersabschnitts der Adoleszenz aus den Erzählungen der Patient:innen herausgestellt und mit dem subjektiven Erleben und Verstehen verknüpft.

5.3.6 Ergebnisse der Grounded-Theory-Analyse

Es folgen mit Abbildung 5.4 und Abbildung 5.5 zwei Grafiken zur Übersicht über das entwickelte Modell und anschließend die Ausführungen zum Modell.

Erläuterungen zu den folgenden Grafiken:
Rot: zentrale Kategorie; gelb: Kategorien mit Subkategorien als Stichpunkte.

Blaue Pfeile von gelb zu rot: Verbindungen der Kategorien mit der zentralen Kategorie.

Blaue Pfeile von gelb zu gelb: Verbindungen zwischen den Kategorien (bzw. Subkategorien).

Die Erläuterung der Kategorien, Subkategorien und der zwischen ihnen bestehenden Zusammenhänge ist keine erschöpfende Darstellung der Analyse und erfolgt an einer Auswahl prägnanter Stellen aus den Interviews, da die umfassende Darstellung aller Textbezüge zu ausführlich wäre. Zusammenhänge zwischen Subkategorien innerhalb einer Kategorie wurden in die Verschriftlichung der Kategorien integriert und Zusammenhänge zwischen Subkategorien verschiedener Kategorien wurden separat verschriftlicht. Die Nummerierungen der Subkategorien und der Zusammenhänge gemäß Abbildung 5.5 wurden in Klammern ergänzt.

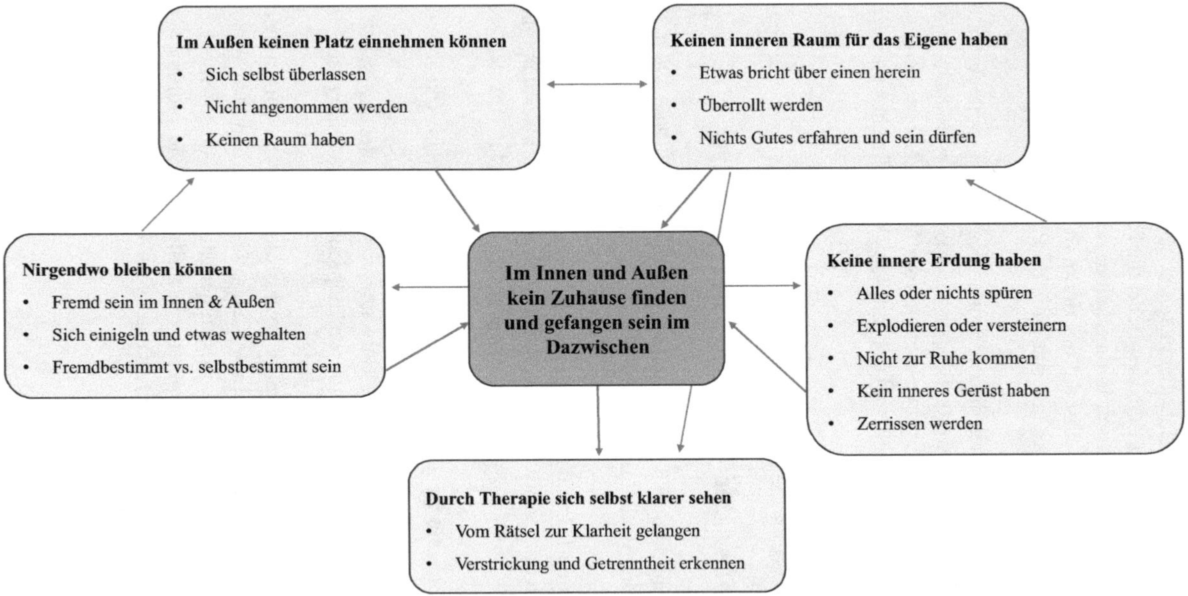

Abbildung 5.4 Modell der reflexiven Grounded Theory. (*Anmerkung:* Modell entwickelt aus der Interviewanalyse gemäß der reflexiven Grounded Theory)

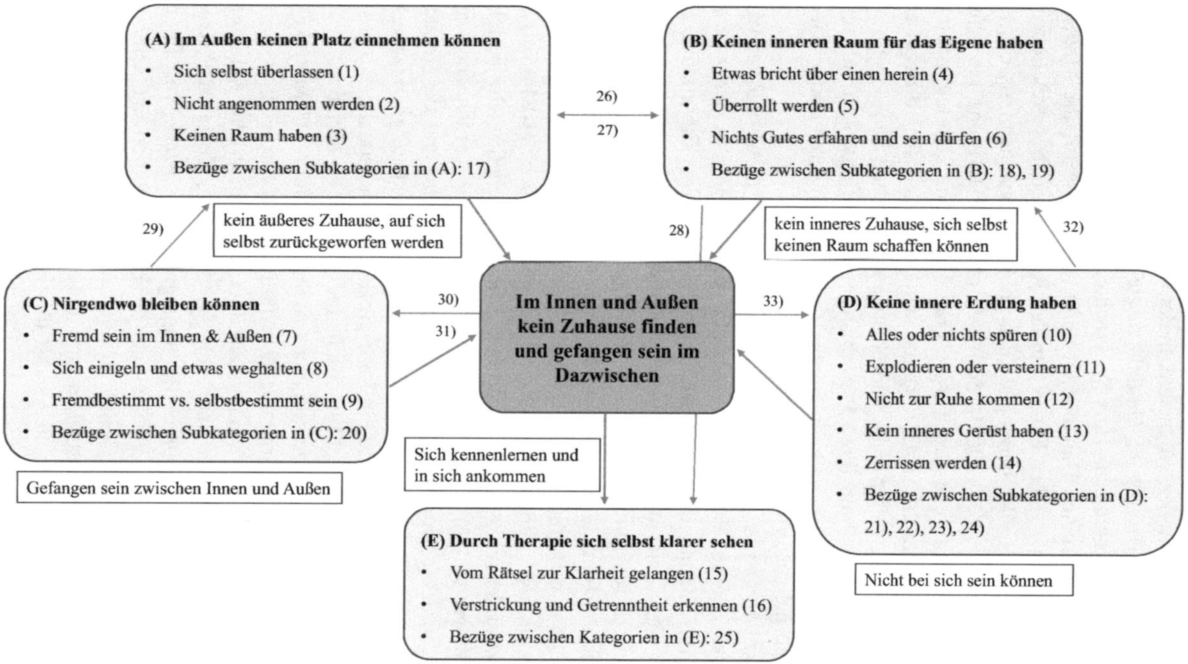

Abbildung 5.5 Modell der reflexiven Grounded Theory nummeriert mit Erläuterungen. (*Anmerkung:* Modell entwickelt aus der Interviewanalyse gemäß der reflexiven Grounded Theory nummeriert und mit Erläuterungen)

(A) Im Außen keinen Platz einnehmen können „Es gab sehr wenig Platz für das Innenleben“ (1/6/120) in der Umgebung, in der Herr W. aufwuchs. Seine Mutter habe nicht gewollt, dass er seine Gefühle zeigte und habe diese im Kontrast zu ihrem Schmerz klein gemacht. Herr W. brachte dies in Zusammenhang mit der von der Familie erwarteten Dankbarkeit dafür, dass diese für die Migration im Herkunftsland alles aufgegeben hätten, um den Kindern ein besseres Leben in Deutschland zu bieten. Herr M. berichtete „dann bin ich entstanden als Unglück sozusagen, ich bin passiert“ (7/20/504–505), als ob seine Existenz ein Unfall wäre und es ihn eigentlich nicht geben solle. Frau M. äußerte „ich hab mich nie so richtig angekommen gefühlt“ (5/7/159) und schilderte, dass sie im Beruf eher passiv Entscheidungen getroffen habe und etwas angenommen habe, wenn sich etwas ergeben hätte: sie schien ihren Platz bisher nicht gefunden zu haben. Es wirkte als hätten die Patient:innen kein äußeres Zuhause und wären immer wieder auf sich selbst zurückgeworfen.

1) Sich selbst überlassen „eigentlich sind alle Menschen alleine auf der Welt“ (10/39/1005–1006): Frau Y. beschrieb sich als verlassen und schien mit dieser Äußerung das Gefühl einer alle Menschen betreffenden Einsamkeit zum Ausdruck zu bringen. Die Interview-partner:innen schilderten wiederholt alleine gelassen worden zu sein, nicht allein sein zu können und nicht ausgehalten zu werden. Sie wirkten oftmals ausgeliefert: der eigenen Biografie, den elterlichen Aggressionen und den Problemen, die als sehr mächtig wahr-genommen wurde. Das Problem beeinflusse alles und wirke „auf das ganze Leben“ (10/4/86). Auch familiären Dynamiken waren die Patient:innen öfters ausgeliefert. Sie berichteten von Verlustangst und Anstrengungen, nicht verlassen zu werden. Sie waren auf sich selbst zurück-geworfen durch Tabus in der Familie und die Tendenz, sich in sich selbst zu verlieren. Sie schienen nicht ins soziale Gefüge eingewoben sein. Das Alleinsein auszuhalten war ein Lern-prozess, wurde jedoch auch positiv geschildert und Unterstützung von Mitmenschen als rettend beschrieben.

Die Interviewten fühlten sich dem eigenen Selbst und ihren Schwierigkeiten unter-worfen: der Beginn der Symptome überrumpelte manche wie aus einem Hinterhalt und die Panikattacken wurden als überwältigend erlebt. Man selbst sei machtlos gegenüber Zwängen und nicht in der Lage, gegen die Krankheit anzukämpfen (10/4/81–83). Die Migrations-geschichte wurde von Frau Y. als Schicksal begriffen, worin mitschwingt, dieser ausgeliefert zu sein. Die Borderline-Probleme wurden als Grund für Einsamkeit angeführt. Auch durch psychotherapeutische Versorgungslücken und einen problematischen Umgang durch Behandler:innen wurden sie sich selbst überlassen. Es kam z. B. zur Pausierung ambulanter Psychotherapie, da die Patientin diese selbst hätte zahlen müssen oder die Diagnose „Borderline“ wurde gestellt, aber nicht weiter erklärt;

die Betroffenen blieben mit der Verarbeitung und dem Verstehen der Diagnose alleine. Jedoch wurde auch die eigene Verantwortung gesehen: die Patient:innen recherchierten aktiv zum eigenen Befinden und suchten Behandlung auf. Einzelnen Patient:innen war bewusst, sich selbst Stress erzeugt zu haben, sich keine Zeit gelassen zu haben und alleine zurechtkommen zu müssen.

Die Adoleszenz wurde als Phase der Verunsicherung geschildert, in der man beispielsweise Mobbing erfuhr. Sie berichteten von Angst vor den eigenen Borderline-Problemen und eine Krise erlebten sie als potentiell ausbildungsgefährdend. Sehr große Angst-zustände, Bewusstsein über mögliche Rückfälle und die Angst vor der Verantwortung für potentielle Kinder beschäftigte sie. Sie berichteten von Sehnsüchten: das Vermissen von etwas, was ihnen die Familie nicht geben konnte, Neid auf Kinder mit einem Vater, der sich kümmerte, und die Hoffnung, bei Partnern die fehlende Vaterliebe zu finden. Die Befragten wirkten alleine gelassen und schienen bei niemandem zuhause zu sein.

2) Nicht angenommen werden „Du willst mich nicht haben, dann geh ich halt…" (4/26/675–676): Frau S. schilderte diese Empfindung bei der Erfahrung von der Mutter als Teenager zuhause nicht ausgehalten und in eine Wohngruppe geschickt zu werden. Sich selbst überlassen zu werden (1) führte zum Gefühl nicht angenommen zu werden und wertlos zu sein (2) (17). Die Patient:innen erlebten sich öfters von Eltern, Freund:innen oder Anderen nicht akzeptiert, übergangen, abgewiesen, im Stich gelassen oder verstoßen und erfuhren Abwertung und Demütigung, auch durch die Eltern. Die Väter waren oftmals nicht für sie da und die Mütter hielten es nicht mit ihnen aus, wodurch sie den Eindruck bekamen, dass diese sie loswerden wollten. Die erfahrene Entwertung schienen sie stark verinnerlicht zu haben. Es wurden Vernachlässigung, Abstoßung und fehlender Respekt berichtet. Oftmals wurden Traumatisierungen genannt, selten jedoch näher erläutert. Frau F. benannte die Entwertung durch ihren Vater in ihrer Jugend als traumatisch. Die Patient:innen gaben an, mit ihrem psychischen Leiden nicht wahrgenommen zu werden, beispielsweise durch die Mutter, die ihr Leiden nicht sah oder verleugnete. Manche Patient:innen nahmen ein gesellschaftliches Stigma ihrer Borderline-Probleme wahr.

Es wurden mehrmals Diskriminierungserfahrungen thematisiert, durch welche sie sich nicht angenommen, entwertet und ausgeschlossen fühlten. Herr W., der queer ist, sah sich mit sehr homophoben Äußerungen seines Vaters konfrontiert. Die Migrationsgeschichte wurde als Grund dafür genannt, ausgeschlossen zu werden, als Benachteiligung bei Bewerbungen befürchtet und mit dem Gefühl des ständigen Andersseins und des sich Weniger-Wert-Fühlens verbunden. Der sprachliche Akzent und von außen als anders wahrgenommenes Aussehen wurden als Anlass für Diskriminierung und Rassismus genannt. Herr A. schilderte die Erfahrung mehrmals als erstes gefragt worden zu sein „was bist'n du für'n Landsmann?" (11/18/455–457) und auf seine Antwort Ablehnung zu erfahren: „ich bin deutsch so ich wurd' aber nicht als Deutscher akzeptiert" (11/18/456–466). Er wurde im Außen als fremd und nicht zugehörig zu „den Deutschen" wahrgenommen und seine Identität als Deutscher wurde ihm abgesprochen. Die Patient:innen wurden im Außen oft nicht mit dem Eigenen angenommen bzw. fühlten sich zurückgewiesen.

3) Keinen Raum haben „Nehme ich jetzt anderen den Raum, wenn ich was sage" (12/26/671–673): Frau P. schilderte Unsicherheit in der Gruppentherapie, Themen einzu-bringen und zeigte sich gleichzeitig enttäuscht, wenn andere ihre eigenen Probleme in den Fokus rückten. Sie wollte offenbar Raum einnehmen, vermochte es jedoch nicht und schien sich selbst keinen Raum zuzugestehen. Frau S. beschrieb, als Jugendliche von der Mutter zuhause nicht mehr ausgehalten zu werden und bekam den Eindruck „ich bin wieder zu viel" (4/26–27/662–679), als ob für sie nicht genug Platz vorhanden wäre. Die Patient:innen schienen im Außen keinen oder nicht genug Raum einnehmen zu können und schilderten z. B. die Un-möglichkeit Eigenes in der Familie aufgrund der Religiösität der Eltern und damit verbundener Tabus anzusprechen. Sie schienen zu funktionieren und andere stützen zu müssen, aber sich selbst nicht stützen zu können. Sie konnten ihren körperlichen und seelischen Bedürfnissen nicht nachkommen und konnten nicht für sich einstehen. Es wurde der Gedanke beschrieben, dass eigene Gefühle und Bedürfnisse egal seien und das eigene Leiden wurde bagatellisiert. Sie berichteten von Selbstaufgabe und Abhängigkeit in Beziehungen, andere nicht verletzen und keine Belastung sein zu wollen, sich in der Tagesklinik mehr mit den Problemen der Anderen zu befassen und bis zur seelischen und körperlichen Erschöpfung zu lernen oder zu arbeiten. Sie schienen die eigenen Grundbedürfnisse durch den Fokus z. B. auf den Partner oder die Zwänge und trotz wiederholtem Kranksein zu vergessen. In all dem stellten sie sich selbst hinten an, als habe das Selbst keinen Platz im Außen und in den Beziehungen.

Es entstand der Eindruck, dass im Außen kein Ort und keine Geborgenheit für sie auffindbar war. Jedoch konnten vereinzelt Sicherheiten und Räume im Außen erschlossen werden und Herr W. berichtete, in der Tagesklinik seinen Gefühlen Raum zu geben statt zu verdrängen.

(B) Keinen inneren Raum für das Eigene haben Die Patient:innen konnten offenbar auch im Inneren keinen Raum für das Eigene schaffen. Zu Beginn der Probleme schien etwas Neues im Innen aufzutauchen, was vorher nicht präsent war. Es begann Raum einzunehmen, und die Borderline-Probleme spürbar zu machen. Frau Y. äußerte in Bezug auf Hautprobleme in der Pubertät und ihr Bemühen, diese durch Saubermachen loszuwerden „vielleicht deshalb ist irgendwas in mir entstanden“ (10/32/809–810) und sie sei nun „ein ganz anderer Mensch geworden“ (10/32/811) und Herr A. schilderte durch das Auftauchen der Probleme sei „so ne ganz neue Person (…) entstanden“ (11/6/144). Frau P. hatte in dem Moment, in dem ihr Dinge zu viel wurden, den Gedanken „ich muss hier weg“ (12/5/112–113), weil vorher Grenzen nicht spürbar waren. Sie konnte ihr Inneres nicht schützen und wollte ins Außen fliehen.

4) Etwas bricht über einen herein „Es war wie ein Schlag ins Gesicht“ (11/22/549): der Beginn der Symptome kam überraschend und heftig und Herr A. wurde von seiner ersten Panikattacke völlig überrumpelt. Herr M. war nach dieser wie desorientiert und „komplett durcheinander“ (7/8/205–206). Der spürbare Beginn der Probleme wurde entweder als ein schleichendes Abrutschen oder als ein plötzliches Kippen durch Flashbacks verdrängter Erinnerungen und Emotionen, Panikattacken und Angstzustände beschrieben. Das langsame Abrutschen eskalierte, bis es irgendwann nicht mehr ging und Grenzen erreicht waren. Das schnelle Kippen wurde oftmals als Wendepunkt oder plötzlicher Ausbruch geschildert, ab dem es nicht mehr so war wie vorher. Dies wirkte wie ein Dammbruch, ab welchem die Symptome schlimmer wurden und nicht zu bremsen schienen oder Inneres nicht mehr gehalten werden konnte. Frau M.s Schwierigkeiten begannen zunächst mit depressiven Verstimmungen, Flashbacks wirkten verstärkend und trafen sie schließlich „mit voller Wucht“ (5/9/214–215). Sie beschrieb das Auftauchen ihrer Flashbacks als „dann ist halt des alles wieder hochgekommen“ (5/9/222), als habe dieser Teil ihres Erlebens vorher nur an einem versteckten inneren Ort stattgefunden. Die Befragten erkannten, dass auch vor Beginn der Probleme etwas in ihrem Inneren schlummerte, wie z. B. „so’n unterschwelliger Gedanke irgendwie ungenügend zu sein“ (9/18/444). Patient:innen schilderten, es nun nicht mehr zu schaffen für ihre Mitmenschen da zu sein oder gegen die Schwierigkeiten und das Leiden anzukämpfen und mit Stress nicht mehr zurecht zu kommen wie früher. Auch gab es den Wendepunkt, ab dem Behandlung gesucht wurde, weil es nicht so weitergehen könne, was von Frau C. sehr drastisch mit „es bringt nichts so weiterzuleben“ (6/35/789–790) resümiert wurde.

Mit den Borderline-Problemen einhergehende Zusammenbrüche und Rückfälle wirkten wie ein Unglück, was über die Betroffenen hereinbrach und außerhalb der eigenen Kontrolle lag. Frau R. schilderte, die Migration habe zu stärkeren Halluzinationen geführt. Herr M. habe bereits in der Kindheit sehr unter Stress gestanden, dieser habe irgendwann geendet und sein Stress habe in der Jugend mit dem Feiern wieder begonnen; was genau er mit Stress meinte, blieb unklar. Bei allen Interviewpartner:innen lag der Beginn der Probleme im Alter der Jugend oder der Adoleszenz. In diesen Entwicklungsphasen trat etwas zutage, was zuvor keinen Raum im Inneren eingenommen hatte. Erfahrungen, die als zu viel erlebt wurden, und die damit verbundene Überforderung (5) führten in die Krise (4): Frau M. berichtete, wie sie an ihre Grenzen stieß und nicht mehr konnte (18). Gleichzeitig verstärkten krisenhafte Momente (4) die Überforderung bzw. lösten eine neue Art der Überforderung (5) aus: Frau Y. schaffte es nicht gegen die Probleme anzukämpfen seit ihr Mann sie verlassen hatte und das Auftauchen wurde von Herrn M. als Einschnitt in seine Leistungsfähigkeit berichtet (19).

5) Überrollt werden „Es ist zu viel" (3/3/75): Frau F. schien von ihren Gedanken überfordert und Frau S. beschrieb ihre sprunghaften Gedanken als „Gedankenkarussell" (4/29/747–749). Es wurden Krisen oder Zusammenbrüche beschrieben, die die inneren Ressourcen und Fähigkeiten zur Bewältigung strapazierten und in Überforderung mündeten. Die Patient:innen wurden von Symptomen wie Panikattacken, Weinen und Angst oder von zu viel Nähe überrollt. Das Studium, die fremde Sprache, der eigene Leistungsdruck, traumatische intrusive Erinnerungen, die Alltagsbewältigung, die Notwendigkeit Grenzen zu setzen, Depressionen und Gefühlen der Wut und Hilflosigkeit überstiegen ihre Kapazitäten zur Bewältigung. Herr C. wollte dem Leid entfliehen und hatte Suizidgedanken, weil er „einfach nur in den Momenten … nicht mehr existieren wollte" (2/7/145–150). Er schien dem inneren Leiden nicht begegnen zu können und die endgültige Flucht aus dem Innen als einzige Möglichkeit zu sehen, dem Leid zu entkommen.

Emotionen waren nicht beherrschbar und Gedanken so intensiv und nicht zu bändigen, dass sie den Körper übernahmen. Frau S. berichtete, dass sie dank der Behandlung ihre Gedanken besser ordnen könne: die Therapie half, Überforderung zu minimieren und besser damit umzugehen. Frau F. war durch die Sprache stark gefordert, auch weil sprachliche Missverständnisse sie auf die Probe stellten. Frau C. erfuhr eine krisenreiche Pubertät durch eine schwere Krankheit der Mutter und Mobbing aufgrund ihres Aussehens und Herr C. erlebte den Eintritt in eigenständiges Leben im frühen Erwachsenenalter als Bruch. Die Patient:innen wirkten teils überfordert von adoleszenz- und migrationsbedingten Herausforderungen und überwältigt durch Ausbrüche und Manifestationen der Probleme. Herr W. erzählte „wenn ich zu lange allein bin, komme ich viel zu tief in mich rein und vereinsame" (1/20/470–472), sein Inneres wirkte leer und haltlos. Es gab keinen inneren Raum, um mit Anforderungen, Ängsten und Gefühlen zurecht zu kommen, Leiden auszuhalten und sich Geborgenheit zu geben.

6) Nichts Gutes erfahren und sein dürfen „Endlose Selbstvorwürfe" (9/6/142), „ständige Selbstverurteilung" (9/21/532) und der „Drang nach Makellosigkeit" (9/19–20/493–503) plagten Herrn V. Er berichtete, dass er sich keine Fehler erlaube und bisher Erreichtes nicht wertschätzte. Er äußerte „auch wenn ich niemanden je dafür verurteilen würde scheine ich mich selber dafür zu verurteilen“ (9/12–13/312–327), was zeigt, dass er bei anderen nicht mit dem gleichen Maß misst wie bei sich. Die Patient:innen schienen ihre Bedürfnisse zu unterdrücken und dem Selbst ohne Gnade zu begegnen. Nicht das zuzulassen, was man braucht, und sich nicht zu erlauben, was gut tut, zeugt davon, dass sie nicht für sich sorgten bzw. es nicht konnten. Sie zeigten sich gegenüber keine Milde, hatten hohe Ansprüche und wurden Leistungserwartungen, die sie trotz der psychischen Probleme an sich richteten, nicht gerecht. Sie äußerten Frustration darüber, verleugneten ihre Leistungen oder spielten Erfolge herunter, sahen Scheitern als ihre Schuld, Erfolge als Glück und stellten negative soziale Vergleiche an.

Herr A. schilderte, er habe sich wegen seiner Migrationsgeschichte immer beweisen und „immer der gute Junge sein“ (11/19/492–494) müssen. Es wurde deutlich, wie er von außen mit weniger Gnade behandelt wurde. Frau P. berichtete sie hätte wegen einer beiderseits gewalt-vollen Ex-Partnerschaft „diese immensen Schuldgefühle und Schamgefühle“ (12/17/434–441) und wisse nicht, wie sie sich das vergeben solle, und habe sich wegen ihrer aufbrausenden Art „immer so falsch gefühlt“ (12/20–21/508–532). Das Gefühl falsch zu sein zeigt eine innere Verurteilung ihres Selbst. Die Befragten schienen sich selbst durch Leistungsdruck einzuengen und sich selbst gegenüber ungnädig zu sein. Sich kein Scheitern zuzugestehen und sich mit Schuldgefühlen niederzumachen wirkte beklemmend, als ob sie selbst nichts Gutes erfahren und nicht sein durften.

C) Nirgendwo bleiben können In den Erzählungen wirkten die Patient:innen wie gefangen zwischen Innen und Außen, als ob sie nirgendwo richtig hingehörten. Sie schienen sich zwischen dem Selbst und den Anderen hin und her zu bewegen, aber nirgendwo anzukommen. Frau F. schilderte ihren Hauptgedanken „ich bin nicht für diese Welt gemacht“ (3/3–4/74–81) als Grund für Suizidgedanken, als könne sie nicht in der Welt bleiben und sei fremd darin. Herr A. verstand Drogenkonsum, wenn man der „Welt entfliehen möchte, in der man sich gefangen fühlt“ (11/33/846–848). Frau S. erzählte, dass sie bei ihren emotionalen Zusammenbrüchen das Gefühl hätte „als würde man mir den Boden unter den Füßen wegreißen“ (4/3/60–61).

7) Fremd sein im Innen und Außen „Das Gefühl ein Alien zu sein“ (1/30/708–711) käme aufgrund der äußeren Abstoßung der eigenen Identität und anders zu sein bzw. anders zu empfinden als Andere zustande. Die Patient:innen fühlten sich fremd im Innen und Außen, erlebten sich selbst als unbekannt, wussten nicht mehr, wer sie waren aufgrund der vergangenen Partnerschaft oder der aktuellen Behandlung in der Tagesklinik und erfuhren auch körperlich befremdliche Gefühle, als sei das Selbst das Fremde. Ihre eigenen Gefühle und Wünsche und was ihnen gut tut, konnten sie oft nicht benennen. Sie beschrieben durch den Beginn der Symptome etwas von sich nicht zu kennen und eine neue Person geworden zu sein. Der Kern ihres Selbst war nicht greifbar und die eigene Identität nicht verständlich.

Herr A. hatte den Eindruck sein Leben lang eine Rolle gespielt und gelebt zu haben. Frau Y. wurde von ihrem Ex-Mann nicht als sie selbst erlebt. Sie äußerte, sie hätte ihr „eigenes Ich verloren" und ihre „Seele verloren" (10/15/374–375). Die Befragten wirkten orientierungs-los in ihrem Inneren, in welchem sie einem fremden Selbst begegneten. Auch im Außen schienen sie nicht zu wissen, was und wohin sie wollten, nicht richtig anzukommen und sich in einer Suchbewegung zu befinden. Frau C. nannte ihre komplexe familiäre Migrationsgeschichte als Grund für ihre Identitätssuche und die damit verbundene Frage, wo sie wirklich herkomme. Frau P. schilderte den Eindruck „als passe ich nicht so richtig hier her" (12/20/512) und wusste nicht, wie sie sich richtig verhalten solle „in dieser Welt" (12/24/615–620). Es wirkte, als ob die Welt nicht ihre Welt sei. Die Frage „Wo gehör ich eigentlich hin?" (12/20/514) begleite sie schon länger, als ob sie nirgends zugehörig sei und keinen Platz finden würde. Dies führte sie auf die familiäre Migrationsgeschichte und auf die Dynamik ihrer Familie zurück. Frau S. erzählte von dem Eindruck durch mehr junge Frauen in Gruppentherapie, „dass man plötzlich vielleicht nicht dieser Alien ist" (4/30/757–761). Die Interviewten erlebten sich wiederholt fehl am Platz, der Welt nicht zugehörig und in ihr nicht zuhause. Sie schienen im Außen nicht dazu zu gehören und auch nicht zu sich zu gehören bzw. mir ihren Zugehörigkeiten zu ringen.

8) Sich einigeln und etwas weghalten „Mich verstecken vom Rest der Welt" (3/8/188–189) war ein starker Wunsch von Frau F. Auf der einen Seite igelten sich die Patient:innen ein und entzogen sie sich dem Äußeren. Andererseits vermieden sie die Konfrontation mit dem Selbst und dem Eigenen und waren dann „viel häufiger (…) eher im Außen" (12/10/251–254). Einige der Patient:innen empfanden Scham, konnten sich Mitmenschen nicht anvertrauen, versteckten sich und hielten ihre Schwierigkeiten geheim. Sie wussten nicht, wie Freunde ihnen helfen könnten, es fiel ihnen schwer, Hilfe anzunehmen und sie berichteten, Beziehungen schnell abzubrechen und sich zu entziehen. Frau M. äußerte, sie hätte „nie jemanden so wirklich an mich rangelassen" (5/11/262–263). Sie flüchteten in die innere Isolation, wie z. B. in die Einsamkeit der Wohnung oder in Traumwelten oder flohen nach außen ins Studium oder die Arbeit, um sich nicht mit sich auseinander zu setzen zu müssen. Frau P. berichtete dass sie sich „Nähe wünsche, dann ertrage ich sie vielleicht doch nicht" (12/18/446–448). Kontrollzwänge können auch als Versuch gedeutet werden, Mitmenschen abzuschrecken und fernzuhalten. Aus Scham oder dem Unvermögen Schwäche zu zeigen konnten sie sich z. B. Eltern oder Geschwistern nicht anvertrauen. Die Konfrontation mit dem Eigenen in der Therapie wurde als schmerzhafte Begegnung wie „ins offene Messer rein“ (1/24/575–580) erlebt.

Laut Frau S. war ihr durch die familiäre Herkunft geprägtes Aussehen Anlass für Scham und erfahrenes Mobbing und sie versuchte, stärkere Gesichtsbehaarung zu verstecken. Die eigenständige Migration von Frau F. passte zu ihrem erwähnten Muster des Wegrennens, schien in diesem Fall jedoch eine für die Besserung ihrer Probleme notwendige Entscheidung, um sich der Mutter zu entziehen. Auch für Frau R. war ein Vorteil des Studiums in Deutschland die Distanz zu ihrer Familie. Frau Y. erzählte, sie sei „immer eingeschlossen zuhause, ich möchte raus gehen“ (10/4/83–84). Für Herrn W. gab es keinen Kontakt zu sich selbst, was die Konfrontationen in der Therapie schwer aushaltbar machte: „für jemanden, der sich verdrängt, ist das ganz schön unangenehm“ (1/27/645–646). Bei mehreren Patient:innen wurde die Isolation zeitweise durch den pandemiebedingten Lockdown erleichtert und gleichzeitig die Einsamkeit verschlimmert, sie waren wie gefangen zuhause. Es bestand ein Unvermögen, mit sich selbst und mit anderen dauerhaft in Beziehung zu treten, weshalb sie zwischen äußerem Kontakt als Flucht vor dem Selbst und dem inneren Rückzug, weil es im Außen zu viel wird, hin und her wechselten. Sie schienen weder alleine im Innen noch im zwischenmenschlichen Kontakt im Außen länger verweilen zu können. Es wirkte, als ob die Befragten sich in ihrem Hin und Her zwischen Innen und Außen selbst in Kontaktlosigkeit gefangen hielten.

9) Fremdbestimmt vs. selbstbestimmt sein „Ich bin wie ein Schleier, der sich mitzieht“ (1/17/400–401): Herr W. beschrieb sein Selbst passiv und ohne eigene Richtung. In allen Interviews klang an, den Umständen und den Borderline-Problemen unterworfen und in mancher Hinsicht fremdbestimmt zu sein. Das Umfeld wurde als beängstigend, bedrohlich und instabil geschildert und die Eltern wurden oftmals als aggressiv, unberechenbar und nicht zuverlässig beschrieben. Frau F. sagte, ihr Vater sei nach der Trennung der Eltern und dem Zusammenkommen ihrer Mutter mit einer Frau „plötzlich jemand anderes geworden“, wie „Doktor Jekyll und Mister Hyde“ (3/12/310–311). Mehrere Interviewpartner:innen berichteten von Gewalt im Elternhaus. Einerseits war es das Umfeld, in dem immer wieder etwas über einen hereinbrach, andererseits brach auch etwas aus dem Selbst heraus und Eigenes konnte nicht beeinflusst werden. In depressiven Phasen „entgleitet einem die Kontrolle über sich selbst“ (4/3/58), wurde von Frau S. berichtet. Körperliche Symptome machten Angst und der Körper schien wie fremdgesteuert, der Rückfall in die Selbstverletzung wurde als ungewollt und passiv beschrieben und das selbstverletzende Verhalten als automatischer Impuls. Es wurde von emotionalem Kontrollverlust, nicht regulierbarer starker Reizbarkeit, einnehmender Leere und unbändigen, den Körper übernehmenden Gedanken berichtet. Den Erfahrungen der Fremdbestimmung setzten die Betroffenen Versuche, Kontrolle zu erlangen und selbstbestimmt zu sein, entgegen. Der Rückzug ins Selbst bzw. die Flucht nach Außen (8) waren Versuche, Kontrolle zu erlangen oder Kontrollverluste zu vermeiden (9), wie z. B. die Vermeidung von Herrn A., Mails zu lesen, oder sogar den Raum verlassen zu müssen, weil dies Panik auslöste. Ähnlich schien die häusliche Selbstisolation von Frau Y. ein Versuch zu sein, der Angst vor Schmutz und dem Gefühl kurz nach dem Verlassen der Wohnung wieder duschen zu müssen, Herr zu werden bzw. schufen und legitimierten die Ängste und Zwänge die Isolation (20).

Die Patient:innen wehrten sich gegen Heulkrämpfe, gegen das Label „geistesgestört" (6/13/281–284), gegen die Antriebslosigkeit und gegen das Verlassenwerden. Frau M. musste sich „richtig zwingen" (5/3/57), um morgens aus dem Bett zu kommen, was impliziert, dass sie mit dem Teil von sich rang, der zu kraftlos war. Frau Y. hatte die Hoffnung, bei Besserung ihrer Probleme nicht von ihrem Mann verlassen zu werden, was für sie eine Motivation für die Behandlung gewesen zu sein schien. Um sich selbst nach der Arbeit vor dem Nichtstun zu bewahren und sich selbst auszutricksen sei „der Trick (…) nicht nach Hause gehen" (3/8/186–187). Das Verlangen zu bestimmen ging bei mehreren Patient:innen über die eigene Person hinaus. Frau P. und Herr V. traten zu Beginn der Interviewsituation dominant auf, Frau C. äußerte „das Verlangen, immer meinen Partner zu korrigieren" (6/2/41–42) und Frau Y. versuchte „Orientierungskontrolle" (10/2/40) auszuüben und die Hygiene ihrer Mitmenschen zu kontrollieren. Diese Verhaltensweisen erschienen als Versuche, sich selbst zu ermächtigen, in einem Umfeld und mit einem Selbst, das unkontrollierbar ist. Diskriminierungen, Mobbing und die Erfahrung, die Identität als Deutscher abgesprochen zu bekommen, können auch als ein Verlust von Selbstbestimmung verstanden werden. Bei zwei Patient:innen war die Entscheidung zu migrieren damit verbunden, sich von der vereinnahmenden Familie zu distanzieren, was auch als eine Strategie, mehr Kontrolle zu erlangen, gedeutet werden kann. Die Patient:innen bewegten sich zwischen inneren und äußeren Kontrollverlusten und Versuchen, Kontrolle über sich oder über Andere zu erlangen.

D) Keine innere Erdung haben „Diese Leergefühl gibts seit immer" (3/3/64) berichtete Frau F., als ob ihr Inneres nie richtig bewohnbar gewesen und eher verlassen sei. Auch Frau R.s Inneres schien karg, als sie äußerte: „ich habe nix bei mir (8)" (8/9/225–226), als sei sie eine leere Hülle. Herr A. sagte, er habe eine „kürzere Zündschnur" (11/7/170–173), was ihn wenig gefestigt erscheinen ließ, und Herr V. äußerte hinsichtlich seines Bildungsfortschritts „wenn das irgendwie gefährdet wird dann bricht diese Säule sozusagen ein, auf der ich das ganze Fundament aufgebaut hab" (9/17/428–430), als ob er nur diesen Halt im Außen hatte. Die Patient:innen waren hin- und hergeworfen wie z. B. „zwischen einem Vor-sich-Hin-Vegetieren zu unglaublichem Elan“ (1/4/81–84) oder „zwischen Ausrasten und Selbstverletzung“ (4/24/599). Sie wirkten innerlich wie entwurzelt, ohne Fundament und nicht in der Lage bei sich zu sein.

10) Alles oder nichts spüren „Alle meine Gefühle sind extrem“ (3/2/39) war das Empfinden von Frau F. Die Befragten empfanden Gefühle entweder sehr intensiv oder verspürten nur Leere oder nichts. Sie berichteten von starken Stimmungswechseln, andauernden und großen Angstzuständen und davon, keine Ruhe zu finden und von extremer Traurigkeit oder extremem Glück. Sie empfanden es als schrecklich, nicht mehr einkaufen gehen zu können, beschrieben bei Ausrastern ein fürchterliches Gefühl oder nach einem wiederholten Suizidversuch innerlich „richtig … gestorben“ (8/6/130–133) zu sein. Auf der anderen Seite wurde berichtet, bei Erfolgen kein Glücksgefühl zu verspüren und bisher im Leben nur zufrieden gewesen zu sein. Momente des Kontrollverlusts und die Behandlungen waren sehr anstrengend. Krisenhafte Momente wurden als Abwärtsstrudel in ein Loch oder als „Spirale nach unten“ (9/4/87–88) erlebt. Auch im Verhalten schilderten die Patient:innen Extreme: sie neigten zum Übertreiben, in der Jugend seien sie bei Wutausbrüchen „immer sofort ausgerastet“ (4/23/595–596) und beim Gefühl, nicht verstanden zu werden, wären sie „komplett an die Decke gegangen“ (1/13/293–309). Um Energie zu kanalisieren hätte es nur das Ausflippen oder das Verfallen in Kaufsucht gegeben oder sie machten „wirklich nichts“ (8/8/186–194). Sie schienen weder einen inneren geborgenen Ort noch einen sicheren Anker zu haben und von überschießenden Emotionen, Wut und Anspannung bestimmt zu werden.

11) Explodieren oder versteinern „Ich war immer eine Bombe“ (3/21/534–535) vs. „ich war versteinert“ (11/2/33): im inneren Erleben schienen sich starke Eskalationen und Stillstände gegenüber zu stehen. Frau S. äußerte zu ihren plötzlichen Ausrastern sie „hatte null Frustrationstoleranz“ (4/23–24/595–600), was zeigt, dass offenbar schon geringe Frustrationen das Ausflippen veranlassten. Auf der einen Seite wurde von äußeren und inneren Explosionen und damit verbundenen Schäden berichtet, auf der anderen Seite wurden Empfindungen des Wie-Gelähmt-Seins, Stumpf-Seins und des Erstarrens, der Gefühlslosigkeit, Lethargie, Antriebslosigkeit, Kraftlosigkeit, Müdigkeit und Blockaden geschildert. Dies bremste die Betroffenen aus und schränkte sie ein. Sie konnten z. B. nicht mehr arbeiten und hatten Angst, die Wohnung zu verlassen, als sei jegliche Energie aus ihrem Inneren gewichen. Herr A. berichtete von den Panikattacken als Erstarren. Die Patient:innen pendelten ohne innere Regulierung zwischen Überschäumen und kompletter Verflachung. Frau F. beschrieb, sie sei mit der Zeit ruhiger geworden und würde nicht mehr äußerlich, sondern nur noch innerlich explodieren. Dies zeigt, dass sie inzwischen offenbar steuern kann, wohin sich die Energie Bahn bricht, jedoch die Explosion selbst und damit verbundene Schäden nicht vermeiden kann. Der Stillstand war wie ein Gefangensein im Leid und die Explosion wie ein inneres oder äußeres Zerreißen, wogegen offenbar keine eigene Kraft ankommt. Ob der fehlende innere Halt (13) zu den Ausrastern bzw. der Lethargie (11) führte oder diese ersteren außer Kraft setzten, ist anhand der Erzählungen nicht rekonstruierbar (23).

12) Nicht zur Ruhe kommen „Mit innere Unruhe halte ich mich … aus" (10/5/127–128): durch die Unruhe schien keine Rast und kein Ausgleich möglich zu sein. Die Patient:innen erlebten Anspannung (in der Gegenwart von Anderen), Schlafstörungen, wenig Geduld und waren sehr reizbar. Frau P. berichtete, dass ihr Dinge schnell langweilig würden und sie deshalb kein Hobby finde. Die Interviewpartner:innen wirkten teilweise durch ständige Anspannung wie unter Strom zu stehen, als ob man wortwörtlich nicht abschalten kann. In den Interviews war mehrmals Nervosität und Unruhe spürbar. Sie schienen innerlich gefangen in einem Zwischenzustand, in dem sie weder Ruhe fanden noch eine Möglichkeit hatten ihre Energie zu kanalisieren, als sei es innerlich nicht möglich anzukommen und als ob die Energie innerlich nicht gehalten werden kann. Der Zustand fehlender Ruhe (12) schien sie zu zerreißen (14). Frau Y. halte es nicht „tagelang aus sondern nur stundenlang" (10/5/125–128) (24).

13) Kein inneres Gerüst haben Als „Achterbahnfahrt" (11/25–26/647–652) wurde das Schwanken der Schwere der Symptome beschrieben und das „Gefühl der völligen Haltlosigkeit" (4/3/69–70) in Bezug auf Depressionen genannt. Die Patient:innen wirkten entwurzelt und ohne die Fähigkeit, sich selbst (fest) zu halten bzw. etwas zu halten. Sie schienen emotionalen Schwankungen (10) ausgeliefert, ohne Möglichkeit der Regulation (13), was sich z. B. darin zeigte, dass sie von den Problemen außer Gefecht gesetzt wurden oder bei Verlust eines äußeren Halts Desorientierung fürchteten (22). Starke Stimmungswechsel, sich gegenseitig hochschaukelnder Stress und Panikattacken und das Schwanken zwischen Besserung und destruktiven Gedanken, kommender und gehender Wut erweckte den Eindruck eines Pendels, das nie in der Mitte stehen bleibt. Depressionen wurden als Teufelskreis beschrieben und bei Nicht-Behandlung der Probleme wurde eine Eskalation der Panikattacken, Angst und aggressive Empfindungen befürchtet, als befänden sie sich im freien Fall. Bei Berichten darüber, sich in sich selbst zu verlieren oder sich so sehr ans Studium zu klammern, damit nicht alles zusammenbricht, fehlte ein innerer Anker und der Halt schien nur im Außen möglich. Es wirkte, als ob sie ihren inneren Halt ins Außen verlagerten wie ein veräußertes Skelett, weil sonst das Innere über einen herein bricht.

Auch die Unmöglichkeit sich aufzuraffen und die blockierende Traurigkeit zeigten, dass es keinen inneren Schwung gab, der Halt und Richtung geben konnte. Für Frau R. gab es einige hemmende Umstände im Migrationsprozess: zunächst wollte ihre Mutter nicht, dass sie wegzog wegen ihres dritten Suizidversuchs, dann wurde die Migration durch die Pandemie verzögert und letztlich verstärkte die Migration die depressiven Symptome. Dies zeigt, wie einflussreich innere und äußere Umstände für die Migration waren und umgekehrt. Frau S. berichtete von Instabilität in der Adoleszenz und dass sie von niemandem gehalten worden sei. Offenbar konnte sie sich selbst auch nicht genug Halt geben. Es fehlte ein strukturierendes Gerüst im Innen: Herr W. vermisste „jegliche Struktur oder eine konsistente Linie, die habe ich nicht“ (1/4/84–85) und er breche manchmal „völlig in mich zusammen“ (1/4/77), als hinge er an einem seidenen Faden. Die Beschreibung des Gefühls der Leere in Brust und Bauch (3/4/92–93) als „dunkelschwarz“ (3/4/97) wirkte, als wäre das Innere verlassen, ohne Licht, ohne Inhalt, und Frau F. schien wie gefangen in einem leeren inneren Verlies.

14) Zerrissen werden „Ich steh immer so zwischen den Stühlen“ (6/19/414–415) äußerte Frau C. in Bezug darauf, dass sie sich um ihre Mutter kümmerte und versuchte es immer allen recht zu machen. Sie schien zwischen Bezugspersonen zu stehen, aber nicht bei sich selbst zu sein. Die Patient:innen waren wie hin und her gerissen. Sie verspürten einerseits den Wunsch nach Kontakt, andererseits war es ihnen zu viel, empfanden Anspannung in der Gegenwart Anderer, als ob sie durch Kontakt in einen Zwischenzustand kamen, nicht ruhig aber auch nicht in Aktivität, verspürten „Hassliebe“ (1/16/371–375) gegenüber dem Vater, schwankten zwischen Idealisierung und Resignation, zwischen Vergöttern und Herabstufen des Partners und „dazwischen existiert gar nichts“ (1/21/495). Gefühle von Schuld, Vorwürfe an sich selbst, das Gefühl nie gut genug zu sein, sich selbst zu sabotieren und sich nicht zu gönnen glücklich zu sein zerrten an ihnen. Die Patient:innen wirkten durch Zwänge, Selbstverletzungen, Suizidversuche oder -gedanken wie zwischen den Versuchen sich zu retten und sich zu schaden.

Herr W. beschrieb seine Familie als unglücklich in Deutschland, zeichnete ein sehr graues Bild von Deutschland und ein verklärtes schönes Bild des Herkunftslandes seiner Eltern. Die Deutung des Verhältnisses der beiden Länder der Migrationsgeschichte schien das Unglück und die Zerrissenheit der Familie widerzuspiegeln. Frau C. steckte zwischen ihrem realen und einem gewünschten Selbst im Zwiespalt: sie versuchte in ihrer Deutung migrantisch geprägte Merkmale ihres Aussehens zu verstecken, wünschte sich bezüglich ihrer Borderline-Probleme normal zu sein und bezüglich des erfahrenen Mobbings anders auszusehen. Die Befragten wirkten zerrissen von Gegensätzen, Widersprüchen, hin und her geworfen zwischen (unzuverlässigen) Bezugspersonen und nicht geerdet. Der Eindruck der Zerrissenheit (14) entstand auch durch anstrengendes extremes Erleben (10), wie z. B. Herrn W.s „Hassliebe" (1/16/371) gegenüber dem Vater und die mehrmals verwendeten Metaphern von Bomben und Explosionen (11) (21) bzw. die Flucht zwischen dem Innen und Außen (8).

(E) Durch Therapie sich selbst klarer sehen Seit Beginn der Manifestation konnten sich die Patient:innen durch den Verlauf der Probleme und die Veränderungen durch die Behandlungen besser kennenlernen. In der tagesklinischen Behandlung „wurde alles aufgewühlt" (11/4/85). Der Gedanke von Herrn V. „irgendwie ungenügend zu sein" sein und immer Leistung bringen zu müssen, war zunächst ein „schlummerndes Gefühl was immer schon da war". Er habe „gewusst es ist da", habe aber „erst später verstanden was es bedeutet" (9/17–18/440–444). Die Probleme waren einerseits untrennbar mit der Lebensgeschichte verwoben und schienen sich wie ein roter Faden durchzuziehen, was an Frau R.s Äußerung „ich kann nicht sagen dass ich habe einmal richtig froh gefühlt" (8/22/565–566) deutlich wird. Andererseits wurden Dinge genannt, die keinen Zusammenhang hatten.

15) Vom Rätsel zur Klarheit gelangen „Ok krass, da ist irgendwas" (11/6/131): bei Beginn der Panikattacken und des Weinens realisierte Herr A., dass etwas in ihm brodelte. Herrn M. habe die erste Panikattacke die Augen geöffnet. Im Gegensatz dazu gab es nicht immer den einen Moment der Realisierung und einen eindeutigen Beginn der Symptome. Im Nachhinein wurde deutlich, dass das Problem schon länger bestand und verdrängt worden war bzw. manches erst durch Verschlimmerung bewusst wurde. Es gab Hoffnung auf Besserung, darauf Dinge loszuwerden oder dass sich die Schwierigkeiten von selbst wieder legen würde.

Zu Beginn der Probleme standen die Patient:innen oft vor einem Rätsel: sie bemerkten eine Veränderung, dass irgendwas nicht passte oder stimmte. Panikattacken wurden als überwältigend erlebt und konnten nicht eingeordnet werden. Mehrmals wurden fehlende Erinnerungen angesprochen, es herrschte Ratlosigkeit über das Fehlen somatischer Ursachen und bezüglich des Leistungsdrucks gegenüber den Eltern. Innere Empfindungen waren nicht (be)greifbar und daher auch schwer zu verstehen. Frau P. berichtete zur Musiktherapie „da passiert bei mir ganz viel was ich nicht erklären kann" (12/26/674–676) und schien keine emotionalen Zugang zu ihrer körperlichen Reaktion zu haben. Die Unklarheit erschien wie Nebel, der sich nach und nach lichtete. Zu Beginn waren die Patient:innen „komplett durcheinander" (7/8/205–206), im Unklaren über den Ursprung, und sahen sich als Laie statt als Experte der eigenen Borderline-Probleme. Frau F.

und Frau P. recherchierten und lasen zu psychologischen Themen und der Diagnose, um ihre Probleme besser zu verstehen. Teilweise schienen die Gründe oder Auslöser und dass es nicht nur einen Auslöser gab, klar, jedoch herrschte auch Unsicherheit zu möglichen Ursprüngen und zu den Diagnosen. Es wurden Familiengeheimnisse angedeutet und der Einfluss der Vergangenheit vermutet. Worin dieser bestand, blieb teilweise diffus. Mehrmals war ein Verständnis von tieferliegenden Gründen und der Genese der Symptome zu erkennen.

Als Therapieanlass oder -grund wurden die Entdeckung problematischen Verhaltens, der Wunsch den Problemen zu entkommen, der Wunsch geheilt zu werden, das Studium fortsetzen zu können und mehr soziale Kontakte zu haben, genannt. Ebenso war die Notwendigkeit von Hilfe, um dahin zu kommen, wo man hin will, und der Wunsch das Problem zu verstehen und nicht nur medikamentös behandelt zu werden, oder das eigene Ich zurückzugewinnen Motivationen für die Behandlung. Die Therapie wurde als Suche nach dem Ursprung der Symptome begriffen. Der Aufenthalt in der Tagesklinik wurde als hilfreich erlebt, z. B. „weil ich Sachen von mir verstanden hab“ (3/10/245) und begriffen wurde, „dass ich hier eigentlich eher aufarbeite statt was vernichte“ (11/32/829–831). Herr M. sah auch das Leid der anderen Patient:innen: „bei keinem hier wachsen Blumen in den Garten“ (7/27/694).

Durch Veränderungen der Probleme und im Verlauf der Behandlung gelangten sie zu mehr Klarheit: Muster für eigene Zustände wurden registriert und Diskrepanzen zwischen Wunsch und Realität, Wille und Verhalten konnten benannt werden. Es gab ein Bewusstsein über die Schwere der eigenen Themen, mögliche Rückfälle, problematische Anteile, dass Unbearbeitetes auf Dauer nicht aushaltbar ist und die Probleme nicht im Bereich des Normalen liegt und über tieferliegende psychische Vorgänge. Frau M. beschrieb, wie Verdrängtes zu Symptombildung führe und sich das Verdrängte negativ auf sie auswirkte. Auch wurde die Eigenverantwortung durch die Therapie realisiert. Sie verstanden, dass sie sich dagegen wehrten, ihre Emotionen zu zeigen und konnten teilweise ihre Symptome einordnen. Es wurde klar, dass Drogenkonsum als Realitätsflucht kein hilfreiches Mittel war, dass der Wunsch „normal“ zu sein nicht einfach umsetzbar ist und es „nie so n alles Allheilmittel geben“ wird (11/32/818–819). Teilweise gab es auch Gegenbewegungen zur Erlangung von Klarheit, z. B. den Wunsch nach Vergessen, und Automatismen Dinge wegzudrängen zeigten sich hinderlich für das Lernen in der Behandlung, als gäbe es eine Flucht aus der Klarheit. Manchmal schienen Patient:innen in ihren Annahmen auf der falschen Fährte, beispielsweise mit einer logischen-rationalen Herangehensweise.

Oftmals wurde der Einfluss der eigenen oder familiären Migrationsgeschichte benannt; bei Herrn A. hatte auch die kulturelle Herkunft des Stiefvaters einen entscheidenden Einfluss auf Konflikte zwischen ihnen. Herr A. schilderte, die Migrationsgeschichte hätte in seiner Jugend die Frage nach der eigenen Identität verstärkt, heute sehe er sich jedoch als Deutscher und stellte sich keine Fragen mehr zu seiner migrantischen Identität. In seiner beruflichen Tätigkeit im sozialen Bereich mit Kindern sah er seine Migrationsgeschichte als hilfreich, um auf migrantische Kinder besser eingehen zu können. Verbunden mit Fortschritten in der Therapie und dem Erwachsenwerden waren Prozesse der Reifung, sich selbst zu sehen und wahrzunehmen, Grenzen zu ziehen, für sich zu sorgen und gesünder zu werden. Sie schienen sich selbst (im Therapieprozess) weniger fremd zu werden und mehr mit sich in Kontakt treten zu können. Frau F. sagte, sie habe in Deutschland „eine neue Marina gefunden“ (3/24/621–623). Bei ihr schien die Migration eine positive Entwicklung des Selbst bewirkt zu haben. Die mehr und mehr entstehende Klarheit zum Problem (15) führte dazu, dass die Befragten Annahmen zu Zusammenhängen entwickelten (16). Beispielsweise hatte Frau R. im Verlauf der Behandlung verstanden, dass ihre Probleme mit einer schwierigen Kindheit und nicht nur mit der Belastung durch die Pflege ihrer Großmutter in ihrer Jugend zusammenhingen (25).

16) Verstrickung und Getrenntheit wahrnehmen „Das beeinflusst mich sehr“ (12/35/887): Frau P. sah die Verstrickung mit der Familie als prägend für ihre Denk- und Verhaltensweisen und attribuierte diese enge Verbindung einerseits auf ihre Familie, aber noch stärker auf die Kultur des elterlichen Herkunftslandes. Lebensweltliche Umstände wurden oftmals mit den Problemen verwoben wahrgenommen, jedoch auch getrennt voneinander verstanden. Herr V., dessen Vater schon im frühen Kindesalter nach Deutschland migrierte, sah die väterliche Migrationsgeschichte nicht als relevant für seine Probleme, auch Herr A. begriff die Migrationsgeschichte seiner Familie und sein Problem als „zwei Paar Schuhe“ (11/20/515) und schrieb dieser keinen Einfluss zu. Das Wahrnehmen von Verwobenheit bezog sich auf mehrere Aspekte. Gefühle wurden wie körperliche Schmerzen geschildert, in den Attributionen zeigte sich ein vermischter Einfluss von Herkunftsland, Migration und Familiendynamik und die einst sehr enge Verbundenheit zur Familie wurde kulturell attribuiert. In den Deutungen waren Auswirkungen der Migrationsgeschichte und familiäre und generationale Dynamiken oftmals nicht zu trennen. Teilweise waren unterschiedliche Diagnosen wie z. B. Depression, Angststörung und der posttraumatischen Belastungsstörung in der Wahrnehmung vermischt und nicht mehr auseinanderzuhalten. Auch die Selbstbeschreibung vermischte sich mit Beschreibungen der Probleme. Verbindungen von Problemen mit dem Selbst wurden mit der Lebensgeschichte und der individuellen Entwicklung erklärt. Frau P. nahm die Probleme als in sich „tief verwurzelt“ (12/17/435–440) wahr und Herr M. stellte Verbindungen zu seiner

Lebensgeschichte her, er trage eine „Last die ich auch nie irgendwo bei der Seite gelegt habe“ (7/18–19/468–477). Die Verstrickungen der verschiedenen Kontexte und Phänomene war oftmals nicht auflösbar.

Es wurden Zusammenhänge zwischen der aktuellen Probleme und Traumatisierungen in Kindheit und Jugend, zwischen der Gewalt in der partnerschaftlichen Beziehung und Gewalterfahrungen in der Kindheit hergestellt. Die eigene Beziehungsdynamik wurde auf die Erfahrungen im Elternhaus zurückgeführt und die Lebensgeschichte als Einfluss auf die Gedanken und die empfundene Traurigkeit verstanden. Stress wurde als prägend für die eigene Lebensgeschichte gesehen und Essen sei schon immer ein Mittel gewesen, um eine innere Leere zu füllen. Umstände wie die Religiösität der Eltern, die Armut des Vaters oder der berufliche Statusverlust der Mutter durch die Migration wurden als relevante Einflüsse genannt. Teilweise bestanden aber auch Schwierigkeiten, Empfindungen in die Lebensgeschichte einzuordnen. Im Verständnis war ebenso auch immer wieder Getrenntheit zu erkennen, beispielsweise wurden die Borderline- und die Depressionsdiagnose klar unterschieden. Frau P. machte für ihre Probleme eher die Familiendynamik als die Migration verantwortlich und attribuierte auffällige Eigenschaften auf die Kultur des elterlichen Herkunftslandes statt auf ihre psychischen Probleme. Die Borderline-Probleme und damit verbundene Symptome und das Erleben waren verwoben mit und fanden Ausdruck in lebensweltlichen Bedingungen, innerpsychischen Dynamiken und Widersprüchen.

Bezüge zwischen Kategorien Entwertungserfahrungen und Abstoßung (2) waren verinnerlicht und zeigten sich im Verhalten und Denken der Befragten (6): Herrn W. wurde von außen wegen seiner Migrationsgeschichte vermittelt, Deutsch nicht gut zu können, weshalb er bei sich jeden Fehler im Deutschen bemerkte und bei Herrn V. manifestierte sich das Gefühl ungenügend zu sein im Leistungsdruck. Er fragte sich ob dies zeige, dass die früher erfahrene mütterliche Strenge noch heute wirksam sei (26). Diese Strenge führte womöglich wiederum dazu, dass er einen „Drang nach Makellosigkeit“ (9/19–20/493–502) verspürte und sich kein Gefühl des Erfolgs erlaubte (6). Er gab sich keinen Raum, sondern strebte direkt nach dem nächsten Schritt (3) (27). Das Hereinbrechen der Symptome (4) führte zur Realisierung, Hilfe zu brauchen (15): bei Frau M. führte die Krankschreibung und die damit verbunden Kündigung dazu, dass sie sich Unterstützung suchte (28). Sich wie ein Alien zu erleben und nicht für diese Welt gemacht zu sein, zeigt, wie fremd sich die Befragten fühlten (7) und impliziert, dass sie als Person nicht in die Welt gehören bzw. ihren Platz dort sehen (3) (29). Versuche, Kontrolle auszuüben (9), erschienen als Versuche die Haltlosigkeit zu bekämpfen (13): Frau M. schilderte, wie sie versuchte sich dazu zu zwingen, sich mit Freunden zu treffen, um nicht alleine ins Grübeln zu verfallen (30). Frau P. schilderte das Dilemma sich Kontakt zu wünschen, diesen aber als zu viel zu empfinden (14) und schien sich durch das nicht Aushalten des Kontakts isoliert zu halten (8) (31). Das Extreme im Erleben (10) trug einen Teil zur Überforderung (5) bei: Frau F. sei durch ihre starke Empfindlichkeit „wie ein Schwamm" (3/31/796–806) und zu sehr konzentriert auf Negatives (32). Die Haltlosigkeit (13) führte wiederum zu Eindruck des Kontrollverlusts (9): Frau C. schilderte, dass sich bei ihren Ausrastern „wie ein Schalter" umlegt (6/3/62) und sie sich nicht mehr bremsen könne (33).

Im Innen und Außen kein Zuhause finden und gefangen sein im Dazwischen Die zentrale Kategorie stellt eine Erlebensqualität heraus, welche die aus den Erzählungen entwickelten Kategorien miteinander verbindet und auf einen gemeinsamen Nenner bringt. In den bisher ausgeführten Kategorien wird eine Ortlosigkeit spürbar. Die Patient:innen kommen in ihrem Inneren und im Außen nicht an und nicht zur Ruhe. Es fehlt ein innerer Kompass und ein inneres Gerüst, sie schwanken in ihrem Verhalten und Erleben und wechseln zwischen einem haltlosen Äußeren und einem unbekannten Inneren. Auch die zentrale Kategorie hat ihren Ursprung in den Erzählungen der Interviews. Auf die Frage nach dem Einfluss der elterlichen Migrationsgeschichte äußerte Frau P. die Frage „Wo gehör ich eigentlich hin?" (12/20/514). Sie erzählte, dass sie sich nicht richtig zugehörig fühle, „als passe ich nicht so richtig hier her" (12/20/512) und dass dieses Gefühl sie schon länger begleite. Es ging für sie nicht nur um die Frage der Zugehörigkeit in Bezug auf die Herkunft, sondern es verbanden sich damit Fragen nach der Herkunft ihrer Anteile, Verhaltensweisen und Eigenschaften. Dies verknüpfte sie mit der Herkunft ihrer Eltern, aber sie schien auf mehreren Ebenen desorientiert im eigenen Selbst zu sein (12/20–21/512–535). Diese und andere Erzählungen der Interviews erweckten den Eindruck des Nicht-(Man-Selbst-)Sein-Könnens, als empfände man sich wie ein Fremdkörper im eigenen Selbst und in der Welt, als hätte oder fände man keinen Platz und gehörte nirgendwo hin. Überspitzt könnte man sagen, dass die Betroffenen eine Verunmöglichung der eigenen Existenz durch die Kargheit und Grausamkeit der inneren und äußeren Umgebung empfinden. Während des Verlaufs der Probleme und durch psycho-therapeutische Behandlung (in der Tagesklinik) konnten sie ihre Schwierigkeiten besser verstehen, mehr Kontakt zu sich und zum Außen herstellen und vielleicht auf diese Weise den eigenen Platz finden und mehr ankommen.

5.3.7 Beobachtung und Analyse: eigene Involviertheit

Im Folgenden werden nun Beobachtungen, die in den Feldprotokollen dokumentiert wurden (siehe Abschnitte 5.3.2 und 5.3.3), mit den Ergebnissen der Grounded Theory Analyse (Abschnitt 5.3.6) in Verbindung gebracht und auf dem Hintergrund eigener Involviertheit (Abschnitt 5.3.4) reflektiert.

Einige Aspekte aus den Beobachtungen in den Interviewsituationen zeigten sich in den Erzählungen und bildeten sich in den Analyseergebnissen ab, wie z. B. das teils unruhige und angespannte Auftreten und kontrollierendes Verhalten der Interviewpartner:innen und Empfindungen von Traurigkeit und Wut bei der Interviewerin. Eindrücke von Unruhe und Anspannung spiegeln sich in der Subkategorie „Nicht zur Ruhe kommen" (12) wieder. Tendenzen von Interviewpartner:innen, die Situation kontrollieren zu wollen, waren in Berichten zu Versuchen Kontrolle zu erlangen in der Subkategorie „Fremdbestimmt vs. selbstbestimmt sein" (9) zu erkennen. Wutgeladene oder traurige und verflachte Erzählungen waren Hinweise auf die Erzählungen von Wutausbrüchen und depressiven Symptomen und Lethargie, welche als Berichte in „Explodieren oder versteinern" (11) zu finden sind. Der Eindruck, dass viele der befragten Patient:innen von den Borderline-Problemen überrannt wurden, ihnen verständnislos und wie vor einem Scherbenhaufen gegenüber stehen und wenig Annahmen nennen konnten, bildet sich in den Subkategorien „Etwas bricht über einen herein" (4) und „Vom Rätsel zur Klarheit gelangen" (15) ab.

Die Forscherin hatte in mehreren Interviews den Eindruck, dass das Gespräch zwar gut lief, aber der Kontakt distanziert und wenig warm blieb und die Beteiligten des Gesprächs nicht beieinander ankamen. Die Interviewpartner:innen blieben zurückhaltend, was Parallelen zur Kategorie „Im Außen keinen Platz einnehmen können" (A) nahe legt. Sie schienen sich nicht entspannen und verweilen zu können, was dazu passt, dass sie „nirgendwo bleiben können" (C). Die Forscherin empfand bei den Erzählungen oftmals Schrecken, Wut, Traurigkeit, aber auch Hoffnung. Sie schien mit den Patient:innen mitzufühlen oder auch für sie zu fühlen, wenn der Affekt beim Gegenüber nicht oder kaum spürbar war. Sie bekam einen Eindruck der intensiven Emotionen, die sich in den Schilderungen in Subkategorie „Alles oder nichts spüren" (10) fanden. Auch schien sie innerlich Raum zu machen für die Empfindungen, die im Inneren der Befragten keinen oder nicht genug Platz hatten, wie in der Kategorie „Keinen inneren Raum für das Eigene haben" (B) beschrieben war.

Durch das ähnliche Alter fühlte sie sich den Befragten teils näher als es bei einer deutlich älteren oder jüngeren Person der Fall gewesen wäre, und verglich das Geschilderte mit eigenen Erfahrungen. Bei fehlendem Verständnis der Probleme kam bei der Forscherin stellenweise Ungeduld auf, was ein Anzeichen auf den eigenen Anspruch oder dem Bedürfnis zu verstehen sein könnte. In diesen Momenten konnte sie das Erzählte nicht aufnehmen, was zur Subkategorie „Nicht angenommen werden" (2) passt. Das Spüren der Einsamkeit und der Bedürftigkeiten der Patient:innen und ein aus der eigenen Biografie gewachsenes starkes Bedürfnis, nicht alleine gelassen zu werden und nicht schutzlos ausgeliefert zu sein, zeigte sich in der Tendenz, die Patient:innen in den Interviews zu schützen und nicht überfordern zu wollen. Auch drückte sich dies in den Wünschen und Hoffnungen, dass diese ihr Problem besser verstehen, besser damit umgehen können und auch in Beziehungen besser zurecht kommen, aus. Hinter der Erleichterung bei Berichten über Fortschritte in der Therapie könnte ein Bedürfnis stehen, dass es den Leuten um sie herum gut gehen soll und eine Verunsicherung, wenn dem nicht so ist. Insgesamt fühlte sich die Interviewerin in die Erzählungen der Befragten ein, versuchte diese nachzuvollziehen und zu spüren und konnte aus diesen Eindrücken eine wertvolle Aspekte für die Interviewauswertung gewinnen. Gleichzeitig konnte sie aber eine ausreichende Distanz wahren und eine analysierende Haltung für die Entwicklung der Kategorien und des Modells einnehmen.

Interpretation und Diskussion 6

In diesem Kapitel werden die verwendeten Methoden kritisch reflektiert und die Ergebnisse der qualitativen und quantitativen Analyse im Sinne des Mixed-Methods-Designs zueinander in Bezug gesetzt, in die übergeordneten Themen des Kollegs eingeordnet und mit bestehenden Theorien, Konzepten und empirischen Befunden in Verbindung gebracht.

6.1 Kritische Reflektion der Methoden

Zunächst erfolgt eine Betrachtung der Datengrundlage. Die Stichproben der inferenzstatistischen und textanalytischen Untersuchungen waren selektiv und stellten keine Zufallsstichproben dar. Es wurden jedoch alle jeweils verfügbaren Fälle ausgewertet. Die Stichprobe für die quantitative Auswertung bot mit einer Fallzahl von $n = 2041$ eine ausreichend große Datenbasis für die inferenzstatistische Analyse. In der qualitativen Stichprobe wurden zwölf in der Tagesklinik in Behandlung befindliche migrantische Borderline-Patient:innen im Alter der Adoleszenz, welche sich für die Durchführung des Interviews bereit erklärten, interviewt. Dies stellt eine ausreichend große Zahl an Fällen für die qualitative Interviewstudie dar. Die Selektivität der qualitativen Stichprobe resultiert aus der übergeordneten Forschungsfrage nach dem Erleben und Verstehen der eigenen Borderline-Probleme von adoleszenten Borderline-Patient:innen mit Migrationsgeschichte. Im gegebenen Setting musste bei der qualitativen Stichprobe auf das theoretische Sampling verzichtet werden, was nicht optimal ist (vgl. Willig, 2022) und eine Limitation darstellt. Es konnten jedoch unterschiedliche Personen mit einer großen Bandbreite an Symptomen, Erlebensweisen, Lebensgeschichten und

L. Wirth, *Im Innen und Außen kein Zuhause finden und gefangen sein im Dazwischen*, Adoleszenzforschung 17,
https://doi.org/10.1007/978-3-658-50568-4_6

(familiären) Migrationserfahrungen interviewt werden, deren Alter eine weite Spanne des jungen Erwachsenenalters abdeckte.

Sämtliche Auswertungen basieren auf Daten von Patient:innen, die Zugang zur Gesundheitsversorgung haben, für psychotherapeutische Behandlungen ausreichend deutsch sprechen und die die Behandlung in einer psychosomatischen Tagesklinik offenbar für sinnvoll halten, da sie diese sonst nicht aufgesucht hätten. Die Notwendigkeit ausreichender Deutschkenntnisse kann bei schlechteren Deutschkenntnissen eine Barriere für psychotherapeutische Behandlung sein oder auch ein Hindernis darstellen, Behandlung aufzusuchen, die nicht in der eigenen Muttersprache stattfindet (vgl. Erim & Morawa, 2017). Die Stichprobe der qualitativen Erhebung ist durch die Einschlusskriterien für die Interviews noch einmal deutlich selektiver. Die Selektivität schränkt die Verallgemeinerbarkeit der Studie ein. Von den quantitativen Ergebnissen kann beispielsweise nicht auf Patient:innen in anderen Ländern und in anderen Behandlungssettings, wie z. B. einer ambulanten Psychotherapie, geschlossen werden. Von den qualitativen Ergebnissen kann nicht auf Patient:innen in anderen Ländern, in anderen Behandlungssettings, mit anderen psychischen Problemen, in einer anderen Altersspanne und ohne Migrationsgeschichte bzw. mit Fluchtgeschichte geschlussfolgert werden. Dies schränkt die Übertragbarkeit der Befunde ein. Jedoch wäre eine Ausweitung der Studie, beispielsweise auf andere Behandlungssettings, eine größere Altersspanne und eine Vielfalt von psychischen Problemen, nicht umsetzbar und zielführend gewesen. Die Konzentration auf ein spezifisches und umgrenztes psychisches Problem mit bestimmten lebensgeschichtlichen Voraussetzungen bietet die Möglichkeit, ein tiefergehendes Bild zu erlangen. Dies war hier das Ziel. Im Folgenden werden nun die einzelnen Erhebungs- und Auswertungsmethoden kritisch beleuchtet. Zu den Erhebungsmethoden der quantitativen Daten folgt keine Erläuterung, da diese bereits in der Tagesklinik vorlagen und nicht extra für die hier vorgestellte Untersuchung erhoben wurden.

6.1.1 Die Verwendung von Deskriptiv- und Inferenzstatistik

Die der statistischen Analyse zugrunde liegende Klumpenstichprobe wurde als Ganzes untersucht, was eine Stärke der Untersuchung ist. Jedoch wurde die Stichprobe aufgrund ihrer Verfügbarkeit und nicht zufällig ausgewählt, was eine Limitation darstellt. Die drei zentralen Gütekriterien quantitativer Forschung der Reliabilität, Validität und Generalisierbarkeit (vgl. Himme, 2007) können für die statistische Erhebung und Auswertungen als erfüllt angesehen werden (siehe Abschnitt 4.4.1). Die logistische Regression eignete sich zur Untersuchung, inwiefern sich das Vorkommen von Borderline-Diagnosen, suizidalen Krisen und akuter Selbstverletzung durch die Prädiktoren Alter und Migrationsgeschichte vorhersagen ließ. Für die logistische Regression waren die Voraussetzungen erfüllt, jedoch variierte die Güte der Regressionsmodelle (siehe Abschnitt 5.2). Der Auswertung der MANCOVA lag eine geringere Anzahl an Fällen zugrunde als den logistischen Regressionen, da der Wert des BPI und SCL-90-S nicht in der Gesamtstichprobe erhoben worden waren, sondern nur bei Patient:innen, welche für die Behandlung in der Tagesklinik aufgenommen wurden. Aber es stand auch für die Varianzanalyse eine ausreichend große Anzahl von Fällen ($n = 566$) zur Verfügung. Dass bei der MANCOVA nur die Subgruppe der in der Tagesklinik behandelten Patient:innen untersucht wurde, wurde offen gelegt, daher besteht keine Gefahr eines unentdeckten Bias. Für die MANCOVA waren nicht alle Voraussetzungen erfüllt (siehe Abschnitt 5.2.6), dennoch konnten relevante Werte berichtet werden. Die Ergebnisse sollten dennoch mit Vorsicht betrachtet werden. Bei der MANCOVA konnte überprüft werden, ob bei den Werten der abhängigen Variablen des GSI, des BPI und des GAF Mittelwertsunterschiede hinsichtlich der Ausprägungen der unabhängigen Variablen von Alter und Migrationsgeschichte vorlagen. In den inferenzstatistischen Auswertungen entstand mittels der logistischen Regressionen ein quantitativ fundierter Eindruck, ob und inwiefern signifikante Unterschiede hinsichtlich des Alters und der Migrationsgeschichte im Vorkommen von Borderline-Diagnosen, suizidalen Krisen und selbstverletzendem Verhalten zu beobachten waren. Die Ergebnisse der MANCOVA legten offen, ob und inwiefern sich bedeutsame Differenzen in den mittleren Ausprägungen der subjektiv erlebten Beeinträchtigung durch körperliche und psychische Symptome (GSI), der Ausprägung in Merkmalen der Borderline-Persönlichkeitsstruktur (BPI) und des psychosozialen Funktionsniveaus (GAF) hinsichtlich des Alters und der Migrationsgeschichte zeigten.

6.1.2 Die Verwendung narrativer Interviews

Um Einblicke in das subjektive Erleben und Verstehen der Patient:innen zu erhalten, waren narrative Interviews eine bewährte Erhebungsmethode, die sich in der vorliegenden Untersuchung als praktikabel und ertragreich erwies. Es war ein großer Vorteil, dass die Interviews trotz der zum Zeitpunkt der Erhebungen aktuellen Covid-19-Pandemie persönlich und vor Ort durchgeführt werden konnten. Interviews mit Patient:innen zu einem so sensiblen Thema online oder am Telefon durchzuführen, wäre nur schwer vertretbar gewesen. Auch war es für die

Interaktion und die Eindrücke essentiell, die Gespräche miteinander in einem Raum zu führen. Die Situation war durch das Tragen der FFP2-Masken verfremdet und für die Interviewerin und die Patient:innen die Mimik des Gegenübers nur teilweise sichtbar, was zur Distanz in der Dynamik beigetragen haben könnte. Dennoch konnte über den Blickkontakt, das Gesprochene und die Körpersprache ein Kontakt und eine meist angenehme Gesprächsatmosphäre entstehen und ein persönlicher Eindruck der Gesprächspartner:innen gewonnen werden.

Die Akten der interviewten Patient:innen wurden vor oder nach den Interviews nicht gelesen, um offen an die Interviews und die Auswertung heranzugehen. Dies könnte die fallspezifische Einordnung der Ergebnisse erschwert haben. Im Nachhinein war überlegt worden, ob es besser gewesen wäre, die Akten zu lesen, verbunden mit Fragen danach, wie offen man an die Interviews herangehen soll und wie viel Vorinformation notwendig ist. Es kann festgehalten werden, dass beide Vorgehensweisen Vorteile und Kritikpunkte bieten. Wären die Akten gelesen worden, wäre die Forscherin genauer zu den jeweiligen Patient:innen informiert gewesen. Sie wäre jedoch vielleicht zu sehr auf klinische Beschreibungen fokussiert oder weniger offen gegenüber den Erzählungen gewesen. Durch die Unbekanntheit der Akten war eine größere Offenheit möglich, jedoch war der Verstehensprozess der Forscherin eventuell mühsamer.

Narrative Interviews sind für die Exploration des subjektiven Krankheitserlebens und -verstehens geeignet, da die Erzählaufforderung zu Beginn und der offene Charakter der Interviewführung bei den Interviewpartner:innen freie Erzählungen evoziert und durch die exmanenten Fragen gleichzeitig bestimmte zu erkundende Aspekte nicht aus dem Blick geraten. Der:die Interviewte steht mit ihren Erzählungen im Fokus, was gut zu einem patient:innenzentrierten Ansatz in Forschung und Praxis passt (vgl. Anderson & Kirkpatrick, 2015). Ob Patient:innen durch Erzählungen immer zu mehr Klarheit über ihre Krankheit kommen und ihren Erfahrungen mehr Bedeutung und Sinn zuordnen können (vgl. Picchi et al., 2018), ist jedoch fraglich. Erzählungen sind auch durch Abwehr und damit verbundene falsche Annahmen bestimmt. Auf die anfängliche Erzählaufforderung folgten kaum längere Berichte. Tiefgang und Länge der Erzählungen variierten zwischen den Interviewpartner:innen und auch innerhalb einzelner Gespräche. Manche Patient:innen wirkten während der Interviews erschöpft oder nervös. Möchte man Patient:innen in einem tagesklinischen Setting interviewen, sind solche Umstände unvermeidbar. Die in den Interviews teils kurzen Erzählungen sind nicht ideal für narrative Interviews, hebeln die Interviewmethode jedoch auch nicht aus. Mey (2000) legt dar, dass es vertretbar sei, zunächst nicht zu stark auf Erzählungen zu beharren. Sie können ebenso im weiteren Verlauf nach mehreren erzählanregenden Fragen zugelassen werden. Dies kann das Erzählte für die Interviewerin auch besser verständlich und nachvollziehbarer machen. Obwohl einige der Patient:innen zu Beginn nicht ausführlich erzählten, entstanden bei jedem Interview genug Erzählungen, um pro Patient:in und über alle Interviews hinweg genug Daten zu erhalten. Die Offenheit der Interviews ermöglichte es, sich von den Relevanzsetzungen und Erzählungen der Patient:innen leiten zu lassen. Durch die Erzählaufforderung zu Beginn und Fragen im weiteren Verlauf, orientiert am exmanenten Fragenteil, blieb der Fokus des Gesprächs bei den subjektiven Krankheitstheorien. Dies spricht dafür, dass die Methode der narrativen Interviews für die Erhebung des subjektiven Erlebens und Verstehens der Borderline-Probleme geeignet war.

Nach den Interviews wurden Feldprotokolle zur Dokumentation der Eindrücke im Gespräch verfasst. Das Schreiben der Feldprotokolle war durch die Konfrontation mit den teils leidvollen Berichten der Patient:innen und den wiederholt eindrücklichen zwischenmenschlichen Dynamiken eine gute Dokumentation der Gedanken, Assoziationen und zu verarbeitenden Erfahrungen und Emotionen (vgl. Tietel, 2000). Dies erwies sich in der späteren Auswertung für die Rekapitulation der Interviewsituationen als wertvolle Ergänzung.

6.1.3 Die Verwendung der Reflexiven Grounded Theory

Relevante Gütekriterien qualitativer Sozialforschung (vgl. Breuer et al., 2019; Steinke, 1999) können als erfüllt angesehen werden (siehe Abschnitt 4.4.2). Die Entwicklung eines eigenen Forschungsstils mit der Grounded Theory (vgl. Ruppel & Mey, 2017) bot sich besonders für eine Qualifikationsarbeit an, da so ein eigenständiges Arbeiten und eine individuelle Arbeitsweise möglich wurde. Die (reflexive) Grounded Theory eignet sich zur Erforschung der Bedeutung von Erleben und Verhalten im sozialen Kontext anhand größerer Mengen von Daten (vgl. Böhm, 1994; Breuer et al., 2019). Die Analyse des subjektiven Erlebens und Verstehens der Borderline-Probleme im Kontext migrations- und adoleszenzbedingter Herausforderungen stellt einen solchen Forschungsgegenstand dar. Die Grounded Theory wurde entwickelt, um soziale Dynamiken und Prozesse zu erforschen. Wird sie in der Psychologie angewandt, um subjektives Erleben zu erforschen, besteht das Risiko, dass sie nur genutzt wird, um das Erleben systematisch zu kategorisieren und deskriptiv darzustellen (vgl. Willig, 2022). Hier ging die Auswertung eindeutig darüber hinaus. Die von Interpretation begleitete Entwicklung von Kategorien und das Nachvollziehen von Verbindungen zwischen diesen ermöglichten eine tiefere Analyse und das Herausarbeiten einer verbindenden zentralen Kategorie.

Es wurde darauf geachtet, beim Kodieren nicht in diagnostische Theorien und psychoanalytische Begriffe zu verfallen und sich stets auf das subjektive Erleben der Patient:innen zu konzentrieren. So wurde Assoziationen Raum gegeben, Neues zugelassen und Ideen abseits der klinischen und psychoanalytischen Fachliteratur entwickelt. Es spielten auch abduktive Prozesse bei der Auswertung eine Rolle, welche eine wichtige Komponente der Grounded Theory Auswertung sind (vgl. Breuer et al., 2019), und eine neue Sichtweise auf das Erleben und Verstehen der Patient:innen wurde möglich. Mittels der kontrastierenden Vergleiche der Interviews, Codes und Kategorien und der Wegbewegung von Theoriewissen konnten relevante Kategorien bzw. Konzepte und ein aus diesen bestehendes Modell entwickelt werden. Statt einer Theorie wurde hier nur ein Modell mit Konzepten entwickelt; ersteres ist nur bei größeren Forschungsprojekten realistisch. Im Zentrum des Modells steht eine verbindende Erlebensqualität, welche verschiedenartige Symptome, Erlebensweisen und Aspekte der lebensgeschichtlichen und migrationsspezifischen Erfahrungen einfängt.

Memos als Dokumentation der Forschung (vgl. Belgrave & Seide, 2019; Breuer et al., 2019; Willig, 2022) waren hilfreich, um subjektive Eindrücke, Ideen und Denkanstöße festzuhalten und den Überblick zu bewahren. Der Auswertungs- und Interpretationsprozess wurde durch kollegialen und fachlichen Austausch in Seminaren und Auswertungsgruppen begleitet. Die Außenseiter-Position der Forscherin bei den Interviews hinsichtlich einer fehlenden Migrationsgeschichte und Borderline-Diagnose muss keinen Nachteil darstellen (vgl. King & Subow, 2013). Die Ähnlichkeit bezüglich des Alters verhalf bei den Interviews vermutlich, ein erstes Vertrauen und eine angenehme Atmosphäre herzustellen. Die Unterschiede auf der einen Seite und die Ähnlichkeit andererseits sprechen für eine gute Balance eines Zugangs und ausreichendem Abstand zu den Interviewpartner:innen. Es bestand keine eigene Verstrickung mit dem Thema und genug Distanz, um eine Perspektive von außen darauf zu erlangen. Da die Forscherin nicht mechanisch und rein anhand eines methodischen Ablaufs zu den Ergebnissen gelangt, sondern durch interpretative Anteile im Prozess einen persönlichen Einfluss auf die Erkenntnisse hat, sie aktiv mitgestaltet und gewissermaßen deren Autorin ist (vgl. Breuer et al., 2019; Willig, 2022), sind die Befunde auch ein Produkt ihrer subjektiven Sichtweise. Dies wird nicht als Einschränkung, sondern als wesentlicher Teil der sozialwissenschaftlichen Forschungsarbeit verstanden (vgl. Breuer, 2017).

6.2 Mixed-Methods-Analyse

In der vorliegenden Untersuchung wurden Ansätze aus der quantitativen und der qualitativen Forschung kombiniert und entsprechende Daten einbezogen (vgl. Tashakkori & Teddlie, 2003, S. xi, in Flick, 2011, S. 77). Die Studie erfüllt in mehreren Punkten den Anspruch eines Mixed-Methods-Forschungsdesigns. Die Kombination quantitativer und qualitativer Daten erlaubte ein differenzierteres Bild des Forschungsgegenstandes (vgl. Creswell & Creswell, 2017) und die quantitative Auswertung bot einen Eindruck der Grundgesamtheit (vgl. Miles & Huberman, 1994). So ließ sich die Relevanz und die Ergebnisse der qualitativen Analyse besser einordnen (vgl. Kluge, 2001) und mehr Erkenntnisse gewinnen (vgl. Flick, 2011), siehe Abschnitt 4.2.3.

6.2.1 Zusammenfassung der quantitativen Ergebnisse

Der Anteil von Patient:innen mit Migrationsgeschichte betrug ein knappes Drittel (32,1 %) und der Anteil adoleszenter Patient:innen lag bei über einem Drittel (36,8 %). Bei etwa einem Drittel der Patient:innen (33,3 %) war beim Erstgespräch bzw. bei der Aufnahme in die Tagesklinik eine Borderline-Diagnose festgestellt worden. Je jünger die Patient:innen waren, desto größer war die Wahrscheinlichkeit des Vorliegens einer Borderline-Diagnose. Patient:innen der zweiten Migrationsgeneration wiesen im Vergleich zu nicht-migrierten Patient:innen und Patient:innen der ersten Migrationsgeneration häufiger Borderline-Diagnosen auf. Hinsichtlich des Vorliegens suizidaler Krisen und des Vorliegens akuter Selbstverletzung zeigte sich Folgendes: hinsichtlich der Migrationsgeschichte gab es kein signifikant verändertes Risiko zwischen den Gruppen. Bei der Altersvariable zeigte sich ein erhöhtes Risiko bei jüngeren Patient:innen. Im Regressionsmodell zu suizidalen Krisen war die Varianzaufklärung sehr gering; um mehr Vorhersagewert zu suizidalen Krisen zu erlangen, hätten noch andere Variablen in die Regressionsanalyse miteingeschlossen werden müssen. Der Fokus sollte aber auf die für die Fragestellung relevanten Variablen liegen. Bei Betrachtung der Ergebnisse der Varianzanalyse muss die Konfundierung von Alter und Migrationsgeschichte mit einem jüngeren Durchschnittsalter von Migrant:innen der zweiten Generation im Vergleich zu Migrant:innen der ersten Generation und Nicht-Migrierten beachtet werden. Die Werte des GAF hingen nicht bedeutsam von den Ausprägungen des Alters und der Migrationsgeschichte ab. Bei den Werten des BPI und des GSI zeigten sich signifikante Unterschiede hinsichtlich des Migrationshintergrunds, die auch durch das Alter beeinflusst waren. Personen ohne Migrationshintergrund wiesen signifikant niedrigere Werte im BPI und im GSI auf. Der Effekt für die Variable Migrationshintergrund war aber eher gering.

6.2.2 Zusammenfassung der qualitativen Ergebnisse

Die zentrale Kategorie „Im Innen und Außen kein Zuhause finden und gefangen sein im Dazwischen" knüpft an Bekanntes an und verbindet verschiedene Facetten von Borderline-Problemen. Nicht zuletzt fasst sie den Ausdruck der Probleme in den alltäglichen Erfahrungen der Patient:innen in Worte. Das Eigene hatte im Außen oft keinen Platz und Emotionen und Gedanken wurden auf Distanz gehalten, als ob diese nicht im inneren Erleben existieren können. Die Patient:innen schilderten, nicht in die Welt zu passen und Suizidgedanken schienen als Fluchtphantasie zu dienen. Die Befragten suchten die Isolation, konnten keinen Raum einnehmen und flohen vor der Konfrontation mit dem Selbst und mit anderen, einen Begegnungsraum gab es nicht. Sie pendelten zwischen dem Außen und dem Selbst und waren gefangen im Hin und Her. In Erzählungen wirkten die Eltern wiederholt distanziert, weit weg und entfremdet und in den Familien war oft keine oder nur wenig Geborgenheit zu erkennen. Durch den fehlenden äußeren Raum mangelte es auch im Inneren an Raum für das Eigene und an Kapazitäten für die Verarbeitung von Erfahrungen. Die Patient:innen wirkten in Schilderungen von Leere und Lethargie wortwörtlich wie ausgeleert oder kaum existent und im inneren Vakuum eingeschlossen. Wiederholt wurde dem Selbst, den Emotionen und Bedürfnissen kein Platz gegeben. Die Befragten waren zerrissen zwischen dem Unvermögen Kontakt zuzulassen und dem Wunsch in Kontakt zu treten. Der Beginn der Probleme oder partnerschaftliche Trennungen wurden damit in Verbindung gebracht, sich selbst fremd zu sein oder nicht mehr zu wissen, wer man sei. Die elterliche Migrationsgeschichte wurde mit Fragen zur eigenen Identität und Zugehörigkeit verknüpft. Migrationsbedingte Anteile ihrer Entwicklung konnten nicht eindeutig zugeordnet oder nur schwer eingeschätzt werden. Die Orientierungslosigkeit bezüglich des Selbst war eng verwoben mit Fragen zur kulturellen Identität und migrationsgeschichtlich bedingten Fragen nach Zugehörigkeit.

Im Innen und Außen nicht anzukommen, sich keine Geborgenheit schaffen zu können, kein Zuhause zu finden und im Dazwischen gefangen zu sein, schien in den Erfahrungen der Patient:innen verwurzelt zu sein und nahm in ihren Symptomen und Problemen und dem damit verbundenen Erleben und den subjektiven Deutungen Gestalt an. Sie waren teils wie in einem Schwebezustand, „immer so zwischen den Stühlen" (6/19/414–415), raumlos, entwurzelt und unsicher, wohin sie gehören oder ob sie überhaupt in diese Welt gehören. Ihr Inneres wirkte teils wie ein leerer Raum oder Unort, der nicht bewohnbar ist, als ob die Psyche ein nicht gefüllter Hohlkörper wäre und dann wieder wie ein überfüllter, von Reizen überfluteter Ort, an dem keine Orientierung möglich ist und wo sie verloren und fremd sind. Von den Eltern und engsten Bezugspersonen vernachlässigt wirken sie wie in die Welt geworfen und sich selbst überlassen. Sie wurden im Außen nicht angenommen, konnten sich selbst im Inneren nicht annehmen und verblieben so zerrissen, haltlos und ortlos im Dazwischen. Das Dazwischen lässt sich nicht nur in ihren Problemen und ihrem Erleben erkennen. Es zeigt sich auch in familiären Dynamiken, in welchen sie sich durch Parentifizierung in einem Grenzbereich von Generationen befanden bzw. diese Grenzen verschwammen. Ebenso gab es ein Dazwischen bei Fragen danach, ob sie sich als deutsch sahen, als deutsch wahrgenommen oder als vermeintlich Fremde eingeordnet wurden. Auch die Adoleszenz beschreibt einen Zwischenzustand oder Übergang, in dem man nicht mehr zu den Jugendlichen zählt und noch nicht zu den Erwachsenen gehört.

Das entwickelte Modell umfasst das Zusammenspiel des subjektiven Erlebens und Verstehens der Borderline-Probleme und deren Behandlung, sowie die Herausforderungen des Adoleszenzalters, die Rolle der eigenen oder elterlichen Migrationsgeschichte und prägende familiäre Generationendynamiken aus Sicht der Patient:innen. In den Interviews waren deutliche Unterschiede spürbar, wie die Patient:innen etwas über sich erzählen konnten und wie gut sie ihre Probleme verstanden. Häufig wurde die Intensität des Erlebens und leidvolle Erfahrungen gut in Worte und metaphorische Bilder gefasst. Viele der typischen Borderline-Probleme waren mit einem Erleben von Kontrollverlust oder fehlender Kontrolle verbunden, gegenüber denen sich die Patient:innen machtlos empfanden. Die Interviewpartner:innen schilderten sich oftmals als allein gelassen und haltlos, berichteten von (psychischer) Gewalt, Diskriminierungserfahrungen und erlebten sich als anders. Ein ebenso verbindendes Element des Erlebens war das Extreme, was z. B. starke Stimmungsumschwünge, Wutempfindungen und unkontrollierbare Impulsivität deutlich machen, was aber auch in lähmender Antriebslosigkeit, in starken Überforderungs- und Überflutungsgefühlen und in Ungnade dem eigenen Selbst gegenüber zum Ausdruck kam. Das Verhältnis zu wichtigen Bezugspersonen und zum eigenen Inneren war häufig davon geprägt, etwas von sich wegzuhalten oder gar etwas zu verstoßen und gleichzeitig sich selbst verstoßen zu fühlen und das Bedürfnis nach Nähe zu haben. Ihre Berichte zeugten von Zerrissenheit, Anspannung und Unruhe. Häufig wirkte es, als hätten sie keinen stabilen Bezug zum Selbst und zu ihren Mitmenschen und als könnten sie keinen Platz im Außen und in ihrem Inneren finden. Die Ungreifbarkeit der eigenen Identität, die Schwierigkeit, sich stützende soziale Beziehungen aufzubauen und zu erhalten, und das Unvermögen, sich vor sich selbst zu schützen, wirkten, als ob das eigene Selbst sich bekämpft und die Person daher immer wieder mit dem eigenen (psychischen) Überleben beschäftigt sei.

6.2.3 Verknüpfung der statistischen Analyse mit der Grounded Theory

Der Anteil adoleszenter Patient:innen von über einem Drittel ist ein Hinweis darauf, dass psychische Probleme im jungen Erwachsenenalter häufig virulent werden oder es bereits sind. Dies zeigt, dass auf diese Patient:innen ein besonderes Augenmerk gelegt werden muss, wie in der Interviewanalyse geschehen. Der hohe Anteil von Borderline-Patient:innen in der Tagesklinik ermöglichte es, mit sehr verschiedenen jungen migrantischen Borderline-Patient:innen Interviews für die Studie zu führen.

Dass Borderline-Diagnosen häufiger bei jüngeren Patient:innen und bei migrantischen Patient:innen der zweiten Generation vorlagen im Vergleich zu älteren und zu nicht-migrierten und selbst migrierten Patient:innen, belegt, dass die Interviewstichprobe eine relevante Gruppe für das Verständnis von Borderline-Problemen vertrat. Die Interviewten brachten ihre Migrationsgeschichte nicht direkt in Zusammenhang mit Suizidphantasien oder -versuchen und mit selbstverletzendem Verhalten, was zu den Befunden passt, dass es hinsichtlich der Migrationsgeschichte kein bedeutsam verändertes Risiko für suizidale Krisen und Selbstverletzung gab. Lediglich eine Interviewpartnerin schilderte, sich nach ihrer Migration in Deutschland besser zu fühlen und seitdem keine Suizidversuche mehr begangen zu haben. Dieser Einzelbericht kann jedoch nicht als Indikator für eine generelle Tendenz gewertet werden und anhand der Abwesenheit von Suizidversuchen kann nicht auf das Vorkommen von Suizidgedanken und -phantasien geschlossen werden. Dass Borderline-Diagnosen bei Migrant:innen der zweiten Generation häufiger gestellt wurden, jedoch keine höheren Raten von suizidalen Krisen und akuter Selbstverletzung festgestellt wurden, wirft Fragen auf, da letztere für ersteres typische Symptome sind. Ob bei migrantischen Patient:innen aufgrund anderer kultureller Hintergründe oder engerer familiärer Konstellationen mehr Scham besteht, von suizidalen Krisen und Selbstverletzung zu berichten oder Selbstverletzungen und Suizid-versuche auszuführen, kann nur vorsichtig gemutmaßt werden.

Es zeigte sich, dass die Werte des GAF nicht bedeutsam von den Ausprägungen des Alters und der Migrationsgeschichte abhingen, beim psychosozialen Funktionsniveau gab es demnach keine Hinweise auf Unterschiede hinsichtlich der genannten Faktoren. Schilderungen zum Funktionsniveau in den Interviews müssen demnach nicht relativiert und im Hinblick auf die befragte Gruppe betrachtet werden. Dass Patient:innen ohne Migrationshintergrund signifikant niedrigere Werte im GSI aufweisen als Patient:innen mit Migrationsgeschichte beider Migrationsgenerationen sollte, bei Schilderungen zu Belastungen und der Symptom-schwere beachtet werden, auch wenn der Effekt gering ist. Womöglich schildern migrantische Patient:innen stärkere Beeinträchtigungen aufgrund von psychischen und somatischen Symptomen. Dass Werte der Borderline-Pathologie bei Patient:innen der zweiten Migrations-generation höher lagen als bei Patient:innen der ersten Migrationsgeneration und signifikant höher als bei Patient:innen ohne Migrationshintergrund, könnte das häufigere Vorkommen von Borderline-Diagnosen bei Patient:innen der zweiten Migrationsgeneration miterklären, da Patient:innen mit einem BPI von ≥ 10 zu den Borderline-Patient:innen gezählt wurden. Die höhere Borderline-Symptomschwere bekräftigt erneut die Relevanz der Interviewstichprobe und muss bei Betrachtung der Ergebnisse der Interviewanalyse im Blick behalten werden. Dass in der Varianzanalyse das Alter mit dem Migrationshintergrund konfundiert war und Patient:innen der zweiten Migrationsgeneration deutlich jünger waren als die der ersten Generation und ohne Migrationshintergrund, muss bei Betrachtung der Gruppe der Interviewten als adoleszente Patient:innen mit Migrationsgeschichte beachtet werden und schränkt die Verallgemeinerbarkeit der Interviewergebnisse ein. Warum Patient:innen mit Migrationsgeschichte höhere Werte im BPI und GSI aufwiesen, kann in der vorliegenden Untersuchung nicht ausreichend ergründet werden. Diskriminierung und damit verbundene Erfahrungen von innerfamiliärer und gesellschaftlicher Abwertung könnten zur psychischen Belastung beigetragen haben. Auch die höhere Relevanz von Fragen nach der individuellen kulturellen Identität bzw. Zugehörigkeit könnten Zweifel und Unsicherheiten zur eigenen Identität verstärken und sich auf ohnehin bestehende Identitätsprobleme nachteilig auswirken. Die doppelte Transformationsanforderung an migrantische Adoleszente schlägt sich hier womöglich in Form einer verstärkten Belastung nieder.

6.3 Bezüge zu leitenden Themen

Im folgenden Abschnitt werden Inhalte und Ergebnisse der Interviews zu den thematischen Schwerpunkten der Arbeit zusammengefasst. Es wurde deutlich, wie eng und komplex migrationsbedingte Verarbeitungsprozesse, familiäre und generationale Dynamiken und individuelle adoleszente Entwicklungen verbunden sind.

6.3.1 Adoleszenz

Da die Borderline-Persönlichkeitsstörung in der Adoleszenz manifest wird, ihr Vorkommen deutlich ansteigt und ihren Höhepunkt im frühen Erwachsenenalter erreicht (vgl. Chanen & Kaess, 2012; Johnson et al., 2008), ist die Betrachtung adoleszenter Entwicklungsprozesse bei der Analyse des Verstehens und Erlebens junger Borderline-Patient:innen relevant. Die vorliegende statistische Auswertung zeigte einen hohen Anteil adoleszenter Patient:innen in der Tagesklinik und belegte erneut das höhere Risiko einer Borderline-Diagnose im jüngeren Erwachsenenalter. Zudem zeigte sie ein höheres Risiko für das Vorliegen suizidaler Krisen und Selbstverletzung bei jüngeren Patient:innen, was nicht getrennt von höheren Raten von Borderline-Diagnosen zu betrachten ist. Die im folgenden thematisierten Phänomene betreffen nicht ausschließlich migrantische adoleszente Borderline-Patient:innen. Alle Menschen müssen sich in der Adoleszenz mit Verunsicherungen und Neugestaltungen der Identität auseinandersetzen und sind durch starke Veränderungen zeitweise belastet oder zumindest herausgefordert. Es wird herausgestellt, was das Besondere in der Adoleszenz bei den Interviewten in Bezug auf ihre Borderline-Probleme ist.

Bei allen Interviewpartner:innen manifestierten sich die Borderline-Probleme zum ersten Mal in der Pubertät oder im frühen Erwachsenenalter, wie z. B. jahrelange Schlafstörungen oder starke Selbstverletzung. In der Phase der Adoleszenz schien etwas zutage zu treten, was vorher keinen Raum mehr im Inneren eingenommen hatte. Die Adoleszenz wurde als Phase von Umbrüchen und tiefgreifender Verunsicherung geschildert, aber auch als eine Zeit, in welcher sich die Befragten unabhängig machten und zukunftsweisende Entscheidungen trafen. Für die Befragten war die Adoleszenz, wie für andere Menschen auch, die Phase der Ablösung vom Elternhaus und der Herausbildung des beruflichen Werdegangs. Die Adoleszenz brachte Veränderung mit sich und barg Krisenpotential, beispielsweise durch traumatische Erfahrungen in der Familie,

Belastungen durch Mobbing und eine schwere Krankheit der Mutter, das Wegfallen familiärer Strukturen nach dem Auszug aus dem Elternhaus und der damit verbundenen Herausforderung eigenständig zurechtkommen zu müssen. Die aufkommende Frage nach der Identität war bei mehreren Interviewpartner:innen mit Fragen nach der Herkunft und der kulturellen Identität verbunden. Es wurde von väterlichen Erwartungen, eine akademische Karriere anzustreben, und damit verbundenem Druck berichtet. Die Bildungs- und Berufswege der Interviewten waren wie bereits in Abschnitt 5.3.5 dargestellt durch viele Brüche und Unsicherheiten geprägt.

Bei den Befragten schienen Schwierigkeiten resultierend aus früheren Entwicklungsphasen weniger überwunden worden zu sein und negative Einflüsse und Entwicklungen wie z. B. massive familiäre Konflikte, das Auftauchen der Borderline-Symptome und damit verbundene schädigende Verhaltensweisen in der Adoleszenz zu dominieren (vgl. Streeck-Fischer, 2006). Durch schädigende frühe Bindungserfahrungen wurde die Entwicklung der Persönlichkeitsstruktur und das Meistern von Entwicklungsschritten womöglich negativ beeinflusst (vgl. Streeck-Fischer, 2006). Der im frühen Erwachsenenalter stattfindende zweite Individuations-prozess, welcher mit der Ablösung von der Familie verbunden ist (vgl. Erdheim, 2015), mit Veränderungen der Persönlichkeit einhergeht und eine Phase erhöhter Vulnerabilität darstellt (vgl. Blos, 1967), scheint für manche gut funktioniert zu haben, für andere weniger. Manche der Befragten befanden sich noch im Ablösungsprozess, der mit dem Auftauchen der Borderline-Probleme verbunden war.

Die Anforderungen der Loslösung von bisherigen Objekten und virulent werdende Fragen nach der individuellen Identität führen zur Destabilisierung des Selbst und im Idealfall entwickelt sich im jungen Erwachsenenalter eine stabile, anpassungsfähige und ausdifferenzierte Identität, die flexibel ist und sich weiterhin verändert, aber keine Identitätsdiffusion aufweist (vgl. Akhtar, 2007). Dies ist womöglich bei Menschen mit einer Borderline-Struktur ein besonders kritisches Moment und könnte zu einer verstärkten oder übermäßigen Destabilisierung führen. Bei mehreren Interviewpartner:innen schienen adoleszente Herausforderungen, z. B. die Erlangung von Selbständigkeit oder die Festigung der eigenen Identität, eine krisenhafte Entwicklung in Gang zu bringen, die in Gestalt von Borderline-Probleme zum Ausdruck kam. Die Notwendigkeit einer hohen Eigenständigkeit und Verantwortungsübernahme und die damit verbundene Gefahr des Scheiterns können mit starken Ängsten verbunden sein (vgl. Anderson & Dartington, 2005). Auch hier ist für Menschen mit einer Borderline-Struktur eine womöglich größere Gefahr verborgen als für Menschen ohne solche Persönlichkeitsprobleme.

Die Phase der Adoleszenz pauschal als eine Bedrohung im Fall brüchiger Ich-Strukturen zu begreifen, ist jedoch zu kurz gegriffen (vgl. Streeck-Fischer, 2006). Manche Interviewpartner:innen berichteten positive Entwicklungen, beispielsweise in den letzten Jahren ruhiger geworden zu sein, nach starker Isolation in der Kindheit nun mehr Kontakt aufzunehmen, stärker die eigene Verantwortung wahrzunehmen und mehr Ambivalenz sehen und aushalten zu können. Mehrere hatten auch berufliche Tätigkeiten gefunden, welche sie begeisterten. Auch wurde berichtet, sich aus schwierigen familiären Verhältnissen gelöst zu haben und nach der eigenständigen Migration nach Deutschland erwachsener geworden zu sein.

Der Begriff des adoleszenten Möglichkeitsraums bei King und Koller (2009b) und die Adoleszenz als Phase zwischen Kindheit und Erwachsenenalter (vgl. Mecheril & Hoffarth, 2009) können mit der zentralen Erlebensqualität im Innen und Außen kein Zuhause zu finden und gefangen zu sein im Dazwischen in Verbindung gebracht werden. Einerseits ist die Adoleszenz eine Phase des Dazwischen-Seins, in der starke und herausfordernde Umbrüche mit extremem Erleben einhergehen und das eigene Zuhause und Zugehörigkeiten neu gefunden werden müssen. Andererseits ist der adoleszente Möglichkeitsraum bei Borderline-Patient:innen durch starke Belastungen und Probleme womöglich nur eingeschränkt nutzbar, was die Findung und Festigung der Identität erschwert.

6.3.2 Migration

Der hohe migrantische Bevölkerungsanteil in Deutschland und die steigende Tendenz der letzten Jahre zeigen die Notwendigkeit, zu verstehen, welche Rolle Migrationserfahrungen für das Erleben und Verstehen psychischer Probleme spielen (vgl. Abschnitt 2.5.1). Der Anteil von Patient:innen mit Migrationshintergrund in der Tagesklinik von einem knappen Drittel, die höhere Häufigkeit von Borderline-Diagnosen in der zweiten Migrationsgeneration und höhere Werte im BPI und GSI bei migrantischen Patient:innen verdeutlichen die Relevanz der Migrationsgeschichte für die subjektiven Krankheitstheorien von Patient:innen. Dass die im Vergleich zur nicht-migrantischen Bevölkerung teils schlechtere Gesundheit von Migrant:innen anteilig mit der sozialen Benachteiligung erklärt wird (vgl. Schenk, 2007) und soziale Unterprivilegierung mit einem höheren Risiko für psychiatrische Erkrankungen verbunden ist (vgl. Fryers et al., 2005, in Erim & Morawa, 2017), könnten auch Erklärungsansätze für die erhöhten Werte des GSI und des BPI sein. In diesen drücken sich möglicherweise soziale Benachteiligungen und höhere Belastungen bei migrantischen Patient:innen aus. Dies müsste mit gezielteren statistischen Untersuchungen, in welchen z. B.

der sozioökonomische Status oder der Bildungsgrad kontrolliert wird, betrachtet werden.

Aufgrund der Ausrichtung der Untersuchung am Begriff des Migrationshintergrundes statt an der Einwanderungsgeschichte wurden auch Patient:innen interviewt, welche nur einen migrierten Elternteil hatten. Dies erwies sich als sinnvoll, da auch die Migrationsgeschichte des einen Elternteils teilweise als relevant geschildert wurde. Die selbst migrierten Interview-partner:innen taten dies freiwillig, ihre Migration war keine Konsequenz von Vertreibung, Verfolgung, der Flucht vor Krieg oder vergleichbaren Umständen, die äußere existenzielle Bedrohungen darstellen. Motivationen der Eltern bzw. der Befragten zu migrieren waren beispielsweise die Hoffnung, den Kindern ein besseres Leben in Deutschland zu ermöglichen, bessere Arbeitsbedingungen vorzufinden, sich von der Familie zu distanzieren oder einen bestimmten Studiengang zu absolvieren. Dies schließt an die im World Migration Report genannten Migrationsgründe an (vgl. IOM, 2022).

Der Tod des Vaters als Anlass für die Migration von Frau F. kann als eine die Migration veranlassende krisenhafte Erfahrung gesehen werden kann und die Entdeckung eines neuen Selbst kann als eine „Wiedergeburt" als Resultat positiver Verarbeitung der Migration gedeutet werden (vgl. Grinberg & Grinberg, 1989). Die Distanzierung von der Familie durch die Migration kann ein Versuch der Trennung und eine damit verbundene Vorstellung der Loslösung sein (vgl. Marlin, 1997, in Akhtar, 2007). Sie kann aber auch eine tatsächliche Lösung aus bisherigen Verstrickungen, verbunden mit einer positiven Weiterentwicklung, bedeuten (vgl. Machleidt, 2013). In einer neuen Gesellschaft anzukommen kann mit Konflikten und Spannungen einhergehen (vgl. Leszczynska-Koenen, 2019), aber auch mit einem besseren Wohlbefinden wie bei Frau F. und Frau R. Die auf die freiwillige Migration folgende Verbesserung des psychischen Zustandes zeigt, dass Migration nicht immer (nur) eine Destabilisierung der Identität bedeutet und (unbewusst) gewählt werden kann, um sich neu zu orientieren und die eigene Identität zu festigen (vgl. Endres, 2005; Grinberg & Grinberg, 1989).

Die Verarbeitung der eigenen Migrationserfahrungen oder familiären Migrations-geschichte zeigte sich wiederholt als in die Persönlichkeitsprobleme eingebettet. Die paradiesische Schilderung des elterlichen Herkunftslands und die triste Schilderung des Lebens in Deutschland durch Herrn W. und die völlige Abgrenzung zu Herkunft des Vaters durch Frau C. könnten Ausdruck von Spaltung sein. Nach der Migration auftretende regressive und spaltende Tendenzen, das Herkunftsland zu idealisieren und das Ankunftsland abzuwerten, schien bei Herrn W. weiter zu bestehen und eine ambivalente Betrachtung beider Länder war nicht zu erkennen (vgl. Akhtar, 2007). Die spaltenden Tendenzen bei Herrn W. und Frau C. sind vermutlich Teil ihrer Borderline-Probleme. Sie passen zur

Erkenntnis, dass Spaltung sowohl in der Adoleszenz als auch bei der Einfindung in ein neues Land verstärkt auftreten und sich bis hin zu Borderline-Eigenschaften verstärken kann (vgl. Streeck-Fischer, 2019).

Die von Akhtar (2007) genannte länger andauernde Akzeptanz in der Aufnahme-gesellschaft bei optischen Unterschieden der migrierten Person wirkt über mehrere Generationen fort. Diskriminierung aufgrund des „anderen“ Aussehens erfahren auch noch Folgegenerationen der Migrierten. Mehrere Interviewpartner:innen schilderten Diskriminierungs- und Mobbingerfahrungen aufgrund ihres Aussehens. Sie führten Gefühle der Unsicherheit, der Fremdheit oder unklarer Zugehörigkeit darauf zurück und befürchteten Nachteile durch ihre Migrationsgeschichte. Die teils auf Diskriminierung zurückgeführten Selbstwertprobleme rühren eventuell auch von schädigenden Beziehungserfahrungen und werden durch die Attribution auf das Mobbing und die Abwertung teilweise zu unrecht auf Außenstehende geschoben und gegen das eigene Selbst gerichtet (vgl. in Akhtar, 2007; Jenkins, 1994). Gesellschaftliche Diskriminierungserfahrungen schienen in die Kerbe familiärer Abwertungserfahrungen und eigener starker Unsicherheiten zu schlagen. Möglicherweise hing die gute Bewältigung des Migrationsprozesses bei Frau F. und Frau R. auch damit zusammen, dass sie als Migrantinnen aus einem südeuropäischen Land eher willkommen geheißen und mit weniger Diskriminierung konfrontiert wurden als Menschen aus weiter entfernten oder kulturell anders geprägten Ländern (vgl. Erim & Morawa, 2017). Die Erfahrung von Herrn A. sich wegen seiner Migrationsgeschichte mehr beweisen zu müssen bestätigt, dass Kinder von Migrierten den Eindruck haben, sich mehr rechtfertigen oder beweisen müssen (vgl. Zölch et al., 2013).

Wachsen Menschen im Migrationskontext auf, sind „hybride Identitäten und Mehrfachzugehörigkeiten“ möglich (vgl. Leser, 2015, in Kämpfe, 2019, S. 61), was sich bei den Befragten z. B. in der kulturellen Selbstverortung als Ausländer, um cool zu wirken, oder der Zuordnung des Selbst zur Herkunftsnationalität der Eltern bzw. eines Elternteils zeigte. Die Fragen „wo komme ich eigentlich wirklich her?“ (6/45/1005) und „wo gehör ich eigentlich hin?“ (12/20/514) und das Gefühl „nicht so ganz zugehörig“ (12/20/510) zu sein, beschäftigte mehrere der Befragten. Womöglich sind Fragen nach Zugehörigkeit für sie als Adoleszente mit Migrationsgeschichte besonders relevant (vgl. Mecheril & Hoffarth, 2009). Bei Attributionen von Eigenschaften und Verhaltensweisen auf die Migrationsgeschichte und wahrgenommene Zusammenhänge von Annahmen zu Familie und Partnerschaften und dem eigenen Nähe-Distanz-Thema waren die familiäre kulturelle Prägung und familiäre Dynamiken nicht zu trennen. Diese Unklarheit oder auch Verbundenheit von Einflüssen passt zu der Annahme, dass migrationsbedingte und adoleszente Entwicklungsprozesse bei jungen Migrant:innen eng miteinander verwoben sind (vgl. King, 2005).

Die Migrationsgeschichte und ihre Bedeutung gestalteten sich sehr unterschiedlich aus. Bei den selbst migrierten Interviewpartner:innen war die Migration eine eigene und freie Entscheidung (s. o.). Bei anderen Interviewpartner:innen wurde die Bedeutung der elterlichen Migration als eine Verkomplizierung der Lebensumstände geschildert oder konnte nicht klar benannt werden. Die Deutung der Migration bewegte sich zwischen Erschwernissen auf der einen Seite und der Ermöglichung von Entwicklung auf der anderen Seite bei der eigenständigen Entscheidung zur Migration. Das Herkunftsland gestaltete sich als ein Sehnsuchtsort, als ein Ort, zu dem man keinen Bezug hat oder als ein Ort, an dem man nach dem Tod des Vaters nicht mehr geliebt wird und dem man entfliehen muss. Die Zuschreibungen schienen die zu diesem Zeitpunkt zentralen Empfindungen der Patient:innen widerzuspiegeln. Die Migration selbst bzw. was daraus folgt und aus der neuen Situation gemacht wird und wie sich die Auswirkungen in Deutschland ausgestalten, wirkten wie ein Verstärker oder Katalysator für ohnehin bestehende Probleme und Strukturen und als ein Resonanzraum für Schwierigkeiten und Unsicherheiten.

6.3.3 Generationale Dynamiken

In der Adoleszenz verändern sich generationale Verhältnisse (vgl. Erdheim, 2015), weshalb die Betrachtung ebendieser von Interesse für die Untersuchung subjektiver Krankheitstheorien von Patient:innen im jungen Erwachsenenalter ist. Höhere Werte im BPI und GSI bei migrantischen Patient:innen der ersten und zweiten Generation sprechen für eine erhöhte Vulnerabilität für psychische Störungen im Migrationsprozess (vgl. Machleidt, 2013) bzw. auch für eine erhöhte Vulnerabilität für die Folgegeneration von Migrierten, was die Relevanz der Untersuchung generationaler Übertragungsprozesse verdeutlicht.

Generationale Dynamiken waren in den Schilderungen der Patient:innen stark von problematischen Familienverhältnissen geprägt und wurden oftmals bei Annahmen zur Entstehung der Probleme genannt. Eltern wurden als Belastung geschildert, es wurden Gewalt, Missbrauch und Vernachlässigung in der Familie thematisiert und von fehlender Unterstützung berichtet. Das Generationenverhältnis schien oftmals hauptsächlich von Spannungen, Schmerz, Wut und Gewalt und weniger von Wärme und Nähe geprägt zu sein. Die Befragten berichteten, nicht ausgehalten worden zu sein, und schilderten wiederum ihre Eltern als schwer auszuhalten. Mehrmals wurden Elternteile als abwesend, distanziert oder vereinnahmend, sehr dominant oder überfürsorglich geschildert. Bei Frau S. und Frau M. wurden positive Beziehungen zu Großelternteilen als unterstützend genannt, welche vielleicht in gewissem Maße die schädigenden Einflüsse der Eltern abfedern konnten. In der berichteten Familiendynamik war wiederholt eine Rollenumkehr und die damit verbundene Parentifizierung der Kinder erkennbar. Die Patient:innen mussten sich um ihre Eltern oder andere Verwandte weit über das altersangemessene Maß hinaus kümmern, womit sie zur Stütze wurden, ohne selbst ausreichend gestützt zu werden. Die elterliche Konstellation bestand sehr häufig aus (emotional) nicht verfügbaren Vätern und versorgenden Müttern. Fast immer wurden die Väter als abwesend, nicht zuverlässig, wenig verbunden mit ihren Kindern oder abwertend geschildert. Die Mütter sicherten das materielle Überleben der Kinder, erschienen in den Schilderungen jedoch oft selbst psychisch nicht stabil. Mehrere Patient:innen berichteten von Müttern, die körperlich krank, psychisch stark belastet und überfordert schienen oder die überversorgend oder sehr streng waren. Mehrere Patient:innen haben keinen Kontakt zum Vater oder gar zur ganzen Familie.

Es gab wiederholt Schilderungen von psychischen Problemen bei den Eltern, z. B. von Depressionen bei der Mutter und Suchterkrankungen beim Vater. Die Schilderung der transgenerationalen Übertragung von Belastung als „man nimmt ja so n bisschen das Leid seiner Eltern mit in sich auf … ich glaube auch nicht nur ein bisschen … fast komplett, mehr als sie selbst eigentlich“ (1/30/724–730) zeigt, dass die Kinder zum Container für das elterliche Leiden wurden. Eingeforderte Dankbarkeit oder erwarteter Bildungserfolg erinnern an die Erwartung an die Kinder Migrierter, dass sich die Strapazen der elterlichen Migration gelohnt haben sollen, was King als „intergenerationales Erwartungsprojekt“ bezeichnet (vgl. King, 2016b, S. 981). Auch zeigt sich hier das Phänomen, dass Eltern nicht erfüllte Wünsche unbewusst an die Kinder weitergeben und so Wunden der eigenen Migration versuchen zu heilen (vgl. King, 2016b).

Mehrere Patient:innen berichteten von Schwierigkeiten der Eltern in Deutschland Fuß zu fassen und familiäre Dynamiken wurden mit der Herkunft der Eltern erklärt. Teilweise schienen Generationengrenzen zu verschwimmen und die elterliche Realität und Migrations-geschichte wie die eigene empfunden zu werden. Dies könnte dem telescoping of generations nach Faimberg entsprechen, bei welchem die Realitäten der Generationen wie eng zusammen-geschoben sind (vgl. Faimberg, 2005). Migrant:innen der zweiten Generationen haben keine direkte Verbindung zur Herkunftskultur der Eltern, sondern diese wirkt durch interaktionelle familiäre Dynamiken auf sie (vgl. Leszczynska-Koenen, 2019) und das Bild des elterlichen Herkunftslands kann als Ausdruck der innerfamiliären

Beziehungen verstanden werden. Hier verschränken sich Aspekte zu psychischen Folgen der Migration und generationalen Dynamiken. Die beschriebene Übergangsphase des Migrationsprozesses, in welcher "one ceases to belong to the world one left behind and does not yet belong to the world in which one has newly arrived" (Grinberg & Grinberg, 1989, S. 23), scheint demnach nicht nur für die selbst migrierte Generation zu gelten, sondern auch für die Folgegeneration. Das angeführte Zitat scheint für die generationenübergreifende Verarbeitung der Migrationserfahrungen zutreffend, kann aber auch ein passendes Bild für den Prozess der Übergangs in der Adoleszenz darstellen.

6.4 Bezüge zur Theorie und zu empirischen Befunden

Nach der Einordnung in übergreifende Themen der Arbeit werden die Ergebnisse nun mit existenten empirischen Befunden und theoretischen Hintergründen in Zusammenhang gebracht.

6.4.1 Bezüge zur Empirie

In bisherigen Studien zum Verständnis psychischer Gesundheit bzw. Erkrankungen gab es beispielsweise eine Einschränkung auf bestimmte Länder, aber nicht auf eine bestimmte psychische Erkrankung (vgl. Weigl & Gaiswinkler, 2019). In der hier durchgeführten Studie sollte keine Einschränkung auf Herkunftsländer erfolgen, um mehr Varianz in der Herkunft der Interviewten bzw. ihrer Familien und den damit verbundenen Migrationserfahrungen zu haben und das Phänomen der Migration so vielfältig wie möglich zu erfassen.

In der Tagesklinik lag der Anteil der Patient:innen mit Migrationsgeschichte mit 32.1 % leicht über dem Anteil in der deutschen Bevölkerung im Jahr 2022 von 28,7 % (vgl. Destatis, 2023b). Bei 33.3 % der Patient:innen wurden Borderline-Probleme verzeichnet, was ein deutlich höherer Anteil von Borderline-Patient:innen ist als in bisherigen Studien: in stationären psychiatrischen Settings wurde die Prävalenz mit ca. 22 % (vgl. Leichsenring et al., 2024) bzw. 20–22 % (vgl. Ellison et al., 2018) angegeben. Hier ist zu beachten, dass die Daten dieser Studie aus Tagesklinik mit dem Fokus auf der Behandlung von Borderline-Problemen stammten und auch Patient:innen mit einem BPI-Wert von ≥ 10 ohne die dazugehörige diagnostische Kategorie als Borderline-Patient:innen gezählt wurden, was den höheren Anteil erklären mag.

Je jünger die Patient:innen waren, desto größer war die Wahrscheinlichkeit des Vorliegens einer Borderline-Diagnose. Dies stützt bisherige Erkenntnisse aus mehreren Studien, die deutlich höhere Raten von Borderline-Diagnosen bzw. den Anstieg bei adoleszenten Patient:innen zeigen (vgl. Barnow et al., 2009; Johnson et al., 2008). Es stützt auch den Befund, dass Borderline-Probleme während der Adoleszenz klinisch offenkundig werden, ihren Höhepunkt im frühen Erwachsenenalter finden und im weiteren Lebensverlauf schwächer werden (vgl. Chanen & Kaess, 2012). Bei stationären Psychiatriepatient:innen waren jene mit einer Borderline-Persönlichkeitsstörung deutlich jünger (vgl. Gregory et al., 2021), was ebenso zu den Ergebnissen der vorliegenden Auswertung passt.

Dass Patient:innen der zweiten Migrationsgeneration im Vergleich zu nicht-migrierten Patient:innen und Patient:innen der ersten Migrationsgeneration häufiger Borderline-Diagnosen und auch höhere BPI-Werte aufwiesen (wenn auch die Differenz zwischen der ersten und zweiten Generation nicht signifikant ist), bietet neue Einblicke in das Verhältnis zwischen der Migrationsgeschichte und dem Vorliegen von Borderline-Problemen, da die Studienlage nicht eindeutig ist (vgl. Pascual 2008, Nielsen 2014, Salas-Wright 2014). Bisher fanden sich geringere Raten von Borderline-Diagnosen bei migrantischen Personen im Vergleich zu nicht-migrantischen Personen in einer psychiatrischen Notfallambulanz und in den Daten stationärer Psychiatriepatient:innen in einem Klinikum in Deutschland (vgl. Nielsen et al., 2014; Pascual et al., 2008). In einer anderen Studie fand sich, dass Migrant:innen der ersten Generation zwar seltener mit einer Borderline-Persönlichkeitsstörung diagnostiziert wurden als nicht-migrantische Personen, Migrant:innen der zweiten Generation jedoch häufiger als nicht-migrantische Personen (vgl. Salas-Wright et al., 2014).) Letzteres passt teilweise zu den Befunden der Tagesklinik. In dieser Patient:innenpopulation gab es zwar keinen Unterschied zwischen nicht-migrierten Patient:innen und migrierten Patient:innen der ersten Generation, auch hinsichtlich des BPI-Werts. Jedoch waren auch hier Borderline-Diagnosen bei migrierten Patient:innen der zweiten Generation häufiger vertreten als in den anderen beiden Subgruppen. Ebenso war der BPI-Wert höher und die Differenz zwischen nicht-migrantischen und migrantischen Patient:innen der zweiten Generation war signifikant.

In der statistischen Auswertung zeigte sich, dass sich migrantische Patient:innen hinsichtlich der Raten von suizidalen Krisen und selbstverletzendem Verhalten nicht von nicht-migrantischen Patient:innen unterschieden. Diese Befunde stehen im Kontrast zu Annahmen, dass Migrant:innen der ersten Generation aufgrund diverser Benachteiligungen und fehlender Zugehörigkeit in der Ankunftsgesellschaft womöglich besonders vulnerabel für psychischen Stress sind (vgl. Klein, 2020) und dass der Migrationsprozess mit psychischer Vulnerabilität in Verbindung gebracht wird (vgl. Calliess et al., 2008). Mögliche höhere psychische Belastungen bei Migrierten zeigten sich in den vorliegenden Ergebnissen in der Häufigkeit suizidalen Krisen und selbstverletzendem Verhalten nicht. Auch ergaben sie kein Abziehbild der Befunde, dass häufiger Suizidgedanken bei der ersten im Vergleich zur zweiten Generation verzeichnet wurden (vgl. Beutel et al., 2016) und dass Menschen mit Migrationshintergrund bzw. Angehörige ethnischer Minderheiten besonders häufig psychisch belastet oder von psychischen Störungen betroffen sind (vgl. Kluge et al., 2020). Dass junge Migrant:innen höhere Raten von Selbstverletzung und Suizidversuchen aufwiesen, zeigte sich hier nicht (vgl. Basu et al., 2022). Auch stehen die Ergebnisse im Widerspruch zu bisherigen Studien, die öfter Suizidversuche bei adoleszenten oder jungen Migrant:innen feststellten (vgl. Basu et al., 2022; Donath et al., 2019; Plener et al., 2015) und zu Studien, die bei Migrant:innen häufigere Selbstverletzung dokumentieren (vgl. Basu et al., 2022; Donath et al., 2019). Die Häufigkeit von Suizidgedanken unterschied sich jedoch nicht hinsichtlich des Migrationshintergrundes (vgl. Basu et al., 2022), was die vorliegenden Befunde stützt. Dass migrantische Patient:innen höhere Werte des BPI und des GSI aufwiesen, jedoch keine Differenzen in der Raten von Suizidalität und Selbstverletzung, spricht dafür, dass womöglich die Ausführung oder Mitteilung dieser bei migrantischen Patient:innen stärker schambehaftet ist, wie in Abschnitt 6.2.3 bereits ausgeführt.

Dass in der untersuchten Stichprobe ein erhöhtes Risiko für eine suizidale Krise bei jüngeren Patient:innen vorlag, bietet einen Einblick in das Verhältnis von Adoleszenz und Suizidalität und legt nahe, dass suizidale Krisen öfter bei jüngeren Patient:innen vorkommen. Dies sollte durch Folgeuntersuchungen an weiteren Patient:innenpopulationen untersucht werden. Höhere Raten akuter Selbstverletzung bei jüngeren Patient:innen bieten einen neuen Einblick in das Verhältnis von Adoleszenz und Selbstverletzung. Beide Befunde könnten auch mit höheren Raten von Borderline-Diagnosen in der Adoleszenz zusammenhängen.

Die Konfundierung von Alter und Migrationsgeschichte mit einem jüngeren Durchschnittsalter von Migrant:innen der zweiten Generation im Vergleich zu Migrant:innen der ersten Generation und Nicht-Migrierten muss bei Betrachtung der Varianzanalyse beachtet werden. Die Ergebnisse der MANCOVA sind ein Hinweis auf eine höhere Symptomschwere, auch im Bereich der Borderline-Symptome, und stärkere psychische Belastung bei migrantischen Patient:innen. Dies passt zu den Erkenntnissen von Schenk (2007), Callies et al. (2008) sowie Kajhikina et al. (2023). Der Befund sollte jedoch unter dem Aspekt des konfundierenden Einflusses des jüngeren Alters nicht ausschließlich auf die

Migrations-geschichte attribuiert werden. Dass alters- und migrationsspezifische Einflüsse sich gegenseitig bedingen und miteinander verschränkt sind, wird in den qualitativen Ergebnissen deutlich. Um solche Einflüsse in ihrer Komplexität zu besser zu verstehen, kann ein Blick in die Ergebnisse der qualitativen Interviewanalyse dienen.

Dass die Borderline-Probleme bei einigen der Interviewten bereits in der Pubertät auftraten, die Diagnose jedoch erst später gestellt wurde, passt zu den Erkenntnissen von Tedesco et al. (2023). Wie bei einer Interviewstudie mit Borderline-Patient:innen von Liljedahl et al. (2023) wurden auch hier die Probleme als langer Prozess und verbunden mit Rückfällen beschrieben und der Wunsch nach Wiedererlangung einer gesunden Identität geäußert. Frommer und Reißner (1997) berichteten zu subjektiven Krankheitstheorien von Borderline-Patient:innen die Nennung vielfältiger psychischer Beschwerden, die seltene Erwähnung organischer Ursachen, das Anführen zwischenmenschlicher Konflikte als Hauptursache, die Beschreibung der Beziehung zur Mutter als problematisch und die eher blasse Schilderung von Kindheit und Jugend. Dies deckt sich mit den Erzählungen der Interviewten. Die Patient:innen hatten nur grobe Annahmen und unvollständiges Wissen zu neurophysiologischen Grundlagen ihrer Probleme, was dazu passt, dass subjektive Krankheitstheorien bei psychischen Problemen oft nicht mit fachlichen Modellen übereinstimmen (vgl. Elliott et al., 2012) und den Patient:innen Wissen fehlt (vgl. Langs et al., 2002). Was hierzu auch angemerkt werden soll ist, dass die wissenschaftliche Datenlage zu den neuronalen Grundlagen schwach ist und in den Behandlungen andere Themen relevant sind, wie z. B. die individuelle Entwicklung, familiäre Dynamiken und zwischenmenschliche Schwierigkeiten.

Die Berichte zur Relevanz von abwesenden Vätern, Erfahrungen von Entwertungen und belasteten Elternteilen für die psychischen Probleme passten zu dem Befund des Zusammen-hangs zwischen Borderline-Merkmalen und kontrollierendem, chaotischem und abweisendem elterlichen Erziehungsverhalten (vgl. Armour et al., 2023). Die Interviewten führten meist interpersonale oder familiäre Umstände als Gründe für ihre Borderline-Probleme an. Dies steht im Einklang mit Erkenntnissen, dass bei psychischen Erkrankungen meist psychische Gründe, zwischenmenschliche Konflikte und Probleme und weniger körperliche Ursachen genannt werden (vgl. Faller & Walitza, 2001; Frommer & Reißner, 1997; Frommer et al., 1996). Jedoch erwiesen sich Attributionen in anderen Studien als vielfältig und umfassten hinsichtlich psychischer Erkrankungen bzw. Borderline-Problemen substanzbezogene, biologische, psychische, soziale und spirituelle oder religiöse Ursachen (vgl. Arthur & Whitley, 2015; Tedesco et al., 2023).

Dass Patient:innen bagatellisierten, indem sie z. B. ihre Wutausbrüche und Depressionen herunterspielten und nicht den Begriff „Borderline“ nutzten, kann als eine Vermeidung des Begriffs und der Auseinandersetzung mit der Schwere der Borderline-Diagnose interpretiert werden. Den Begriff nicht zu verwenden bedeutet aber nicht zwingend eine Zurückweisung der Krankheitszuschreibung, wie sie von Lutz-Kopp (2015) berichtet wird. Der Begriff „Borderline“ wurde nur von Patient:innen verwendet, die schon länger mit entsprechenden Problemen zu kämpfen hatten. Die anderen Patient:innen waren womöglich noch zu wenig vertraut mit dem Begriff oder hatten die Diagnose noch nicht gänzlich angenommen. Die Diagnose war einerseits mit einem besseren Verständnis verbunden, andererseits fühlten sich mehrere Patient:innen im diagnostischen Prozess alleine gelassen, wie bereits in einer vorhergehenden Untersuchung berichtet (vgl. Tedesco et al., 2023). Selbstverletzendes Verhalten als Umgang und Coping-Strategie zu schildern passt dazu, dass Borderline-Patient:innen eine höhere Identifikation mit Selbstschädigung und eine positivere Einstellung dazu aufwiesen als gesunde Kontrollproband:innen (vgl. Scheunemann et al., 2023).

Viele Interviewpartner:innen berichteten von traumatischen Erfahrungen, was zur vielfach nachgewiesenen Relevanz von Traumatisierungen für die Borderline-Persönlichkeits-störung passt (vgl. Bandelow et al., 2005; Battle et al., 2004; Bozzatello et al., 2021; Golier et al., 2003; Herman et al., 1989; Porter et al., 2020; Sansone et al., 2006; Weaver & Clum, 1993; Yen et al., 2002; Yuan et al., 2023). Erfahrungen nicht gewollt zu sein, alleine gelassen oder abgewiesen zu werden, wertlos zu sein und gedemütigt zu werden, könnten durch Wiederholung traumatisch gewirkt haben und als Mikrotrauma verstanden werden (vgl. Peichl, 2007). Hinweise auf migrationsbedingte Traumatisierungen oder die Entstehung der Persönlichkeitsprobleme durch die Migration (vgl. Calliess et al., 2008) gab es bei den Interviewpartner:innen, die selbst migriert waren, nicht. Die Persönlichkeitsprobleme bestanden bereits vor der Migration bzw. traten deutlich nach dieser auf und waren nicht eindeutig mit dem Migrationsprozess in Verbindung zu bringen. Jedoch stellte der Prozess des Ankommens eine Herausforderung dar, die mit (sprachlichen) Schwierigkeiten einher ging. Bei den migrierten Eltern von in Deutschland geborenen Interviewpartner:innen gab es Hinweise auf starke Belastungen durch die Migration und immense Schwierigkeiten mit dem Ankommen und Einfinden im neuen Land, was sich auf die Folgegeneration auswirkte und dieser Leiden verursachte. Mehrere Patient:innen berichteten negative Einflüsse von erfahrenem Rassismus auf ihre Psyche, was Erkenntnisse zu seelischen Auswirkungen von Diskriminierung stützt (vgl. Kajikhina et al., 2023; Kluge et al., 2020; Lazaridou et al., 2023; Pascoe & Smart Richman, 2009; Sangalang et al., 2019). Negative Auswirkungen von Diskriminierungserfahrungen schienen die Interviewpartner:innen, um deren soziale und psychische Ressourcen es schlechter gestellt war, teilweise besonders schwer zu treffen (vgl. Schenk, 2007). Berichte von weiblichen Borderline-Patient:innen zu empfundener Scham, Wertlosigkeit und Stigmatisierung (vgl. Hegge, 2012) passen zu den Schilderungen von Stigmatisierung und den Gefühlen von Wertlosigkeit der Interviewten. Partner:innen oder einzelne Familienmitglieder wurden jedoch auch als unterstützend beschrieben; diese waren womöglich zuträglich zur Besserung des psychischen Zustands oder wirkten stabilisierend (vgl. Liljedahl et al., 2023).

Es wurden mehrfach Versorgungslücken berichtet, was bestärkt, dass das psychotherapeutische Behandlungsangebot für Borderline-Patient:innen ausgebaut werden sollte (vgl. Grabe & Giertz, 2020). Bei mehreren Patient:innen bestand die Borderline-Diagnose schon länger bzw. waren sie schon länger wegen psychischen Problemen in Behandlung, was für chronifizierte psychische Probleme sprechen könnte, die mittels der Behandlungen nur teilweise stabilisiert und aufgefangen werden können. Möglicherweise konnte aber auch einer Verschlimmerung im jungen Erwachsenenalter entgegen gewirkt (vgl. Bürger & Kaess, 2023; Chanen et al., 2020; Winsper, Wolke, et al., 2020) oder vielleicht die Scheu verringert werden, sich nach vergangenen Therapien wieder in Behandlung zu begeben. Die Patient:innen hatten durch die Behandlung in der Tagesklinik ihre Probleme mehr verstanden, konnten sie besser einordnen und empfanden den Austausch mit anderen Patient:innen als positiv und unterstützend. Dies passt zu den Befunden, dass Borderline-Patient:innen einer psychoedukativen Gruppe sich durch diese besser beobachten und klarer wahrnehmen konnten, psychische Prozesse bei sich und anderen besser verstanden, besser mit den Problemen umzugehen lernten und den Austausch mit anderen Patient:innen als sehr hilfreich erlebten (vgl. Koivisto, 2022). Insgesamt fühlten sich die Patient:innen in der Tagesklinik wohl und erlebten die Behandlungen als hilfreich. Das könnte an dem einerseits verbindlichen und gleichzeitig offenen Charakter des Settings liegen. Dieses ist womöglich gerade für Borderline-Patient:innen, die sich einerseits schnell eingeengt fühlen und andererseits nicht gut alleine sein können, gut geeignet (vgl. Weiß & Schött, 2016). Nach der Bezugnahme auf empirische Befunde folgt nun die Einordnung der Ergebnisse in den theoretischen Hintergrund der Arbeit.

6.4.2 Bezüge der Ergebnisse zur Theorie

In der hier durchgeführten Studie wurden subjektive Krankheitstheorien als Ausgangspunkt für eine gegenstandbegründete Theorieentwicklung erhoben und analysiert, um Erkenntnisse zum subjektiven Verstehen der eigenen Borderline-Probleme zu vertiefen und in einen Theorieansatz bzw. ein Modell zu fassen (vgl. Flick, 1998a). Dass bei psychischen Problemen das subjektive Erleben und Verstehen ein Teil des Krankheitsphänomens und zentral für das Verständnis von Behandler:innen ist und in theoretische Konzeptionen dazu miteinbezogen wird, zeigt sich auch darin, dass viele Aspekte der Erzählungen der Patient:innen sich gut mit psychologischen und psychoanalytischen Konzepten und Erkenntnissen zu Borderline-Problemen verbinden ließen. Die Analyse und Theoriebildung mittels der Grounded Theory setzte dort an, um abseits fachlicher Begriffe und Konzepte die Perspektive der Patient:innen greifen zu können (vgl. Lutz-Kopp, 2015) und mittels der Erzählungen einen Einblick in das Erleben und die innere Welt der Betroffenen zu ermöglichen (vgl. Seidlein & Salloch, 2019).

Die Erzählungen der Patient:innen umfassten viele Einblicke zu wichtigen Aspekten subjektiver Krankheitstheorien, wie z. B. Gründe bzw. Ursachen, Entwicklung, Manifestation, Kontrollierbarkeit, eigenem Einfluss und Bewältigungsstrategien. Sie beinhalteten nicht nur den Bericht kognitiver Annahmen (vgl. Thommen et al., 1990), sondern auch die Schilderungen subjektiven Erlebens und damit verbundener Emotionen und körperlicher Empfindungen. Dies passt dazu, dass die Annahmen subjektiver Krankheitstheorien auch mit nicht-rationalen Überzeugungen und emotionalen Inhalten verbunden sind, von welchen die Kognitionen nicht losgelöst betrachtet werden können (vgl. Verres, 1989). Unterschiede im Verständnis der Probleme und in den Fähigkeiten, diese einzuordnen, belegen eine Varianz in der Ausdifferenzierung subjektiver Krankheitstheorien (vgl. Bauer-Wittmund, 1996). Die Patient:innen nutzten oftmals diagnostische Kategorien oder Fachbegriffe und schilderten, dass die Therapie auch eine Spurensuche nach den Ursachen darstellte und dass sie im Laufe der Behandlungen in der Tagesklinik zu mehr Klarheit gelangten. Dies zeigt, dass die subjektiven Krankheitstheorie durch Annahmen des Patienten und Wissen des Behandlers beeinflusst werden (vgl. Birkner, 2006), sie ihre Probleme in die Konzepte der Behandlerin einordnen können (vgl. Alsdorf, 2017) und sich das subjektive Verständnis im Lauf der Behandlung verändert (vgl. Flick, 1998a).

Dass das häufig überflutende Hereinbrechen der Probleme die Patient:innen ihren Hilfe-bedarf erkennen ließ und einen Wendepunkt dar stellte, stimmt mit der klinischen Erfahrung überein, dass der krisenhafte Zusammenbruch einer pathologischen Persönlichkeits-organisation oft Anlass für das Aufsuchen von

Behandlung ist (vgl. Steiner, 1998). Jedoch schienen sich die Probleme bei vielen Patient:innen bereits früh anzudeuten, bzw. deren Entwicklung einem roten Faden zu entsprechen, der in der Lebensgeschichte eingewoben ist. Dies wurde z. B. in Schilderungen deutlich, nie richtig froh gewesen zu sein oder immer ein Gefühl des Nicht-Genügens gehabt zu haben. Die in den Erzählungen geschilderten Symptome waren vielfältig und gaben viele der diagnostischen Kriterien wieder (vgl. Abschnitt zu den Symptomen in 5.3.5 und diagnostische Kriterien im DSM-5, Falkai et al., 2015). In den Berichten vermischten sich mit der Borderline-Diagnose teilweise weitere Diagnosen, wie z. B. Depression, Angststörung und die posttraumatische Belastungsstörung, und die Selbst-beschreibung mit Beschreibungen der Borderline-Probleme. Letzteres lässt die Deutung zu, dass die Probleme ich-synton verarbeitet und dem Selbst zugehörig gesehen wurden. Schwierigkeiten im Beruf und in (partnerschaftlichen) Beziehungen, Ängste vor Nähe und Trennung, diverse psychosomatische Symptome (vgl. Rohde-Dachser, 1983) fanden sich ebenso wieder. Es kamen wiederholt zentrale Merkmale der Borderline-Diagnose wie Instabilität, starke Identitätsstörungen und das Thema des Kontrollverlusts zum Ausdruck. Die Instabilität in den Affekten, zwischenmenschlichen Beziehungen, der Impulskontrolle und hinsichtlich des Selbstbildes (vgl. Falkai et al., 2015; Wittchen, 1991) zeigte sich in emotionalen Zusammenbrüchen, einer fehlenden Struktur und innerer Unruhe und Anspannung. Anzeichen für Identitätsstörungen (vgl. Wittchen, 1991) waren Schilderungen sich als anders zu erleben, unsicher zu sein, sich fremd im Inneren und Äußeren zu fühlen, nicht zu wissen, wer man sei und was man brauche und die eigene Identität nicht greifen zu können oder verloren zu haben. Sie schienen sich wie jemand Fremdem zu begegnen, was zum beschriebenen Verhältnis zum eigenen Selbst als „strangers to themselves“ (vgl. Gammelgaard, 2010, S. 16) passt. Das Selbst schien keinen Raum im Inneren einzunehmen bzw. schien dieses leer zu sein. Jedoch gab es auch Schilderungen kreativer Hobbies wie Zeichnen, Tanz, Theater und Musik, die teils auch als Bewältigungsstrategien und wohltuende Beschäftigungen geschildert wurden, was zur nicht selten beobachteten Kreativität von Borderline-Patient:innen passt (vgl. Gammelgaard, 2010).

In den Erzählungen fanden sich wiederholt Hinweise auf das Erleben von Kontroll-verlust, wie z. B. die Unbeherrschbarkeit intensiver Gefühle (vgl. De Masi, 2022), starke Affektaktivierung und fehlende Impulskontrolle (vgl. Kernberg, 1966) und das Ausgeliefertsein gegenüber Misshandlung und schwer vorhersehbaren Bezugspersonen. Dem standen Versuche gegenüber, die Mitmenschen zu kontrollieren. Die Patient:innen waren in der Interaktion wie in einem Grenzbereich zwischen Vertrauen und Nähe und kühler Distanz und Misstrauen und die geschilderten Emotionen waren teilweise kaum spürbar und tauchten in den Erzählungen an manchen Stellen überraschend auf. Daher wirkten manche der Befragten immer wieder nur schwer zu greifen, als wäre kein entspannter, organischer Kontakt möglich. Sie wirkten manchmal gesund, manchmal sehr geschädigt, teilweise jünger als sie es waren, weder liebevoll noch hasserfüllt und bewegten sich zwischen Männlichkeit und Weiblichkeit, waren zwischen Liebe und Hass zu ihren engsten Mitmenschen gefangen, schienen voll von Emotionen oder gänzlich leer und waren weder beständig im Innen noch im Außen (vgl. Rey, 1994).

Es gab Schilderungen sich vor der Welt verstecken zu wollen, als Kind in Traumwelten geflüchtet zu sein, sich zu schämen und sich anderen gegenüber nicht anvertrauen zu können. Die Isolationstendenzen wurden teilweise durch pandemiebedingte Maßnahmen verstärkt bzw. erleichtert. Die selbst hergestellte Isolation kann als seelischer Rückzug verstanden werden (vgl. Steiner, 1998), dient zum Schutz vor Verfolgungs- und Verlustängsten und kann Anzeichen eines depressiven Rückzugs sein. Im Rückzug sind die Betroffenen an der Grenze zwischen Innen und Außen verortet (vgl. Weiß & Schött, 2016), was dazu passt, dass diese wie gefangen im Dazwischen wirken. Isolation und Rückzug, Stimmungsschwankungen, Probleme in Beziehungen und Unsicherheit bezüglich der eigenen Identität sind in der Adoleszenz in gewissem Maße normal (vgl. Streeck-Fischer, 2006), die Berichte der Interviewpartner:innen deuteten jedoch mehrfach auf ein Ausmaß hin, welches nicht mit regulärer adoleszenter Entwicklung erklärbar war. Die Patient:innen wussten teilweise nicht, wer sie sind, taten sich schwer mit der Ausbildungs- und Berufsfindung und wiesen eine „innere Standortlosigkeit" auf (vgl. Rohde-Dachser, 1983, S. 70). Der Weg in Ausbildung und Beruf als eine wichtige Entwicklungsaufgabe der Adoleszenz (vgl. Havighurst, 1953) gestaltete sich unterschiedlich bei den Befragten aus. Manche waren belastet durch studien- oder arbeitsbedingten Stress, wechselten Tätigkeiten, nahmen das an, was sich ihnen anbot und wussten nicht, was wirklich zu ihnen passte, andere schilderten ihre Tätigkeit als einen sehr wichtigen Halt.

Die Schilderungen der mütterlichen Bezugspersonen erinnerten wiederholt an die Beschreibungen zu Borderline-Müttern (vgl. Lawson, 2006): die Mütter wurden unter anderem als vereinnahmend, streng, verrückt, depressiv und das Verhältnis zu ihnen als sehr dicht beschrieben. Mehrere Patient:innen waren damit beschäftigt, sich aus dieser engen Beziehung zur Mutter zu lösen. Das Schwanken in Beziehungen zwischen oberflächlichem Kontakt und Anklammerung und die dennoch oftmals bestehende gute soziale Eingebundenheit (vgl. Rohde-Dachser, 1983) passt zu Berichten von Einsamkeit und wenigen Kontakten auf der einen Seite und unterstützenden Bezugspersonen und dem hilfreichen Austausch mit Freund:innen und anderen Patient:innen in der Tagesklinik auf der anderen Seite.

Der Wechsel von Idealisierung und Abwertung naher Bezugspersonen ist ein Anzeichen für die frühe und weiterhin bestehende Spaltung von Objekten in gute und böse Objekte (vgl. Kernberg, 1966) und die Vermeidung von Ambivalenz (vgl. Rohde-Dachser, 1983). Die Idealisierung der Interviewerin kann auf den Abwehrmechanismus der primitiven Idealisierung hinweisen, bei welchem das Objekt als Gutes idealisiert wird, um eigene aggressive Affekte und Schuld gegenüber diesem fernzuhalten und es als gutes Objekt zum eigenen Schutz zu erhalten (vgl. Kernberg, 1967).

Betrachtet man die Dimensionen der Veränderung der Identität von Migrant:innen von Akhtar (2007), erkennt man anhand der Interviewanalyse, dass die Kinder von Migrierten ebenso an der Verarbeitung dieser Identitätsentwicklungen beteiligt sind. Teilweise zeigte sich die von Akhtar (2007) beschriebene Spaltung der Länder in den Deutungen des elterlichen Herkunftslandes und Deutschland. Die Vergangenheit der Eltern aus dem Herkunftsland war Teil der Gegenwart im Aufwachsen der Kinder und die Familien schienen im Gestern vor der Migration verhaftet zu sein. Mit der Migrationsgeschichte in Verbindung gebrachte Desorientierung hinsichtlich der eigenen Identität und der gesellschaftlichen Zugehörigkeit passt zum Begriff der „geographischen Verwirrung“ (vgl. Meltzer, 1995), der eine Verworrenheit der inneren und äußeren Welt, der eigenen Identität und der Objekte beschreibt im Kontext eines nicht greifbaren Selbst und dem Umstand, es nirgendwo aushalten und sich keinen Platz im Innen und Außen einrichten zu können.

Die Orientierungslosigkeit und Unsicherheit hinsichtlich der eigenen Identität und das Unvermögen, Nähe auf der einen Seite und Alleinsein auf der anderen Seite auszuhalten, erinnert an das agora-klaustrophobe Dilemma (vgl. Rey, 1994; Weiß, 2009), welches laut Weiß (2009) „Störungen in der Konstruktion des inneren Raums“ (S. 47) widerspiegelt und von Borderline-Patient:innen hinsichtlich der Nähe und Distanz in Beziehungen als „einen schmerzhaften Wechsel zwischen der ‚Feuerhölle‘ der Nähe und der ‚Eiswüste‘ der Verlassenheit“ (vgl. Lohmer, 2013, S. 16) beschrieben wurde. Das beschriebene Erleben zeigt die Schwankungen zwischen Extremen und das Fehlen eines angenehmen Dazwischen, weshalb die Patient:innen in dem Hin und Her des unauflösbaren Dilemma verbleiben (vgl. Rey, 1994; Weiß, 2009). Der oftmals eher distanzierte Kontakt in den Interviews und der Eindruck der Interviewerin, nicht richtig bei den Leuten angekommen zu sein, passt zu der Dynamik von Nähe und Distanz. Die Patient:innen waren wie gefangen zwischen ihrem Inneren und Äußeren. Sie entkamen der Kontaktlosigkeit nicht, die sie gleichzeitig selbst aufrecht erhielten, was zum Begriff der betweenity passt, welcher den Kern der Borderline-Struktur als Dazwischen zwischen Ich und Anderen deutet (vgl. Gammelgaard, 2010).

Den Borderline-Patient:innen fehlte es möglicherweise in ihrer frühkindlichen Entwicklung an einem psychischen Entwicklungs- oder Übergangsraum, der idealerweise von der Mutter nach der Geburt als ein extrauteriner, sicherer Raum hergestellt wird, wie ein geschützter Beutel oder marsupial space. In diesem ist das Kind geborgen und kann sich aus ihm heraus seinen eigenständigen Raum zur weiteren Entwicklung erschaffen (vgl. Rey, 1994). Findet die Erhaltung des Gleichgewichts von Innerem und Äußerem über Körper-manipulationen und psychosomatische Beschwerden statt (vgl. Weiß & Schött, 2016), könnte dies als gescheiterte Vermittlung zwischen Innen und Außen bei einem fehlenden oder beschädigten psychischen Übergangsraum gedeutet werden, bei welcher der Körper zum Ersatzkanal für die Kommunikation der Psyche wird. Die Psyche kann hier auch als Kommunikations- oder Beziehungsorgan zwischen Innen und Außen verstanden werden.

6.5 Zusammenfassende Interpretation und Diskussion

Der Anteil adoleszenter Patient:innen von über einem Drittel kann als Hinweis darauf verstanden werden, dass psychische Probleme im jungen Erwachsenenalter häufig relevant sind bzw. dass Menschen in diesem Alter oftmals Behandlung aufsuchen. Der hohe Anteil von Borderline-Patient:innen liegt vermutlich daran, dass die Tagesklinik einen Schwerpunkt für die Behandlung von Borderline-Pathologien hat und eine bevorzugte Anlaufstelle für Patient:innen mit entsprechenden Problemen ist. Höhere Borderline-Symptomausprägungen und stärkere psychische Beeinträchtigungen und Belastungen bei migrantischen Patient:innen reihen sich größtenteils in bisherige empirische Befunde ein und können ein Ausdruck von schlechteren gesellschaftlichen Bedingungen und höheren Belastungen durch die Verarbeitung des Migrationsprozesses sein.

Die in der Grounded-Theory-Analyse erarbeitete zentrale Dimension des Erlebens „Im Innen und Außen kein Zuhause finden und gefangen sein im Dazwischen“ fasst die Erzählungen der Patient:innen und die Eindrücke der Interviewerin zusammen. Sie beschreibt den Umstand, dass Borderline-Patient:innen es nirgendwo auf Dauer aushalten, nicht zur Ruhe kommen, in Kontaktlosigkeit gefangen sind und sich immer wieder nomadisierend vom Innen ins Außen und zurück bewegen. Es scheint eine Vermittlung und Verbindung der inneren und äußeren Welt zu fehlen, als gäbe es verbindendes kein Gewebe und kein haltendes Dazwischen, weil sich das nie gebildet hat. Die Patient:innen suchten abwechselnd Halt im Innen und Außen, was aber auch nicht funktioniert, weil es dazu eine Verbindung zum Außen bzw. Innen bräuchte. Eventuell ist durch fehlende oder nicht ausreichend vorhandene positive und haltgebende Bindungserfahrungen und einem fehlenden psychischen Übergangsraum wie ein Bindungsvakuum als Dazwischen entstanden. Nicht verweilen zu können macht das „Innen und Außen gleichermaßen zu unmöglichen Orten" (vgl. Weiß, 2015, S. 922). Meltzer (1981) führt Melanie Kleins Erkenntnis einer inneren und äußeren Realität, in der Menschen leben, folgendermaßen aus: "that we do not live in one world, but in two – that we live in an internal world which is as real a place to live in as the outside world" (S. 178). Borderline-Patient:innen scheinen zu einem gewissen Grad in keiner der Realitäten oder Welten dauerhaft existieren zu können und sind verloren und ortlos im Innen und Außen. Die „innere Standortlosigkeit" (vgl. Rohde-Dachser, 1983, S. 70) wird begleitet von einer äußeren Standortlosigkeit und der Unmöglichkeit der Orientierung und des Ankommens, woraus das Gefangen sein im Dazwischen und ein suchendes Hin-und-Her resultiert.

Bei Menschen mit Migrationsgeschichte verstärken sich womöglich Fragen nach dem eigenen Standort und der eigenen Zugehörigkeit. Beachtet man die Überlegungen von Mecheril und Hoffarth (2009) zur Relevanz von Zugehörigkeit für Migrant:innen und für Adoleszente, wird deutlich, wie wichtig dies gerade für migrantische junge Menschen sein muss. Womöglich wird bei Borderline-Patient:innen die äußere Standortlosigkeit durch Erfahrungen von Diskriminierung verstärkt, bei denen den Betroffenen Identifizierungen und real bestehende Zugehörigkeiten abgesprochen werden. Hier überlagern sich subjektive Empfindungen mit objektiven Zugehörigkeiten und bedingen sich gegenseitig. Die subjektive Natur von Selbst und Zugehörigkeit, von einem Gefühl des Ich und einem Verhältnis zur Gesellschaft zeigt, dass das eigene empfundene Zuhause oder die innere Heimat nicht immer als Ort, sondern auch als Empfindung zu begreifen ist, wie Leszczynska-Koenen (2019) ausführt und dies am Zitat „I think that home is a feeling, not a place" (vgl. Schnabel, 2015, 01:23:27) darlegt.

Der Prozess der Migration, die Phase der Adoleszenz sowie psychotherapeutische Behandlungen gehen mit Umbrüchen, Verunsicherung und Veränderungen auf der einen Seite und dem Potential zur kreativen Lösung auf der anderen Seite einher, stellen Übergänge dar und können mit Ängsten und Hoffnung verbunden sein (vgl. Erdheim, 2015). Die Destabilisierung durch die adoleszente Entwicklung (vgl. Anderson & Dartington, 2005) ist für ohnehin psychisch vulnerable Personen womöglich gravierender, ebenso wie Veränderungen durch die eigene Migration, die Verarbeitung elterlicher Migrationserfahrungen oder Verunsicherungen und Entwertungen aufgrund von Diskriminierungserfahrungen. Für adoleszente migrantische Borderline-Patient:innen kann dies eine dreifache Veränderungs-herausforderung bedeuten, der sie mit psychischer Instabilität,

Unsicherheit und Belastung standhalten müssen. Die Überlagerung von krisenhaften Erfahrungen und von Übergangs-prozessen durch die Adoleszenz, verbunden mit der Entwicklung einer dem Erwachsenenalter angemessenen Selbständigkeit und einer gefestigten Identität, der Verarbeitung der eigenen oder elterlichen Migrationsgeschichte und damit verknüpften Anpassungs- und Selbstverortungsprozessen und dem Auftauchen der Borderline-Probleme, kombiniert mit dem „(wieder) Patient:in sein", dem Verstehen, Einordnen und der (Nicht-) Annahme der Borderline-Diagnose und dem Erkennen der Notwendigkeit von psychotherapeutischer Behandlung stellt eine Gleichzeitigkeit von Krisen und Veränderungen dar. Daher ist es wichtig, das bei der Behandlung im Blick zu behalten und die gegenseitige Beeinflussung und Verwobenheit der Aspekte der Lebensrealität der Patient:innen zu erkunden. Böker und Himmighofen (2016) sehen tagesklinische Behandlungen als Chance der Auseinandersetzung mit den psychischen Problemen und zur Weiterentwicklung der Persönlichkeit, was zur von Morgenroth (2010) formulierten „postadoleszenten dritten Chance" (S. 99) passt. Diese Chance in Gestalt von Behandlungsangeboten bei drogenabhängigen Jugendlichen nach der verpassten zweiten Chance der Adoleszenz lenkt für die vorliegende Arbeit den Fokus auf die psychotherapeutische Behandlung der Borderline-Problemen, welche positive und glückende Entwicklungen anstoßen und ermöglichen kann und nicht als reine Abmilderung oder Besserung von leidvollen Symptomen und Verhinderung von nachteiligen Verläufen gesehen werden sollte.

7 Fazit und Ausblick auf zukünftige Forschung

In der quantitativen Analyse zeigte sich, dass Borderline-Diagnosen bei jüngeren Patient:innen und Patient:innen der zweiten Migrationsgeneration häufiger vertreten waren als in entsprechenden anderen Subgruppen. Jüngere Patient:innen wiesen öfters suizidale Krisen oder akute Selbstverletzung auf, was ihre erhöhte Vulnerabilität verdeutlicht. Dass Patient:innen mit Migrationsgeschichte höhere Werte bezüglich der Borderline-Symptome und der Symptom-schwere und -belastung aufwiesen, weist auf mögliche migrationsbedingte zusätzliche Belastungen und Herausforderungen hin, die sich nachteilig auf die psychische Gesundheit der Betroffenen auswirken kann. Die Konfundierung von Alter und Migrationsgeschichte mit einem jüngeren Durchschnittsalter von Migrant:innen der zweiten Generation im Vergleich zu Migrant:innen der ersten Generation und Nicht-Migrierten zeigt die Notwendigkeit, diese Einflüsse nicht nur quantitativ zu erfassen, sondern qualitativ zu ergründen, um zu verstehen, wie sich diese Bedingungen auf die Lebensrealität der Betroffenen auswirken und in ihrem Erleben niederschlagen.

In bisherigen Studien zu subjektiven Krankheitstheorien bei Borderline-Patient:innen konnte keine zusammenhängende, stimmige Krankheitstheorie dargelegt werden (vgl. Frommer & Reißner, 1997; Frommer et al., 1996), was an der gleichzeitigen Untersuchung diverser Persönlichkeitsstörungen liegen könnte. In der hier dargelegten Untersuchung konnten durch die Konzentration auf eine klarer eingegrenzte Art von Persönlichkeitsproblemen in der Interviewanalyse mittels der reflexiven Grounded Theory gemeinsame Themen identifiziert und ein übergreifendes Modell entwickelt werden. Die verschiedenen Dimensionen des Erlebens und Verstehens der Patient:innen konnten über das Verhältnis zwischen Innen und Außen charakterisiert und miteinander in Verbindung gebracht werden. Das genannte Verhältnis äußerte sich in einem fehlenden Zuhause in

L. Wirth, *Im Innen und Außen kein Zuhause finden und gefangen sein im Dazwischen*, Adoleszenzforschung 17,
https://doi.org/10.1007/978-3-658-50568-4_7

der inneren und der äußeren Welt und einem damit verbundenen Gefangensein im Dazwischen bzw. einer nomadisierenden Bewegung entlang der Grenze. Migrations- und adoleszenzbedingte Erfahrungen waren oftmals Teil der ebenso in anderen Bereichen erkennbaren Denk- und Empfindungsmuster. Sie reihten sich in individuelle Verarbeitungsmechanismen ein und stellten Hindernisse, aber auch Lösungsversuche in den Biografien in Verbindung mit den Borderline-Problemen dar. Die einzelnen Bedingungs- und Wirkungsstränge können in der Analyse des subjektiven Erlebens nicht getrennt betrachtet werden. Sie existieren nicht als einzelne und nur stellenweise verbundene Einflüsse, sondern sind als dicht miteinander verwoben zu begreifen. Eine Betrachtung als reine Addition von Bedingungen würde die Zusammenhänge nicht ausreichend beschreiben, da durch die Kombination eine neue Qualität des Einflusses entsteht. Dieser nimmt in den psychosozialen Folgen der Migrationsverarbeitung für das Individuum, seiner Entwicklung und psychischen Verfassung und eventuell damit verbundenem Leid Gestalt an, eingebettet in familiäre und gesellschaftliche Dynamiken.

In der Verbindung der Ergebnisse im Sinne des Mixed-Methods-Ansatzes kann resümiert werden, dass gemäß der Überhäufigkeit von Borderline-Diagnosen bei jungen Patient:innen und bei Migrant:innen der zweiten Generation mit der Interviewstichprobe eine relevante Gruppe untersucht wurde. Dass migrierte Patient:innen teils höhere Ausprägungen in der Symptomschwere und -belastung aufwiesen, auch im Hinblick auf die für die Borderline-Pathologie typischen Symptome, grenzt den Geltungsbereich der Interviewanalyse möglicher-weise ein, da die Erzählungen in den Interviews durch die stärkeren Symptome und andere lebensweltliche Umstände geprägt sein können, weshalb die Schilderungen bei nicht-migrantischen Patient:innen anders ausfallen könnten. Patient:innen, die selbst migriert sind, haben Herausforderungen des Ankommens zu bewältigen, denen sich nicht-migrierte Patient:innen nicht stellen müssen. Patient:innen, deren Eltern migriert sind, müssen diese möglicherweise aufgrund von sprachlichen Schwierigkeiten oder Problemen, sich in die Gesellschaft einzufinden, stärker unterstützen, als dies bei Familien ohne Migrationsgeschichte der Fall ist. Auch können sie sich in generationalen Dynamiken mit der Weiterverarbeitung der elterlichen Migrationserfahrungen konfrontiert sehen. Bei nicht-migrantischen Patient:innen hat die Elterngeneration durch das Aufwachsen in Deutschland andere Lebensumstände und -realitäten und herkunftsbezogene Diskriminierungserfahrungen spielen keine Rolle. Jedoch könnten bei nicht-migrantischen Patient:innen andere Diskriminierungserfahrungen bedeutsam sein. Beispielsweise könnte bei ärmeren und sozial schlechter gestellten Patient:innen klassistische Diskriminierung, wie z. B. schicht- und klassenbezogene Anfeindungen oder Abwertungen, eine Rolle spielen oder bei älteren Patient:innen altersbezogene

Ungleich-behandlung bedeutsam sein. Es wäre interessant zu untersuchen, wie nicht-migrierte Borderline-Patient:innen sich ihre Selbstwert- und Identitätsprobleme erklären, ob sie auch gesellschaftliche Abwertungen wahrnehmen und wenn ja, worin diese bestehen.

Die Ergebnisse können Behandler:innen eine neue Perspektive und ein vertieftes Verständnis von den subjektiven Annahmen und Empfindungen ihrer Borderline-Patient:innen verschaffen und einen übergreifenden Blick auf verbindende Erlebensdimensionen bieten. Vielleicht kann dies zu einem besseren Nachempfinden und Verstehen der subjektiven Welt der Betroffenen verhelfen und so zu einer besseren Behandlung beitragen, von welcher die Borderline-Patient:innen profitieren können. Die vorgestellte Studie kann wiederum weitere Studien und Forschungsarbeiten anregen, in welchen subjektive Krankheitstheorien bei Patient:innen mit anderen psychischen Problemen, in einem anderen Altersabschnitt und mit anderen Lebensumständen untersucht werden. Es wäre spannend zu erfahren, wie Borderline-Patient:innen, die bereits Kinder haben, in ihren subjektiven Krankheitstheorien das Elternsein, familiäre Dynamiken der selbst gegründeten Familie und mögliche Auswirkungen der eigenen Borderline-Probleme auf ihre Kinder thematisieren. Ebenso wäre es interessant zu ergründen, wie Borderline-Patient:innen in der Pubertät und im fortgeschrittenen oder gar höheren Erwachsenenalter ihre psychischen Schwierigkeiten erfahren und einordnen. Bei Jugendlichen wäre es hilfreich zu verstehen, welche subjektive Rolle die Borderline-Probleme oder generell psychische Probleme in ihren Freundschaften, in der Schule oder in der Berufsausbildung spielen und welche Bedeutungen damit verbunden sind. Dies könnte dazu dienen, sie gezielter in den entsprechenden Bereichen zu unterstützen und ihnen eine möglichst gute soziale Einbindung und einen gelingenden Bildungs- und Berufsweg zu ermöglichen, was wiederum zu einer besseren psychischen Verfassung beitragen kann. Bei Erwachsenen mittleren Alters könnte untersucht werden, ob sich ihre Borderline-Probleme nach der eher turbulenten Zeit des jungen Erwachsenenalters chronifiziert haben, ob sich diese gebessert oder verschlimmert und haben und wie sich dies in ihrer Lebensgestaltung niederschlägt. Bei Senior:innen spielen Fragen der Bedeutung der Borderline-Probleme womöglich eine Rolle dafür, wie zufrieden sie im Alter sind, wie sich dies auf ihren Alterungsprozess auswirkt und ob sie ihren Lebensabend positiv und nach ihren Vorstellungen zu gestalten vermögen. Auch in anderen Behandlungs-kontexten und hinsichtlich anderer psychischer Erkrankungen wäre es interessant nach-zuvollziehen, wie sich das Erleben und Verstehen in subjektiven Krankheitstheorien darstellt und ob es sich übergreifend anhand des Verhältnisses von Innen und Außen in Zusammenhang bringen lässt. Sollte dies der Fall sein, könnte man erforschen, wie sich das in den individuellen Annahmen und Empfindungen ausgestaltet, was Unterschiede bzw. Gemeinsamkeiten zu den subjektiven Krankheitstheorien von Borderline-Patient:innen sind und ob man ein über-geordnetes Modell oder eine Theorie zum Verhältnis von Innen und Außen in subjektiven Krankheitstheorien über verschiedene psychische Probleme hinweg entwerfen kann.

Literaturverzeichnis

Aas, I. H. M. (2010). Global Assessment of Functioning (GAF): properties and frontier of current knowledge. *Annals of general psychiatry, 9*, 1–11.

Aas, I. H. M. (2011). Guidelines for rating Global Assessment of Functioning (GAF). *Annals of general psychiatry, 10*(1), 1–11.

Akhtar, S. (2007). *Immigration und Identität: psychosoziale Aspekte und kulturübergreifende Therapie*. Psychosozial-Verlag.

Albers, S., Klapper, D., Konradt, U., Walter, A., & Wolf, J. (Hrsg.). (2007). *Methodik der empirischen Forschung* (2. Aufl.). Betriebswirtschaftlicher Verlag Gabler.

Aleva, A., Laceulle, O. M., Denissen, J. J., Hessels, C. J., & van Aken, M. A. (2023). Adolescence as a peak period of borderline personality features? A meta-analytic approach. *European Journal Of Personality, 37*(6), 669–685.

Alsdorf, N. (2017). "Ich brauche jetzt akut Hilfe!" – Subjektive Krankheitstheorien und Behandlungserwartungen von Patienten in einer psychosomatischen Klinik. In N. Alsdorf, U. Engelbach, S. Flick, R. Haubl, & S. Voswinkel (Hrsg.), *Psychische Erkrankungen in der Arbeitswelt – Analysen und Ansätze zur therapeutischen und betrieblichen Bewältigung* (S. 167–192). transcript Verlag.

Alsdorf, N., Engelbach, U., Flick, S., Haubl, R., & Voswinkel, S. (Hrsg.). (2017). *Psychische Erkrankungen in der Arbeitswelt – Analysen und Ansätze zur therapeutischen und betrieblichen Bewältigung*. transcript Verlag.

Amad, A., Radua, J., Vaiva, G., Williams, S. C., & Fovet, T. (2019). Similarities between borderline personality disorder and post traumatic stress disorder: Evidence from resting-state meta-analysis. *Neuroscience & Biobehavioral Reviews, 105*, 52–59.

Anderson, C. (2005). Suizidverhalten in der Adoleszenz und seine Bedeutung. In C. Anderson & A. Dartington (Hrsg.), *Ausfechten: Klinische Einblicke in Krisen der Adoleszenz* (S. 93–109). edition diskord.

Anderson, C., & Kirkpatrick, S. (2015). Narrative interviewing. *International Journal of Clinical Pharmacy, 38*, 631–634.

Anderson, R., & Dartington, A. (Hrsg.). (2005). *Ausfechten: klinische Einblicke in Krisen der Adoleszenz*. edition diskord.

APA (Hrsg.). (2013). *Diagnostic and Statistical Manual of Mental Disorders: DSM-5* (5. Aufl.). American Psychiatric Association.

L. Wirth, *Im Innen und Außen kein Zuhause finden und gefangen sein im Dazwischen*, Adoleszenzforschung 17, https://doi.org/10.1007/978-3-658-50568-4

Armour, J. A., Joussemet, M., Mageau, G. A., & Varin, R. (2023). Perceived Parenting and Borderline Personality Features during Adolescence. *Child Psychiatry & Human Development, 54*, 927–938.

Arnett, J. J. (2000). Emerging adulthood: A theory of development from the late teens through the twenties. *American Psychologist, 55*(5), 469.

Arthur, C. M., & Whitley, R. (2015). "Head take you": Causal attributions of mental illness in Jamaica. *Transcultural Psychiatry, 52*(1), 115–132.

Bach, B., Kramer, U., Doering, S., di Giacomo, E., Hutsebaut, J., Kaera, A., De Panfilis, C., Schmahl, C., Swales, M., & Taubner, S. (2022). The ICD-11 classification of personality disorders: a European perspective on challenges and opportunities. *Borderline Personality Disorder and Emotion Dysregulation, 9*(12), 1–11.

Backhaus, K., Erichson, B., Plinke, W., & Weiber, R. (2011). *Multivariate Analysemethoden* (13. Aufl.). Springer Verlag.

Bacon, S. F., Collins, M. J., & Plake, E. V. (2002). Does the Global Assessment of Functioning assess functioning? *Journal of Mental Health Counseling, 24*(3).

Bandelow, B., Krause, J., Wedekind, D., Broocks, A., Hajak, G., & Rüther, E. (2005). Early traumatic life events, parental attitudes, family history, and birth risk factors in patients with borderline personality disorder and healthy controls. *Psychiatry Research, 134*(2), 169–179.

Barnow, S., Stopsack, M., Ulrich, I., Falz, S., Dudeck, M., Spitzer, C., Grabe, H.-J., & Freyberger, H. J. (2009). Prävalenz und Familiarität von Persönlichkeitsstörungen in Deutschland: Ergebnisse der Greifswalder Familienstudie. *Psychotherapie – Psychosomatik – Medizinische Psychologie, 60*((9/10)), 334–341.

Basu, A., Boland, A., Witt, K., & Robinson, J. (2022). Suicidal Behaviour, Including Ideation and Self-Harm, in Young Migrants: a Systematic Review. *International Journal of Environmental Research and Public Health, 19*(14), 8329–8345.

Bateman, A., & Fonagy, P. (2013). Mentalisierungsbasierte Therapie und Borderline-Persönlichkeitsstörung. In J. F. Clarkin, P. Fonagy, & G. O. Gabbard (Hrsg.), *Psychodynamische Psychotherapie der Persönlichkeitsstörungen – Handbuch für die klinische Praxis* (S. 184–205). Schattauer.

Battle, C. L., Shea, M. T., Johnson, D. M., Yen, S., Zlotnick, C., Zanarini, M. C., Sanislow, C. A., Skodol, A. E., Gunderson, J. G., Grilo, C. M., McGlashan, T. H., & Morey, L. C. (2004). Childhood Maltreatment Associated With Adult Personality Disorders: Findings From the Collaborative Longitudinal Personality Disorders Study. *Journal of Personality Disorders, 18*(2), 193–211.

Bauer-Wittmund, T. (1996). *Lebensgeschichte und subjektive Krankheitstheorien.* Verlag für Akademische Schriften.

Belgrave, L. L., & Seide, K. (2019). Grounded Theory Methodology: Principles and Practices. In P. Liamputtong (Hrsg.), *Handbook of Research Methods in Health Social Sciences* (S. 299–316). Springer.

Benzel, S., & King, V. (2023). Psychosoziale Folgen von Migration und Flucht – generationale Dynamiken und adoleszente Verläufe. Eine Einführung. In S. Benzel, V. King, H.-C. Koller, P. Meurs, & H. Weiß (Hrsg.), *Adoleszenz und Generationendynamik im Kontext von Migration und Flucht* (S. 1–20). Springer Nature.

Benzel, S., King, V., Koller, H. C., Meurs, P., & Weiß, H. (Hrsg.). (2023). *Adoleszenz und Generationendynamik im Kontext von Migration und Flucht.* Springer Fachmedien.

Beutel, M. E., Jünger, C., Klein, E. M., Wild, P., Lackner, K. J., Blettner, M., Banerjee, M., Michal, M., Wiltink, J., & Brähler, E. (2016). Depression, anxiety and suicidal ideation among 1st and 2nd generation migrants – results from the Gutenberg health study. *BMC Psychiatry*, *16*, 1–10.

Birkner, K. (2006). Subjektive Krankheitstheorien im Gespräch. *Gesprächsforschung – Online-Zeitschrift zur verbalen Interaktion*(7), 152–183.

Bischoff, C., & Zenz, H. (Hrsg.). (1989). *Patientenkonzepte von Körper und Krankheit*. Huber.

Blos, P. (1967). The Second Individuation Process of Adolescence. *The psychoanalytic study of the child*, *22*(1), 162–186.

Bohleber, W. (2011). Die Traumatheorie in der Psychoanalyse. In G. H. Seidler, H. Freyberger, & A. Maercker (Hrsg.), *Handbuch der Psychotraumatologie* (1 Aufl., S. 107–117). Klett-Cotta.

Böhm, A. (1994). Grounded Theory – wie aus Texten Modelle und Theorien gemacht werden. In A. Böhm, A. Mengel, & T. Muhr (Hrsg.), *Texte verstehen – Konzepte, Methoden, Werkzeuge* (Vol. 14, S. 121–140). Universitätsverlag Konstanz.

Böker, H., Hartwich, P., & Northoff, G. (Hrsg.). (2016). *Neuropsychodynamische Psychiatrie* (1. Aufl.). Springer.

Böker, H., & Himmighofen, H. (2016). Störungsspezifische Tageskliniken mit Psychotherapie-Schwerpunkt. In H. Böker, P. Hartwich, & G. Northoff (Hrsg.), *Neuropsychodynamische Psychiatrie* (S. 432–436). Springer.

Böker, K., King, V., & Koller, H.-C. (2020). Elterliche Migrationserfahrung – Adoleszente Entwicklung und Bildung: zur generationalen Dynamik in Migrantenfamilien. In D. Zimmermann, M. Wininger, & U. Finger-Trescher (Hrsg.), *Migration, Flucht und Wandel – Herausforderungen für psychosoziale und pädagogische Arbeitsfelder* (Vol. 27, S. 63–87). Psychosozial-Verlag.

Borroni, S., Masci, E., Franzoni, C., Somma, A., & Fossati, A. (2021). The Co-Occurrence of Trauma Related Disorder and Borderline Personality Disorder: AQ Study on a Clinical Sample of Patients Seeking Psychotherapy Treatment. *Psychiatry Research*, *295*, 113587.

Bourdieu, P. (1982). *Kritik der gesellschaftlichen Urteilskraft*. Suhrkamp.

Bozzatello, P., Rocca, P., Baldassarri, L., Bosia, M., & Bellino, S. (2021). The Role of Trauma in Early Onset Borderline Personality Disorder: a Biopsychosocial Perspective. *Frontiers in psychiatry*, *12*, 721361.

Brenner, I. (2001). *Dissociation of trauma: Theory, Phenomenology, and Technique*. International Universities Press.

Breuer, F. (2017). *Reflexive Grounded Theory – Franz Breuer*. AKQualilKLU

Breuer, F., Muckel, P., & Dieris, B. (2019). *Reflexive Grounded Theory: Eine Einführung für die Forschungspraxis* (4. Auflage Aufl.). VS Verlag für Sozialwissenschaften.

Breuer, J., & Freud, S. (1895). *Studien über Hysterie*. Deuticke.

Bründl, P., & King, V. (Hrsg.). (2012). *Adoleszenz: gelingende und misslingende Transformationen*. Brandes & Apsel.

Bründl, P., & Kogan, I. (Hrsg.). (2005). *Kindheit jenseits von Trauma und Fremdheit: psychoanalytische Erkundungen von Migrationsschicksalen im Kindes-und Jugendalter*. Brandes & Apsel.

Bründl, P., & Scheidt, C. E. (Hrsg.). (2015). *Spätadoleszenz: Identitätsprozesse und kultureller Wandel* (1. Aufl.). Brandes & Apsel.

Brüsemeister, T. (2008). *Qualitative Forschung: Ein Überblick* (2., überarbeitete Auflage Aufl.). VS Verlag für Sozialwissenschaften.
Buchholz, M. B., & Streeck, U. (Hrsg.). (1994). *Heilen, Forschen, Interaktion: Psychotherapie und qualitative Sozialforschung*. Westdeutscher Verlag.
Buckmaster, R., Guerin, S., O'Leary, T., & McNulty, M. (2021). Exploration of family dynamics in adults who self-harm: a multi-perspective approach. *Journal of Family Therapy, 43*(4), 665–686.
Bürger, A., & Kaess, M. (2023). Die Borderline-Persönlichkeitsstörung im Jugendalter. *Kindheit und Entwicklung, 32*, 4–19.
Calliess, I., Sieberer, M., Machleidt, W., & Ziegenbein, M. (2008). Personality Disorders in a Cross-Cultural Perspective: Impact of Culture and Migration on Diagnosis and Etiological Aspects. *Current Psychiatry Reviews, 4*(1), 39–47.
Cantor-Graae, E., & Selten, J.-P. (2005). Schizophrenia and Migration: a Meta-Analysis and Review. *American Journal of Psychiatry, 162*(1), 12–24.
Cattane, N., Rossi, R., Lanfredi, M., & Cattaneo, A. (2017). Borderline personality disorder and childhood trauma: exploring the affected biological systems and mechanisms. *BMC Psychiatry, 17*(1), 221.
Cavalli, A. (2012). Transgenerational transmission of indigestible facts: from trauma, deadly ghosts and mental voids to meaning-making interpretations. *Journal of Analytical Psychology, 57*(5), 597–614.
Chanen, A. M., & Kaess, M. (2012). Developmental pathways to borderline personality disorder. *Current Psychiatry Reports, 14*(1), 45–53.
Chanen, A. M., Nicol, K., Betts, J. K., & Thompson, K. N. (2020). Diagnosis and Treatment of Borderline Personality Disorder in Young People. *Current Psychiatry Reports, 22*(5), 25.
Choudhary, S., & Gupta, R. (2020). Culture and Borderline Personality Disorder in India. *Frontiers in Psychology, 11*, 1–10.
Chun Tie, Y., Birks, M., & Francis, K. (2019). Grounded theory research: A design framework for novice researchers. *SAGE Open Medicine, 7*, 1–8.
Clarkin, J. F., Caligor, E., Stern, B., & Kernberg, O. F. (2004). Structured interview of personality organization (STIPO). *Weill Medical College of Cornell University.*
Clarkin, J. F., Fonagy, P., & Gabbard, G. O. (Hrsg.). (2013). *Psychodynamische Psychotherapie der Persönlichkeitsstörungen: Handbuch für die klinische Praxis*. Schattauer.
Cohen, Y. (2012). Die Entwicklung der sexuellen Identität bei Jugendlichen. In P. Bründl & V. King (Hrsg.), *Adoleszenz: gelingende und misslingende Transformationen* (S. 53–70). Brandes & Apsel
Coid, J., Yang, M., Tyrer, P., Roberts, A., & Ullrich, S. (2006). Prevalence and correlates of personality disorder in Great Britain. *The British Journal of Psychiatry, 188*(5), 423–431.
Cornelisse, S., Schmahl, C., Enning, F., Bohus, M., Hohmann, S., Banaschewski, T., Wappler, F., Bürger, A., & Kleindienst, N. (2023). Prädiktion von Behandlungsabbrüchen bei Adoleszenten mit Borderline-Persönlichkeitsstörung. *Kindheit und Entwicklung, 32*(1), 42–52.
Creswell, J. W. (1994). *Research Design: Qualitative and Quantitative Approaches*. SAGE Publications.
Creswell, J. W., & Creswell, J. D. (2003). *Research Design – Qualitative, Quantitative, and Mixed Methods Approaches* (Second edition Aufl.). SAGE Publications.

Creswell, J. W., & Creswell, J. D. (2017). *Research Design: Qualitative, Quantitative, and Mixed Methods Approaches* (Fifth edition Aufl.). SAGE Publications.

Creswell, J. W., Plano Clark, V. L., Gutmann, M. L., & Hanson, W. E. (2003). Advanced Mixed Methods Research Designs. In A. Tashakkori & C. Teddlie (Hrsg.), *Handbook of Mixed Methods in Social & Behavioral Research* (S. 209–240). SAGE Publications.

Dannert, I. (2023). Transformative Entwicklungsanforderungen adoleszenter Geflüchteter und das Konzept des „intermediären Raums “. In S. Benzel, V. King, H.-C. Koller, P. Meurs, & H. Weiß (Hrsg.), *Adoleszenz und Generationendynamik im Kontext von Migration und Flucht* (S. 149–158). Springer Fachmedien.

De Masi, F. (2022). *Die Arbeit mit schwierigen Patientinnen und Patienten: die Behandlung von schweren Neurosen, Traumata und Perversionen, von Borderline-und psychotischen Zuständen.* Brandes & Apsel.

Delaruelle, K., Walsh, S. D., Dierckens, M., Deforche, B., Kern, M. R., Currie, C., Maldonado, C. M., Cosma, A., & Stevens, G. W. (2021). Mental Health in Adolescents with a Migration Background in 29 European Countries: The Buffering Role of Social Capital. *Journal of Youth and Adolescence, 50*, 855–871.

Destatis. (2023a). *Migration und Integration: Einwanderungsgeschichte – Hintergrundpapier.* Retrieved 26.10. from

Destatis. (2023b, 20.04.2023). *Pressemitteilung Nr. 158 vom 20. April 2023*

Devereux, G. (1973). *Angst und Methode in den Verhaltenswissenschaften.* Hanser.

Diem-Wille, G. (2012). Primitive Gefühle verstehen lernen – Bions Konzept des Container-Contained – Psychoanalytische Beobachtung von Säuglingen und Kindergartenkindern. In G. Diem-Wille & A. Turner (Hrsg.), *Die Methode der psychoanalytischen Beobachtung – Über die Bedeutung von Containment, Identifikation, Abwehr und anderen Phänomenen in der psychoanalytischen Beobachtung* (S. 28–49). facultas.wuv.

Diem-Wille, G., & Turner, A. (Hrsg.). (2012). *Die Methode der psychoanalytischen Beobachtung – Über die Bedeutung von Containment, Identifikation, Abwehr und anderen Phänomenen in der psychoanalytischen Beobachtung.* facultas.wuv.

Dienst, A. (2008). *Subjektive Krankheitstheorien über Depression: ein Vergleich von Erkrankten und Nicht-Erkrankten* Universität Konstanz].

Dilling, H., & Freyberger, H. J. (Hrsg.). (2013). *Taschenführer zur ICD-10-Klassifikation psychischer Störungen* (7. Aufl.). Huber.

Donath, C., Bergmann, M. C., Kliem, S., Hillemacher, T., & Baier, D. (2019). Epidemiology of suicidal ideation, suicide attempts, and direct self-injurious behavior in adolescents with a migration background: a representative study. *BMC pediatrics, 19*(1), 1–15.

Dulz, B., Herpertz, S., Kernberg, O. F., & Sachsse, U. (Hrsg.). (2011). *Handbuch der Borderline-Störungen: mit 90 Tabellen* (2., vollst. überarbeitete und erweiterte Aufl.). Schattauer.

Eid, M., Gollwitzer, M., & Schmitt, M. (2013). *Statistik und Forschungsmethoden: Lehrbuch* (3., korrigierte Aufl.). Beltz.

El-Mafaalani, A. (2017). Diskriminierung von Menschen mit Migrationshintergrund. In A. Scherr, A. El-Mafaalani, & G. Yüksel (Hrsg.), *Handbuch Diskriminierung* (S. 465–478).

Elliott, M., Maitoza, R., & Schwinger, E. (2012). Subjective accounts of the causes of mental illness in the USA. *International Journal of Social Psychiatry, 58*(6), 562–567.

Ellison, W. D. (2020). Psychotherapy for Borderline Personality Disorder: Does the Type of Treatment Make a Difference? *Current Treatment Options in Psychiatry, 7*, 416–428.

Ellison, W. D., Rosenstein, L. K., Morgan, T. A., & Zimmerman, M. (2018). Community and Clinical Epidemiology of Borderline Personality Disorder. *Psychiatric Clinics of North America, 41*(4), 561–573.

Elovitz, P. H., & Kahn, C. (Hrsg.). (1997). *Immigrant Experiences: Personal Narrative and Psychological Analysis.* Fairleigh Dickinson University Press.

Endres, M. (2005). Die Schatten der Vergangenheit – Migration zwischen Trauma und Identitätsstiftung. In P. Bründl & I. Kogan (Hrsg.), *Kindheit jenseits von Trauma und Fremdheit* (S. 178–189). Brandes & Apsel.

Enjaieh, M. (2023). *Krankheitskonzept und Bewältigung psychischer Krisen und Erkrankungen unter syrischen Flüchtlingen* Universität Ulm].

Erdheim, M. (2015). Vergangenheit, die als Gegenwart erscheint – Zur Erfahrung von Anachronizität in der Adoleszenz. In P. Bründl & C. E. Scheidt (Hrsg.), *Spätadoleszenz: Identitätsprozesse und kultureller Wandel* (S. 16–39). Brandes & Apsel.

Erikson, E. H. (1950). Growth and crises of the "healthy personality.". In M. J. E. Senn (Hrsg.), *Symposium on the Healthy Personality – Transactions of Special Meetings of Conference on Infancy and Childhood* (S. 91–146). Josiah Macy, Jr. Foundation.

Erikson, E. H. (1957). *Kindheit und Gesellschaft*

Erim, Y., & Morawa, E. (2017). Migration und psychische Gesundheit. In K. Köhle, W. Herzog, P. Joraschky, J. Kruse, W. Langewitz, & W. Söllner (Hrsg.), *Psychosomatische Medizin – Theoretische Modelle und klinische Praxis* (8. Auflage Aufl., S. 241–250). Urban & Fischer.

Euler, S., Pape, E., & Matthes, O. (2022). Die Borderline-Persönlichkeitsstörung im somatischen Behandlungssetting. *Praxis, 111*(2), 76–84.

Evans, E., Hawton, K., Rodham, K., & Deeks, J. (2005). The Prevalence of Suicidal Phenomena in Adolescents: a Systematic Review of Population-Based Studies. *Suicide and Life-Threatening Behavior, 35*(3), 239–250.

Faimberg, H. (2005). *The Telescoping of Generations: Listening to the Narcissistic Links Between Generations.* Routledge.

Falkai, P., Wittchen, H. U., & Döpfner, M. (Hrsg.). (2015). *Diagnostisches und Statistisches Manual Psychischer Störungen DSM-5®.* Hogrefe Verlag.

Faller, H. (1993). Subjektive Krankheitstheorien: Determinanten oder Epiphänomene der Krankheitsverarbeitung? Eine methodenvergleichende Untersuchung an Patienten mit Bronchialkarzinom. *Zeitschrift fur Psychosomatische Medizin und Psychoanalyse,* 356–374.

Faller, H., & Walitza, S. (2001). Persönlichkeit und subjektive Krankheitstheorien bei Psychotherapiepatienten. *Zeitschrift fur Psychosomatische Medizin und Psychotherapie, 47*(3), 234–249.

First, M., Williams, J., Benjamin, L., & Spitzer, R. (2016). *Structured Clinical Interview for DSM-5® Personality Disorders (SCID-5-PD): With the Structured Clinical Interview for DSM-5® Screening Personality Questionnaire (SCID-5-SPQ).* American Psychiatric Association Publishing.

Fleck, L., Fuchs, A., Moehler, E., Williams, K., Koenig, J., Resch, F., & Kaess, M. (2023). Child Versus Adolescent Borderline Personality Disorder Traits: Frequency, Psychosocial Correlates, and Observed Mother–Child Interactions. *Personality Disorders: Theory, Research, and Treatment, 14*(2), 196–206.

Flick, U. (1998a). Subjektive Vorstellungen von Gesundheit und Krankheit: Überblick und Einleitung. In U. Flick (Hrsg.), *Wann fühlen wir uns gesund? Subjektive Vorstellungen von Gesundheit und Krankheit* (S. 7–30). Juventa-Verlag.

Flick, U. (Hrsg.). (1998b). *Wann fühlen wir uns gesund? Subjektive Vorstellungen von Gesundheit und Krankheit* (1. Auflage Aufl.). Juventa-Verlag.

Flick, U. (2011). *Triangulation: Eine Einführung* (3., aktualisierte Auflage Aufl.). VS Verlag für Sozialwissenschaften.

Ford, J. D., & Courtois, C. A. (2014). Complex PTSD, affect dysregulation, and borderline personality disorder. *Borderline Personality Disorder and Emotion Dysregulation, 1*(1), 1–17.

Franke, G. H. (2014). *Symptom-Checklist-90®-Standard: SCL-90®-S*. Hogrefe.

Franz, M., Lujić, C., Koch, E., Wüsten, B., Yürük, N., & Gallhofer, B. (2007). Subjektive Krankheitskonzepte türkischer Migranten mit psychischen Störungen – Besonderheiten im Vergleich zu deutschen Patienten. *Psychiatrische Praxis, 34*(07), 332–338.

Franz, M., Salize, H. J., Lujic, C., Koch, E., Gallhofer, B., & Jacke, C. O. (2014). Illness perceptions and personality traits of patients with mental disorders: the impact of ethnicity. *Acta Psychiatrica Scandinavica, 129*(2), 143–155.

Freud, S. (Hrsg.). (1920a). *Gesammelte Werke*. S. Fischer.

Freud, S. (1920b). Jenseits des Lustprinzips. In *Gesammelte Werke* (Vol. 18, S. 7–64). S. Fischer.

Freud, S. (1940a). Splitting of the Ego in the Process of Defence. In *The Standard Edition of the Complete Psychological Works of Sigmund Freud, Volume XXIII (1937–1939): Moses and Monotheism, An Outline of Psycho-Analysis and Other Works* (S. 271–278).

Freud, S. (Hrsg.). (1940b). *The Standard Edition of the Complete Psychological Works of Sigmund Freud, Volume XXIII (1937–1939): Moses and Monotheism, An Outline of Psycho-Analysis and Other Works.*

Freud, S. (1999). *Werke aus den Jahren 1913–1917* (Vol. X). Fischer Taschenbuch Verlag.

Frommer, J., & Reißner, V. (1997). Neuere Ansätze zum Verständnis der Borderline-Persönlichkeitsstörung. *Fortschritte der Neurologie · Psychiatrie, 65*(01), 34–40.

Frommer, J., Reissner, V., Tress, W., & Langenbach, M. (1996). Subjective Theories of Illness in Patients with Personality Disorders: Qualitative Comparison of Twelve Diagnostic Interviews. *Psychotherapy Research, 6*(1), 56–69.

Fydrich. (1997). *SKID-II Strukturiertes Klinisches Interview für DSM-IV ; Achse II: Persönlichkeitsstörungen; Interviewheft* (Eine dt.spr. erw. Bearb. d. amerikan. Originalversion des SCID-II Aufl.). Hogrefe, Verlag für Psychologie.

Gabbard, G. O. (2011). Die Borderline-Persönlichkeitsstörung als Schnittstelle zwischen Psychoanalyse und Neurobiologie. In B. Dulz, S. Herpertz, O. Kernberg, & U. Sachsse (Hrsg.), *Handbuch der Borderline-Störungen* (2 Aufl., S. 123–133). Schattauer.

Gammelgaard, J. (2010). *Betweenity: A Discussion of the Concept of Borderline* (M. Karen & M. Caitlin, Trans.). Routledge.

Giourou, E., Skokou, M., Andrew, S. P., Alexopoulou, K., Gourzis, P., & Jelastopulu, E. (2018). Complex posttraumatic stress disorder: The need to consolidate a distinct clinical syndrome or to reevaluate features of psychiatric disorders following interpersonal trauma? *World journal of psychiatry, 8*(1), 12.

Glaser, B. G., & Strauss, A. L. (1967). *The Discovery of Grounded Theory: Strategies for Qualitative Research.* Aldine. https://books.google.de/books?id=oUxEAQAAIAAJ

Glattacker, M., Heyduck, K., & Meffert, C. (2013). Illness beliefs and treatment beliefs as predictors of short and middle term outcome in depression. *Journal of Health Psychology, 18*(1), 139–152.

Golier, J. A., Yehuda, R., Bierer, L. M., Mitropoulou, V., New, A. S., Schmeidler, J., Silverman, J. M., & Siever, L. J. (2003). The Relationship of Borderline Personality Disorder to Posttraumatic Stress Disorder and Traumatic Events. *American Journal of Psychiatry, 160*(11), 2018–2024.

Goodman, M., & Yehuda, R. (2002). The relationship between psychological trauma and borderline personality disorder. *Psychiatric Annals, 32*(6), 337–345.

Goyal, S., Sudhir, P. M., & Sharma, M. P. (2020). Illness perceptions and health beliefs in persons with common mental disorders. *Asian Journal of Psychiatry, 53*, 102366.

Grabe, H. J., & Giertz, K. (2020). Die Borderline-Persönlichkeitsstörung in den psychosozialen, psychotherapeutischen und psychiatrischen Versorgungssystemen von Deutschland. *Psychotherapie Forum, 24*, 100–107.

Green, A. (2008). Eine neue Evaluierung von Borderline-Strukturen. In K. Leithner-Dziubas (Hrsg.), *Borderline-Störungen*. facultas wuv universitätsverlag.

Greene, J. C. (2008). Is Mixed Methods Social Inquiry a Distinctive Methodology? *Journal of Mixed Methods Research, 2*(1), 7–22.

Gregory, R., Sperry, S. D., Williamson, D., Kuch-Cecconi, R., & Spink Jr, G. L. (2021). High Prevalence of Borderline Personality Disorder Among Psychiatric Inpatients Admitted for Suicidality. *Journal of Personality Disorders, 35*(5), 776–787.

Grinberg, L., & Grinberg, R. (1989). *Psychoanalytic Perspectives on Migration and Exile*. Yale University Press.

Guilé, J. M., Boissel, L., Alaux-Cantin, S., & Garny de La Rivière, S. (2018). Borderline personality disorder in adolescents: prevalence, diagnosis, and treatment strategies. *Adolescent Health, Medicine and Therapeutics, 9*, 199–210.

Günther, M., & Kerschgens, A. (Hrsg.). (2016). *Forschungssituationen (re-)konstruieren: Reflexivität in Forschungen zu intergenerativen Prozessen* (1. Aufl.). Budrich UniPress.

Hall, R. C. (1995). Global Assessment of Functioning: A Modified Scale. *Psychosomatics, 36*(3), 267–275.

Hambrecht, M., & Hohmann, M. (1993). Causal Attributions in Psychiatric Patients. *European Archives of Psychiatry and Clinical Neuroscience, 242*(5), 318–320.

Hamburger, A. (1993). Übertragung und Gegenübertragung. In W. Mertens (Hrsg.), *Schlüsselbegriffe der Psychoanalyse* (S. 322–329). Verlag Internationale Psychoanalyse.

Hasya, N. (2023). The Impact of Childhood Trauma on Borderline Personality Disorder. *Journal of Psychiatry Psychology and Behavioral Research, 4*, 33–36.

Haubl, R., & Wirth, H. J. (Hrsg.). (2019). *Grenzerfahrungen: Migration, Flucht, Vertreibung und die deutschen Verhältnisse*. Psychosozial-Verlag.

Hauser, S. (2012). "Man muss ein Zuhause haben, um es nicht zu brauchen" – Der Übergang ins Erwachsenenalter bei Migrations- und Adoptionshintergrund. In P. Bründl & V. King (Hrsg.), *Adoleszenz: gelingende und misslingende Transformationen* (S. 139–158). Brandes & Apsel.

Havighurst, R. J. (1953). *Human Development and Education*.

Hegge, G. (2012). *The Subjective Experience of Women in Treatment for Borderline Personality Disorder* Case Western Reserve University].

Heim, J. (2018). Ein Familienfluch – Die Bedeutsamkeit der Einbeziehung subjektiver Krankheitstheorien in die psychotherapeutische Praxis anhand einer Falldarstellung. *Zeitschrift für Anomalistik, 18*, 133–142.

Helfferich, C. (2011). *Die Qualität qualitativer Daten: Manual für die Durchführung qualitativer Interviews* (4. Aufl.). VS Verlag für Sozialwissenschaften.

Herman, J. L., Perry, J. C., & Van der Kolk, B. A. (1989). Childhood Trauma in Borderline Personality Disorder. *American Journal of Psychiatry, 146*(4), 490–495.

Herpertz, S., & Saß, H. (2011). Die Borderline-Persönlichkeitsstörung in der historischen und aktuellen psychiatrischen Klassifikation. In B. Dulz, S. Herpertz, O. Kernberg, & U. Sachsse (Hrsg.), *Handbuch der Borderline-Störungen* (2., vollst. überarbeitete und erweiterte Aufl., S. 35–43). Schattauer.

Himme, A. (2007). Gütekriterien der Messung: Reliabilität, Validität und Generalisierbarkeit. In S. Albers, D. Klapper, U. Konradt, A. Walter, & J. Wolf (Hrsg.), *Methodik der empirischen Forschung* (S. 375–390). Gabler.

Hoefert, H.-W., & Brähler, E. (Hrsg.). (2013). *Krankheitsvorstellungen von Patienten: Herausforderung für Medizin und Psychotherapie*. Pabst Science Publishers.

Holzinger, A., Loffler, W., Muller, P., Priebe, S., & Angermeyer, M. C. (2002). Subjective Illness Theory and Antipsychotic Medication Compliance by Patients with Schizophrenia. *The Journal of Nervous and Mental Disease, 190*(9), 597–603.

Hornung, E. (2010). Die Rede des Anderen: narrative Interviews versus psychoanalytische Interviews – Überlegungen zum Setting. *BIOS – Zeitschrift für Biographieforschung, Oral History und Lebensverlaufsanalysen, 23*(1), 127–137.

Hövener, C., & Fiack, S. (2023). Intersektional und komplex: Aktuelle Forschung und Praxis im Bereich Migration, Flucht und Gesundheit. Welche Aspekte sollten berücksichtigt werden? *Bundesgesundheitsblatt – Gesundheitsforschung – Gesundheitsschutz, 66*(10), 1069–1070.

Hughes, C. H. (1884). Borderland Psychiatric Records--Prodromal Symptoms of Psychical Impairment. *Alienist and Neurologist, 5*(1), 85.

IOM. (2022). *World Migration Report 2022*. International Organization for Migration. Retrieved 27.10.2023 from

Jenkins, L. (1994). African American identity and its social context. In E. P. Salett & D. R. Koslow (Hrsg.), *Race, ethnicity and self: Identity in multicultural perspective* (S. 63–88). National MultiCultural Institute.

Johnson, J. G., Cohen, P., Kasen, S., Skodol, A. E., & Oldham, J. M. (2008). Cumulative prevalence of personality disorders between adolescence and adulthood. *Acta Psychiatrica Scandinavica, 118*(5), 410–413.

Jørgensen, M. S., Møller, L., Bo, S., Kongerslev, M., Hastrup, L. H., Chanen, A., Storebø, O. J., Poulsen, S., Beck, E., & Simonsen, E. (2024). The course of borderline personality disorder from adolescence to early adulthood: A 5-year follow-up study. *Comprehensive Psychiatry, 132*, 152478.

Kaess, M., Brunner, R., & Chanen, A. (2014). Borderline personality disorder in adolescence. *Pediatrics, 134*(4), 782–793.

Kajikhina, K., Koschollek, C., Bozorgmehr, K., Sarma, N., & Hövener, C. (2023). Rassismus und Diskriminierung im Kontext gesundheitlicher Ungleichheit – ein narratives Review. *Bundesgesundheitsblatt – Gesundheitsforschung – Gesundheitsschutz, 66*(10), 1099–1108.

Kämpfe, K. (2019). *Kindheiten in europäischen Migrationsgesellschaften: Orientierungen von Kindern im Kontext von Migration und Differenz* (1. Auflage Aufl.). Springer Fachmedien.

Kernberg, O. (1966). Structural Derivatives of Object Relationships. *International Journal of Psychoanalysis, 47*(2–3), 236–252.

Kernberg, O. (1967). Borderline Personality Organization. *Journal of the American Psychoanalytic Association, 15*(3), 641–685.

Kernberg, O. (1968). The Treatment of Patients with Borderline Personality Organization. *International Journal of Psychoanalysis, 49*(4), 600–619.

Kernberg, O. (1976). *Object-relations Theory and Clinical Psychoanalysis.* J. Aronson.

Kernberg, O. F. (1983). *Borderline-Störungen und pathologischer Narzissmus.* Suhrkamp.

Kernberg, O. F. (1985). *Borderline conditions and pathological narcissism.* J. Aronson.

Kernberg, O. F. (2006). *Narzißmus, Aggression und Selbstzerstörung: Fortschritte in der Diagnose und Behandlung schwerer Persönlichkeitsstörungen.* Klett-Cotta.

Keupp, H. (1993). Psychoanalytische Sozialpsychologie. In W. Mertens (Hrsg.), *Schlüsselbegriffe der Psychoanalyse* (S. 256–266). Verlag Internationale Psychoanalyse.

Kind, J. (2011). Zur Entwicklung psychoanalytischer Borderline-Konzepte seit Freud. In B. Dulz, S. Herpertz, O. Kernberg, & U. Sachsse (Hrsg.), *Handbuch der Borderline-Störungen* (2 Aufl., S. 20–34). Schattauer.

King, V. (2005). Adoleszenz und Migration – eine verdoppelte Transformationsanforderung. In P. Bründl & I. Kogan (Hrsg.), *Kindheit jenseits von Trauma und Fremdheit* (S. 30–51). Brandes & Apsel.

King, V. (2008). In verschiedenen Welten: 'Objektkonstruktion' und 'Reflexivität' bei der Erforschung sozialer Probleme am Beispiel von Migrations- und Bildungsaufstiegsbiographien. *Soziale Probleme, 19*(1), 13–33.

King, V. (2016a). Generativität und Weitergabe in Generationenbeziehungen erforschen: Theoretische und methodische Perspektiven – erläutert am Beispiel von intergenerationalen Dynamiken in Migrantenfamilien In M. Günther & A. Kerschgens (Hrsg.), *Forschungssituationen (re-)konstruieren: Reflexivität in Forschungen zu intergenerativen Prozessen* (S. 102–121). Budrich UniPress Limited.

King, V. (2016b). Zur Psychodynamik von Migration: Muster transgenerationaler Weitergabe und ihre Folgen in der Adoleszenz. *Psyche 70*(09), 977–1002.

King, V., & Koller, H.-C. (Hrsg.). (2009a). *Adoleszenz – Migration – Bildung: Bildungsprozesse Jugendlicher und junger Erwachsener mit Migrationshintergrund.* VS Verlag für Sozialwissenschaften.

King, V., & Koller, H.-C. (2009b). Adoleszenz als Möglichkeitsraum für Bildungsprozesse unter Migrationsbedingungen. Eine Einführung. In V. King & H.-C. Koller (Hrsg.), *Adoleszenz – Migration – Bildung: Bildungsprozesse Jugendlicher und junger Erwachsener mit Migrationshintergrund* (S. 9–26). VS Verlag für Sozialwissenschaften.

King, V., & Müller, B. (Hrsg.). (2013). *Lebensgeschichten junger Frauen und Männer mit Migrationshintergrund in Deutschland und Frankreich: interkulturelle Analysen eines deutsch-französischen Jugendforschungsprojekts.* Waxmann Verlag.

King, V., & Müller, B. K. (Hrsg.). (2000). *Adoleszenz und pädagogische Praxis: Bedeutungen von Geschlecht, Generation und Herkunft in der Jugendarbeit.* Lambertus.

King, V., & Schwab, A. (2000). Flucht und Asylsuche als Entwicklungsbedingungen in der Adoleszenz. Ansatzpunkte pädagogischer Begleitung am Beispiel einer Fallgeschichte.

In V. King & B. Müller (Hrsg.), *Adoleszenz und pädagogische Praxis: Bedeutungen von Geschlecht, Generation und Herkunft in der Jugendarbeit* (S. 209–232). Lambertus.

King, V., & Subow, E. (2013). Wer versteht mehr? Zur Bedeutung von Insidern und Outsidern im Kontext interkultureller, mehrsprachiger rekonstruktiver Sozialforschung. In V. King & B. Müller (Hrsg.), *Lebensgeschichten junger Frauen und Männer mit Migrationshintergrund in Deutschland und Frankreich. Interkulturelle Analysen eines deutsch-französischen Jugendforschungsprojekts.* (S. 149–161). Waxmann Verlag.

Kirsch, A., Michael, T., & Lass-Hennemann, J. (2011). Trauma und Gedächtnis. In G. H. Seidler, H. Freyberger, & A. Maercker (Hrsg.), *Handbuch der Psychotraumatologie* (1 Aufl., S. 15–21). Klett-Cotta.

Kizilhan, J. I. (2012). Changes in Disease Perception, Coping Strategies and Diagnoses in the Case of First and Fourth Generations of Turkish Migrants in Germany. *Europe's Journal of Psychology*, *8*(3), 352–362.

Klärner, A., Gamper, M., Keim-Klärner, S., Moor, I., Von der Lippe, H., & Vonneilich, N. (Hrsg.). (2020). *Soziale Netzwerke und gesundheitliche Ungleichheiten: Eine neue Perspektive für die Forschung* (1. Aufl.). Springer Fachmedien.

Klein, E. M. (2020). *Migration and Mental Health–the role of child maltreatment, recalled parental rearing behavior and acculturation: results from representative samples: Migration und Psychische Gesundheit–Die Rolle von Kindheitsbelastungen, Erinnertem Elterlichen Erziehungsverhalten und Akkulturation: Ergebnisse aus repräsentativen Stichproben* Johannes Gutenberg-Universität Mainz].

Klein, M. (1952). Notes on some schizoid mechanisms. In M. Klein, P. Heimann, S. Isaacs, & J. Riviere (Hrsg.), *Developments in Psychoanalysis* (Vol. 43, S. 292–320). The Hogarth Press Ltd.

Klein, M., Heimann, P., Isaacs, S., & Riviere, J. (Hrsg.). (1952). *Developments in Psychoanalysis* (Vol. 43). The Hogarth Press Ltd.

Kleinman, A. (1988). *The Illness Narratives – Suffering, Healing, And The Human Condition.* Basic Books.

Kluge, S. (2001). Strategien zur Integration qualitativer und quantitativer Erhebungs- und Auswertungsverfahren – ein methodischer und methodologischer Bericht aus dem Sonderforschungsbereich 186 „Statuspassagen und Risikolagen im Lebenslauf". In S. Kluge & U. Kelle (Hrsg.), *Methodeninnovation in der Lebenslaufforschung – Integration qualitativer und quantitativer Verfahren in der Lebenslauf- und Biographieforschung* (S. 37–88). Juventa Verlag.

Kluge, S., & Kelle, U. (2001). *Methodeninnovation in der Lebenslaufforschung: Integration qualitativer und quantitativer Verfahren in der Lebenslauf-und Biographieforschung* (1. Auflage Aufl., Vol. 4). Juventa Verlag.

Kluge, U., Aichberger, M. C., Heinz, E., Udeogu-Gözalan, C., & Abdel-Fatah, D. (2020). Rassismus und psychische Gesundheit. *Der Nervenarzt*, *91*(11), 1017–1024.

Köhle, K., Herzog, W., Joraschky, P., Kruse, J., Langewitz, W., & Söllner, W. (Hrsg.). (2017). *Psychosomatische Medizin – Theoretische Modelle und klinische Praxis.* Urban & Fischer.

Koivisto, M. (2022). *Subjective experiences of distress, development, and change in individuals with borderline personality disorder: content-analytic studies of patients' utterances* University of Eastern Finland]. Kuopio.

Koller, H.-C. (2009). Doppelter Abschied. Zur Verschränkung adoleszenz-und migrationsspezifischer Bildungsprozesse am Beispiel von Lena Goreliks Roman „Meine weißen

Nächte “. In V. King & H.-C. Koller (Hrsg.), *Adoleszenz – Migration – Bildung: Bildungsprozesse Jugendlicher und junger Erwachsener mit Migrationshintergrund* (S. 195–211). VS Verlag für Sozialwissenschaften.

Krause-Utz, A. (2022). Dissociation, trauma, and borderline personality disorder. *Borderline Personality Disorder and Emotion Dysregulation, 9*(1), 1–6.

Küchenhoff, J. (1994). Die Erforschung der Krankheitsverarbeitung unter psychoanalytischer Perspektive – Am Beispiel der Analyse subjektiver Krankheitstheorie. In M. B. Buchholz & U. Streeck (Hrsg.), *Heilen, Forschen, Interaktion* (S. 261–289). Springer-Verlag.

Kuittinen, S., Mölsä, M., Punamäki, R.-L., Tiilikainen, M., & Honkasalo, M.-L. (2017). Causal attributions of mental health problems and depressive symptoms among older Somali refugees in Finland. *Transcultural Psychiatry, 54*(2), 211–238.

Kulić, I. (2023). Mit dem Unsagbaren erwachsen werden. Kulturelle Selbstverortungen als Brückenfunktion in Familien mit Fluchtgeschichte. In S. Benzel, V. King, H.-C. Koller, P. Meurs, & H. Weiß (Hrsg.), *Adoleszenz und Generationendynamik im Kontext von Migration und Flucht* (S. 71–80). Springer Fachmedien.

Kulkarni, J. (2017). Complex PTSD – a better description for borderline personality disorder? *Australasian Psychiatry, 25*(4), 333–335.

Kupfer, A., & Gamper, M. (2020). Migration als gesundheitliche Ungleichheitsdimension? Natio-ethno-kulturelle Zugehörigkeit, Gesundheit und soziale Netzwerke. In A. Klärner, M. Gamper, S. Keim-Klärner, I. Moor, H. Von der Lippe, & N. Vonneilich (Hrsg.), *Soziale Netzwerke und gesundheitliche Ungleichheiten: Eine neue Perspektive für die Forschung* (S. 369–397). Springer Fachmedien.

Küsters, I. (2009). *Narrative Interviews: Grundlagen und Anwendungen* (2. Auflage Aufl.). VS Verlag für Sozialwissenschaften.

Langs, G., Bachmann, M., Schramm, S., & Nutzinger, D. O. (2002). Subjektive Krankheitsmodelle bei Patienten mit Panikstörung, Hypochondrie und Somatisierungsstörung. *Verhaltenstherapie, 12*(1), 19–25.

Laplanche, J., & Pontalis, J.-B. (1973). *Das Vokabular der Psychoanalyse*. Suhrkamp Verlag.

Lawson, C. A. (2006). *Borderline-Mütter und ihre Kinder – Wege zur Bewältigung einer schwierigen Beziehung*. Psychosozial-Verlag.

Lazaridou, F. B., Schubert, S. J., Ringeisen, T., Kaminski, J., Heinz, A., & Kluge, U. (2023). Racism and psychosis: an umbrella review and qualitative analysis of the mental health consequences of racism. *European Archives of Psychiatry and Clinical Neuroscience, 273*(5), 1009–1022.

Leichsenring, F. (1997). *BPI – das Borderline-Persönlichkeits-Inventar* (Auflage, Hrsg.). Hogrefe.

Leichsenring, F., & Chabrol, H. (2006). Borderline-Persönlichkeits-Inventar (BPI) – ein Selbstbeurteilungs-Instrument zur Erfassung der Borderline-Persönlichkeitsorganisation. *Persönlichkeitsstörungen: Theorie und Therapie, 10*(1), 31–42.

Leichsenring, F., Fonagy, P., Heim, N., Kernberg, O. F., Leweke, F., Luyten, P., Salzer, S., Spitzer, C., & Steinert, C. (2024). Borderline personality disorder: a comprehensive review of diagnosis and clinical presentation, etiology, treatment, and current controversies. *World Psychiatry, 23*(1), 4–25.

Leichsenring, F., Heim, N., Leweke, F., Spitzer, C., Steinert, C., & Kernberg, O. F. (2023). Borderline Personality Disorder: A Review. *JAMA, 329*(8), 670–679.

Leithner-Dziubas, K., Schuster, P., & Springer-Kremser, M. (Hrsg.). (2008). *Borderline-Störungen* (1. Aufl.). facultas wuv universitätsverlag.

Leser, I. (2015). Familiäre Migrationserfahrungen aus der Perspektive von Kindern: Eine Analyse ihrer Zugehörigkeitspositionierungen. *Zeitschrift für Soziologie der Erziehung & Sozialisation, 35*(1), 5.

Leszczynska-Koenen, A. (2019). Heimat ist kein Ort. In R. Haubl & H.-J. Wirth (Hrsg.), *Grenzerfahrungen: Migration, Flucht, Vertreibung und die deutschen Verhältnisse* (S. 159–180). Psychosozial-Verlag.

Liljedahl, S. I., Mossberg, A., Grenner, H., & Waern, M. (2023). Life experienced as worth living and beyond: a qualitative study of the pathways to recovery and flourishing amongst individuals treated for borderline personality disorder. *BMC Psychiatry, 23*(1), 838.

Löffler-Stastka, H., Szerencsics, M., & Blüml, V. (2009). Dissociation, trauma, affect regulation and personality in patients with a borderline personality organization. *Bulletin of the Menninger Clinic, 73*(2), 81–98.

Lohmer, M. (2013). *Borderline-Therapie: Psychodynamik, Behandlungstechnik und therapeutische Settings* (3. Aufl.). Schattauer.

Lutz-Kopp, M. (2015). »Im Kern gesund.« Subjektive Krankheitstheorien und ihre Darstellung. *Journal für Psychologie, 23*(2), 139–164.

Luyten, P., Campbell, C., & Fonagy, P. (2019). Borderline personality disorder, complex trauma, and problems with self and identity: A social-communicative approach. *Journal of Personality, 88*(1), 88–105.

Machleidt, W. (2013). *Migration, Kultur und psychische Gesundheit: dem Fremden begegnen.* Kohlhammer.

MacIntosh, H. B., Godbout, N., & Dubash, N. (2015). Borderline Personality Disorder: Disorder of Trauma or Personality, a Review of the Empirical Literature. *Canadian Psychology / Psychologie canadienne, 56*(2), 227–241.

Mann, S. (2016). *The Research Interview: Reflective Practice and Reflexivity in Research Processes* (1st edition Aufl.). Palgrave Macmillan.

Mbuthia, J. W., Kumar, M., Falkenström, F., Kuria, M. W., & Othieno, C. J. (2018). Attributions and private theories of mental illness among young adults seeking psychiatric treatment in Nairobi: an interpretive phenomenological analysis. *Child and adolescent psychiatry and mental health, 12*(1), 28–28.

Mecheril, P., & Hoffarth, B. (2009). Adoleszenz und Migration. Zur Bedeutung von Zugehörigkeitsordnungen. In V. King & H.-C. Koller (Hrsg.), *Adoleszenz – Migration – Bildung: Bildungsprozesse Jugendlicher und junger Erwachsener mit Migrationshintergrund* (S. 239–258). VS Verlag für Sozialwissenschaften.

Meltzer, D. (1981). The Kleinian expansion of Freud's metapsychology. *The International Journal of Psycho-Analysis, 62*, 177.

Meltzer, D. (1995). *Der psychoanalytische Prozess: mit einem Nachwort zu den Weiterentwicklungen bis heute.* Verlag Internationale Psychoanalyse.

Mertens, W. (1993). *Schlüsselbegriffe der Psychoanalyse.* Verlag Internationale Psychoanalyse.

Meurs, P. (2016, 05.03.2016). *FIRST STEPS program – working with migrant families – Patrick Meurs (IPRC 2016)* [Video]. Sigmund-Freud-Institut Frankfurt.

Mey, G. (2000). Erzählungen in qualitativen Interviews: Konzepte, Probleme, soziale Konstruktion. *Sozialer Sinn, 1*(1), 135–151.
Miles, M. B., & Huberman, A. M. (1994). *Qualitative Data Analysis: An Expanded Sourcebook*. SAGE Publications.
Miller, A. L., Muehlenkamp, J. J., & Jacobson, C. M. (2008). Fact or fiction: Diagnosing borderline personality disorder in adolescents. *Clinical psychology review, 28*(6), 969–981.
Morgenroth, C. (2010). *Die dritte Chance*. Springer.
Moselli, M., Casini, M. P., Frattini, C., & Williams, R. (2023). Suicidality and Personality Pathology in Adolescence: A Systematic Review. *Child Psychiatry & Human Development, 54*(2), 290–311.
Mosquera, D., & Steele, K. (2017). Complex trauma, dissociation and Borderline Personality Disorder: Working with integration failures. *European Journal of Trauma & Dissociation, 1*(1), 63–71.
Napo, F., Heinz, A., & Auckenthaler, A. (2012). Explanatory models and concepts of West African Malian patients with psychotic symptoms. *European psychiatry, 27*, 44–S49.
Nesterko, Y., Friedrich, M., Brähler, E., Hinz, A., & Glaesmer, H. (2019). Mental health among immigrants in Germany – the impact of self-attribution and attribution by others as an immigrant. *BMC public health, 19*(1), 1697.
Ng, F. Y. Y., Townsend, M. L., Miller, C. E., Jewell, M., & Grenyer, B. F. (2019). The lived experience of recovery in borderline personality disorder: a qualitative study. *Borderline Personality Disorder and Emotion Dysregulation, 6*, 1–9.
Nielsen, F., Ziegenbein, M., & Sieberer, M. (2014). Prevalence of borderline personality disorder in immigrants in a psychiatric inpatient setting. *Australian & New Zealand Journal of Psychiatry, 48*(5), 488–489.
Nienhaus, K. (2003). *Diagnostik und Differentialdiagnostik der Borderline-Persönlichkeitsstörung* Universität Trier]. Trier.
Pascoe, E. A., & Smart Richman, L. (2009). Perceived Discrimination and Health: a Meta-Analytic Review. *Psychological Bulletin, 135*(4), 531–554.
Pascual, J. C., Malagón, A., Córcoles, D., Ginés, J. M., Soler, J., García-Ribera, C., Pérez, V., & Bulbena, A. (2008). Immigrants and borderline personality disorder at a psychiatric emergency service. *British Journal of Psychiatry, 193*(6), 471–476.
Paul, S. E., Boudreaux, M. J., Bondy, E., Tackett, J. L., Oltmanns, T. F., & Bogdan, R. (2019). The intergenerational transmission of childhood maltreatment: Nonspecificity of maltreatment type and associations with borderline personality pathology. *Development and psychopathology, 31*(3), 1157–1171.
Pedersen, G., & Karterud, S. (2012). The symptom and function dimensions of the Global Assessment of Functioning (GAF) scale. *Comprehensive Psychiatry, 53*(3), 292–298.
Pedrina, F. (2005). Bedeutung kulturspezifischer Krankheitstheorien und Therapiehandlungen in einer interkulturellen psychoanalytischen Therapie. In P. Bründl & I. Kogan (Hrsg.), *Kindheit jenseits von Trauma und Fremdheit: psychoanalytische Erkundungen von Migrationsschicksalen im Kindes-und Jugendalter* (S. 82–96). Brandes & Apsel.
Peichl, J. (2007). *Die inneren Trauma-Landschaften : Borderline, Ego-State, Täter-Introjekt*. Schattauer.

Picchi, S., Bonapitacola, C., Borghi, E., Cassanelli, S., Ferrari, P., Iemmi, B., Alfieri, E., & Artioli, G. (2018). The narrative interview in therapeutic education. The diabetic patients' point of view. *Acta Biomed for Health Professions, 89*(6), 43–50.

Plener, P. L., Munz, L. M., Allroggen, M., Kapusta, N. D., Fegert, J. M., & Groschwitz, R. C. (2015). Immigration as risk factor for non-suicidal self-injury and suicide attempts in adolescents in Germany. *Child and adolescent psychiatry and mental health, 9*, 34.

Porter, C., Palmier-Claus, J., Branitsky, A., Mansell, W., Warwick, H., & Varese, F. (2020). Childhood Adversity and Borderline Personality Disorder: A Meta-Analysis. *Acta Psychiatrica Scandinavica, 141*(1), 6–20.

Rey, H. (1994). *Universals of psychoanalysis in the treatment of psychotic and borderline states: Factors of space-time and language*. Free Association Books.

Richter, M. (2023). Gesicherter Rahmen und sichere Beziehung als Bedingung. Zur Bedeutung von Trauerarbeit in Folge von Fluchterfahrung während der Adoleszenz. In S. Benzel, V. King, H.-C. Koller, P. Meurs, & H. Weiß (Hrsg.), *Adoleszenz und Generationendynamik im Kontext von Migration und Flucht* (S. 139–147). Springer Fachmedien.

Rohde-Dachser, C. (1983). *Das Borderline-Syndrom* (3., durchgesehene Auflage Aufl.). Huber.

Rometsch, C., Denkinger, J. K., Engelhardt, M., Windthorst, P., Graf, J., Gibbons, N., Pham, P., Zipfel, S., & Junne, F. (2020). Pain, somatic complaints, and subjective concepts of illness in traumatized female refugees who experienced extreme violence by the "Islamic State" (IS). *Journal of Psychosomatic Research, 130*, 109931.

Rosenthal, G. (2015). *Interpretative Sozialforschung: eine Einführung* (5., aktualisierte und ergänzte Auflage Aufl.). Beltz Juventa.

Rosenthal, G., & Loch, U. (2002). Das Narrative Interview. In D. Schaeffer & G. Müller-Mundt (Hrsg.), *Qualitative Gesundheits- und Pflegeforschung* (S. 221–232). Huber.

Rousseau, C., & Frounfelker, R. L. (2019). Mental health needs and services for migrants: an overview for primary care providers. *Journal of Travel Medicine, 26*(2), 1–8.

Rudolf, M., & Müller, J. (2012). *Multivariate Verfahren* (2. Aufl.). Hogrefe Verlag.

Ruppel, P. S., & Mey, G. (2015). Grounded Theory Methodology—Narrativity Revisited. *Integrative Psychological and Behavioral Science, 49*(2), 174–186.

Ruppel, P. S., & Mey, G. (2017). Grounded Theory Methodology. *Oxford Research Encyclopedia of Communication*, 1–19.

Salas-Wright, C. P., Kagotho, N., & Vaughn, M. G. (2014). Mood, anxiety, and personality disorders among first and second-generation immigrants to the United States. *Psychiatry Research, 220*(3), 1028–1036.

Salett, E. P., & Koslow, D. R. (Hrsg.). (1994). *Race, Ethnicity, and Self: Identity in Multicultural Perspective*. ERIC.

Salzer, S., Cropp, C., & Streeck-Fischer, A. (2014). Early Intervention for Borderline Bersonality Disorder: Psychodynamic Therapy in Adolescents. *Zeitschrift fur Psychosomatische Medizin und Psychotherapie, 60*(4), 368–382.

Sangalang, C. C., Becerra, D., Mitchell, F. M., Lechuga-Peña, S., Lopez, K., & Kim, I. (2019). Trauma, Post-Migration Stress, and Mental Health: A Comparative Analysis of Refugees and Immigrants in the United States. *Journal of Immigrant and Minority Health, 21*, 909–919.

Sansone, R. A., Pole, M., Dakroub, H., & Butler, M. (2006). Childhood Trauma, Borderline Personality Symptomatology, and Psychophysiological and Pain Disorders in Adulthood. *Psychosomatics*, *47*(2), 158–162.

Schaefer, U., & Bischoff, C. (2002). Qualitative Analyse subjektiver Krankheitskonzepte. *Psychotherapie – Psychosomatik – Medizinische Psychologie*, *52*, 398–407.

Schenk, L. (2007). Migration und Gesundheit–Entwicklung eines Erklärungs-und Analysemodells für epidemiologische Studien. *International journal of public health*, *52*, 87–96.

Scherer, L. (2015). British ethnic minority children's meaning-making of transnational belonging/s in the primary school. *Transnational Social Review*, *5*(2), 131–144.

Scherr, A., El-Mafaalani, A., & Yüksel, G. (Hrsg.). (2017). *Handbuch Diskriminierung*. Springer.

Scheunemann, J., Kühn, S., Biedermann, S. V., Lipp, M., Peth, J., Gallinat, J., & Jelinek, L. (2023). Implicit cognitions on self-injurious and suicidal behavior in borderline personality disorder. *Journal of behavior therapy and experimental psychiatry*, *79*, 101836.

Schnabel, P. (2015). *Home is not a place* P. Schnabel;

Schütze, F. (1983). Biographieforschung und narratives Interview. *Neue Praxis*, *13*(3), 283–293.

Seidlein, A.-H., & Salloch, S. (2019). Illness and disease: an empirical-ethical viewpoint. *BMC Medical Ethics*, *20*(1), 1–10.

Seidler, G. H., Freyberger, H., & Maercker, A. (Hrsg.). (2011). *Handbuch der Psychotraumatologie* (1. Aufl.). Klett-Cotta.

Senn, M. J. E. (Hrsg.). (1950). *Symposium on the Healthy Personality – Transactions of Special Meetings of Conference on Infancy and Childhood June 8–9 and July 3–4, 1950, New York, N.Y.* The Foundation.

Solojenkina, K. (2013). Krankheitsvorstellungen bei schizophrenen Patienten. In H.-W. Hoefert & E. Brähler (Hrsg.), *Krankheitsvorstellungen von Patienten: Herausforderung für Medizin und Psychotherapie* (S. 221–236). Pabst Science Publishers.

Staiger, T., Stiawa, M., Mueller-Stierlin, A. S., Kilian, R., Beschoner, P., Gündel, H., Becker, T., Frasch, K., Panzirsch, M., & Schmauß, M. (2020). Depression und Männlichkeit: Krankheitstheorien und Bewältigung – Eine biografisch-narrative Studie. *Psychiatrische Praxis*, *47*(02), 65–70.

Startup, M., Jackson, M. C., & Bendix, S. (2002). The concurrent validity of the Global Assessment of Functioning (GAF). *British Journal of Clinical Psychology*, *41*(4), 417–422.

Statistische Ämter des Bundes und der Länder. (2011). *Bevölkerung nach Migrationshintergrund regional – Ergebnisse des Mikrozensus*. S. Ä. d. B. u. d. Länder.

Steiner, J. (1979). The border between the paranoid-schizoid and the depressive positions in the borderline patient. *British Journal of Medical Psychology*, *52*(4), 385–391.

Steiner, J. (1998). *Orte des seelischen Rückzugs: Pathologische Organisationen bei psychotischen, neurotischen und Borderline-Patienten* (H. Weiß, Trans.). Klett-Cotta.

Steinke, I. (1999). *Kriterien qualitativer Forschung: Ansätze zur Bewertung qualitativ-empirischer Sozialforschung*.

Stern, A. (1938). Psychoanalytic Investigation of and Therapy in the Border Line Group of Neuroses. *The Psychoanalytic Quarterly*, *7*(4), 467–489.

Sterna, A., & Moskalewicz, M. (2022). "As If There Are Two of Us": The Battle of Borderline Personality Disorder Diagnosis in Lived Time. *Psychopathology*, *56*(4), 239–250.

Stoffers-Winterling, J., Krause-Utz, A., Lieb, K., & Bohus, M. (2021). Was wissen wir heute über die Borderline-Persönlichkeitsstörung? Aktuelles zu Ätiologie, Diagnostik und Therapie. *Der Nervenarzt*, *92*(7), 643–652.

Streeck-Fischer, A. (2006). *Trauma und Entwicklung: frühe Traumatisierungen und ihre Folgen in der Adoleszenz* (1. Aufl.). Schattauer.

Streeck-Fischer, A. (2013). Adolescence and Borderline Behavior – Between Personality Development and Personality Disorder. *Adolescent Psychiatry*, *3*(3), 220–232.

Streeck-Fischer, A. (2019). Borderland and Borderline: Understanding and Treating Adolescent Migrants in Crisis. *Adolescent Psychiatry*, *9*(3), 185–193.

Suddaby, R. (2006). From the Editors: What Grounded Theory is Not. *Academy of Management Journal*, *49*(4), 633–642.

Tashakkori, A., & Teddlie, C. (Hrsg.). (2003). *Handbook of Mixed Methods in Social & Behavioral Research.* SAGE Publications.

Tedesco, V., Day, N. J. S., Lucas, S., & Grenyer, B. F. (2023). Diagnosing borderline personality disorder: Reports and recommendations from people with lived experience. *Personality and Mental Health.*

Thommen, M., Blaser, A., Ringer, C., & Heim, E. (1990). Subjective Illness Concepts and Problem-Oriented Therapy. *Psychotherapy and psychosomatics*, *53*(1/4), 174–178.

Tietel, E. (2000). Das Interview als Beziehungsraum. *Forum Qualitative Sozialforschung / Forum: Qualitative Social Research*, *1*(2).

Trull, T. J., Jahng, S., Tomko, R. L., Wood, P. K., & Sher, K. J. (2010). Revised NESARC personality disorder diagnoses: gender, prevalence, and comorbidity with substance dependence disorders. *Journal of Personality Disorders*, *24*(4), 412–426.

van Schie, C. C., Lewis, K., Barr, K. R., Jewell, M., Malcolmson, N., Townsend, M. L., & Grenyer, B. F. (2024). Borderline personality disorder and stigma: Lived experience perspectives on helpful and hurtful language. *Personality and Mental Health.*

Van Tonder, C. L. (2013). Migration as Personal Transition. *Procedia – Social and Behavioral Sciences*, *82*, 342–350.

Verres, R. (1989). Zur Kontextabhängigkeit subjektiver Krankheitstheorien. In C. Bischoff (Hrsg.), *Patientenkonzepte von Körper und Krankheit* (S. 18–24). Huber.

Videler, A. C., Hutsebaut, J., Schulkens, J. E., Sobczak, S., & Van Alphen, S. P. (2019). A Life Apan Perspective on Borderline Personality Disorder. *Current Psychiatry Reports*, *21*, 1–8.

Vollmann, M., Salewski, C., & Scharloo, M. (2013). Krankheitsvorstellungen von Patienten mit Depressionen. In H.-W. Hoefert & E. Brähler (Hrsg.), *Krankheitsvorstellungen von Patienten: Herausforderung für Medizin und Psychotherapie* (S. 237–252). Pabst Science Publishers.

von der Warth, R., Nau, A., Rudolph, M., Bengel, J., & Glattacker, M. (2022). Illness and treatment beliefs as predictors of rehabilitation outcome in patients with mental disorders. *Journal of Psychosomatic Research*, *155*, 110750.

von Rad, M. (1993). Psychoanalytische Psychosomatik. In W. Mertens (Hrsg.), *Schlüsselbegriffe der Psychoanalyse* (S. 248–255). Verlag Internationale Psychoanalyse.

Voswinkel, S. (2017). Krankenrolle und Stigmatisierung bei psychischen Erkrankungen. In N. Alsdorf, U. Engelbach, S. Flick, R. Haubl, & S. Voswinkel (Hrsg.), *Psychische Erkrankungen in der Arbeitswelt – Analysen und Ansätze zur therapeutischen und betrieblichen Bewältigung* (S. 95–118). transcript Verlag.

Watson, S., Chilton, R., Fairchild, H., & Whewell, P. (2006). Association between Childhood Trauma and Dissociation Among Patients with Borderline Personality Disorder. *Australian & New Zealand Journal of Psychiatry, 40*(5), 478–481.

Weaver, T. L., & Clum, G. A. (1993). Early Family Environments and Traumatic Experiences Associated With Borderline Personality Disorder. *Journal of Consulting and Clinical Psychology, 61*(6), 1068–1075.

Weigl, M., & Gaiswinkler, S. (2019). *Blickwechsel – Migration und psychische Gesundheit.*

Weiner, A. S., Ensink, K., & Normandin, L. (2018). Psychotherapy for Borderline Personality Disorder in Adolescents. *Psychiatric Clinics of North America, 41*(4), 729–746.

Weiß, H. (2009). *Das Labyrinth der Borderline-Kommunikation: Klinische Zugänge zum Erleben von Raum und Zeit* (1. Aufl.). Klett-Cotta.

Weiß, H. (2015). Überlegungen zum agora-klaustrophoben Dilemma des Borderline-Patienten. *PSYCHE, 69*(9–10), 916–935.

Weiß, H. (2017). *Trauma, Schuldgefühl und Wiedergutmachung: Wie Affekte innere Entwicklung ermöglichen* (2. Aufl.). Klett-Cotta.

Weiß, H., & Schött, M. (2016). Psychoanalytische Therapie von Borderline-Patienten im teilstationären Setting. In H. Böker, P. Hartwich, & G. Northoff (Hrsg.), *Neuropsychodynamische Psychiatrie* (S. 437–448). Springer.

Weiss, R. S. (1994). *Learning From Strangers: The Art and Method of Qualitative Interview Studies.* The Free Press.

WHO. (1993). *ICD-10 International Classification of Diseases.* World Health Organization.

Wilfer, T., Armbrust, M., Aalderink, T., & Spitzer, C. (2020). Kindheitstraumatisierungen bei Patienten mit Borderline-Persönlichkeitsstörung. *Psychotherapeut, 65*(6), 487–494.

Willig, C. (2022). *Introducing Qualitative Research in Psychology* (4. Aufl.). Open University Press.

Winsper, C., Bilgin, A., Thompson, A., Marwaha, S., Chanen, A. M., Singh, S. P., Wang, A., & Furtado, V. (2020). The prevalence of personality disorders in the community: a global systematic review and meta-analysis. *The British Journal of Psychiatry, 216*(2), 69–78.

Winsper, C., Wolke, D., Scott, J., Sharp, C., Thompson, A., & Marwaha, S. (2020). Psychopathological outcomes of adolescent borderline personality disorder symptoms. *Australian & New Zealand Journal of Psychiatry, 54*(3), 308–317.

Wirth, L. (2023). Subjektive Krankheitstheorien zur eigenen Borderline-Persönlichkeitsstruktur im Kontext der Lebens-und Migrationsgeschichte in der Adoleszenz. In S. Benzel, V. King, H.-C. Koller, P. Meurs, & H. Weiß (Hrsg.), *Adoleszenz und Generationendynamik im Kontext von Migration und Flucht* (S. 217–225). Springer Fachmedien.

Wittchen, H.-U. (1991). *Diagnostisches und statistisches Manual psychischer Störungen: DSM-III-R; übersetzt nach der Revision der dritten Auflage des Diagnostic and statistical manual of mental disorders der American Psychiatric Association* (3. Aufl.). Beltz.

Wong, J., Bahji, A., & Khalid-Khan, S. (2020). Psychotherapies for Adolescents with Subclinical and Borderline Personality Disorder: A Systematic Review and Meta-Analysis. *The Canadian Journal of Psychiatry, 65*(1), 5–15.

Yen, S., Shea, M. T., Battle, C. L., Johnson, D. M., Zlotnick, C., Dolan-Sewell, R., Skodol, A. E., Grilo, C. M., Gunderson, J. G., Sanislow, C. A., Zanarini, M. C., Bender, D. S., Rettew, J. B., & McGLASHAN, T. H. (2002). Traumatic Exposure and Posttraumatic Stress Disorder in Borderline, Schizotypal, Avoidant, and Obsessive-Compulsive Personality Disorders: Findings from the Collaborative Longitudinal Personality Disorders Study. *The Journal of Nervous and Mental Disease, 190*(8), 510–518.

Yeomans, F. E., & Diamond, D. (2013). Übertragungsfokussierte Psychotherapie und Borderline-Persönlichkeitsstörung. In J. F. Clarkin, P. Fonagy, & G. O. Gabbard (Hrsg.), *Psychodynamische Psychotherapie der Persönlichkeitsstörungen – Handbuch für die klinische Praxis* (S. 206–236). Schattauer.

Yuan, Y., Lee, H., Eack, S. M., & Newhill, C. E. (2023). A Systematic Review of the Association Between Early Childhood Trauma and Borderline Personality Disorder. *Journal of Personality Disorders, 37*(1), 16–35.

Zahediabghari, S., Boursiquot, P., & Links, P. (2020). Impact of Psychotherapy on Psychosocial Functioning in Borderline Personality Disorder Patients. *International Journal of Environmental Research and Public Health, 17*(12), 4610.

Zanarini, M. C., Frankenburg, F. R., Hennen, J., Reich, D. B., & Silk, K. R. (2006). Prediction of the 10-year Course of Borderline Personality Disorder. *American Journal of Psychiatry, 163*(5), 827–832.

Zanarini, M. C., Frankenburg, F. R., Sickel, A. E., & Yong, L. (1996). The Diagnostic Interview for DSM-IV Personality Disorders (DIPD-IV). *Belmont, MA: McLean Hospital, 340.*

Zanarini, M. C., Temes, C. M., Magni, L. R., Aguirre, B. A., Hein, K. E., & Goodman, M. (2020). Risk Factors for Borderline Personality Disorder in Adolescents. *Journal of Personality Disorders, 34*, 17–24.

Zbidat, A. (2020). *Die Wahrnehmung von Trauma, Beschwerden, Somatisierung und Bewältigungsstrategien bei syrischen Geflüchteten in Deutschland-eine qualitative Studie einer Risikopopulation* Friedrich-Alexander-Universität Erlangen-Nürnberg].

Zeitler, M.-L. (2019). *Subjektive Genesung, Lebensqualität und Lebenszufriedenheit bei ehemaligen Patientinnen mit einer Borderline Persönlichkeitsstörung-Eine Untersuchung mit quantitativen und qualitativen Methoden* Ruprecht-Karls-Universität zu Heidelberg].

Zölch, J., Günther, M., & Tressat, M. (2013). Adoleszente Selbstpositionierung im Spannungsfeld einer doppelten Transformationsanforderung. In V. King & B. Müller (Hrsg.), *Lebensgeschichten junger Frauen und Männer mit Migrationshintergrund in Deutschland und Frankreich – interkulturelle Analysen eines deutsch-französischen Jugendforschungsprojekts* (S. 87–118). Waxmann.

FSC
www.fsc.org
MIX
Papier | Fördert gute Waldnutzung
FSC® C083411

Kolibri 360 GmbH
Ferdinand-Jühlke-Straße 7
99095 Erfurt, Deutschland
produktsicherheit@kolibri360.de